KNU 경북대학교 인문학술원 HK+사업단 INSTITUTE OF HUMANITIES STUDIES 연구총서 02

경산 소월리 목간의 종합적 검토

윤재석 편저

발 간 처 | 경북대학교 인문학술원 HK+사업단
편 저 자 | 윤재석
펴 낸 날 | 2022년 1월 31일
발 행 처 | 주류성출판사 www.juluesung.co.kr
서울특별시 서초구 강남대로 435 주류성빌딩 15층
TEL | 02-3481-1024(대표전화) · FAX | 02-3482-0656
e-mail | juluesung@daum.net

이 저서는 2019년 대한민국 교육부와 한국연구재단의 지원을 받아 수행된 연구임(NRF-2019S1A6A3A01055801).

잘못된 책은 교환해 드립니다.

ISBN 978-89-6246-472-6 94910
ISBN 978-89-6246-470-2 94910(세트)

* 이 책의 일부에는 함초롬체가 사용되었음.

KNU 경북대학교 인문학술원 HK+사업단 INSTITUTE OF HUMANITIES STUDIES 연구총서 02

경산 소월리 목간의 종합적 검토

윤재석 편저

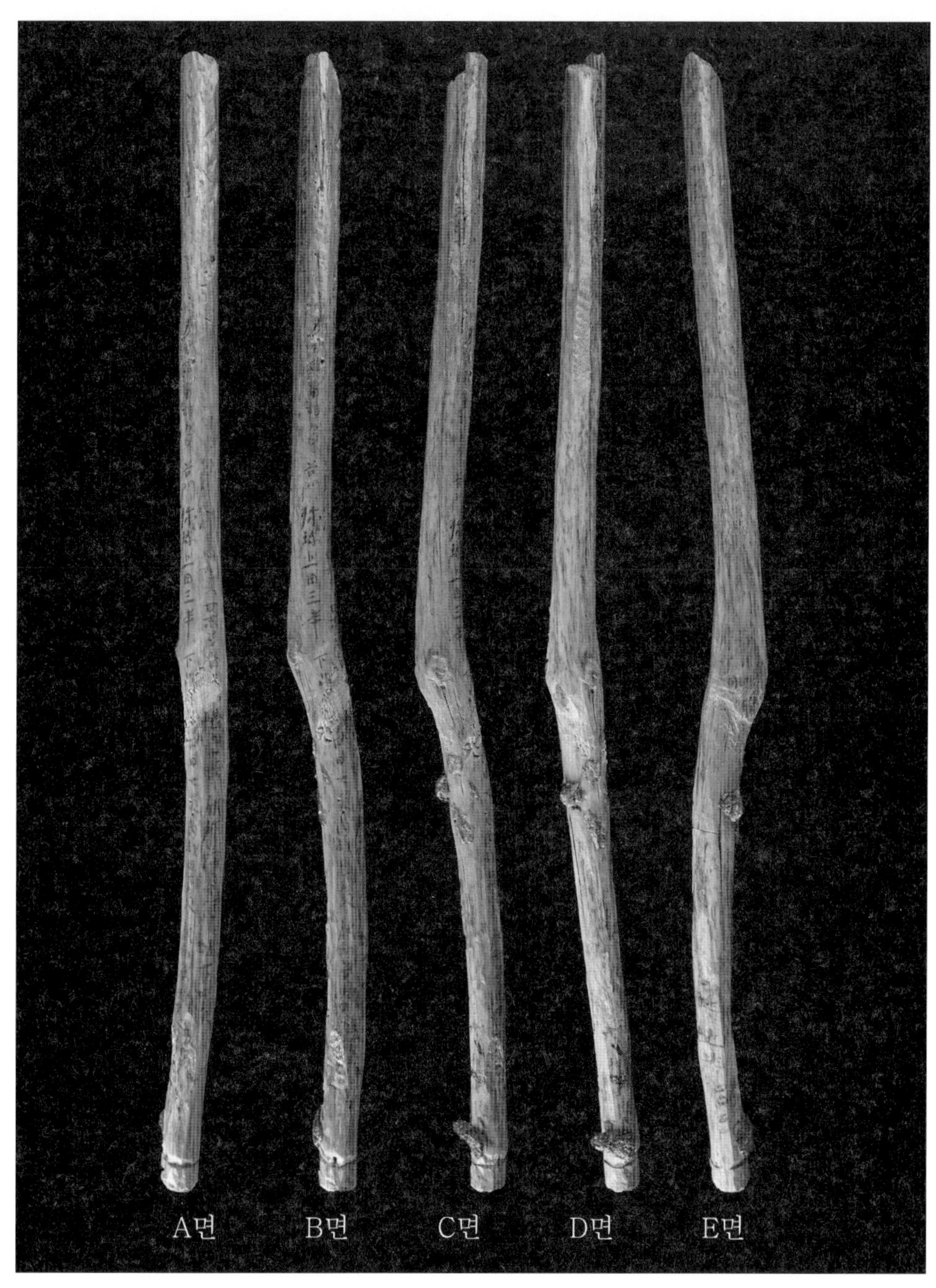
A면
B면
C면
D면
E면

차례

제2부 경산 소월리 목간과 그 주변

제3부 경산 소월리 유적과 동아시아

발간사

20세기 초 이래 중국을 비롯하여 한반도와 일본열도에서 꾸준히 발굴되어온 목간은 그 수량의 방대함이나 내용의 다양성으로 인하여 문헌사료에 손색없는 연구사적 가치를 지닌 것으로 평가된다. 목간은 발굴 지역과 국가의 역사연구에 중요 자료로 활용될 뿐 아니라 목간과 한자를 매개로 전개된 고대 동아시아기록문화의 형성과 전개과정 및 여기에 내재된 고대 동아시아의 역사를 구명하는 데에도 중요한 실마리를 제공하고 있다.

동아시아 목간기록문화는 중국·한반도·일본열도의 순서로 확산되는 과정에서 지역과 시대적 성격을 반영하고 있음은 물론이다. 춘추전국과 진한시대를 중심으로 전개된 木簡專用時代의 목간기록문화가 기원전 2세기 이래 낙랑군을 거쳐 한반도 전역으로 확산된 후 다시 일본열도로 전파되는 과정에서 문화적 변용이 나타났을 것임은 충분히 예상되는 일이다. 특히 한반도와 일본열도에서 출토된 簡紙倂用時代의 목간은 그 형태와 서사구조 및 내용면에서 중국목간과 상당히 달랐을 것이다.

이를 가장 잘 보여주는 사례 중의 하나가 바로 본서의 연구주제인 경산 소월리 출토 목간이다. 2019년 화랑문화재연구원이 발굴한 이 목간은 지금까지의 신라 목간 중 가장 이른 6세기의 것이라는 자료적 가치 뿐 아니라 매우 독특한 형태와 내용을 기재하고 있다는 점에서 국내외의 주목을 받고 있다. 이에 경북대학교 인문학술원 인문한국플러스(HK+)사업단에서는 2021년 4월 화랑문화재연구원·한국목간학회와 함께「경산 소월리 목간의 종합적 검토」라는 제하의 국제학술대회를 공동 개최하였다. 본서는 이때 발표된 논문들을 정선하여 편집한 것이다.

본서는 지금까지 진행된 국내의 소월리 목간에 대한 연구 성과를 총망라하였다. 아울러 소월리 목간의 내용을 중국과 일본의 유사 사례와 비교 연구함으로써 연구의 시야를 동아시아의 범위로 확대하였다는 점에 주목할 필요가 있을 것이다. 본서는 6세기 신라 사회의 水田農業과 水利施設 및 租稅制度에 대한 국내의 연구는 물론 秦漢代 및 三國時代 중국의 水利史에 대한 연구, 그리고 수리시설에서의 제사 가능성에 대한 탐색을 위하여 고대 중국과 일본의 水邊祭祀에 대한 연구 성과까지 수록하였다. 이를 통하여 수월리 목간에 대한 보다 다각적이고 깊이 있는 연구가 이루어짐은 물론, 이 목간이 고대 동아시아 농업사 연구에서도 중요한 자료로 자리매김하기를 기대한다.

옥고를 투고해주신 저자님들과 본서의 출판에 실무를 맡은 경북대 HK+사업단의 이동주 교수님에게 감사드린다. 아울러 HK+사업단의 운영과 본서의 출간을 위해 경제적 지원을 아끼지 않은 한국연구재단 및 본서의 출판을 맡은 주류성출판사에 감사의 마음을 전한다.

윤재석

경북대학교 인문학술원장

HK+사업연구책임자

2022.1

서설

서 설

경산 소월리 출토 목간과 금호강(琴湖江)

주보돈

Ⅰ. 들어가면서

2019년 8월 경북 慶山市 河陽邑 所月里 소재 저수지의 入水 구역 일대를 대상으로 진행한 발굴 결과 지름 1.6미터, 깊이 80센티 가량의 竪穴遺構 속에서 전혀 예기치 않게 1점의 목간이 출토됨으로써 주목을 끌었다. 목간은 대략 길이 74.2㎝, 최대 직경 4.3㎝, 최소 직경 2.8㎝쯤 되는 긴 막대로서 중간 부분에서 약간 구부러진 不定形의 모양새이다. 자연에서 채취한 목재에 약간의 가공을 가하였다.

글씨를 기준으로 위쪽의 머리 부분에 해당하는 곳에 얼핏 파손 흔적이 보이나 부분적이어서 원형에 영향을 미칠 정도는 아니다. 맨 아래편 끝 부분에는 끈으로 묶기 위해서였던 듯 홈을 한 바퀴 둘러서 얕게 팠다.[1] 만약 어디에다 매달

1) 목간 출토 현황과 판독에 대해서는 전경효, 「경산 소월리 목간의 기초적 검토」 『목간과 문자』 24, 2020 참조.

려는 용도였다면 글자는 거꾸로 보이도록 한 셈이다.

묵흔이 5면에 걸쳐서 확인되는 이른바 多面木簡이다. 용도는 선명하지 않으나 일단 문서의 일종일 것으로 추정된다. 적외선 사진으로 현재 확인된 전체 글자 수는 대략 98자에 이르나 각 면의 수치에서는 상당한 차이를 보인다. 많은 곳이 41자이며, 적은 경우는 겨우 몇 자에 불과하다.

글자가 가장 많이 쓰인 B면의 말단부에는 극히 예외적으로 2행 4자로 구성된 듯한 곳도 보인다. 아마도 바로 위 본문의 내용을 약간 敷衍하기 위한 필요성에서였던 것 같다. D면과 E면의 하단부에는 분문으로부터 떨어져서 특정한 글자를 習書한 듯한 흔적도 3곳이나 확인된다.[2)]

목간이 출토된 지점 일대는 주변의 작은 계곡으로부터 발원한 조그마한 물길 몇몇이 만나 저수지로 흘러들어가는 마치 結節地 같은 곳이다. 바로 아래쪽으로는 현재 제법 큰 저수지가 조성되었는데 그 둑은 발굴 지점 일대로부터 아래로 수백 미터 떨어진 곳에 있다. 일제강점기 말기에 현재 모습의 저수지로 만들어졌다 한다.

목간이 출토된 수혈유구와 연관된 신라시대의 저수지가 인근의 어디엔가 따로 존재하였을 법한데 확인되지는 않는다. 현재 저수지 주변 곳곳에는 조그마한 규모의 몇몇 고분군이 조성되어 있다. 어쩌면 당시 목간과 연관 있는 사람들이 묻힌 共同墓域일 듯싶다.

이 저수지에서 흘러내린 물은 바로 맞은편의 벌판을 지나 銀海寺 방편으로부터 내려오는 瓦川과 만나 남쪽으로 얼마 떨어지지 않은 琴湖江으로 들어간다. 그런 의미에서 원래의 저수지를 축조한 주민의 삶은 금호강과 뗄 수 없을 정도로 밀접한 상관관계를 맺고 있었으리라 상정된다. 이 점은 목간을 제대로 이해하는 주요한 단서의 하나로서 작용할 듯하다.

---

2) 문서가 시작하는 첫째 면이 어디인지, 하나의 완결된 문서인지 등등은 명확하지 않다. 전경효, 위의 글에서 제시한 방식에 따라 편의상 A-E으로 구분하였다.

그래서 목간의 내용을 금호강 유역권의 문화가 형성, 전개되는 큰 시각에서 접근함이 온당하다는 입장에서 잠시 다루어보려고 한다. 그렇게 함으로써 겉으로 잘 드러나지 않은 목간 내용의 전반에 대한 이해 수준도 약간이나마 드높일 수 있으리라 기대된다.

Ⅱ. 목간의 내용과 성격

1) 田畓과 堤

적외선 사진을 통해서 관찰되는 소월리 목간의 글자는 묵흔이 조금 미약하고 또 훼손된 부분도 제법 발견되지만 상당할 정도로 판독이 가능하다. 하나의 목간으로서는 전체 글자의 수가 무척 많은 사례에 속한다.

그런데 아쉽게도 목간 작성의 시점이나 용도, 구성 등 문서로서의 성격을 판별하는 데 필요한 기본적 사항들이 뚜렷하지 않은 까닭에 다양한 해석이 시도될 수 있다. 앞으로도 이를 둘러싼 논란은 계속될 수밖에 없을 듯하다. 그래서 여기서는 먼저 목간 자체를 세밀히 분석하는 데 치중하지 않고 내용 전반과 대략의 성격을 나름대로 이해하는 정도에 그치고자 한다.

일단 판독을 둘러싼 불필요한 논란은 피하기 위해 공식적으로 소개된 결과를 그대로 받아들이는 입장에서 잠시 全文을 제시하면 다음과 같다.[3]

A면. ⊂ ⊃卌負甘末谷畓七(?)△堤上一結仇弥谷三結堤下卌負

3) 적외선 사진을 면밀히 살피면 언뜻 달리 읽을 만한 소지도 있으나 번잡함을 피하기 위해서 기존 판독을 그대로 따른다.

B면. ⊂ ⊃△△△△乃△△畓卌 負谷門弥珎上田三半下只△△下田七負內利田△負仇利谷

次△ 五負 △

△△

C면. 下只尸谷畓二結△△△負

D면. ⊂ ⊃△柱柱△

E면. 畓十三結卌負得△△△三結卌負 △堤堤堤 四四四四

목간 전체의 구성과 내용을 대충 훑어보면 몇몇 지역이나 위치를 나타내는 단위별로 공통적인 요소를 단순히 열거하였다는 느낌이 짙다. 만약 이를 매개로 해서 어떤 입장을 각별히 내세우려는 의도로 작성한 문서라면 정식의 문장에서 당연히 들어갔음직한 動詞가 보이지 않음이 무척 의아스럽다. 따라서 어디에 보고하거나 제출하기 위한 용도라기보다는 같은 사항을 함께 묶어놓은 마치 帳簿와 같은 성격으로서 작성된 文件으로[4] 이해된다.

그래서 목간의 내용 전반을 이해하려면 몇몇 핵심적인 글자만을 근거로 삼는 방법밖에 다른 길은 없을 듯하다. 그럴 때 가장 먼저 몇몇 글자가 확연히 눈에 들어온다. 이를테면 谷, 畓, 田, 結, 負, 堤 등을 사례로서 손꼽을 수 있다. 이 글자들은 몇 차례 되풀이 사용된 점에서 목간 내용과 관련된 가장 긴요한 核心語(key words)라 단정하여도 좋을 것 같다. 따라서 이들을 매개로 하면 목간에 담긴 내용과 성격에 약간이나마 더 가까이 다가갈 수 있지 않을까 싶다.

목간에서 가장 많이 등장하는 단어는 結과 負이다. 그 다음은 토지와 관련된 畓과 田이다. 結과 負의 바로 앞에는 특정한 수치가 반드시 따라붙어 畓, 田과 하나의 세트를 이룸으로써 이들의 면적을 나타내는 용도로서 사용되었음은 단번

4) 엄밀하게 말해 완결된 정식의 문서 형식을 갖춘 것이 아니어서 잠시 문건이란 용어를 사용하였다.

에 짐작할 수가 있다. 일단 전과 답의 면적을 結負로서 나타낸 점이 특징적인 현상으로 지적된다.[5)]

이로 보아 목간의 용도는 잠시 젖혀두더라도 특정 지역별로 전답의 면적을 정리해 놓은 장부아 같은 성격임이 저절로 드러난다. 다만, 전과 답을 하나로 묶은 '田畓'과 같은 방식으로 사용되지 않은 점이 유의된다. 이는 전과 답을 의도적으로 구분지어 작성하였음을 뜻한다.

그런데 기재 방식이나 규모 등의 측면에서 田보다는 畓쪽에다 무게 중심을 한층 크게 두고 있다는 느낌이다. 각 지역 단위별로 답과 관련한 사항이 많을 뿐만 아니라 후술하듯이 토지 면적의 總合을 정리한 것으로 여겨지는 마지막 E면에서 畓을 田보다 먼저 제시하였으며, 수량에서도 畓은 13결 40부인 반면 田이[6)] 3결 40부에 불과해 두드러진 차이를 보이는 데서 쉽게 유추된다.

목간이 전답 가운데 답에다 비중을 둔 문건이었다는 점에서 堤란 단어가 눈여겨볼 요소로서 저절로 부각된다. 堤는 글자 그대로 저수지의 둑, 堤防을 지칭하며 당연하게도 답과 직결된 水利灌漑用이었을 터이다. 먼저 A면에는 畓이 소재한 위치를 구체적으로 나타내려는 듯한 堤上과 堤下란 단어가 보인다. 堤를 기준으로 해서 특정한 畓이 위쪽과 아래쪽에 각각 나뉘어 위치한 데서 나온 표현일 것 같다.

堤가 목간에서 매우 큰 비중을 차지함은 E면의 본문과 얼마쯤 떨어진 아래 부분에서 4차례나 그 글자를 되풀이해서 쓴 사실로부터도 짐작된다. 일반적 경향에 비추어 글자를 되풀이해서 쓴 것은 단순한 習書로 봄이 온당하겠지만 용도 여하에 따라 呪術用이었을 여지도 전적으로 배재할 수는 없다.[7)] 유독 3개의 글

---

5) 특징적이란 표현은 단지 후술할 「신라촌락문서」에는 負의 아래에 束까지 세밀하게 나타내고 있는 점에 비추어서 그렇다는 의미이다.

6) 판독이 田으로 확정된 상태는 아니나 바로 앞의 글자 가운데 田이라 推讀해도 좋을 글자가 보인다.

자만이 공히 4번씩 쓴 데서 어떤 각별한 의도성이 감지되기 때문이다. 여하튼 그 가운데 핵심 단어라 여겨지는 堤 자체는 목간에 내재한 기본적인 성격과 밀접하게 연관된 데서 말미암았음을 암시해준다.

이처럼 목간은 전답 중 畓에다 상대적인 비중을 크게 두고서 작성된 일종의 장부로 보인다. 畓이 水利와 연관된 稻와 같은 곡물 재배용의 토지란 사실을 고려하면 堤와는 뗄 수 없는 관계였음은 이를 나위가 없는 일이겠다.

요컨대 목간은 어떤 지역, 혹은 위치의 단위별로 전답, 특히 畓을 중심으로 기록한 일종의 장부로서 堤와 밀접한 상관성이 있다. 다만, 이때 물론 畓에 견줄 바는 아니지만 田이라고 해서 水利와 전혀 무관하지 않음도 아울러서 상기함이 마땅하다.

앞서 잠깐 언급하였듯이 마지막의 E면은 앞부분 전체에서 열거한 총액을 전과 답으로 구분해서 정리, 마무리한 마치 목간 전체의 결론 부분처럼 여겨진다. 그것은 행을 의도적으로 바꾸어 기재하였을 뿐만 아니라 첫머리인 畓의 바로 앞에는 개별 단위의 기록과는 달리 지명과 같은 전답의 소재지를 나타낸 어떤 단어나 標識도 전혀 들어가 있지 않은 데서 자연스럽게 유추되는 사실이다.

비록 종합하였음을 밝힌 단어가 따로 내세워져 있지는 않지만 개별 사항을 모두 종합해서 제시하려는 의미에서 행을 바꾼 것으로 여겨진다. A면의 앞부분이 뚜렷하지 않은 상태이나 그와 같은 기재 방식은 목간이 하나의 장부로서 일단 완결됨을 보여주는 방식이라 해도 좋을 듯하다. 그런 의미에서 앞서 잠정적으로 제시된 판독문의 순서는 일단 正鵠을 얻은 것으로 여겨진다.

---

7) 같은 글자를 4번씩 되풀이해서 쓴 점에서 일단 그처럼 판단된다. 하지만, 특정한 글자만을, 그것도 4번씩 되풀이하였다는 점에서 습서가 아닌 呪術性을 지녔을 여지도 전적으로 배제하기 어렵다. 백제의 경우 여러 글자를 되풀이 쓴 부여 궁남지 3호나 나주 복암리 13호의 경우에는 습서인 듯하지만 능산리 5호 목간처럼 인명을 열거한 뒷면에다 水, 혹은 之를 되풀이해서 쓴 경우는 주술성을 지닌 것이라 추정되고 있다.

끝으로 덧붙인다면 토지가 아닌 곡물이지만 佐官들을 대상으로 곡물을 貸與하고 還收받은 사실을 기재한 충남 부여 雙北里 출토의 백제 「佐官貸食記」를 비롯한 몇몇 장부 목간과도[8] 매우 비슷한 양식인 점이 주목된다. 당시 국가를 불문하고 널리 통용된 장부의 형식을 엿보게 하는 대목이다.

2) 田畓과 谷

다음으로 주목해볼 대상은 谷이다. 이를테면 A면에는 甘末谷, 仇弥谷, B면에는 仇利谷, C면에는 下只尸谷과 같은 사례들이 보인다. 이들은 모두 공통적으로 답이나 전을 나타내는 바로 앞자리에 배치되어 있다. 따라서 某某谷은 전답이 소재한 어떤 지명이나 위치를 나타냄이 분명하다. 谷을 하나의 기본 단위로 해서 전답의 면적을 구체적인 수치로서 보여주는 형식의 기재라 하겠다.

이처럼 谷이 전답 소재지를 드러내는 주요 단위로서 사용된 것 같으나 그렇지는 않은 경우도 보인다. 가령 谷과 비슷한 공통의 語尾가 따로 붙어있지 않은 지명이다. A면의 경우 甘末谷畓에[9] 바로 뒤이어서 다시 堤上1結이, 仇弥谷의 3結에 뒤이어 堤下40負가 기재되어 있다. 이를 제대로 이해하기 위해서는 약간의 구체적 점검이 필요하다.

堤上으로부터 堤下에 이르기까지는 地目이 따로 밝혀져 있지 않은 채 생략되었지만 바로 앞의 감말곡에 보이는 畓을 공통분모로 삼았음이 분명하다. 지목이 단순한 실수로 누락된 것 같지는 않으며 이는 기재 방식의 어떤 특징을 보여주는 것으로 풀이된다. 그렇다면 그것은 곡의 성격을 이해하는 주요한 실마리의 하나가 될 수 있을 듯하다.

---

8) 이를테면 「支藥兒食米記」나 「兵与記」와 같은 사례를 들 수 있다. 그런 의미에서 '記'는 당시 장부를 뜻하는 특정된 용어로 여겨진다.

9) 기왕에 七이라 읽었으나 적외선 사진으로 보아 二일 가능성이 한결 더 클 것으로 보인다.

그런데 堤를 기준으로 하였음에도 堤上과 堤下는 나란히 기록되지 않고 하필 감말곡과 구미곡 등 谷 단위 지명의 앞뒤에 각기 배치되어 있다. 게다가 면적도 앞의 谷 단위에 견주면 매우 적은 편이다. 이는 제상과 제하가 곡과 대등한 독립적인 단위 지역이 아니라 각자 앞의 감말곡과 구미곡의 하위에 소속하였음을 나타낸 것으로 풀이된다. 말하자면 감말곡-제상, 구미곡-제하가 상하로 묶여져 마치 하나의 세트처럼 되어 있는 모습이다.

이런 양상은 어렴풋하게나마 B면과 C면에서도 간취된다. B면의 경우 앞부분 ...乃△△畓卌負로서 하나의 단위가 일단락된 뒤 '谷門弥珎 上田3半, 下只△△ 下田7負, 內利田△負'와 같은 내용이 이어진다. 곡문 이하 부분에서는 답이 보이지 않는 반면 오로지 田만 보임은 각별히 유념해볼 대상이다.

일단 상전과 하전이 앞의 제상과 제하처럼 표현상 서로 대칭되는 위치란 점이 주목된다. 상전과 하전을 당시 토지생산력의 수준 문제와 관련하여 肥沃度에 따라 매긴 토지등급으로 보기는 곤란할 것 같다. 단순히 위와 아래라는 위치를 나타내는 용어라고 간주함이 온당하지 않을까 싶다. 그런 측면은 內利田도 마찬가지이다. 나란히 열거되었음에도 이들에는 畓이 없고 오로지 田뿐이었다는 점에서 하나로 묶어서 이해할 소지가 엿보인다. 바로 뒤이어진 仇利谷에서도 전답과 관련한 기재가 따로 없음은 지목인 듯한 次△이 곧 田이었음을 암시한다.

이로 보면 谷門을 중심으로 해서 이하 B면의 끝까지는 모두 답이 없이 田으로만 이루어진 특징을 보인다. 이들이 모두 열거된 그 자체로 一群을 이룬 비슷한 위치에 있었다고 하여도 무방할 것 같다.

그 가운데 먼저 '谷門弥珎'이 주목된다. 이는 그 자체가 하나의 지명이기보다는 '곡문의 미진'으로 나누어 이해함이 온당할 것 같다. 谷門에 담긴 구체적인 뜻은 알기 어려우나 일단 글자가 보여주는 그대로 '곡으로 들어가는 문', '곡의 입구' 정도로 풀이함이 적절하리라 여겨진다. 그렇다면 弥珎은 일단 곡문이란 큰 범주에 소속하는 하나의 작은 지역 단위나 위치라고 볼 수 있겠다.

그런데 곡문에 포함된 곳이 단지 미진 하나뿐이었다면 굳이 그와 같은 방식으로 나타내었을 리가 없을 것 같다. 이와 관련해서 미진에는 상전이, 하지△△에는 하전이 속한 사실이 주목된다. 앞서 언급한 것처럼 상전은 전의 위치를 구체적으로 나타내는 표현이다. 양자가 서로 상하로 대응되는 위치에 놓였음은 이를 나위가 없다. 상전이 위치한 미진이 곡문에 포함된다면 역시 하전이 속한 하지△△도 마찬가지로 크게 곡문의 범위에 들어간다고 추정해도 그렇게 어긋나지는 않을 듯싶다. 말하자면 곡문이 가리키는 일대의 큰 범위에 미진과 하지△△란 수획이 있었으며, 그 안에서 다시 상전과 하전이 각기 소속되었던 것이라 하겠다.

내리전도 기재 방식상 마찬가지로 큰 범위의 곡문에 들어가 있었을 것 같다. 다만, '내리전'이 '내리의 전'처럼 미진이나 하지△△와 대등한 지역인지 아니면 하전처럼 하지△△에 속한 전의 일종을 나타낸 것인지는 분명하지 않다. 아마도 결이 아닌 하위의 負로만 나타낸 점으로 미루어 후자로 봄이 올바르지 않을까 싶다.

이상과 양상은 C면에서도 확인된다. 판독상의 문제로 말미암아 단정하기는 어렵지만 '下只尸谷畓2結'의 아래에는 '北△△△負'라 하여 전답과 같은 지목이 따로 들어갔을 여지는 별로 없어 보인다. 아마도 △△△에는 北에 이어지는 지명의 일부와 함께 負에 해당하는 어떤 수치가 쓰였으리라 여겨진다. 그런 모습은 A에서 보이는 기재 방식과 무척 닮아 있다.

이상과 같이 보면 전답을 기록한 단위의 주축은 어디까지나 谷(혹은 谷門까지 포함)이다. 谷 단위에 직속한 지역과 함께 그 속에서 특정 전답의 구체적인 위치까지 기재하고 있다.

여하튼 이는 목간에 보이는 모든 지명이 同格이 아니었음을 뜻한다. 목간은 어디까지나 곡을 최고 상위의 단위로 하면서 특정 전답이 구체적으로 소재한 하위의 지역까지를 나타낸 장부 문건이라 하겠다. 그렇다면 이제 우리의 관심을 谷으로 돌림이 적절한 순서이다.

3) 谷의 성격

일반적으로 谷 자체는 원래 자연 상태의 골짜기를 가리키는 단어이다. 한걸음 더 나아가 주변부 일대에 사람이 살면서 저절로 형성된 자연취락을 뜻하는 용어로서 확장되어 마치 '洞'과 비슷한 의미로서 사용되기도 한다. 그럴 경우 전통시대에는 '곡'으로 音讀한 것이 아니라 지역에 따라 '골'이나 '실'로 訓讀함이 일반적이었다. 말하자면 '골'이나 '실'은 산지의 골짜기를 주요 배경으로 해서 이루어진 작은 마을을 뜻하는 용어였던 셈이다.

그런데 삼국시대에는 谷이 그와 같은 취락, 작은 마을의 수준을 훌쩍 뛰어넘어 중앙정부로부터 지방관이 파견된 행정거점인 城村의 성격으로까지 확대 발전한 사례도 보인다. 그래서 「廣開土王碑」나 『삼국사기』 고구려본기에서 확인되는 일부 谷의 용례를 지방 행정 거점으로서의 城과 대등한 성격의 단위로 이해하기도 한다.[10] 신라의 경우도 551년 작성된 「明活山城作城碑」에 역역동원이 이루어진 단위로서 烏大谷이 등장하는데 이 또한 일반적이지는 않지만 그와 마찬가지의 사례로서 해석할 만한 여지를 보인다.[11]

이처럼 신라에서도 특별한 경우에 한정해 谷이 城村 수준의 행정단위로까지 기능하였을 가능성이 엿보인다. 하지만 목간에 등장하는 谷도 반드시 그렇다고 단정하기는 곤란할 것 같다. 일단 『삼국사기』 지리지를 一瞥하면 원래의 신라 영역에서는 郡縣의 명칭으로서 谷이 단위로서 사용된 사례가 하나도 찾아지지 않기 때문이다.[12] 그런 의미에서 앞서 소개한 烏大谷이 오히려 매우 예외적인 사례에 속하는 지명일지도 모른다. 어쩌면 오대곡은 원래 고구려의 영역이었다가 신

10) 武田幸男, 「高句麗史と東アヅア」, 岩波書店, 1989.

11) 주보돈, 「명활산성작성비의 역역동원체제와 촌락」 『조항래교수화갑기념 사학논총』, 1992 ; 『금석문과 신라사』, 지식산업사, 2002, pp.206~208.

12) 『삼국사기』 지리지를 훑어보면 고구려가 붙인 郡縣名에는 大谷郡, 十谷城縣, 五谷郡, 買谷縣, 庰谷縣, 翼谷縣, 羽谷縣, 習比谷縣 등의 지명이 보이나 원래의 신라 지역에서는 谷을 語尾로 사용한 사례가 전혀 확인되지 않는 특징을 보여준다.

라에 새로 편입된 지역이었을 수도 있겠다. 그렇지 않다면 뒤에 따라붙어 마땅한 성촌명이 생략된 표현이었을지도 잘 알 수가 없다.

목간 내용에 보이는 谷門이 곡의 성격을 판별하는 데 시사하는 바가 크다. 곡문의 구체적 의미는 확연하지는 않지만 표현 그대로에 따른다면 어떤 마을이나 계곡으로 들어가는 입구의 특정 지역 일대를 막연하게 가리키는 표현일 듯싶다. 堤上이나 堤下도 위치를 나타내는 기준으로서 堤를 사용하였다는 점에서 그와 비슷한 양상이다. 이들은 목간에 보이는 谷을 무조건 행정단위로서 단정하기 어렵도록 만드는 요소이다.

여하튼 여러모로 목간에 등장하는 谷은 단순히 자연적인 골짜기에 불과하거나 아니면 이를 배경으로 삼아 형성된 자연취락, 작은 마을을 뜻한다고 봄이 무난할 것 같다. 그런 추정을 보증하기 위해 통일기에 작성된 「新羅村落文書」의 사례를 잠시 참고삼을 필요가 있다.

목간에 보이는 전답의 면적이 「신라촌락문서」에 견주어 매우 작다는 사실이 눈에 띈다.「신라촌락문서」 가운데 일단 전답 면적만을 촌별로 摘出하면 다음과 같다.

畓田
A촌102결 2負 4束/ 62결 10부
B촌63결 10부 5속 / 119결 5부 8속
C촌71결 67부/58결 7부 1속
D촌29결 19부/77결 19부

「신라촌락문서」에 보이는 4개 촌의 전답 규모는 촌마다 큰 차이를 보인다. 畓은 가장 많은 경우 102결, 적은 경우 29결에 불과하다. 한편, 田은 가장 많은 촌이 119결, 적은 촌이 58결이다. 이들 4개 촌 각각은 흔히 지방관이 파견된 행정거점인 縣을 구성하는 하위의 단위인 자연촌의 성격으로 이해되고 있다.

문서의 자연촌 인구는 지난 3년 간 심한 변동을 겪은 양상을 보이지만 작성 시점을 기준으로 A촌 147명, B촌 125명, C촌 72명, D촌 118명이다. 전체 토지의 면적과 인구의 多寡가 꼭 비례하는 것이 아님을 짐작할 수 있다. 여하튼 「신라촌락문서」는 신라 통일기 자연촌 인구 구성의 실태와 토지 사정에 대한 대강을 짐작하게 하는 유용한 자료이다.

비록 뒤늦은 통일기의 사례이지만 「신라촌락문서」의 자연촌 실태에 견주어 목간에 등재된 谷 단위의 토지 면적은 너무나 작다. 이에 대해 상정 가능한 해석은 두 가지일 듯하다.

하나는 목간이 보여주는 수량 그대로가 곧 각 谷단위에 속한 전답의 전부였을 가능성이다. 그런데 통일기의 자연촌 가운데 가장 작은 D촌에 견주어 목간의 전답 전부(답은 13결 40부, 전은 3결 40부)를 다 합치더라도 지나치게 작음을 알 수 있다. 토지의 면적으로 보아 이런 규모의 谷이라면 적어도 10여개 이상을 합쳐야만 겨우 하나의 자연촌 수준이 될까 말까할 정도이다. 따라서 그럴 가능성은 별로 커 보이지 않는다. 다만, 谷이 단순한 자연 상태의 골짜기라면 전혀 불가능한 일은 아닐지 모르겠다. 그럴 때에는 이들 곡을 비롯한 여러 지명은 단지 전답이 소재한 지리적 위치를 가리키는 용도로서만 사용된 데에 불과한 셈이 되겠다.

다른 하나는 谷을 기본 단위로 해서 각기 보유한 전답 가운데 어떤 기준에 입각해 일부분씩만 따로 떼어내어 배정하였을 가능성이다. 谷에 소속한 전답의 전체 수량은 전혀 드러나 있지 않으나 그 가운데 일정한 수치씩만 각각 배정해서 이를 최종적으로 합산하였을 경우이다. 이처럼 여러 谷을 하나의 단위로 삼아 어떤 내부적인 필요성 때문에 일정 분량의 전답을 배정하고 이를 하나의 장부로 만들어서 종합 정리한 셈이 된다.

양자 가운데 극단적인 소지를 엿보이는 전자보다 일단 후자로 풀이함이 올바른 진단일 듯하다. 그럴 때 참고로 삼을 만한 하나의 근거 자료는 역시 「신라촌락문서」에서 찾아진다.

「신라촌락문서」에는 4개의 자연촌마다 거의 比等한 분량으로 할당된 官謨

田·畓이란 地目이 보인다. A촌 답4결, B촌 답3결 66부 7속, C촌 답 3결, D촌 답 3결 20부 및 전 1결 등이다. 관모답을 주축으로 하였음이 특징이나 D촌에서만은 그와 동시에 약간의 관모전도 보인다. 아마도 D촌 전체 토지 가운데 상대적으로 답보다 전의 비중이 월등히 큰 데서 비롯한 부득이한 조치로 여겨진다.

관모전·답은 글자 그대로 官需用이었을 공산이 크다. 촌락 주민이 보유한 토지 지목인 烟受有(田)畓 속에 포함시키지 않고 그와는 별도로 편제하였음이 특징적이다. 이는 관모전·답이 연수유(전)답을 보유한 촌락민들에 의해 의무적으로 공동 경작되었음을 시사하는 대목이다.

특별한 지목으로서는 관모전·답 이외에도 內視令畓이나 村主位畓 등이 보인다. 이들은 모든 자연촌에다 골고루 배정하지 않고 오직 답의 비중이 상대적으로 큰 A촌에만 한정하였음이 특징적이다. 이들은 각각 내시령이나 촌주란 職任에 대한 대가로서 배정된 지목임이 틀림없다. 그 가운데 촌주위답의 분량이 유난히 크지만 이는 관모전답이나 내시령답과는 달리 연수유답에 포함된 점에서 차이가 뚜렷하다. 촌주위답은 재지의 가장 유력자인 村主에게 지급된 연수유답이란 점에서 촌락민들이 공동 경작하였다고 보기는 어렵겠다.

이상과 같은 사실로부터 미루어 짐작하면 목간의 토지는 각 단위마다 일정액을 배정한 점에서 관모전·답과 매우 닮은 모습을 하고 있고 규모도 엇비슷하다. 그렇다고 자연촌마다 배정된 관모전·답과 谷을 단위 기준으로 심아 설정한 토지가 비슷한 성격이나 용도였다는 의미는 결코 아니다. 다만, 자연촌 단위로 배정된 관모전·답이 官需用으로서 당해 촌민에 의해 공동 경작되었다면 각 지역 단위로 일정 분량씩을 차출한 목간의 전답도 마찬가지로 共用이나 供用의 대상으로서 공동 경작하고 운용하였을 여지가 엿보인다.

요컨대 谷단위의 전답은 자체가 보유한 전체 분량이 아니며 그 가운데 일부만을 추출해서 드러낸 것으로 봄이 온당할 듯하다. 그럴 그 목적이나 용도는 따로 추적함 마땅하다.

Ⅲ. 목간의 용도와 堤

이상과 같이 목간에 등장하는 谷은 당시 지방관이 파견된 행정 거점으로서의 城村을 구성하는 하위 단위의 자연촌이나 자연취락 수준일 것으로 여겨진다. 제시된 전답은 谷단위 지역의 전부가 아닌 일부만을 어떤 필요성 때문에 따로 지정해서 순차적으로 열거한 뒤 제일 끝 면에는 따로 그 총액을 정리해둔 일종의 장부 문건일 것이라 추론하였다.

그렇다면 왜 일부 전답만을 배당해서 굳이 기록으로 작성, 정리한 것일까라는 의문을 당연히 가져봄 직하다. 일단 목간의 출토 양상에서 그에 접근할 만한 약간의 실마리를 찾아낼 수 있을 것 같다.

문제의 수혈유구로부터 출토된 것은 목간뿐이 아니었다. 깊이 80센티 정도인 수혈유구는 발굴을 통해 위편의 沙質粘土와 아래편의 灰青色泥土層 등 확연하게 구별되는 두 개의 층위로 이루어졌다. 상층부에서는 완·개·고배편 등이, 하층부에서는 人面裝飾瓮 1점과 시루 1점이 출토되었다. 상층부나 하층부의 토기가 모두 6세기 후반에서 7세기 초엽의 것으로 편년된다고 한다. 목간 자체에는 연대를 확연하게 판별한 만한 어떠한 片鱗도 찾아낼 수 없지만 그런 상황 전반을 매개로 대략 6세기 말 무렵으로 추정하더라도 그리 큰 잘못은 없으리라 여겨진다.

목간은 하층에서 싸리나무다발 및 자귀로 추정되는 木製와 함께 같은 층위의 가장 밑바닥에 깔린 상태였다. 반듯하게 놓인 인면장식옹 바로 옆에 놓여 있었던 것이다. 옹은 전혀 파손을 거치지 않고 원상을 온전히 유지한 상태로 출토되었다. 배치나 구성의 양상으로 미루어 일단 하층부의 유물 가운데 중핵은 아무래도 인면장식옹이라 봄이 적절할 것 같다. 이를 주축으로 다른 물품은 그에 대한 보조용의 성격인 듯이 느껴진다.

인면장식옹은 지금껏 알려진 유일한 용례에 속하는 까닭에 용도나 성격 등에 대한 판별이 쉽지가 않다. 토기를 돌려가면서 공히 3등분한 특이한 모습인데, 각기 사람의 얼굴 모양을 하고 있다. 3인의 얼굴 모습은 언뜻 매우 비슷한 듯이 보이지만 자세히 관찰하면 표정에서 약간씩 차이가 난다. 각 얼굴은 마치 어떤 나름의 의미를 내밀히 전달해주려는 듯한 모양새를 한 느낌이다.

토기에 얼굴을 3개씩이나 애써 힘들게 만든 사실은 단순히 심심풀이를 위한 놀이용이거나 실용적인 성격의 용도라고는 여겨지지 않는다. 이를 통해 무엇인가를 나타내려는 예사롭지 않은 상징성을 밑바탕에 깐 듯한 인상이 강하게 묻어난다. 마구 버려진 폐기의 상태가 아니라 가지런하게 배치해 손상을 거치지 않도록 함으로써 온전한 모습이 유지된 사실로부터 그것이 매우 신성하게 여겨지고 매우 조심스럽게 다루어졌음을 읽어낼 수 있다. 그런 의미에서 어떤 祭儀用이었을 가능성이 짙게 묻어난다고 하겠다.

사실 하나의 수혈유구가 2개의 층위를 이룬 자체는 일정한 시차를 두고서 적어도 두 차례나 활용하였음을 보여준다. 하층부를 대상으로 어떤 행위가 먼저 1차로 이루어지고 이후 상당한 시간이 경과한 뒤 다시 위층부에서 어떤 행위가 2차로 진행된 것이다. 이는 수혈유규가 단순한 폐기장이 아니었음을 입증해주는 사실이다.

두 차례에 걸쳐 어떤 행위가 의도적으로 이루어졌다면 제의를 제외하고는 달리 생각할 여지는 별로 없을 듯하다. 따라서 수혈은 일단 제의행위와 밀접히 연관된 유구라고 진단함이 적절하겠다. 그렇다면 인면장식옹을 비롯한 여타 유물은 제의행위를 진행하기 위한 수단으로서 사용되었을 터이다.

싸리다발은 말할 것도 없고 이와 같이 출토된 목간 역시 제의행위의 주축인 인면장식옹의 보조적인 성격을 띠었을 가능성이 엿보인다. 목간은 의도적으로 폐기된 성질의 것이 아님은 분명하기 때문이다. 만약 폐기용이었다면 그처럼 깊은 곳에다 긴 막대기를 온전한 모습을 한 상태로 구태여 제의용의 그릇과 함께 묻었을 리 만무하다. 여하튼 당시 제의는 매우 신성함을 추구하였을 터인데 무관하였다면 목간을 함께 넣었다고 보기는 어렵겠다.

만일 제의와 아무런 상관이 없음에도 장부 목간을 함께 밑바닥에 깔았음은 이상스럽기 짝이 없는 일이겠다. 당시 글자로 정리된 문건 자체가 아무렇게나 마구 취급될 성질의 것은 아니었기 때문이다. 그러므로 목간도 당연히 제의행위와 일정한 상관관계를 갖는다고 봄이 온당할 것 같다.

그럴 때 먼저 수혈유구를 둘러싼 주변의 경관이 주목된다. 유구는 물이 흘러가는 도랑(溝)의 중간 지점쯤에 위치해 있다. 따라서 제의행위가 존재하였다면 이는 아무래도 물과의 관련성을 따로 떼어놓고서 생각하기 어려운 일이겠다.

수혈유구로부터 바로 북쪽편 일대의 낮은 臺地에는 몇몇 掘立柱의 高床式 建物이 나란히 자리하였음이 드러났다. 이들도 역시 제의와 전혀 무관하였을 것 같지가 않다. 제의와 일정한 상관관계를 가진 공식의 건축물이거나 아니면 제의행위와 연관된 용구나 수확물을 收藏한 창고와 같은 성격의 건물일 수도 있을 터이다. 여하튼 이 건축물도 제의와 일정한 관련성을 갖고 있음을 부정하기는 어려울 듯싶다.

이처럼 수혈유구가 흐르는 물 가운데에 있고 그 배후지에 건물이 배치된 주변의 경관 전반을 고려하면 당연히 목간 내용의 주축을 이루는 堤를 떠올리지 않을 수 없다. 목간이 만약 물과 연관된 제의행위의 한 수단이라면 출토 위치상 堤가 주요한 고려의 대상이 될 수밖에 없기 때문이다.

수혈유구가 위치한 지점은 역시 지리지형적으로 보아 堤에 의해 만들어진 저수지의 가장 위쪽 편이다. 따라서 저수지로 물이 흘러들어가는 입수구역에 해당하므로 목간의 堤도 상관성을 갖고 있으리라 추론하여도 하등 이상스럽지가 않다. 목간에서 堤가 畓 및 谷과 서로 연결되어 하나의 세트를 이루는 듯이 보임도 바로 그 때문이라 하겠다.

목간이 물과 관련 있는 제의의 용도라면 거기에 기재된 전답 역시 그와 무관할 수가 없겠다. 제의행위에는 기본적으로 추구하려는 뚜렷한 목적이 들어가 있고, 또 이를 추진하고 유지해가는 데에 적지 않은 비용이 소용되게 마련이다. 옆의 고상건물은 제의 자체나 아니면 필요한 물품 일체나 및 비용 등의 보관과도 일정한 상관관계가 있을 것으로 여겨진다.

그런데 문제는 목간에 곡물과 같은 제의행위와 직결되는 물품이 아닌 전답이 명시된 사실이다. 이로 보아 당시 치러진 제의가 특정 곡물의 수확을 직접 겨냥한 행위라 보기는 어렵다. 주요 목적이 이를테면 당장의 곡물 수확이나 풍요와 직결되었다면 전답의 일부만이 기재된 자체는 매우 의아스럽게 여겨지는 대목이다. 다만, 어떤 형태로건 堤와 연관된다고 봄이 여러모로 적절할 듯하다.

수리관개용의 제방을 쌓음으로써 저수지를 만든 목적은 물을 담았다가 적당한 때에 사용함으로써 농업생산력을 높이려는 데 있다. 그럴 때 무엇보다도 일단 물을 모으는 일이 일차적이며, 그 다음은 잘 관리하였다가 필요한 시점에 이르러 사용하는 두 단계로 이루어진다.

이미 築堤할 때부터 별다른 탈 없이 순조롭게 이루어지도록 상당한 수준의 제의행위를 진행하였을 법하다. 구체적인 사례를 삼국 및 통일기 자료에서는 달리 찾아내기 어려우나 『日本書紀』에 잠시 참고할 만한 자료가[13] 보인다. 인덕기 11년(443년 추정) 홍수 방비를 위해 茨田堤란 제방을 쌓으려는 시도가 거듭 실패하자 2인의 人身을 차출해서 河伯神에게 공양함으로써 드디어 이룰 있게 된 사례이다. 이는 당시 축제가 기술적으로 그만큼 어려웠음을 입증한다.

그런데목간을 통해 볼 때 제는 이미 만들어져 있는 상태이므로 제의행위를 축제와 즉각 연계시키기는 곤란하겠다. 그렇다면 일단 물을 모으거나 빼내는 등 저수지를 관리하는 행위와 관계된다고 봄이 적절하다.[14] 수혈유구가 도랑 한가운데 만들어졌다는 점에서 농사가 시작되던 시기에 저수지의 물이 제대로 순조롭게 입수되기를 바란 데서 나온 제의행위를 상정해 봄이 어떨까 싶다. 제의행위가 입수구역에서 벌어졌다는 자체가 그를 방증해준다.

---

13) 『日本書紀』 11 仁德紀 11년 冬10월조.

14) 노중국, 「한국고대의 수리시설과 농경에 대한 몇 가지 검토」 『한국고대의 수전농업과 수리시설』, 서경문화사, 2010, p.43에서는 저수지의 물을 빼는 날 수로에서 제의가 행해졌을 가능성을 시사하였다.

수리관개를 위한 제방을 축조하고 이를 유지·관리해나가는 데에는 일시에 다량의 노동력을 동원할 수 있는 조직체계가 필요하다. 이는 개인적 차원에서 절대 이루어질 수는 없는 성격이다. 따라서 적어도 堤와 연관된 공동체 전체 수준의 관심과 참여가 투여되지 않으면 안 된다. 아마도 거기에 소요되는 공동 노동은 물론 경비까지 공동으로 부담하는 방식으로 진행되었을 터이다.

목간에 보이는 谷단위별 전답의 지정은 바로 그런 실상을 엿보게 한다. 아마도 설정된 전답을 공동 경작하고 얻은 수확물은 共用으로서 供奉되었을 것 같다. 전답과 관련된 목간을 제의행위가 마무리되면서 중핵인 인면장식옹과 함께 묻은 것도 바로 그 때문이었을 것으로 여겨진다. 그런 의미에서 인면은 신의 상징, 특히 물을 관장하는 河神의 모습을 형상화한 것일지도 모를 일이다.

Ⅳ. 금호강 유역의 문화와 목간

1) 제방과 벼농사

목간이 堤와 연관된 제의용의 일부라면 거기에 쓰인 여러 글자 가운데 아무래도 관심을 가져봄 직한 대상은 역시 그와 직결된 畓일 수밖에 없다. 堤防을 쌓아 못, 저수지를 만든 목적이 田과 전혀 무관하다고 할 수는 없겠으나 아무래도 답의 경작에 둔 무게 중심이 놓였을 터이기 때문이다. 말하자면 堤의 주요 대상이 어디까지나 적절한 때 물의 수급을 반드시 필요로 하는 畓에 두어졌을 것임은 재론의 여지가 없다.

답은 여러 곡물 가운데 특히 벼(稻, 禾) 재배용의 토지이다. 그래서 旱田인 밭(田)과는 따로 구별될 수밖에 없는 성질의 것이다. 물론 논벼(水稻)가 아닌 이른바 밭벼(陸稻)도 있지만 이는 뒷날 농업기술의 향상으로 비로소 가능해진 일이라 한다.[15] 따라서 당시 벼농사의 중심은 어디까지나 논벼라고 하겠으며 이를 재배하기 위한 토지가 바로 답이다. 답은 水利灌漑 시설을 제대로 갖추었을 때 비로소 안정적 경작이 가능해진다. 그렇지 않으면 언제나 위험이 적지 않게 뒤따르게 마련이다.

물을 담았다가 빼어서 쓰기 위한 수리관개 시설을 갖추는 데에는 高度의 기술력이 요구된다. 밭농사에 비해 아무래도 논농사가 뒤늦게 정착될 수밖에 없었던 것도 비로 그런 사정 때문이었다. 『三國志』 韓傳에 三韓사회의 농작물을 '五穀及稻'라 하였듯이 벼가 오곡 속에 포함되지 않은 채 나란히 열거되었음은[16] 그런 정황을 어렴풋이나마 반영한다. 농경 가운데 벼농사의 기원과 시작 시점을 둘러싼 상당한 논란이 있지만 청동기 단계에서는 재배가 확실해진 상태였다.[17] 아마도 벼농사 초기에는 소규모의 자연 저습지를 활용한 매우 초보적인 방법과 수준에 머물렀을 터이다.

기원 전후 무렵 철제 농공구의 발달에 따라 농경지 개발이 활발하게 이루어짐으로써 농업생산력은 크게 향상되어 갔다. 그런 과정에서 벼농사가 차지하는 비중도 차츰 커져갔음은 상상키 어렵지 않다. 동시에 수리관개에 대한 관심도 부쩍 높아졌을 것임은 물론이다. 삼한 시기에 五穀과 함께 벼가 나란히 기재된 사실은 그처럼 수전농업의 비중이 상대적으로 높아진 상태를 반영하는 것으로 풀이된다.

하지만 당시 수리관개 시설의 실상은 아직 뚜렷하게 드러나지 않은 실정이다. 6세기 이후의 사례이기는 수리관개의 전형적 사례로서는 洑, 塢, 堤 등 여러 용례가 등장한다. 이들은 서로 통용되기도 해서[18] 용어에 따른 구체적 차이점이 어떤지는 아직 확연해진 생태는 아니다. 당시 기술력의 수준과 관련한 제반 사정

---

15) 이현혜, 「4-6세기 신라의 농업기술과 사회발전」 『한국상고사학보』 8, 1991 ; 『한국고대의 생산과 교역』, 일조각, 1998, p.136.

16) 『삼국지』 30 동이전 韓條.

17) 이홍종, 「도작문화의 정착과 확산」 『한국고대의 수전농업과 수리시설』, 서경문화사, 2010, p.206.

18) 「영천청제비」의 堤를 「정원수치기」에서는 洑라고 지칭하였다.

을 제대로 알 길이 없지만 벼농사의 존재 사실로 미루어 짐작하면 일단 삼한시기에도 어떤 형태로건 수리시설의 존재를 부정하기는 어렵겠다. 그래서 삼한의 국명 가운데 마한의 優休牟涿國, 진한의 難彌離彌凍國, 변한의 彌離彌凍國, 古資彌凍國에 보이는 '牟涿'이나 '彌凍'을 '물둑'의 의미로 풀이하여 상당한 수준의 기술력이 요구되는 제방의 존재를 상정하는 견해가 제기되기도 하였다.[19]

이처럼 삼한시기에는 저습지를 이용하거나 일부 물을 수용하고 공급하는 기능을 하는 초보적인 수리관개가 일부 특정 지역에서 미약하게나마 이루어짐으로써 벼농사가 안정적으로 행해졌을 여지는 충분하다. 그렇지만 높은 생산력을 유지하면서 널리 확산되고 성행하는 데에는 아무래도 상당한 기술 수준이 요구되는 堤防이 전제였으므로 벼농사 자체는 일부 지역에 국한되었을 가능성이 크다.

게다가 제방 축조는 일시에 다량의 체계적인 인력 동원이 요구되는 대규모 사업이었다. 그러므로 축제의 본격적 추진은 아무래도 중앙집권적인 성격의 국가인 삼국이 출범한 이후 시기에나 가능하였던 일로 여겨진다. 축제가 행해짐으로써 일부 지역에 국한되던 벼농사는 급속도로 널리 퍼져나가게 되었을 것이다.

벼농사의 확산과 관련하여 역시 주목해볼 대상은 역시 목간에 보이는 畓이란 글자이다. 畓은 561년의 「眞興王昌寧碑」에 처음 등장한다. 비문의 첫째 단락인 이른바 題記에는 다음과 같은 주목해볼 구절이 보인다.

'寡人幼年承基(중략) 土地疆△山林(중략)也 大等与軍主幢主道使
与外村主審照 故(중략)海州白田畓△△与山櫨(?)河川△敎以(하략)

문단의 제일 앞부분이 '寡人'으로 시작되는 서술 방식이나 끝 부분의 '敎以'란 표현으로 미루어 진흥왕이 중앙의 고위관료 및 전국의 각 요충지에 파견되어 있

19) 이병도, 「삼한문제의 연구」 『한국고대사연구』, 박영사, 1976, pp.260~277.

던 軍官, 地方官과 함께 比斯伐(창녕) 지역에 근거를 갖고 있던 촌주와 같은 지방 유력자들을 불러 모아 집결하게 된 목적이나 목표와 연계된 내용을 教示하는 것의 일부이다. 碑面의 마멸이 심하게 진행되어 전모를 구체적으로 파악하기는 힘드나 당시 여러모로 국가적 차원에서 영토를 매우 중하게 여겨 각별히 강조하려는 인식의 일단을 읽어낼 수가 있다. 전반적 흐름으로 보아 이제 농업생산성의 무게 중심이 노동력으로부터 토지 쪽으로 차츰 옮겨져 가는 분위기가 엿보인다.[20]

그 가운데 '海州白田畓'이라고 한 표현이 각별히 유의된다. '海州'는 글자 그대로 바다에 면한 지역에 이르기까지의 신라 영역 전체를 아우른 용어인 듯하다. 그 안의 토지 지목을 크게 '白田畓', 즉 '白田'과 '畓'으로 나누고 있는 것이다.

백전은 한전인 밭을 총칭하는 표현이며, 답은 글자 그대로 水田을 가리킬 터이다. 답은 이보다 앞선 어느 시점에 水田의 두 글자를 하나로 合字해서 만들어낸 신라의 독특한 造字이다. 여기서는 일단 밭을 답보다 앞세우고 있음이 주목된다. 이는 당시 경작지로서는 밭이 논보다 한결 더 일반적이었음을 시사해주는 대목이다. 앞서 본 목간을 통해서 확인한 바 있듯이 답을 중시한 양상과는 전혀 다른 면모이다. 이는 거꾸로 목간에서 답을 얼마나 비중 있게 다루었는가를 보여주는 방증이기도 하다.

또 하나 지적해두고 싶은 사실은 신라인들이 旱田으로 여겨지는 白田은 합자해서 조자로서 만들지 않았던 점이다. 토지 지목과 관련하여서는 水田에 한정해서만 굳이 畓이란 글자를 만든 것이다. 이는 널리 지적되고 있듯이 백제의 실상과는 정반대되는 양상이다. 백제에서는 오히려 水田은 그대로 쓴 반면 白田에 대해서는 하나로 合字해서 畠이란 글자를 만들어내었다. 백제와 신라가 地目 가운데 각자 나름의 글자를 造字해서 사용한 특색을 보인다. 그 자체는 논밭에 대해

20) 이런 분위기의 일반적 동향에 대해서는 김기흥, 『삼국 및 통일신라 세제의 연구』, 역사비평사, 1991, pp.161~162 참조.

두 나라의 인식에서 상당히 차이가 났음을 느끼게 하는 대목이다.

그런데 畓은 신라에서 만들어진 이후 고려 조선을 거쳐 현재까지도 생명력을 이어오고 있는 글자이다. 하지만 같은 시기의 인근 다른 어떤 나라에서도 畓이란 글자를 받아들여 통용한 사례는 아직껏 발견되지 않는다. 그렇다면 이는 신라에서만 국한해서 사용되었음을 뜻한다.

반면 백제에서 만든 畠은 신라가 수용하지는 않았으나 어느 시점에 일본으로 전해져 지금껏 사용되고 있는 글자이다. 오래도록 일본에서는 자신들의 國字로 잘못 여겨왔으나[21] 최근 나주 복암리에서 출토된 목간으로 백제의 조자임이 밝혀졌다. 문자 문화의 생성과 전파 및 수용의 양상이 국가마다 상당히 달랐음을 보여주는 사례이다.

한편, 이와는 또 다른 사례로는 고구려에서 만든 椋이란 글자를 들 수 있다. 두루 알려져 있다시피 고구려에서는 高床式 창고인 듯한 桴京을 근거로 椋이란 글자를 만들어서[22] 사용하였다. 이 글자는 408년의 「德興里壁畵古墳」 墨書銘에서 처음 나타나며 이후 백제나 신라에서 사용한 사실이 최근 발견된 목간 등 당대 자료에서 널리 확인되었다. 심지어 백제에서는 6세기 전반 內椋部와 外椋部와 같이 중앙의 행정관부명으로서 사용한 적도 있다. 신라에도 비슷하게 제반 창고 업무를 담당하는 관부의 屬司인 듯한 椋司란 관아가 두어진 사실이 보인다. 椋의 확산 정도를 짐작케 하는 대목이다.

---

21) 『芝峯類說』 지리부 田條에서도 이를 일본의 글자로 보고 있다고 한다. 이를 빌어 백제 목간의 畠도 합자가 아니라 단순히 세로로 쓰인 데서 빚어진 것으로 추정하기도 한다(송기호, 『농사짓고 장사하고』, 서울대출판문화원, 2014, p.98).

22) 椋이란 한자는 원래 있지만 푸조나무의 뜻으로서 창고와는 전혀 상관이 없는 다른 뜻이다. 따라서 고구려의 椋은 단순히 한자를 빌려 표기한 글자라기보다는 그와는 전혀 상관없이 만들어낸 글자로 봄이 적절하다. 그런 점에서 신라의 조자로서 武의 의미인 另이나 닭의 뜻인 喙도 원래의 비슷한 한자와는 전혀 상관없이 만들어낸 글자라 하겠다. 글자를 새롭게 만들어낸 여러 방법 가운데 하나라고 할 수 있다.

이로써 일찍이 고구려에서 만든 조자인 椋은 삼국 사이에 창고를 가리키는 일반적 용어로서 굳어지게 된 듯하다. 얼마 뒤에는 일본에까지 전해져서 통용되었다. 유독 椋만은 특이하게도 동아시아 일원에서 공통적으로 사용되었다는 점에서 특징적 면모가 뚜렷하다. 신라의 뒤를 이은 고려시대까지도 사용되다가[23] 어느 틈엔가 소멸되고 말았다.

이처럼 삼국이 모두 나름의 근거와 의도 아래 造字를 창안한 사실이 주목되거니와 왜 특별한 글자에 국한해서 만들어 사용하기를 고집하였는지 분명하지 않다. 다만, 신라 지배층들이 자신들만의 고유한 정체성을 나타내려는 의도에서 굳이 '닭'을 뜻하는 '㖨'(梁, 달, 탁)이란 글자를 만들어 널리 통용시킨 사실에서 짐작되듯이[24] 당해 글자를 각별히 여긴 인식으로부터 말미암았으리라 상상된다. 그런 의미에서 백제는 水田보다 白田(畠)을, 고구려는 桴京(椋)을, 신라는 白田보다 水田(畓)을 유난스럽게 생각하였다고 풀이하여도 무방하겠다.

이처럼 신라는 사회경제적으로 토지의 중요성을 인식하면서 지목 가운데 水田에 대한 관심을 크게 기울였고 이로 말미암아 마침내 畓이란 새로운 글자를 의도적으로 만들어내기까지 한 것이었다. 이는 수전에서 생산되는 논벼에 대한 관심이 다른 곡물에 대해서보다 상대적으로 높았음을 방증한다. 제방, 저수지 축조에 대해서 관심을 쏟았음은 바로 그런 양상과 맞물려 진행되었을 터이다. 역으로 제방의 활발한 축조로 벼농사가 의외의 큰 성공을 거두게 된 결과로서 유독 畓이란 글자를 만들게 되었을 공산도 엿보인다.

2) 금호강 유역권의 벼농사 문화

신라가 제방을 쌓아 저수지를 만든 첫 사례로는 訖解尼師今 21년(330) 碧骨池를 열었다는 기사에서 엿보이나[25] 그 기년은 물론 백제의 것이 신라본기에 잘

---

23) 석가탑 출토의 「無垢晶光塔重修記」 참조.

24) 㖨이 인명에서 사용한 몇몇 사례가 최근 목간을 통해서 알 수 있게 되었다.

못 들어간 것이라는[26] 등의 논란이 있어 액면 그대로 받아들이기 곤란한 실정이다. 이외에 訥祇痲立干 13년(429)에는 矢堤를 新築하였는데 岸長이 2170步였다는 사례가[27] 보인다. 矢堤의 현재 위치도 분명하지 않은데 안장, 둑의 길이가 당시의 제방으로서는 너무 길어서 문제가 된다.

578년의 「大邱戊戌塢作碑」에 의하면 另冬里村 소재의 高△塢는 길이가 겨우 50보밖에 되지 않는다. 536년의 「永川菁堤碑」에 보이는 청못(菁堤)의 길이는 잘 알 수 없으나 같은 제방을 대상으로 삼은 798년의 「菁堤碑貞元修治記」에서나 현재도 사용되고 있는 둑의 현황을 견주어도 지나치게 길다. 아무리 길게 잡아도 백여 미터 정도로서 당시의 步로 환산하면 백여 보 정도를 넘지 않았을 것 같다.[28] 시제를 만들 즈음인 5세기 중반 당시의 축제가 계곡 입구를 막아서 물을 모아가두는 방식이었으므로 2170보로 되기는 어렵겠다. 이는 물을 담은 전체 공간의 둘레이거나 아니면 후대의 소급 부회에 따른 잘못으로 여겨진다.

그것은 여하튼 신라에서는 畓이란 글자를 만든 사실을 통해서도 벼농사에 각별한 관심을 기울였음을 유추해낼 수 있다. 그를 위해서는 제방의 축조에 각고의 노력을 기울였음 직하다. 그럴 때 특별히 주목해볼 대상은 바로 금호강 유역의 문화 양상이다.

이미 목간에서 답이 전보다 중시된 사실과 함께 그것이 堤와 밀접히 연동됨

---

25) 『삼국사기』 2 신라본기 흘해이사금 21년조.

26) 『삼국유사』 1 왕력편에도 벽골제는 신라 걸해이질금조에 소개되어 있다. 다만, 둘레를 △萬7千26步, 水田 14070이라 한 점에서 차이가 난다. 하필 여기에서는 가락국기의 畓과는 다르게 水田이란 표현을 사용하고 있다.

27) 『삼국사기』 3 신라본기 눌지마립간 13년조.

28) 이우태, 「영천청제비를 통해본 청제의 축조와 수치」 『변태섭박사화갑기념 사학논총』, 1985 참조. 참고로 목간과 비슷한 시기인 6세가 후반 축조되어 현재 남아서 전해지는 南山新城의 경우 둘레가 2854보이며 이보다 2년 뒤인 593년 축조한 明活山城이 3천보, 西兄山城이 2천보였다고 한다.

을 지적하였거니와 그런 양상은 앞서 잠시 소개한 「대구무술오작비」와 「영천청제비」를 통해서도 추출될 수 있다. 공교롭게도 지금껏 알려진 목간을 포함해 6세기 신라의 축제와 관련한 금석문은 모두 오로지 금호강 유역의 사례들뿐이다. 이는 물론 우연적인 현상일 뿐이라고 돌릴 수도 있겠으나 그렇게 단정하기에는 석연치 않은 측면이 엿보인다. 달리 말하면 금호강 유역은 수전과 관련해 특별한 의미를 갖는 지역임을 상정해볼 만한 대상일 듯하다.

널리 알려져 있다시피 그와 연관해 「포항중성리신라비」(501), 「영일냉수리신라비」(503), 「울진봉평신라비」(524) 등 6세기 초반의 소위 신라 3碑가 잠시 참고로 된다. 이들은 모두 대립과 갈등으로 빚어진 여러 형태의 분쟁사건을 해결한 뒤 이를 처리한 최종 결과를 지역 주민들 대상으로 告知하기 위해 세웠다는 점에서 공통성을 보인다. 물론 갈등의 구체적 내용이나 대상 및 전개 양상 등에서 일정하게 차이가 나지만 특이하게도 같은 권역에서 비슷한 면모를 보인다는 점에서[29] 주목해볼 대상이다.

갈등이 발생한 지역은 모두 왕경인 경주에서 출발하여 安康과 興海를 거쳐 동해안을 따라 올라가는 주요 교통로 상에 위치해 있다. 이들은 통일기 왕경에서 지방으로 나아가는 큰 간선도로인 이른바 5通 가운데 하나인 北海通으로 추정된다.[30] 『삼국사기』에서도 파사23년(102)의 일이기는 하나 悉直國과 音汁伐國 사이에 다툼이 벌어져 중앙정부가 나서서 해결한다는 사건도[31] 하필 거의 같은 선상에서 벌어졌다는 점도 참고로 된다.

이처럼 지역 내부의 주민이나 집단의 대립 갈등, 중앙과 지방의 갈등 등이 하필 특정한 교통로 상에서 벌어졌다는 점은 단순한 우연으로 돌리기는 어려울 듯

29) 주보돈, 「새로운 금석문의 출현과 신라사 연구의 진전」 『한국고대사연구』 93, 2019, pp.8~9.

30) 井上秀雄, 「新羅王畿の構成」 『新羅史基礎研究』, 東出版, 1974, pp.400~403.

31) 『삼국사기』 1 신라본기 파사이사금 23년조.

하다. 이들 지역이 평소 그럴 만한 素因이 무척 많았던 까닭에 갈등이 폭발할 확률이 상대적으로 높았을 터이다. 물론 그렇다고 다른 지역에서는 갈등 양상이 없었다는 의미는 아니다.

마찬가지로 우연한 기회로 알려지게 된 6세기 제방과 관련한 당대의 세 사례가 지금껏 모두 금호강 유역을 대상으로 삼은 사실은 결코 단순한 우연으로 돌리기는 어렵다. 사례가 그만큼 많았던 데서 비롯한 것으로 보인다. 거기에는 나름의 그럴 만한 소인을 충분히 내재하고 있었을 것이라 여겨진다.

금호강 유역은 위에서 언급한 사례처럼 신라 왕경을 求心點으로 하여 사람과 물산이 상호 교류함으로써 이른 시기부터 문화적인 기반을 공유한 지역이다. 일찍이 대구 경산 영천 경주를 잇는 일련의 선상에서 지석묘가 많이 조영되었고, 나아가 비슷한 성격의 목관묘 문화가 확인된 바 있었다.[32] 근자에는 경산의 양지리, 영천의 용전리, 경주의 사라리 등에서 역시 상당한 수준의 목관묘 문화를 보여주는 사례들이 새롭게 알려져 그와 같은 추론을 잘 뒷받침해주고 있다.

뒷날 통일기에 산천 대상의 제사체계를 전면적으로 재정비하면서 大祀인 三山 가운데 하나를 영천의 骨火로 삼은 사실이나 대구의 진산인 八公山을 中祀의 으뜸인 5악 가운데 중앙인 中岳으로 배정한 사실 등도 그런 양상과 전혀 무관하지 않다. 신문왕 9년(689) 하필이면 達句伐로의 천도를 도모한 것도 왕경 지배자들과 금호강 유역권의 뿌리 깊은 오랜 문화적 親緣性을 주요 배경으로 삼아서 추진된 일이었다.[33]

이와 같은 실상을 배경으로 한 금호강 유역은 이른 시기부터 낙동강 중·상류 일대로부터 경주분지 방면으로 사람, 물산, 문화가 흐르는 내륙의 대동맥으로서 기능하였다. 통일기의 5통 가운데 하나인 北遙通을 이 통로로 비정하는 것도[34]

---

32) 이현혜, 『삼한사회형성과정연구』, 일조각, 1984.

33) 주보돈, 「신라의 달구벌 천도 企圖와 김씨족단의 유래」 『백산학보』 52, 1999 ; 『신라 왕경의 이해』, 주류성, 2020 참조.

바로 그 때문이다. 김유신이 고구려의 첩자 白石의 꼬임에 빠져 함께 고구려로 나아갈 할 때 영천의 骨火館에 유숙하였다거나[35] 당나라의 사신이 분황사 유물에 있던 護國龍 3마리를 물고기로 변신시켜 통에 넣고서 돌아갈 때 이를 알게 된 원성왕이 추격해 경산의 河陽館까지 이르렀다고 하는 등의[36] 사례는 왕경에서 금호강 방면이 바깥으로 나아가는 주요 교통로였음을 단적으로 보여준다.[37]

이상과 같이 보면 금호강 유역은 오랜 기간에 걸쳐 낙동강 중 상류와 경주분지를 연결하는 주요한 교통로로 기능하면서 하나의 공동 문화벨트를 형성하고 있었다고 하여도 좋을 듯하다. 말하자면 금호강 유역은 작은 지역별로 구별하기 어려울 정도의 공통된 문화 기반을 갖고 있었던 것이라 하겠다.[38]

금호강은 낙동강의 몇몇 큰 지류 가운데 하나이다. 영천의 보현산 일원에서 발원하여 북편으로 팔공산 山塊를 두고서 동에서 서쪽으로 흘러 경산과 대구를 거쳐 多沙에 이르러 낙동강으로 들어간다. 도중 곳곳에서 흘러내리는 고현천, 신령천, 오목천, 남천, 신천, 팔거천, 동화천 등과 같은 대소 지류들을 만난다. 이들 여러 샛강들이 만들어낸 매우 큰 규모의 충적평야가 마치 하나인 듯이 낙동강까지 별다른 장벽 없이 이어지는 특징을 보인다. 斯盧國에 통합되기 이전 그와 어깨를 나란히 할 정도의 유력한 骨伐國(영천), 鴨督國(경산), 達(句)伐國(대구) 등의 성장도 금호강 유역권의 충적평야를 배경으로 삼은 데서 가능한 일이었다.

금호강이 흐르는 곳곳의 배후지에는 적지 않은 자연 습지나 저수지들이 많

34) 井上秀雄, 앞의 논문. 다만, 북요통과 鹽池通의 구분 근거는 모호하다. 어쩌면 염지통이 저수지와 관련되는 사정을 고려하면 금호강 방면 통로였을 가능성도 엿보인다.

35) 『삼국유사』 1 기이편1 「김유신」조.

36) 『삼국유사』 2 기이편2 「원성대왕」조.

37) 이밖에도 金祐徵이 張保皐가 제공한 병력을 이끌고 왕경으로 진출할 때 王兵과 만나 接戰한 곳이 대구인 점, 견훤이 왕경을 도륙하고 퇴각하다가 왕건의 군사를 公山에서 만나 싸움을 벌인 사실 등도 그런 실상을 잘 보여준다.

38) 대구박물관, 『금호강과 길』, 2018 참조.

이 존재함도 이곳만의 특징적인 양상이다. 그래서 일찍부터 天水畓이 많이 존재해 삼한사회의 읍락국가 형성기부터 수전농업이 발달할 만한 기본 여건을 제대로 갖춘 지역이었다고 할 수 있다. 이런 자연 환경이 결국 금호강 유역권에 벼농사가 유난스레 발달하고 이에 따라 築堤가 활발히 이루어질 수 있도록 하였을 것으로 짐작된다.

신라국가가 4세기 중엽 출범하면서 금호강 유역권으로 진출하려 한 것도 바로 그런 사정과 무관하지 않다. 이 일대는 왕경에서 그리 멀지 않고 공통의 문화를 배경으로 해서 동질성을 강하게 지닌 지역이었다. 게다가 신라가 국가적인 기반을 지속적으로 갖추어나가는 데 가장 중요시할 만큼의 여건을 충분히 갖춘 지역이었다. 앞서 언급하였듯이 육로교통이 대단히 발달한 것도 그런 실상을 반영한다.

신라 중앙정부가 비교적 이른 시기부터 이 방면으로 진출해 긴밀한 관계를 맺었음은 助賁尼師今 7년(236) 골벌국왕 阿音夫를 第宅과 田莊을 주어 왕경에서 살게 하였다거나[39] 沾解尼師今 15년(261) 달벌성을 쌓고 나마 克宗을 파견해 지키게 한 사실에서 유추된다. 한편 영천 완산동, 경산 임당동, 대구 성산동 등에서 공통적으로 적석목곽분이 조성된 사실이나 出字形금동관이 출토된 사실도 그런 사정을 방증해준다.

신라가 각 방면으로 진출해 깊은 관계를 맺었음은 지역 형편에 따라 목적이나 비중을 달리 두었을 터이다. 가령 동해안 방면은 해산물이 주요 관심의 대상이었을 수가 있고 내륙의 경우 금은과 같은 광물자원의 확보가 주된 대상이었을 수 있다. 그런 측면에서 금호강 유역권의 벼농사는 신라 중앙정부가 이 방면에 크게 관심을 쏟은 주요 대상이었을 공산이 크다.

그 점을 바로 보여주는 증거로서 築堤를 손꼽을 수 있다. 다른 지역에서는 아

39) 『삼국사기』 2 신라본기 助賁尼師今 7년조.

직 사례가 보이지 않는데 유독 이 지역에서만 실물자료로서 확인되는 것도 금호강 유역이 갖는 특수성 때문일 듯싶다. 798년 「영천청제비 정원수치기」에서 영천에 소재한 청제를 수리하는 데에 필요한 助役을 하필이면 切火, 곧 영천과 押梁, 즉 경산의 2군에서 차출한 사실도 그런 사정의 일단을 생각하는 데 참고가 된다. 물론 두 지역이 가깝다는 것도 주된 이유였겠지만 오랜 축제와 관리를 공유한 경험도 하나의 요소로서 작용하였을 가능성도 충분하다. 절화의 인근이 굳이 압량뿐인 것이 아니기 때문이다. 금호강 유역권 일대에는 오랜 기간에 걸쳐 쌓여온 수전농업의 발달을 도모하기 위한 축제 및 관리의 능력이 밑바닥에 흐르고 있었을 터이다.

5세기 말부터 지방관 道使를 일부 가능한 지역에 한정해서 파견하기 시작하거니와 이후 대상지를 점차 전국적 차원으로 넓혀갔다. 법흥왕 중반 무렵에는 『梁書』 신라전이 보여주듯이 52개의 거점이 확보되기에 이르렀다. 이 무렵 신라의 지방통치체제가 상당한 수준으로 갖추어졌다. 기본적으로 파견 지역의 안정을 도모하면서 국가 재정을 위해 戶口 및 人丁과 토지 파악에 기반한 세금 부과, 力役과 軍役 동원 등과 함께 농업생산력의 향상도 지방관의 주요 책무였음은 재론의 여지가 없다.

그 가운데 지증왕 3년(502)牛耕으로 勸農策을 도모하거나 법흥왕 18년(531)을 수리하게 한 사실은 그런 실상을 반영한다. 물론 기년상 문제가 있지만 逸聖尼師今 11년(144) '농사는 정치의 근본이요 먹는 것은 백성이 하늘 같이 생각하니 모든 州郡은 제방을 수리해서 완전하게 하고 논밭을 널리 개간하도록 하라'고 지시한 사실은[40] 농업생산력 향상을 위한 지방관이 역할이 어디에 있었던가를 보여준다.

그렇다고 모든 지역이 대등하게 제방을 보유할 수 있었던 것은 아니다. 아마

---

40) 『삼국사기』 1 신라본기 逸聖尼師今 11년조.

도 지역 형편에 따라 달라 상당한 출입이 있었을 것이다. 그 가운데 금호강 유역은 제방을 유난스레 많이 보유한 지역이 아니었을까 싶다. 달리 말하면 당시 신라가 확보한 영역 가운데 벼농사가 가장 활발하게 이루어진 지역이 금호강이었을 것 같다. 아마도 신라 중앙정부가 금호강 유역은 벼농사로 특화한 지역이었을지 여지도 보인다. 그런 사정을 증명해주는 뚜렷한 사례의 하나가 바로 소월리 목간이라 하겠다.

V. 나가면서

신라 중앙정부는 5세기 말 도사, 幢主, 軍主와 같은 지방관을 파견하면서 간접지배로부터 직접지배로 전환하여 갔다. 그들만을 대상으로 삼은 신분질서로서 외위 11등 체계를 마련하고 촌주를 정점으로 하는 지방민의 조직화를 추진하였다. 중앙 지배체제 정비와 맞물리게 지방에 대한 지배도 강화해간 것이다.

지방관의 업무는 체계적으로 지방을 지배하고 역역동원을 비롯한 세금 수취가 기본이었다. 그를 안정적으로 추진해가려면 농업생산력의 증대는 필수적이었다. 국가는 새로운 농경지의 개발, 농기구나 우경, 농업 종자 등 농업기술과 농법의 확보와 보급 등을 추진하였다.

그러나 전체 영역의 자연 환경이 모두 같지는 않았다. 지역에 따라 농산물, 해산물, 광산물 등 비교 우위 물품이 차이가 났다. 아마도 지역의 사정을 고려하여 그와 같은 특성이 무게 중심을 둔 산물에 세금 부과의 대상으로 삼았을 것이 틀림없다. 물론 농업생산물이라고 하더라도 지역에 따라 밭농사와 논농사, 같은 밭농사라도 환경에 따라 비중을 둔 재배 작물의 종류가 달랐을 터이다. 稻田, 禾田, 麥田 등의 작물에 기반한 지목이 보임은 그런 사정을 반영한다.

농작물 가운데 벼농사의 비중이 농업기술의 발달과 함께 차츰 커져갔을 것임은 상상키 어렵지 않다. 벼농사는 신라 중앙정부가 각별히 관심을 가진 대상으로

부상하였다. 그것은 수전을 합자하여 畓이란 글자를 따로 만들어낸 데서 유추된다.

그런데 수전 경작을 위해서는 水利灌漑가 뒷받침되지 않으면 안 된다. 하지만 모든 지역이 동등하게 수전 경작이 가능한 곳은 아니었다. 무엇보다도 물의 안정적인 공급이 근본 문제였다. 이를 위해서는 그럴 만한 농경지와 함께 灌漑用의 築堤가 요구되었다. 그를 추진할 만한 여건을 충분하게 갖춘 지역이 바로 금호강 유역이었다.

금호강 유역은 넓은 충적 평야와 함께 수많은 저습지가 배후에 존재하였다. 게다가 이들을 에워싼 주변의 산지에는 축제에 필요한 계곡이 많았다. 왕경에 인접한 곳으로서 선진 문물이 끊임없이 통과하는 간선도로상에 위치하였다. 말하자면 여러모로 금호강 유역은 벼농사가 안성맞춤인 제반 여건을 갖춘 지역이었다고 하겠다.

금호강 유역은 신라 중앙정부가 벼농사 특성화 지역으로 유다르게 인식해 무게 중심을 둔 지역이었다. 지금껏 축제 관련 6세기 금석문 2기와 목간이 하필 이 일대에서 나왔다는 자체는 결코 우연의 소치가 아니었다. 6세기의 咸安城山山城 목간에서 확인되는 낙동강 유역권의 다른 지역 생산 곡물로서 稗, 麥, 豆와 함께 米도 보이지만 벼와 수확 시기가 비슷한 稗(피)의 비중이 압도적이란 사실과는 다른 면모이다. 장차 금호강 유역에서 堤 관련 자료들이 한층 더 많이 나오리라 예상하며 또 기대하는 바이다.

참고문헌

1. 1차 자료

『삼국사기』『삼국유사』『삼국지』『日本書紀』

2. 2차 자료

(1) 단행본

김기흥, 『삼국 및 통일신라 세제의 연구』, 역사비평사, 1991.

대구박물관, 『금호강과 길』, 2018.

武田幸男, 「高句麗史と東アヅア」, 岩波書店, 1989.

이병도, 「삼한문제의 연구」『한국고대사연구』, 박영사, 1976.

이현혜, 『삼한사회형성과정연구』, 일조각, 1984.

이현혜,『한국고대의 생산과 교역』, 일조각, 1998.

이홍종, 「도작문화의 정착과 확산」『한국고대의 수전농업과 수리시설』, 서경문화사, 2010.

井上秀雄, 「新羅王畿の構成」『新羅史基礎研究』, 東出版, 1974.

주보돈,『금석문과 신라사』, 지식산업사, 2002

주보돈,『신라 왕경의 이해』, 주류성, 2020.

(2) 논문

노중국, 「한국고대의 수리시설과 농경에 대한 몇 가지 검토」『한국고대의 수전농업과 수리시설』, 서경문화사, 2010.

이우태, 「영천청제비를 통해본 청제의 축조와 수치」『변태섭박사화갑기념 사학논총』, 1985.

이현혜, 「4-6세기 신라의 농업기술과 사회발전」『한국상고사학보』 8, 1991.

전경효,「경산 소월리 목간의 기초적 검토」『목간과 문자』 24, 2020.
주보돈,「명활산성작성비의 역역동원체제와 촌락」『조항래교수화갑기념 사학논총』, 1992.
주보돈,「새로운 금석문의 출현과 신라사 연구의 진전」『한국고대사연구』 93, 2019.
주보돈,「신라의 달구벌 천도 企圖와 김씨족단의 유래」『백산학보』 52, 1999.

제1부

경산 소월리 목간의 조사

제1장

경산 소월리 유적 발굴조사 성과

김상현

1. 유적의 입지와 조사개요

경산 소월리유적은 경산시 와촌면 소월리 산60-1번지 일원에 위치한 삼국~통일신라시대 생활유적이다. 팔공산의 남동쪽에 위치한 와촌면은 신녕에서 자인으로 이어지는 남북도로와 영천에서 대구로 이어지는 동서도로가 교차하는 교통의 요충지이다. 인근에는 '경산 소월리 고분군 Ⅰ~Ⅷ'과 '경산지식산업지구 내 유적' 등 청동기시대~조선시대의 다종다양한 유적이 산포한다. 와촌면의 지형은 크게 서부의 산악지대와 동부의 평야지대로 구분되는데, 서부지역은 팔공산지의 연장부로 북서부에 관봉(850m) 등이 솟아 있고, 동부지역에는 금호강의 지류인 청통천이 관류하면서 상류에는 산간분지, 중류에는 쉬염들·구만들 등의 곡저평야, 하류에는 금호평야[1)]가 형성되어 있다.

1) 금호평야는 금호강과 그 지류의 퇴적작용에 의해 형성된 동서 길이 약 50km의 경상북도 최대 평야로 서쪽으로 영천시 금호읍 일대와 동쪽으로 대구광역시 동촌들·안심

〈지도 1〉 1918년 와촌면 지도

소월리유적은 남서에서 북동으로 이어지는 주능선에서 남쪽으로 분기한 구릉의 해발 79~99m 지점에 위치하며 지표조사에 확인된 '소월리 유물산포지2'와 '소월리고분군Ⅱ'의 유존범위에 포함된다.[2] 이 일대는 소월지가 위치한 곡부의 상류부로 현재는 산과 저수지에 막혀 외부와의 교통이 불편하지만 소월지 조성 이전에는 곡간부를 따라 연결된 육로가 소월리 유적을 관통하여 설치되어 있어 북쪽으로 와촌면 박사리, 동남쪽으로 면소재지 덕천리와 왕래가 용이하였을 것이다(〈지도 1〉 참조).

들을 통칭한다.

2) (재)경상북도문화재연구원, 「경산 지식산업지구 진입도로 개설공사 문화재 지표조사 보고서」(2016).

〈사진 1〉 경산시 하양읍, 와촌면 위성사진(VWORLD)

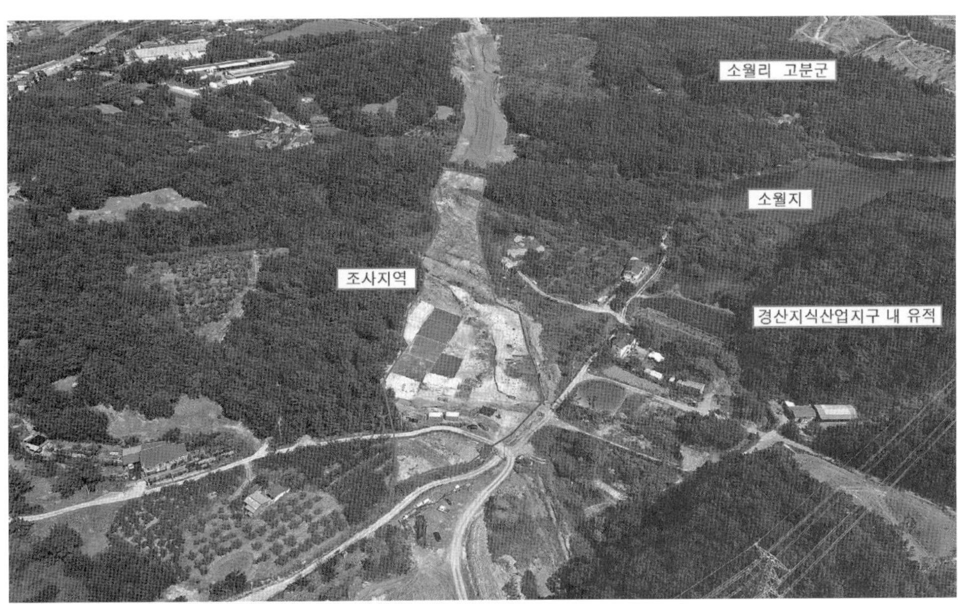

〈사진 2〉 소월리 유적 원경 및 주변유적

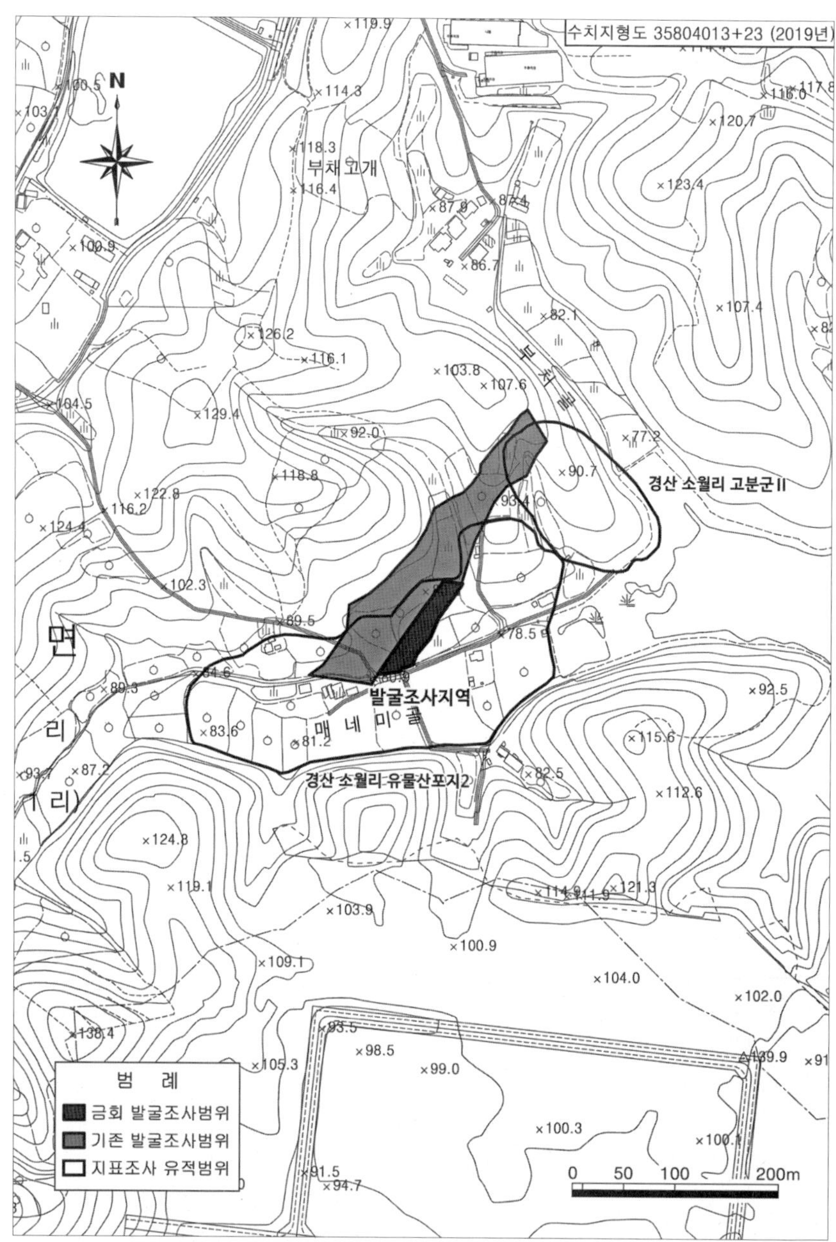

〈지도 2〉 조사지역 및 주변 지형도(S=1:5,000)

〈사진 3〉 2-Ⅰ구역 전경(고려~조선시대)

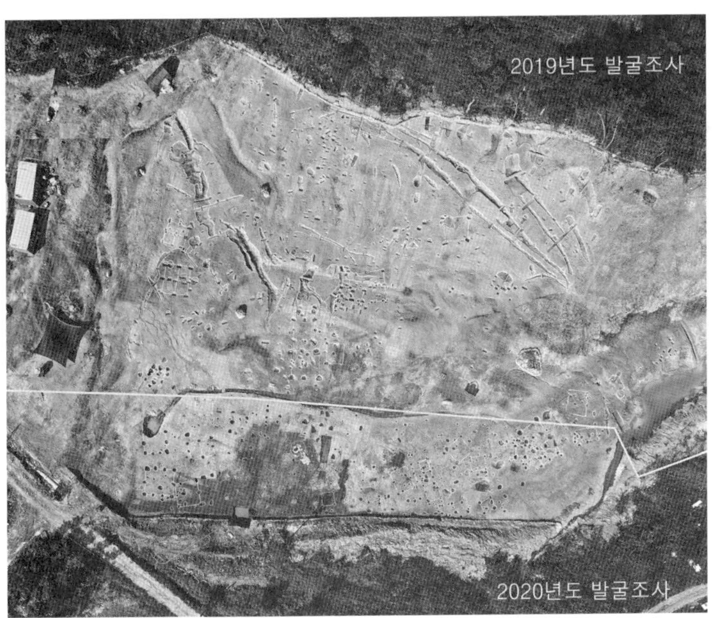

〈사진 4〉 2-Ⅱ구역 전경(삼국~통일신라시대)

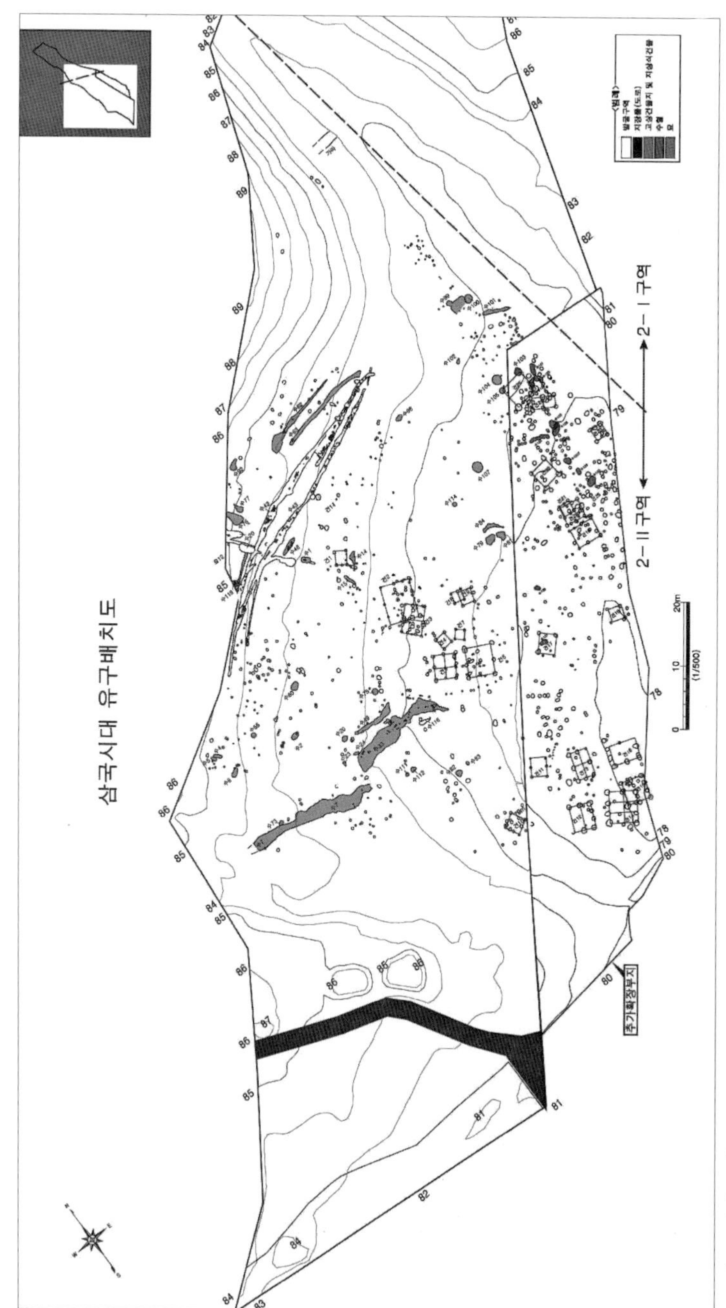

〈도면 1〉 경산 소월리 유적 2-Ⅱ구역 유구배치

조사지역은 도로부지의 특성상 동북-남서 방향의 선형이고 규모는 길이 약 300m, 너비 40~50m, 면적 15,320㎡이다. 발굴조사는 당초 도로계획부지에서 추가확장부지가 발생함에 따라 2차에 걸쳐 진행되었다. 1차 발굴조사는 2019년 10~12월, 2차 발굴조사는 2020년 8~10월 현장조사를 완료하였다. 유적은 지형상 동북쪽의 구릉부(2-Ⅰ구역)와 서남쪽의 충적지(2-Ⅱ구역)로 구분되며 삼국시대 생활유적은 2-Ⅱ구역에 조성되어 있다.[3)]

2-Ⅱ구역은 북동에서 남서로 이어지는 구릉말단부와 곡간충적지가 만나는 해발 79~89m 구간이다. 이 지역은 지목상 논(畓), 임야(林), 저수지(溜)에 해당하며 최근까지 구릉말단부는 임야, 곡간충적지는 경작지로 이용되었다. 확인된 유구는 삼국시대~통일신라시대의 고상건물지 25동, 수혈 82기, 토기가마 1기, 주혈 800여기와 고려~조선시대 분묘 47기, 고상건물지 2동, 수혈 48기 등이다.

2. 유적의 층위

Ⅱ구역의 층위는 크게 구릉말단부와 곡간충적지의 퇴적양상이 다르다. 구릉말단부는 해발 80~89m 지점으로 지형은 북서에서 남동으로 이어지는 완경사면이고 최근까지 임야로 이용되었고 층위는 표토 바로 아래에서 제4기 갱신세층이 노출되었다. 갱신세층[4)]은 유구가 조성된 층으로 표면에는 토양쐐기가 관찰되며 구석기시대 유물은 확인되지 않았다. 곡간충적지는 해발 78~80m 지점

3) (재)화랑문화재연구원, 「경산지식산업지구 진입도로 개설공사부지 내 2구역 발굴조사 부분완료 약식보고서」(2021).

4) 신생대의 마지막 단계이며 오늘날과 같은 기후상태와 대륙빙하가 발달하였던 시기가 교대로 나타나는 대단히 불안정한 기후로 특징되는 시기로, 흔히 "빙하시대(氷河時代)"라고 불리기도 한다. 원명으로 "플라이스토세(Pleistocene)"라고 하며 중국에서는 "갱신세(更新世)"라고 부르고 있다(고고학사전, 홍적세).

<사진 5> 유적 서남쪽 구하도 토층

으로 비교적 평탄하고 층위는 위에서부터 현대경작층(Ⅰ층), 갈색사질점토(Ⅱ층), 습지층(Ⅲ층) 순으로 퇴적되어 있다. Ⅱ층은 삼국시대 문화층으로 두께는 20~30cm이고 경지정리 과정에서 대부분 훼손되어 2-Ⅱ구역 서남단 일부에 퇴적되어 있다. Ⅲ층은 구하도 내에 퇴적된 니토층으로 2구역 중위의 곡부에서 시작해 조사지역을 관통해 서남쪽으로 이어진다. 니토층의 두께는 150cm 이상이고 색조 및 혼입된 성분에 따라 세분 가능하다. Ⅲ층 아래에서 암반 알갱이가 다량 혼입된 풍화암반토가 노출되었다.

원지형이 부분적으로 결실되어 정확한 유구의 구지면은 알 수 없는 상황이다. 다만, 구하도 상면에 삼국시대 주혈 및 수혈 등이 확인되는 것으로 보아 유구가 조성될 당시에는 구하도가 이미 육상화되었던 것으로 추정된다.

3. 삼국시대 고상건물지

2-Ⅱ구역에서 삼국시대 주혈은 1000여기가 확인되었으나 주혈 사이의 유기

적 구조가 파악된 것은 현재까지 25동이다. 고상건물지[5] 주혈 내부에는 기둥을 세웠던 흔적 및 직경 20~30cm 목재가 남아 있다. 기둥목재는 대체로 껍질을 제거한 후 밑둥을 편평하게 치목하였고 일부 주혈 바닥에는 기둥침하 방지를 위해 판석 및 할석 수매를 촘촘하게 깔아 놓았다.

고상건물지 및 주혈은 해발 79~82m 지점에 집중적으로 조성되어 있으며 유구의 빈도는 수혈 107호 주변지역이 가장 낮고(공지) 기반토가 노출된 구하도 양측에 유구빈도가 높은 편이다. 조성시기는 일괄유물의 분석 및 목재의 자연과학분석이 완료되지 않아 정확한 시기는 단언할 수 없는 상황이나 출토된 유물의 양상으로 볼 때 6~7세기로 추정되며 고상건물지는 평면상 중복관계를 통해 축

<사진 6> 2-Ⅱ구역 고상건물지 배치상태

5) 땅을 파서 기둥을 세우거나 박아 넣어서 만든 건물로, 바닥면이 지면 또는 지표면보다 높은 곳에 있는 건물을 말한다.(고고학사전, 굴립주건물)

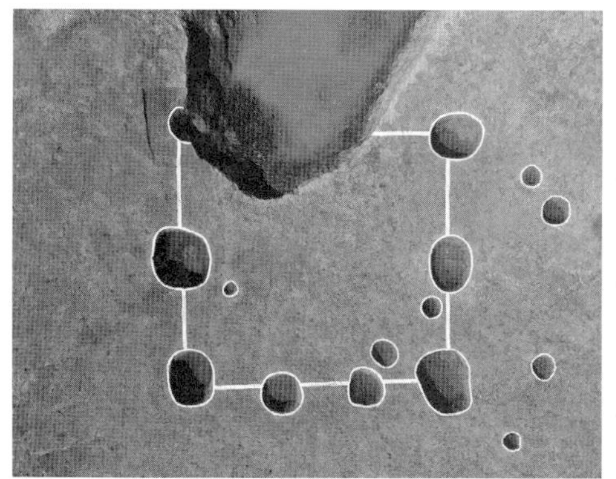
<사진 7> 고상건물지 12호

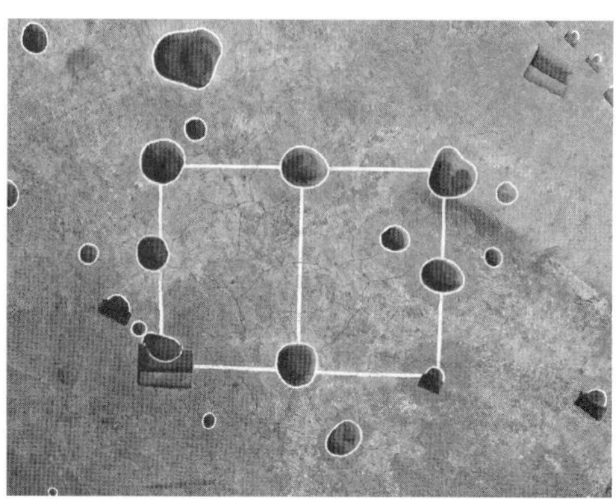
<사진 8> 고상건물지 13호

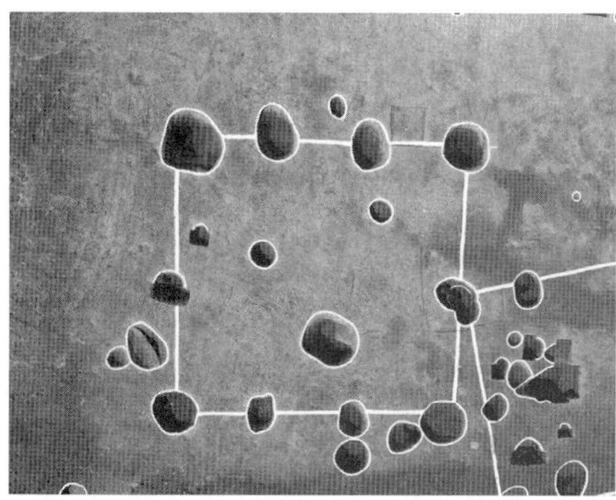
<사진 9> 고상건물지 14호

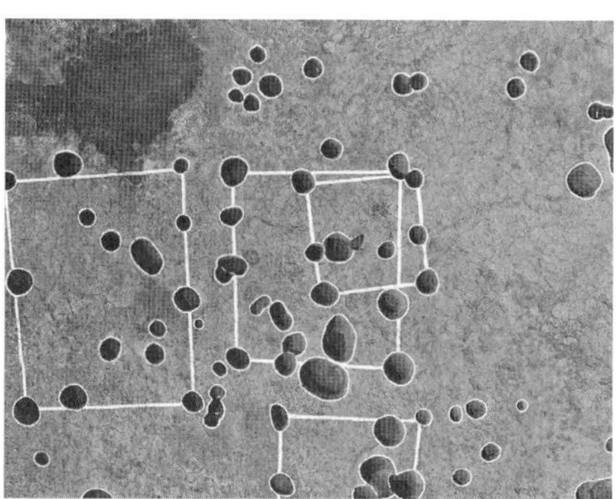
<사진 10> 고상건물지 19호

<사진 11> 고상건물지 14호 주혈 토층

<사진 12> 고상건물지 16호 주혈 출토 목주

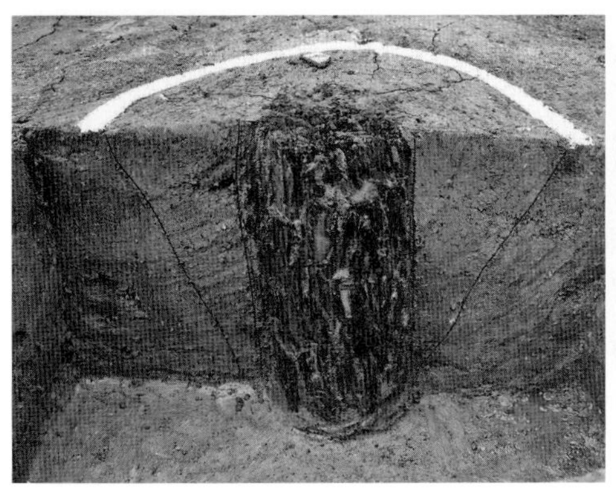

〈사진 13〉 고상건물지 17호 주혈 출토 목주

〈사진 14〉 고상건물지 18호 주혈 초반시설

조 시기 차가 있을 것으로 판단된다.

2-Ⅱ구역 삼국시대 고상건물지는 평면상에서 주칸거리가 규칙적인 것과 불규칙한 것으로 구분된다. 전자의 건물지는 주칸거리가 일정하고 평면상 1칸×1칸, 1칸×2칸, 2칸×2칸, 3칸×2칸 등이고 평면형태는 방형, 장방형, 세장방형이다. 주혈 간격이 불규칙한 고상건물지는 평면 방형 또는 장방형으로 가장자리를 따라 주혈이 배치되어 있고 주칸거리는 일정하지 않다.

고상건물지 14호는 3×2칸의 구조이며 평면형태는 장방형이다. 규모는 길이 500cm, 너비 460cm이고, 장축향은 N-34°-E이다. 10개의 주혈이 동서축으로 약 230cm, 남북축으로는 약 160cm의 간격을 두고 배치되었다. 주혈의 크기는 직경 60~80cm, 깊이 23~60cm이다.

고상건물지 15호는 2-Ⅱ구역 남동쪽 해발 78.8m 선상에 위치한다. 동서축의 중앙에 주혈을 배치하여 9개의 주혈이 3×2칸의 구조를 이룬다. 평면형태는 방형이고 길이는 약 400cm이다. 주혈은 대체로 타원형을 띠며 길이 50~100cm, 너비 40~60cm, 깊이는 33~46cm이다.

4. 투각인면문옹 출토 수혈 107호

투각인면문 옹형토기는 2-Ⅱ구역 남반부 고상건물지군 한켠의 공지에 위치하는 수혈 107호에서 출토되었다. 유구의 규모는 직경 1.6m, 깊이 1.8m 규모의 수혈[6]은 생토층을 수직에 가까운 사선으로 굴착 조성되었다. 수혈 내부에는 갈색 사질점토층과 회청색 니토층이 퇴적되어 있다. 유물은 약 30cm 깊이의 갈색 사질점토층에서 6세기대 완, 개, 고배편, 인화문토기편 등이 출토되었으며, 80cm 깊이의 회청색 니토층에서 투각인면문 옹형토기 1점과 목간 1점 및 토기, 목기 등이 출토되었다. 수혈의 바닥에서는 완 1점과 이형토기 1점, 목재 2점이 출토되었다.

투각인면문 옹형토기는 거의 완형으로 기고 28.4cm, 구경 17.5cm의 규모로서 사람 머리와 비슷한 크기이다.[7] 그릇을 뒤집어 놓았을 때 정상부가 되는 저부 중앙에 직경 4.5cm의 원형 구멍을 뚫고 3방향 등간격으로 저부 가까이에 인면문 3조가 투각되어 있다. 각 인면문은 두 눈과 입은 세장 타원형으로 밖에서 오려내고 콧구멍에 해당하는 2개의 투공은 안에서 밖으로 찔러 만들었다. 콧등을 중심으로 양쪽을 손가락으로 살짝 눌러서 콧등을 도드라지게 표현하였다. 각 인면의 표정은 대체적으로 비슷하지만 무표정한 듯, 심각한 듯, 말을 하는 듯한 표정으로 조금씩 다르게 표현되었다. 귀 부위에는 직경 3.5cm의 원형 구멍 3개를 뚫어 옆의 인면과 하나씩 공유하고 있다. 인면문토기는 지금까지 진주 중천리 유적, 함평 금산리 방대형고분 등에서 사람얼굴 모양 토기편이 일부 출토되었으나 삼면에 인면이 시문된 것은 세계적으로 매우 드문 사례이다.

---

6) 지면을 굴착하여 만든 구덩이.

7) 이하, 인면장식옹 관련 내용은 2019년 11월 22일 경북대학교 고고인류학과 이성주 교수의 자문을 토대로 작성하였다.

〈사진 15〉 수혈 107호 층위

〈사진 16〉 수혈 107호 투각인면문 옹형토기 출토상태

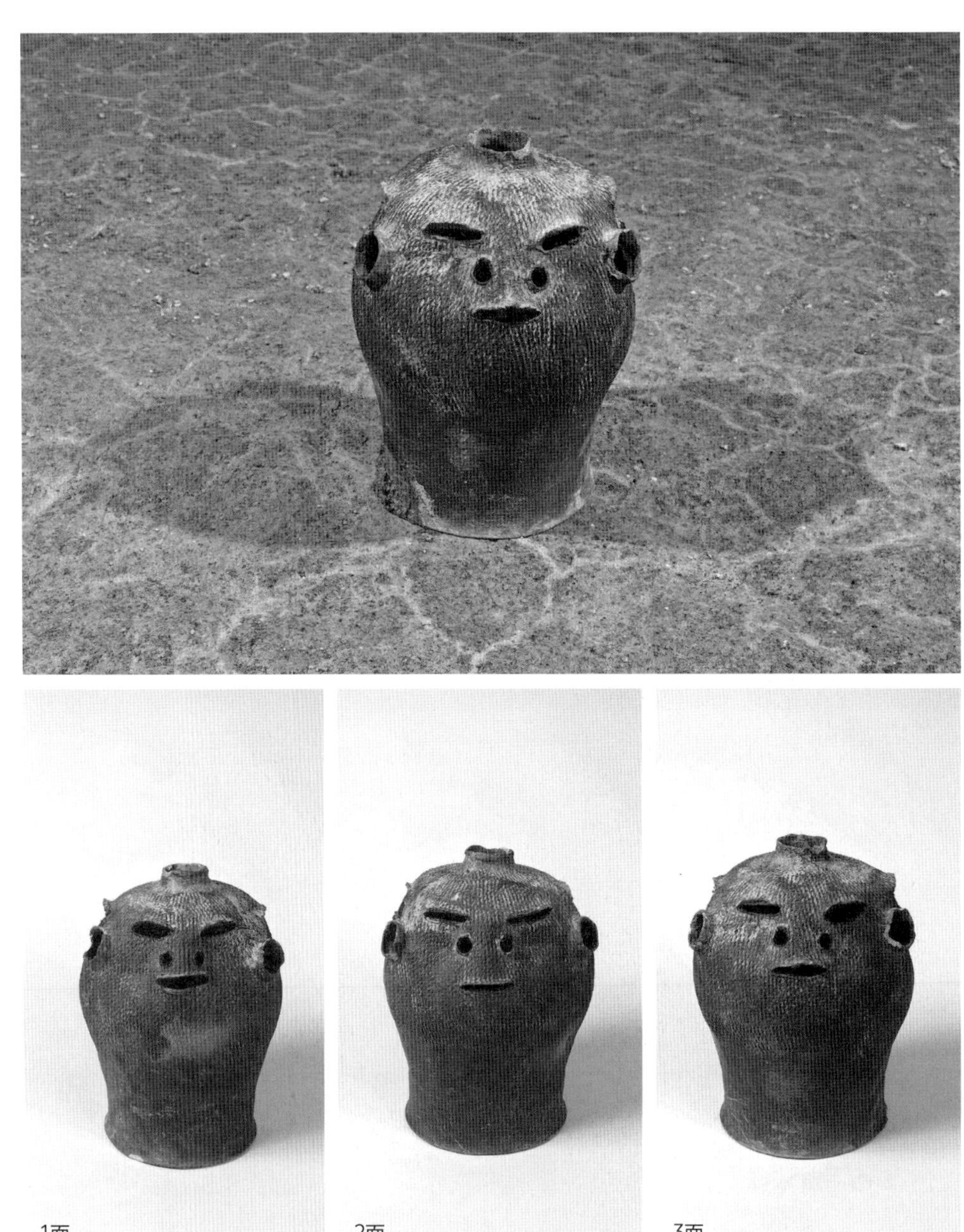

〈사진 17~20〉 수혈 107호 출토 투각인면문 옹형토기

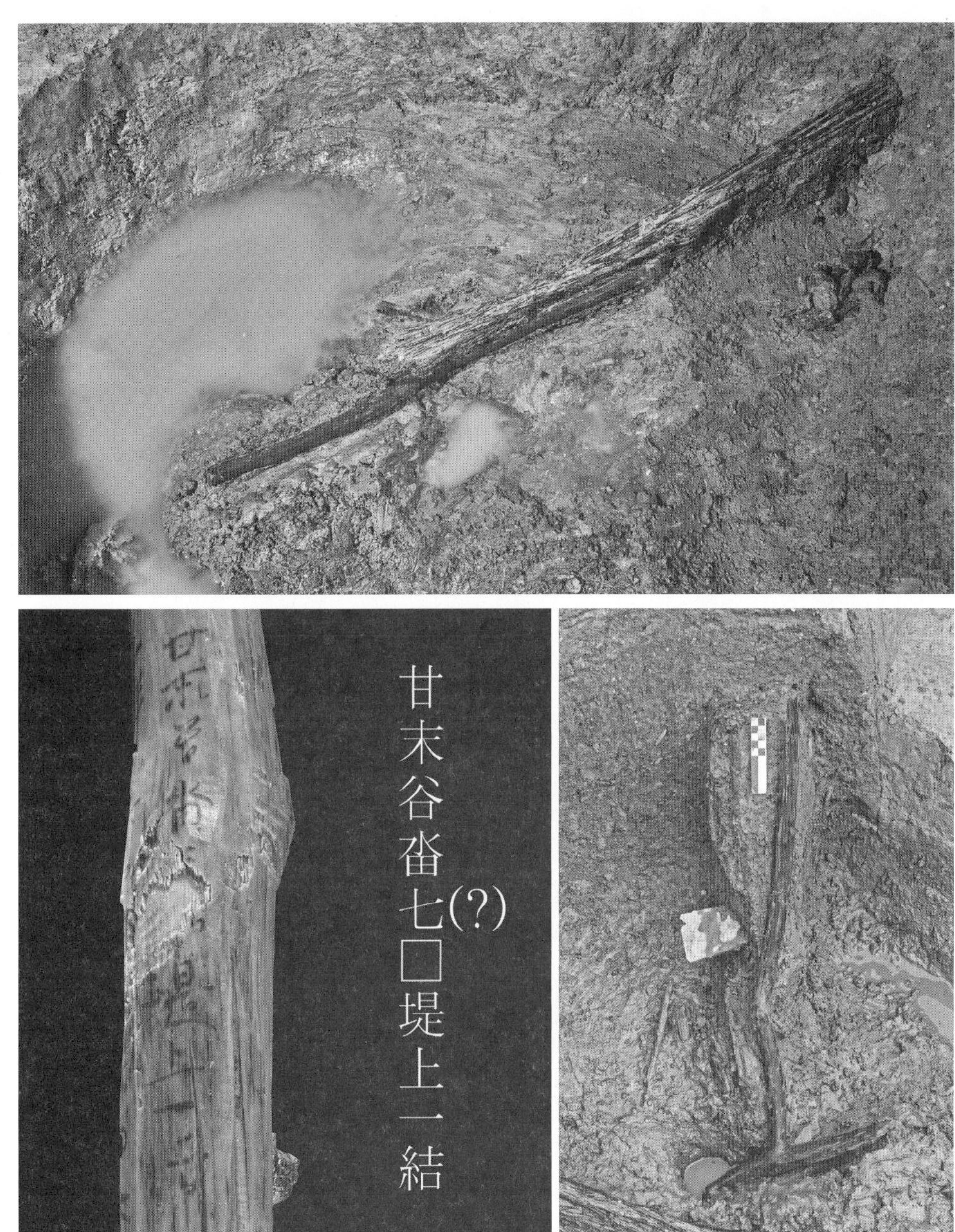

〈사진 21~23〉 수혈 107호 출토 목간 및 목기

목간은 투각인면문 옹형토기 바로 아래에서 출토되었으며 길이는 74.2cm이다. 국립경주문화재연구소에서 2차에 걸쳐 판독회의를 실시한 결과, 5면에서 약 94자의 글자가 확인되었다. 목간에 기록된 글자 가운데 '곡(谷)과 답(畓), 제(堤), 결(結), 부(負)' 등이 주목된다. 특히 토지 면적 단위인 결(結)과 부(負)는 지금까지 신라의 통일 이후 사용된 것으로 추정되었지만 소월리 출토 목간을 통해 그 사용 시기를 삼국시대까지 올려볼 수 있게 되었다.[8)]

〈사진 24〉 수혈 107호 바닥 출토 유물

8) 이상의 내용은 문화재청 보도자료 및 전경효, 「경산 소월리 목간의 기초적 검토」 『한국목간학회 제 33회 정기발표회』(2020)를 참조하였다.

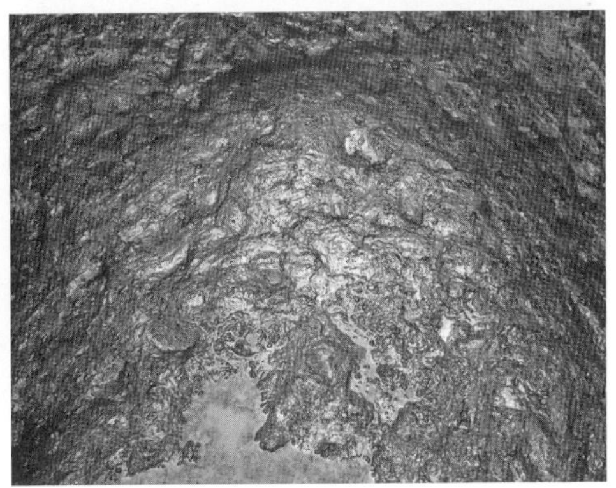
〈사진 25~26〉 수혈 107호 조사완료 후 전경 및 바닥세부

5. 삼국시대 가마

가마는 2-II구역 중위의 곡부의 서편 사면부에 위치한다. 유구는 서에서 동으로 이어지는 경사면에 조성되어 있으며 잔존상태는 곡부의 측방침식과 경작지 조성과정에서 훼손되어 가마의 바닥 일부가 남아 있는 상태이다. 잔존규모는 길이 316cm, 너비 150cm, 깊이 30cm이다. 가마는 기반암을 굴착하여 조성되었으며 피열면의 두께는 벽체는 5~8cm, 바닥 4cm 내외이다. 가마의 일부만 남아 있으나 내부에서 토기편과 다량의 목탄이 출토되는 것으로 보아 토기가마 연소실 일부로 판단된다. 가마 내부에서는 타날문토기 구연부편이 다량 출토되었고 토기가마 벽체의 TL/OSL 자연과학 분석결과[9] 절대연대는 370±60년으로 측정되었다. 따라서 가마의 조업시기는 출토 유물양상 및 자연과학분석 결과로 보아 4세기 후반~5세기 전반으로 추정된다.

9) TL/OSL 연대는 시료에서 검출된 석영광물의 고고선량을 central age moel로 부터 결정된 고고선량과 연간선량율의 비로부터 산출된다.

〈사진 27~29〉 토기가마 전경 및 출토유물세부

6. 소고

경산 소월리유적은 행정구역상 경산시 와촌면 소월리 산 60-1번지 일원에 위치한 삼국~통일신라시대 생활유적이다. 이 지역은 기 지표조사에 확인된 '소월리 유물산포지2'와 '소월리 고분군Ⅱ'에 해당하며 주변에는 청동기~삼국시대 '경산 소월리 고분군Ⅰ~Ⅷ'과 '경산 경산지식산업지구 내 유적' 등이 분포한다.

이번 발굴조사에서는 소월리 일대에 분포하는 삼국시대 취락유적의 일부가 확인되었다. 유적의 중심시기는 6~7세기이고 다수의 고상건물지와 인면문장식옹과 목간이 출토된 수혈, 107호, 토기가마 등이 조성되어 있다.

삼국시대 고상건물지는 해발 79~82m 지점에 집중적으로 조성되어 있다. 건물은 주혈을 굴착하여 조성되었고 건물의 배치는 수혈 107호 설치된 공지 둘레에 조성되어 있다. 주혈간격의 정형성에 따라 불규칙한 것과 평면 1칸×1칸, 1칸×3칸, 2칸×2칸, 3칸×2칸, 1칸×5칸 구조로 구분된다. 주혈은 구지면을 단면 'U'자상으로 굴착하여 내부에 기둥을 세웠으며 일부 주혈에는 직경 20~30cm 목재가 남아 있으며 목재는 껍질이 제거되고 바닥이 편평하게 치목되었다.

인면장식옹 토기가 출토된 수혈 107호는 평면원형이고 규모는 상부직경 160cm, 하부직경 90cm, 깊이 180cm이다. 유물은 지표 하 30cm 지점에서 완, 개, 고배편, 인화문토기편과 지표 하 80cm 지점에서 인면장식옹 1점과 시루 1점, 목기 1점, 목간 1점과 바닥에서 완 1점, 이형토기 1점 등이 출토되었다.

상기 조사결과를 종합하면, 경산 소월리유적에서는 주거와 관련된 유구는 확인되지 않고 창고로 추정되는 고상건물과 용도 미상의 수혈 등만 확인되었다. 따라서 정확한 삼국~통일신라시대 취락의 성격은 단언할 수 없는 상황이다. 다만, 수혈 107호에서 출토사례가 매우 드문 삼국시대 인면장식옹 1점이 출토된 점은 고고학적으로 큰 성과이다. 차후 인접한 지역에서 주거시설, 경작지 등 취락의 전모가 밝혀진다면 소월리유적의 보다 정확한 성격을 파악할 수 있을 것으로 사료된다.

참고문헌

(재)경남문화재연구원, 『부산 고촌 택지개발사업지구 내 고촌유적(Ⅰ)』, 2010.

(재)경상북도문화재연구원, 『경산 지식산업지구 진입도로 개설공사 문화재 지표조사 보고서』, 2016.

(재)경상북도문화재연구원, 『경산 한사리·대학리 25번지유적, 경산 대학리 51-1번지 유적, 경산 대학리 74번지·교리155번지 유적 보고서』, 2018.

(재)경상북도문화재연구원, 『경산지식산업지구 개발사업 문화재 시굴 및 발굴조사약보고서』, 2016.

(재)동북아문화재연구원, 『경산 대학리·교리유적 보고서』, 2019.

(재)세종문화재연구원, 『경산지식산업지구 실시계획수립부지내 문화재 지표조사 보고서』, 2012.

(재)우리문화재연구원, 『진주 중천리 공동주택건립부지 내 유적 보고서』, 2006.

(재)전남문화재연구소, 『함평 금산리 방대형고분』, 2015.

(재)화랑문화재연구원, 『경산지식산업지구 진입도로 개설공사 추가부지 문화재 지표조사 보고서』, 2018.

(재)화랑문화재연구원, 『경산지식산업지구 진입도로 개설공사부지 내 2구역 발굴조사 부분완료 약식보고서』, 2021.

울산대학교박물관, 『기장 가동유적 Ⅰ』, 2008.

제2장

경산 소월리 목간의 형태

남태광

불의 발견과 함께 인류가 최초로 사용한 연료인 나무는 오랜 옛날부터 우리의 선조들은 주변에서 손쉽게 구할 수 있고 사용하기 적당한 무게와 크기를 가지며 다른 재료에 비해 가공하기 쉬워 많이 이용하기 시작했을 것이다. 또한 목제유물의 제작에 주로 이용되는 나무는 수~수십 미터에 이르기까지 성장하므로 식기, 도구와 같은 소형 유물부터 대형 건축물이나 구조물에 이용할 수 있는 재료로서 유일했을 것이다. 그리고 나무는 잘라서 이용한 후 새로 심으면 다시 이용할 수 있는 재료이기도 하다.

나무를 잘라 톱, 도끼, 낫, 칼 등의 여러 도구를 이용하여 만들어진 생활용기와 제작에 필요한 도구, 그리고 집을 짓거나 다리 등 건축물을 만드는데 필요한 건축부재 등 나무를 이용하여 인류의 행위가 남겨져 전해지거나 유적에서 출토되는 것을 목제유물이라 한다. 인류와 역사를 함께한 목제유물에 대한 연구는 역사적 사료가 부족한 시대를 연구함에 있어 더욱 필요하다. 목제유물은 당시 생활상과 자연환경에 대한 정보를 가지고 있어 목제유물의 자연과학적인 분석을 통해 얻을 수 있는 정보는 다양하다.

목제유물의 외부 형태의 관찰로 얻을 수 있는 정보로는 인류의 필요에 의해 이용된 가공목의 경우, 원래 나무의 크기, 목제품으로 완성된 형태, 나무의 벌채 방법, 절삭 가공법을 이해할 수 있다. 가공흔적이 없는 자연목일 경우, 수목의 크기나 채취된 부위를 알 수 있다.

나무의 구성하는 세포의 관찰로 수종을 동정하여 얻는 정보로는 가공목일 경우 당시 사람들이 어떠한 목적에 어떠한 수종을 선택하여 이용하였는지 알 수 있으며, 나무는 생태적으로 적합한 환경에서만 생육이 가능하므로 출토된 유적의 당시 식생과 비교하여 나무 또는 목제품의 교역 등을 알 수 있다. 자연목일 경우, 당시 생육 수종의 식생의 복원에 도움을 줄 수 있다.

나무는 생육 당시의 기온, 강수량 등 기후의 변화를 나이테를 통해 다양한 생장패턴으로 만든다. 이렇게 만들어진 나이테를 분석하면 수목의 생육연대를 알 수 있고, 절대연대를 알 수 없더라도 인근 유적에서 출토된 목제유물의 나이테를 비교하면 유적 간의 상대연대를 파악할 수도 있다. 또한 나이테의 폭, 화학적인 분석 등을 통해 나무가 생육한 당시 기후를 복원할 수 있다. 그리고 나무의 껍질인 수피가 붙어있는 가공목일 경우 벌채시기를 알 수 있으며, 자연목일 경우 고사의 원인이 되는 사건이 일어난 계절을 알 수 있다.

목제유물의 자연과학적인 분석은 발굴조사를 통해 출토되는 유물의 형태와 기능에 대한 것 외에도 그 나무가 가지고 있는 역사적, 환경적 의미와 재료로서 선택된 의도와 같은 무형의 내용을 지니고 있다. 이러한 사실은 자연과학적 성과뿐만 아니라 역사적 사실에 대한 확인과 복원이라는 점에서 그 의미가 크다고 할 수 있다.

본고에서는 목간과 자귀 추정 목제유물에 사용된 수종을 분석하고, 목간의 도구흔적 등의 형태적 분석을 실시하여 제작기법에 대해 알아보고자 하였다.

2. 연구지역 및 대상

2.1 연구지역

경산 소월리 유적은 행정구역상 경상북도 경산시 와촌면 소월리 산60-1번지 일원에 위치한다. 유적은 남서에서 북동으로 이어지는 주능선에서 남쪽으로 분기한 구릉의 해발 79~99m 지점으로 기존 지표 조사에 확인된 '소월리 유물 산포지2'와 '소월리 고분군Ⅱ'의 유존 지역에 포함된다. 도로부지의 특성상 동북-남서 방향의 선형이고, 규모는 길이 약 300m, 너비 40~50m, 면적 13,390m^2 이다. 확인된 유구는 현재까지 삼국~통일신라시대의 고상 건물지 15동, 수혈 73기, 토기 가마 1기, 주혈 500여 기 및 고려~조선 시대의 분묘 50기, 고상 건물지 2동, 수혈 47기 등이다. 조사는 Ⅰ지구와 남쪽 구간을 Ⅱ지구로 구분하여 실시하였다. Ⅰ지구에는 고려~조선시대 움무덤(土壙墓)과 조선시대 수혈이, Ⅱ지구에는 삼국~통일신라시대 고상 건물지, 가마, 수혈, 주혈군과 조선시대 움무덤, 고상 건물지, 수혈 등이 조성되어 있다. Ⅱ지구 남반부 고상 건물지군 한켠의 공지에 위치하는 수혈 107호에서 출토되었다. 유구의 규모는 직경 1.6m, 깊이 약 2m(추정)로 수혈은 생토층을 수직에 가까운 사선으로 굴착 조성되었다. 수혈 내부에는 갈색 사질 점토층과 회청색 니토층이 퇴적되어 있다. 약 30cm 깊이의 갈색 사질 점토층에서 6세기대 사발(碗), 뚜껑(蓋), 굽다리 접시편, 인화문 토기 편 등이 출토되었으며, 80cm 깊이의 회청색 니토층에서 투각 인면문 옹형 토기 1점과 목간 1점 등 토기와 목기가 출토되었다[1).

2.2 연구대상

2019년 11월 25일 (재)화랑문화재연구원의 목제유물의 수습 및 보존처리 업

1) 오승연·김상현, 2020, 「투각 인면문옹형 토기가 출토된 경산 소월리 유적」 『2019 한국고고학저널』, 국립문화재연구소, pp.77~81.

그림 1. 경산 소월리 유적 Ⅰ·Ⅱ지구 전경 (화랑문화재연구원)

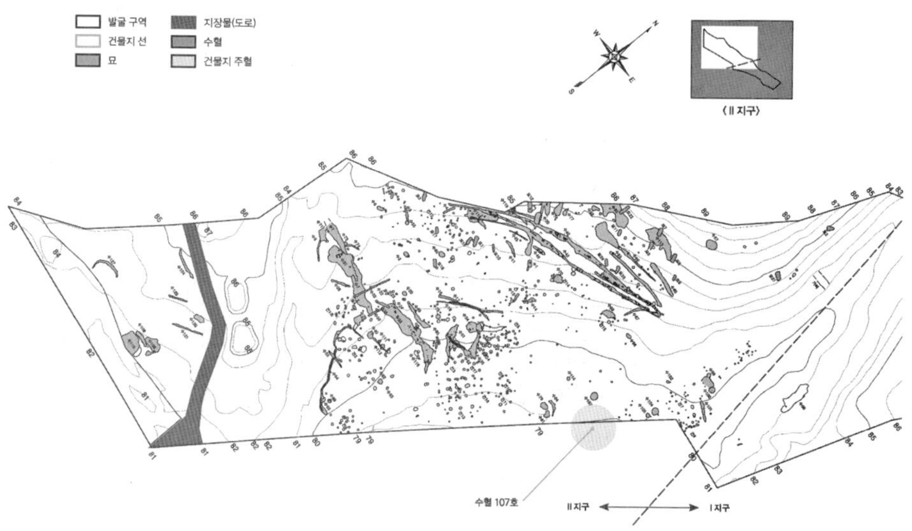

그림 2. 경산 소월리 유적 Ⅱ지구 유구 배치도(화랑문화재연구원)

그림 3. 경산 소월리 유적 Ⅱ지구 수혈 107호 층위와 투각 인면문 옹형 토기 출토 상태 (화랑문화재연구원)

무지원 요청을 받고, 경산 소월리 Ⅱ지구 수혈 107호의 투각 인면문옹형 토기 하부에서 발견된 싸리(추정)다발, 목간, 자귀 추정 목제유물의 수습하였다.

경산 소월리 유적에서 수습된 목간, 목제유물은 세척과정을 거쳐 사진촬영을 실시하고, 4℃의 냉장고에서 보관하였다. 특히, 목간의 경우 판독을 위해 적외선 촬영을 실시하였다. 판독과정 국립경주문화재연구소에서 2차에 걸쳐 판독 회의를 실시한 결과, 5면에서 약 94자의 글자가 확인되었다. 목간에 기록된 글자가운데 '곡(谷)과 답(畓), 제(堤), 결(結), 부(負)' 등이 주목된다. 특히 토지 면적 단위인 '결'과 '부'는 지금까지 신라 통일 이후 사용된 것으로 추정되었지만 소월리 출토 목간을 통해 그 사용 시기를 삼국 시대까지 올려볼 수 있게 되었다[2].

2) 문화재청 보도자료 및 전경효, 2020, 「경산 소월리 목간의 기초적 검토」『한국목간학회 제 33회 정기발표회』를 참조

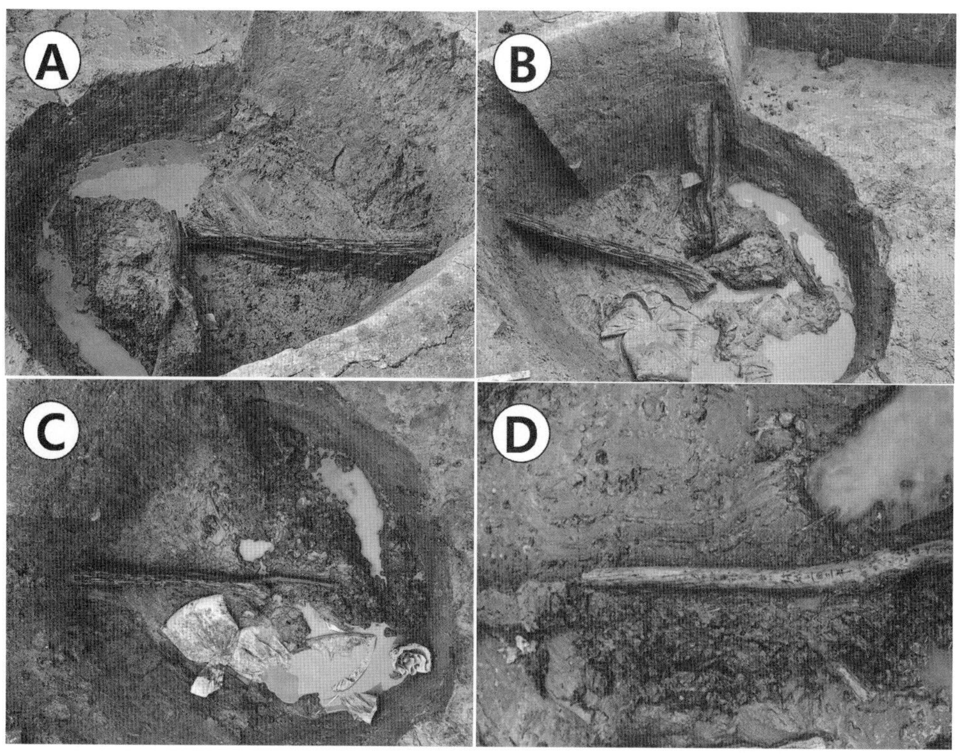

그림 4. 경산 소월리 유적 Ⅱ지구 수혈 107호 목제유물 노출과정 (A: 싸리(추정)다발 노출, B: 자귀 추정 목제유물 노출, C: 목간 노출, D: 목간 수습 전 적외선 촬영)

본 연구에서는 경산 소월리 Ⅱ지구 수혈 107호에서 출토된 목간과 자귀 추정 목제유물의 수종분석의 대상으로 하였고, 목간의 도구흔적을 통한 형태적 분석을 실시하였다.

본 연구의 대상인 목간 및 자귀 추정 목제유물은 투각 인면문옹형 토기를 하부에 싸리(추정)다발이 위치하고 동일한 층에 목재가 있었으며, 목재를 수습하는 과정에서 자귀 추정 목제유물이 확인되었다. 목간은 싸리(추정)다발의 약 2~3㎝ 아래에 위치하며, 수혈 107호의 중앙에서 확인되었다. 목간의 제원은 잔존 길이 74.2㎝, 직경 4.3~2.8㎝로 계측되었다.

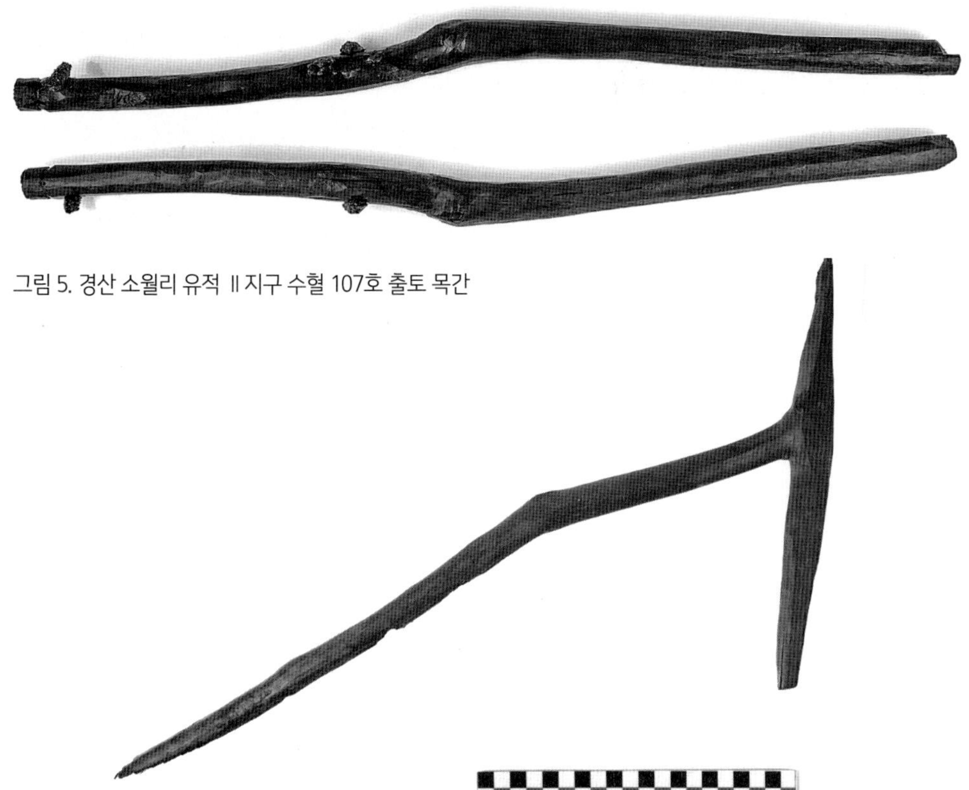

그림 5. 경산 소월리 유적 Ⅱ지구 수혈 107호 출토 목간

그림 6. 경산 소월리 유적 Ⅱ지구 수혈 107호 출토 자귀 추정 목제유물

3. 경산 소월리 유적 Ⅱ지구 수혈 107호 출토 목제유물 수습

목제유물의 수습은 상부의 목재, 자귀 추정 목제유물, 싸리(추정)다발, 목간의 순서로 수습하였다. 자귀 추정 목제유물은 조사과정에서는 확인되지 않았으나, 유물을 수습하는 과정에서 확인되어 기록을 남기고, 수습되었다. 싸리(추정)다발

은 개체 하나하나씩 수습하는 것보다 다발의 형태를 유지한 채 수습하는 것이 유적 및 유물을 이해하는데 좋을 것 같다는 발굴조사단 및 자문위원의 의견을 반영하여 그림 7(B)과 같이 흙째 수습하였다. 진흙이 무너질 것을 대비하여 받침대로 지지하였다.

목간은 싸리(추정)다발의 하부에서 위치하고 있었으나, 싸리(추정)다발과 목간 사이에는 약 2~3㎝의 진흙층이 존재하여 두 개체는 서로 다른 유물이었을 것으로 추정되었다. 목간은 수습과정에서 훼손되면, 문자를 판독하는데 지대한 지장을 초래하므로 조심스럽게 이루어져야 한다. 따라서 금속 도구의 사용을 자제하고, 대나무칼, 붓, 분무기를 활용하여 수습하였다. 특히, 수침상태의 목제유물은 건조되면 돌이킬 수 없는 상태가 되므로, 충분한 물을 분무하면서 수습하였다.

본 연구자는 수습 시 분무기를 최대한 활용하여 수습하였다. 목간은 수습되기 전 최대한 노출한 후 적외선 촬영을 실시하여 혹시나 있을지 모를 훼손에 대비하였다. 그리고 수침목제유물은 확인된 순간이 가장 좋은 상태이므로, 수습 직후 적외선과 사진촬영을 통해 최상의 기록을 남기고자 하였다. 목간을 수습한 직후 발굴현장에서 임시 세척을 한 후 적외선 촬영을 실시하였다. 수습된 목간 및 목제유물은 국립경주문화재연구소로 옮긴 후 정밀 세척, 유물 사진촬영, 적외선 촬영, 판독이 이루어졌다.

4. 분석

4.1 수종분석

4.1.1 수종분석 방법

수습된 목간과 자귀 추정 목제유물에서 직접 도수절편(hand section, 徒手切片)법으로, 면도칼을 사용하여 박편을 채취하였다. 3단면(횡단면, 방사단면, 접선

그림 7. 경산 소월리 유적 II지구 수혈 107호 목제유물 수습과정(A-B: 싸리(추정)다발 수습, C-D: 목간 수습, E-F: 목간 수습 전 현장 적외선촬영)

단면)의 박편을 절취한 후 임시봉입제(50% 글리세린수용액)로 봉입하여 프레파라트를 제작한 후 수종분석을 실시하였다.

제작된 프레파라트는 광학현미경(Nikon ECLIPSE E200)으로 구성세포를 관찰하고, 그 특징을 사진 촬영하였다. 목제유물의 수종 식별은 '목재조직과 식별'(박상진 외, 1987), '한국산 목재의 구조'(이필우, 1994), '국산 활엽수재의 목재조직'(박상진, 1990), Anatomical Description of Japanese Hardwoods(Takao Itoh, 1995)를 참조하였다.

4.1.2 수종분석 결과

경산 소월리 유적 II지구 수혈 107호에서 출토된 목간과 자귀 추정 목제유물은 수종분석 결과, 모두 소나무과(Pinaceae) 소나무속(Pinus) 경송류(hard pine group)로 식별되었다.

광학현미경을 이용하여 목재의 구성세포를 관찰한 결과, 침엽수재로 조재와 만재의 이행이 급하였으며, 박벽의 에피데리얼 세포를 가진 수직수지구를 횡단면에서 관찰할 수 있었다. 방사단면에서 방사조직은 방사가도관과 방사유세포로 이루어져 있었고, 직교분야벽공은 창상형이었다. 그리고 소나무류에서 가장 큰 특징인 거치상비후를 방사가도관에서 관찰할 수 있었으며, 가도관벽의 유연벽공은 1열로 존재하였다. 접선단면의 방사조직은 단열방사조직과 수평수지구를 갖는 방추형방사조직으로 구성되어 있다. 수직수지구와 수평수지구가 존재하며, 창상벽공에 방사가도관을 가졌으므로 소나무속에 해당하는 것으로 판단되었다.

소나무속 중에서도 방사가도관에 거치상비후가 확인되어, 방사가도관이 평활한 연송류(軟松類, soft pine; 잣나무류)와는 구별됨으로 이 수종은 경송류(硬松類, hard pine; 소나무류)로 식별할 수 있었다. 이상과 같은 특징을 갖는 경송류에 속하는 수종은 소나무, 곰솔, 중곰솔이 있는데, 이들 수종은 목재조직학적으로 식별되지 않는다. 따라서 최종적으로 소나무과 소나무속의 경송류로 식별하였다.

4.2 목제유물의 재료 분석

경사지에서 생육한 나무의 수간(樹幹) 또는 가지의 위쪽과 아래쪽에서는 형

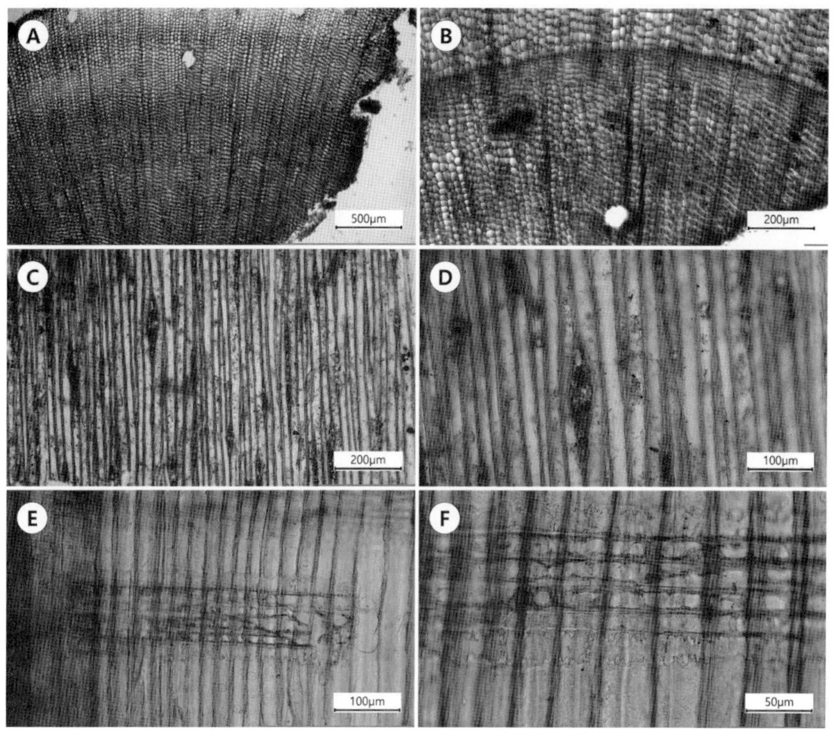

그림 8. 경산 소월리 유적 II지구 수혈 107호 출토 목간의 광학현미경 사진-소나무과 소나무속 경송류(A, B: 횡단면, C, D: 접선단면, E, F: 방사단면)

성층의 활동에 차이가 생겨 비대생장이 편심적으로 일어난다. 이러한 편심생장(eccentric growth)을 하는 부분에는 대개 이상조직이 형성되는데 이와 같이 형성된 이상조직(異常組織)의 목재를 이상재(응력재, reaction wood)라고 부른다. 침엽수에서는 경사진 수간과 가지의 횡단면 아래쪽, 즉 압축응력을 받는 방향의 부분에 편심생장을 이루며, 활엽수에서는 침엽수와 달리 횡단면의 위쪽, 즉 인장응력을 받는 방향의 부분이 편심생장을 이루기 때문에 침엽수의 이상재를 압축이상재(compression wood) 그리고 활엽수의 이상재를 인장이상재(tension wood)라고 부른다.

목간과 자귀 추정 목제유물은 모두 소나무과 소나무속 경송류로 침엽수에 해당한다. 따라서 횡단면 아래쪽, 즉 압축응력을 받는 방향으로 편심생장을 이루는 압축이상재가 생긴다. 그림 9에서 보이는 바와 같이 편심생장의 방향을 고려하여, 소월리 유적에서 출토된 목간은 가지 부분을 이용하여 제작된 것으로 추정하였다. 또한, 자귀 추정 목제유물은 자루부분은 가지를 이용하고 날이 끼워지는 부분은 나무의 몸체에 해당하는 수간을 이용한 것으로 판단하였다.

4.3 경산 소월리 유적 출토 목간의 도구흔적 분석

유적에서 출토된 목제유물 표면에 남아있는 도구흔적 또는 제작흔적은 어떤 도구를 사용하여 어떤 과정으로 유물을 제작하였는지를 밝힐 수 있는 중요한 자료이다.

그림 9. 경산 소월리 유적 II지구 수혈 107호 출토 목간과 자귀 추정 목제유물

4.2.1 목제유물 제작흔적

국립가야문화재연구소에서는 유적에서 출토된 목제유물에 남아있는 제작흔적을 재현실험을 통해 실험 결과와 유물의 제작흔적을 비교·검토하여 유적에서 출토된 목제유물의 제작기법을 연구하고 그 결과를 발표하였다. 그 결과 중 경산 소월리 유적에서 출토된 목간의 제작흔적으로 추정되는 흔적의 특징은 다음과 같다.

① 자귀흔적

자귀는 날이 자루와 수직으로 결합되어 있고, 한 쪽만 벼려져 있는 날(片刃) 끝은 직선형 에 가깝다. 실험으로 재현된 자귀 흔적은 날이 목재에 찍힌 흔적이 직선형에 가깝고, 깎은 면은 평형하게 'ㄴ'자 형태로 관찰된다. 목재를 경사지게 깎거나 오목하게 팔 때는 날이 찍힌 흔적 이 뚜렷하게 남고, 나뭇결이 거칠게 뜯겨나간 것을 확인할 수 있다. 깎은 흔적은 계단상으로 관찰되고, 깎은 면은 도끼 흔적에 비해 날카로운 모습이다. 평평하게 깎을 때는 자귀날이 깊이 박히지 않도록 목재면에 날을 평행하게 두고 도구를 움직이기 때문에 날이 찍힌 흔적과 나뭇결이 뜯겨나간 흔적은 미세하게 관찰된다[3].

② 도자흔적

도자는 15~20cm 정도의 손잡이에 사선 또는 직선으로 벼른 칼날을 결합한 형태이다. 날 의 길이는 긴 편이지만, 너비가 좁고 두께가 얇다. 실험으로 재현된 도자 흔적은 날이 목재에 찍힌 흔적이 직선 또는 사선으로 미세하게 남아있고, 깎은 면적은 좁은 편이다. 목재에 날카로 운 날을 대고 몸 밖으로 밀어내는 힘으로 깎으며 미는 힘에 의해 날이 들어가는 시작 부분은 약간 오목하고, 깎은 면의 목질은 약간 눌려 있다. 날이 찍힌 흔적은 거의 나타나지 않고 나뭇결이 뜯긴 흔적도 미세하게 관찰된다[4].

---

3) 국립가야문화재연구소, 2020, 『고대 목기, 제작흔과 기술』, pp.152~162.

4) 국립가야문화재연구소, 2020, 『고대 목기, 제작흔과 기술』, pp.182~193.

그림 10. 자귀흔적 (출처 : 국립가야문화재연구소)

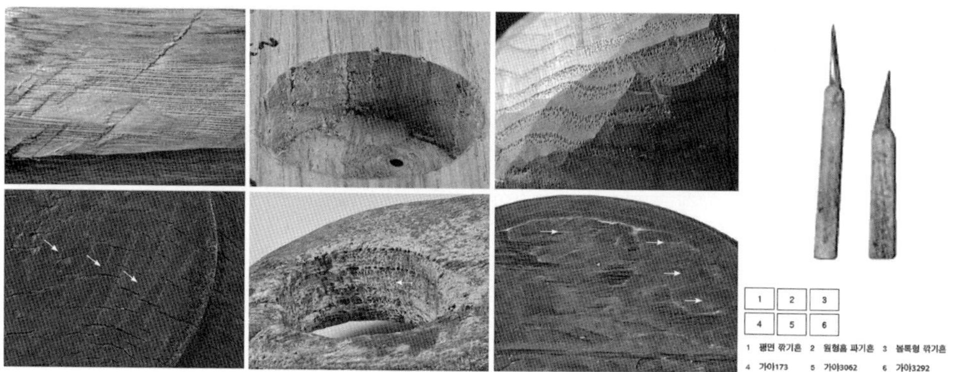

그림 11. 도자흔적 (출처 : 국립가야문화재연구소)

③ 낫흔적

낫은 나무자루에 'ㄱ'자형 날이 박혀있는 형태로, 날의 길이는 길고 너비는 좁지만, 두께는 약간 두꺼운 편이다. 실험으로 재현된 낫 흔적은 날이 목재에 찍힌 흔적이 직선으로 미세하게 남아있고, 깎은 면은 너비가 넓고 길이가 긴 편이다. 목재에 날을 대고 밀거나 당기는 동작으로 깎을 수 있다. 당겨서 깎을 때는 대패로 민 것과 같이 매끈한 면을 생성할 수 있으며, 날이 찍힌 흔적은 미세하고 나뭇결이 뜯긴 흔적도 거의 확인되지 않는다. 도자 흔적의 특징과 유사하지만, 날이

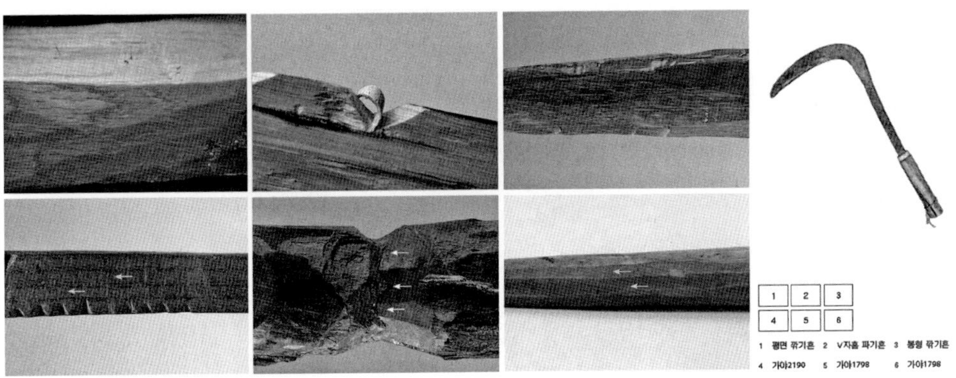

그림 12. 낫흔적 (출처 : 국립가야문화재연구소)

크고 두껍기 때문에 도자 흔적 보다 깎은 면은 길이가 길고 넓은 편이다[5].

4.2.2 경산 소월리 유적 II지구 수혈 107호 출토 목간의 도구흔적

경산 소월리 유적 II지구 수혈 107호 출토 목간의 도구흔적을 관찰한 결과, 목간의 아랫부분의 마구리 부분이 매끈하지 않고, 거칠게 관찰된다. 그러나 테두리 부분은 매끄러운 도구흔적이 보인다. 따라서 가지의 밑 부분을 찍어낸 후 부러뜨린 것으로 추정하였다. 목간의 윗부분의 마구리 부분은 단면이 매끄럽게 보이므로 도구를 이용하여 가공된 것으로 보인다(그림 13). 따라서 경산 소월리 유적에서 출토된 목간은 완형으로 보인다.

경산 소월리 유적에서 출토된 목간의 표면에는 날이 목재에 찍힌 흔적이 직선으로 미세하게 남아있고, 깎은 면은 너비가 비교적 넓고, 긴 편이다. 이러한 도구 흔적은 날을 대고 밀거나 당기는 동작으로 깎을 수 있다. 특히, 대패로 민 것과 같이 매끈한 면이 있으며, 날이 찍힌 흔적은 미세하고 나뭇결이 뜯긴 흔적도 거의 확인되지 않아, 낫흔적과 같은 것을 확인할 수 있었다. 따라서 본 연구자는

5) 국립가야문화재연구소, 2020, 『고대 목기, 제작흔과 기술』, pp.194~209.

그림 13. 경산 소월리 유적 Ⅱ지구 수혈 107호 출토 목간의 도구흔적 Ⅰ

그림 14. 경산 소월리 유적 Ⅱ지구 수혈 107호 출토 목간의 도구흔적 Ⅱ

경산 소월리 유적에서 출토된 목간은 낫을 사용하여 제작한 것으로 판단하였다.

그리고 묶기 홈의 제작순서는 그림 14에 표시한 바와 같이, 45도 각도로 목간의 아랫방향으로 홈(그림 14-①)을 낸 후 아랫부분에 직각으로 마무리하였다(그림 14-②). 그리고 마지막으로 낫을 사용하여 목간의 윗부분부터 아랫부분으로 길게 깎아낸 것을 확인할 수 있었다.

4. 맺음말

본 연구는 2018년 경상북도 경산시 소월리 유적 II지구 수혈 107호에서 출토된 목간과 자귀 추정 목제유물의 종을 동정하여 사용된 수종을 확인하고, 도구흔적 등의 형태적 분석을 실시하여, 그 결과 다음과 같은 결론을 얻었다.

1) 경산 소월리 유적 II지구 수혈 107호에서 출토된 목간과 자귀 추정 목제유물은 소나무과 소나무속 경송류로 식별되었다.

2) 출토 유물의 편심생장의 방향을 고려하여, 소월리 유적에서 출토된 목간은 가지 부분을 이용하여 제작된 것으로 추정하였고, 자귀 추정 목제유물은 자루부분은 가지를 이용하고 날이 끼워지는 부분은 나무의 몸체에 해당하는 수간을 이용한 것으로 판단하였다.

3) 소월리 유적 출토 목간은 대패로 민 것과 같이 매끈한 면이 있으며, 날이 찍힌 흔적은 미세하고 나뭇결이 뜯긴 흔적도 거의 확인되지 않아, 낫흔적과 같은 것을 확인할 수 있었다. 따라서 경산 소월리 유적에서 출토된 목간은 낫을 사용하여 제작한 것으로 판단하였다.

참고문헌

이필우, 1997, 『목재의 구조 및 성질과 용도 - 한국산 목재의 성질과 용도 (Ⅰ)(Ⅱ)』, 서울대학교출판부.

박상진, 이원용, 이화형, 2003, 『木材組織과 識別』, 2版, 향문사.

박원규, 이광희, 2007, 『우리나라 건축물에 사용된 목재 수종의 변천』, 건축역사연구 16(1).

정성호, 박병수, 2008, 『한국의 유용수종의 목재성질』, 국립산림과학원.

박원규 등, 2009, 『울산 반구동유적 발굴조사 보고서-울산 반구동 유적 출토 목재의 수종 및 연륜연대 분석』, 울산발전연구원 문화재센터.

오승연, 김상현, 2020, 「투각 인면문옹형 토기가 출토된 경산 소월리 유적」『2019 한국고고학저널』, 국립문화재연구소.

국립가야문화재연구소, 2020, 『고대 목기, 제작흔과 기술』

전경효, 2020, 「경산 소월리 목간의 기초적 검토」『한국목간학회 제 33회 정기발표회』

A. C. Barefoot·Frank W. Hankins, 1982, 『Identification of Modern and Tertiary Woods』, Oxford University.

Takao Itoh, 1995, 『Anatomical Description of Japanese Hardwoods』, Wood Research Institute, Kyoto University.

Wheeler, E., Baas, P., Gasson, P.E., 1989, IAWA List of Microscopic Features for Hardwood Identification, IAWA bulletin n.s. 10(3): 219-332.

Richter, H.G., Grosser, D.,Heinz, I., Gasson, P.E.,2004, IAWA List of Microscopic Features for Softwood Identification, IAWA Journal 25(1): 1-70.

제3장

경산 소월리 목간의 기초적 검토*

전경효

1. 머리말

최근 경산 소월리 유적에서 사람 얼굴 모양 토기와 목간이 출토되었다는 소식은 공식보도 자료를 통해 이미 알려졌다.[1] 국립경주문화재연구소는 2019년 11월 25일 (재)화랑문화재연구원으로부터 목재 유물 수습 요청을 받았다. 그런데 글자가 기록된 유물이 추가로 발견되어 현장에서 유물 수습과 사진 촬영까지 마쳤다고 한다. 이후 두 기관이 함께 2차례의 자문회의를 열어 결과를 정리한 후 추가 보도자료를 내고 목간의 대략적인 내용을 정리하였다. 이러한 내용은 2020

* 이 논문은 전경효, 2020,「경산 소월리 목간의 기초적 검토」『목간과 문자』 24, 한국목간학회에 게재된 것을 단행본의 편집방향에 맞춰 전제한 것이다.

1) 문화재청 보도자료,「경산 소월리 유적에서 5세기경 의례와 관련된 사람얼굴모양 토기 출토」
(2019.12.03.):「경산 소월리 유적에서 토지 관리 연관된 신라 목간 출토」
(2019.12.09):「경산 소월리 유적에서 토지 관리 연관된 신라 목간 출토」

년 1월 18일 한국목간학회 정기발표회에서 공식적으로 발표되었으며[2)] 그 후 목간의 내용과 서체를 추가로 논의한 연구도 나왔다.[3)]

이 글에서는 보도자료와 화랑문화재연구원측의 자료를 통해 목간의 출토 정황을 살펴보고 자문회의 결과와 필자의 견해를 정리하여 판독문으로 제시한다. 그리고 목간의 내용을 토대로 그 용도와 성격을 살펴볼 예정이다.

2. 목간의 형태와 판독

목간이 출토된 곳은 경북 경산 경산지식산업지구 진입도로 개설공사 부지(경산시 와촌면 소월리 1186번지) 내 2구역이다. 이곳은 북서에서 남동으로 이어지는 골짜기의 상류부이며, 근처에 소월지가 위치한다. 조사 지역은 주능선에서 남쪽으로 분기한 해발 79~99m 지점으로 이곳은 2019년 8월 26일부터 (재)화랑문화재연구원에서 Ⅰ구역과 Ⅱ구역으로 나누어 발굴조사를 실시했다. 그 결과 전체적으로 삼국~통일신라시대의 고상 건물지, 수혈, 가마, 주혈군, 고려~조선시대 토광묘, 수혈 등 670여 기의 유구가 발견되었다.

Ⅱ구역의 경우 3개의 토층이 나타나는데, 위쪽부터 Ⅰ층은 현대 경작층, Ⅱ층은 삼국시대 문화층, Ⅲ층은 갱신세층으로 나누어진다. 목간이 발견된 곳은 107호 수혈인데, 수혈의 지름은 1.6m 가량이며, Ⅲ층을 수직에 가까운 사선으로 굴착하여 조성되었다. 그 내부 토층은 갈색 沙質粘土層, 그 아래의 灰靑色 泥土層으로 나눌 수 있다. 유물은 지표 아래 30cm 지점의 갈색 沙質粘土層에서 완, 개, 고배편이 출토되었으며, 지표 아래 80cm 지점의 灰靑色 泥土層에서 人面裝飾甕 1

2) 韓國木簡學會, 2020, 『2019年 東아시아 新出土 木簡』, 韓國木簡學會 第33回 定期發表會 資料集.

3) 손환일, 2020, 「경산 소월리 출토 목간의 내용과 서체」 『韓國古代史探究』 34.

점과 시루 1점이 출토되었다.[4)]

목간은 人面裝飾甕과 시루 근처에서 출토되었는데, 출토된 층위는 옹과 시루가 출토된 것보다 아래층이라고 한다. 그런데 목간과 함께 있었던 것은 싸리나무로 추정되는 다발과 자귀로 추정되는 목제 유물이었다. 목간은 다발과 자귀 아래 이들과 나란한 형태로 발견되었는데 목간은 다발 중간 아래에 놓여있고, 그 끝부분이 다발보다 더 길게 노출되어 있었다.

목간의 제원은 최대 길이 74.2cm, 최대 직경 4.3cm, 최소 직경 2.8cm로 막대형이며, 그 단면은 원형이다. 그리고 중간 부분은 약간 휘어져 있으며 알 수 없는 이물질이 붙어있다. 목간의 위쪽은 자연적으로 파손된 것으로 추정되고 아래쪽에는 끈을 묶기 위한 용도로 판 홈이 둘러졌다. 홈 위쪽에는 덩어리 형태의 이물질이 붙어있다. 목간 표면에는 글자를 작성하기 위해 다듬은 흔적이 있는데 일정한 방향으로 가공한 것이 아니어서 다듬은 면적이나 방향이 불규칙하다. 이러한 가공형태로 인해 목간의 글자가 기재된 면을 구분하기 어렵다.

당초 목간의 출토 상황과 홈이 둘러진 형태로 인해 싸리다발 추정 유물과 목간이 서로 연관있을 것으로 여겨졌다. 홈의 존재는 일반적으로 목간이 물품 꼬리표 역할을 했다는 점을 알려주는 흔적이기 때문에 싸리다발이 거기에 묶여 있지 않았을까 막연하게 추측했다. 그런데 목간에는 출토 직후부터 畓, 田, 三, 堤 등의 글자가 육안으로 판독 가능할 정도로 선명하게 남아 있었다. 이에 출토 현장에서는 토지와 연관된 내용이 기재된 문서 목간이라고 추정했다.

---

4) 이상의 내용은 (재)화랑문화재연구원, 2019, 『경산지식산업지구 진입도로 개설공사부지 내 2구역(소월리유물산포지2) 발굴조사 전문가검토회의 자료집』과 (재)화랑문화재연구원, 2019, 『경산지식산업지구 진입도로 개설공사부지 내 2구역(소월리유물산포지2) 발굴조사 현장설명회 자료』를 참조하였다.

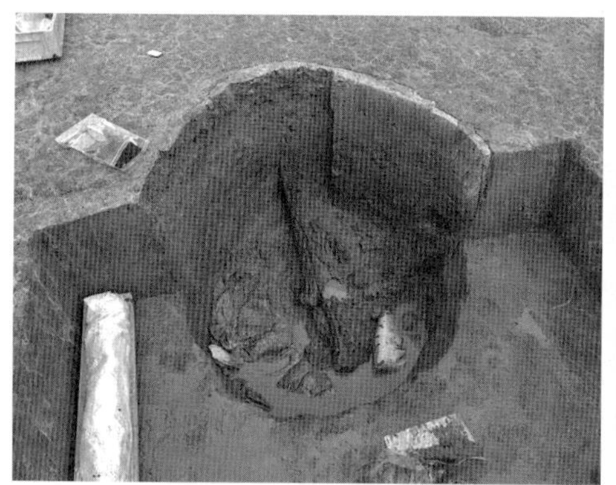

목간 수습 직전 모습

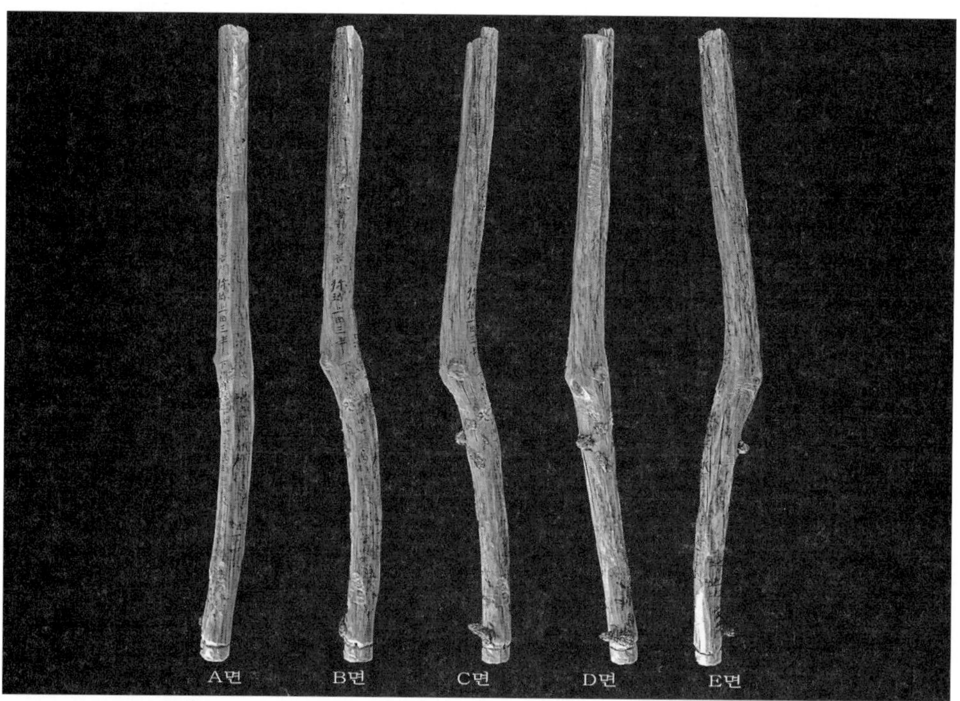

목간 전체 적외선 사진[5)]

목간은 2019년 11월 28일(목)에 수습했다. 그곳에서 적외선 사진을 간단히 촬영하고, 국립경주문화재연구소 신라월성학술조사단으로 유물을 옮긴 후 11월 29일(금)에 1차로 적외선 사진 촬영을 실시했다. 1차 촬영한 사진을 토대로 12월 6일(금)에 첫 번째 판독 자문회의를 개최한 결과 목간의 전체 글자 수는 94자이며, 6면 가운데 2면은 연습한 부분임이 밝혀졌다.[6] 각 면별로 글자 수를 살펴보면 A면은 21자, B면 36자, C면은 11자, D면은 4자, E면 15자, F면 7자이다. 두 번째 판독 자문회의는 2020년 1월 2일(목)에 이루어졌다. 당일에는 2차 적외선 사진을 촬영한 후 1차 촬영 사진, 현장 출토 컬러 사진, 현장에서 찍은 적외선 사진과 비교하여 판독을 실시했다. 그 결과 목간의 면은 5면, 확실하게 판독되었거나 추정한 글자 수는 전체 98자이며, A면 21자, B면 41자, C면 11자, D면 4자, E면 21자가 있는 것이 밝혀졌다.[7]

아래의 내용은 두 차례의 걸친 판독 자문회의 결과를 기초로 하고 이후 필자가 추가 판독한 사항을 정리한 것이다. 본격적인 내용을 서술하기에 앞서 글자별 적외선 사진과[8] 부분 적외선 사진을 제시한다.

---

5) 목간 위의 음영은 글자나 글자의 흔적이 있는 부분을 표시한 것이다.

6) 1차 자문회의에서 도움을 주신 분은 주보돈(경북대학교 명예교수), 이수훈(부산대학교), 김재홍(국민대학교), 윤선태(동국대학교) 교수님 등 네 분이다.

7) 2차 자문회의에서 도움을 주신 분은 주보돈(경북대학교 명예교수), 이수훈(부산대학교), 김재홍(국민대학교), 윤선태(동국대학교) 교수님, 이인희(경일대학교), 윤용구(인천도시공사), 고광의(동북아역사재단), 이용현(국립경주박물관) 선생님 등 여덟 분이다. 이 자문회의에서는 사진·영상 전문가(이인희 교수님)를 모셔서 사진 보정 및 분석 작업을 함께 진행했다.

8) 글자 옆 괄호 안의 숫자는 해당 면에서 같은 글자가 나오는 순서를 표시한 것이다.

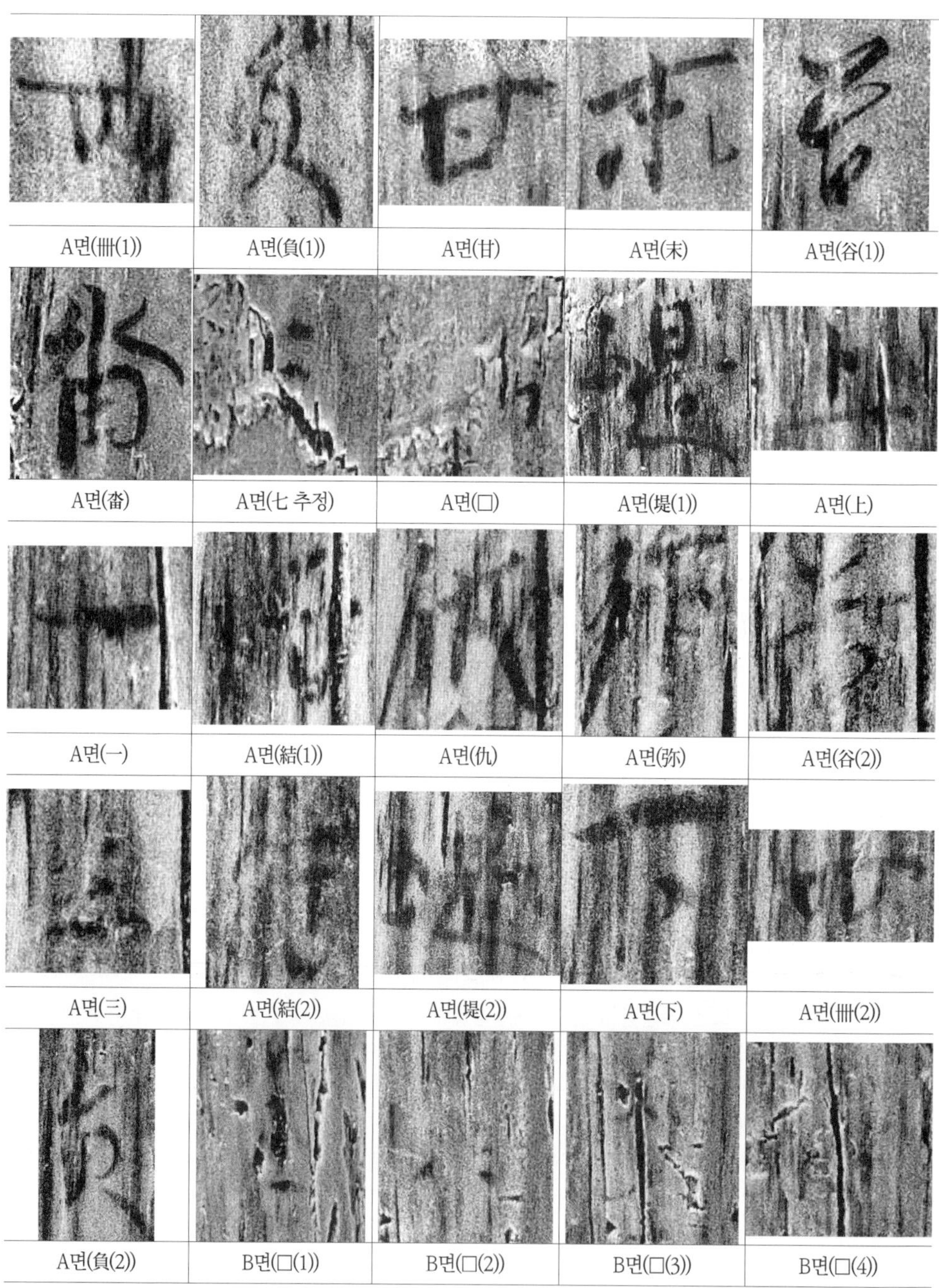

A면(卌(1))	A면(負(1))	A면(甘)	A면(未)	A면(谷(1))
A면(畓)	A면(七 추정)	A면(□)	A면(堤(1))	A면(上)
A면(一)	A면(結(1))	A면(仇)	A면(弥)	A면(谷(2))
A면(三)	A면(結(2))	A면(堤(2))	A면(下)	A면(卌(2))
A면(負(2))	B면(□(1))	B면(□(2))	B면(□(3))	B면(□(4))

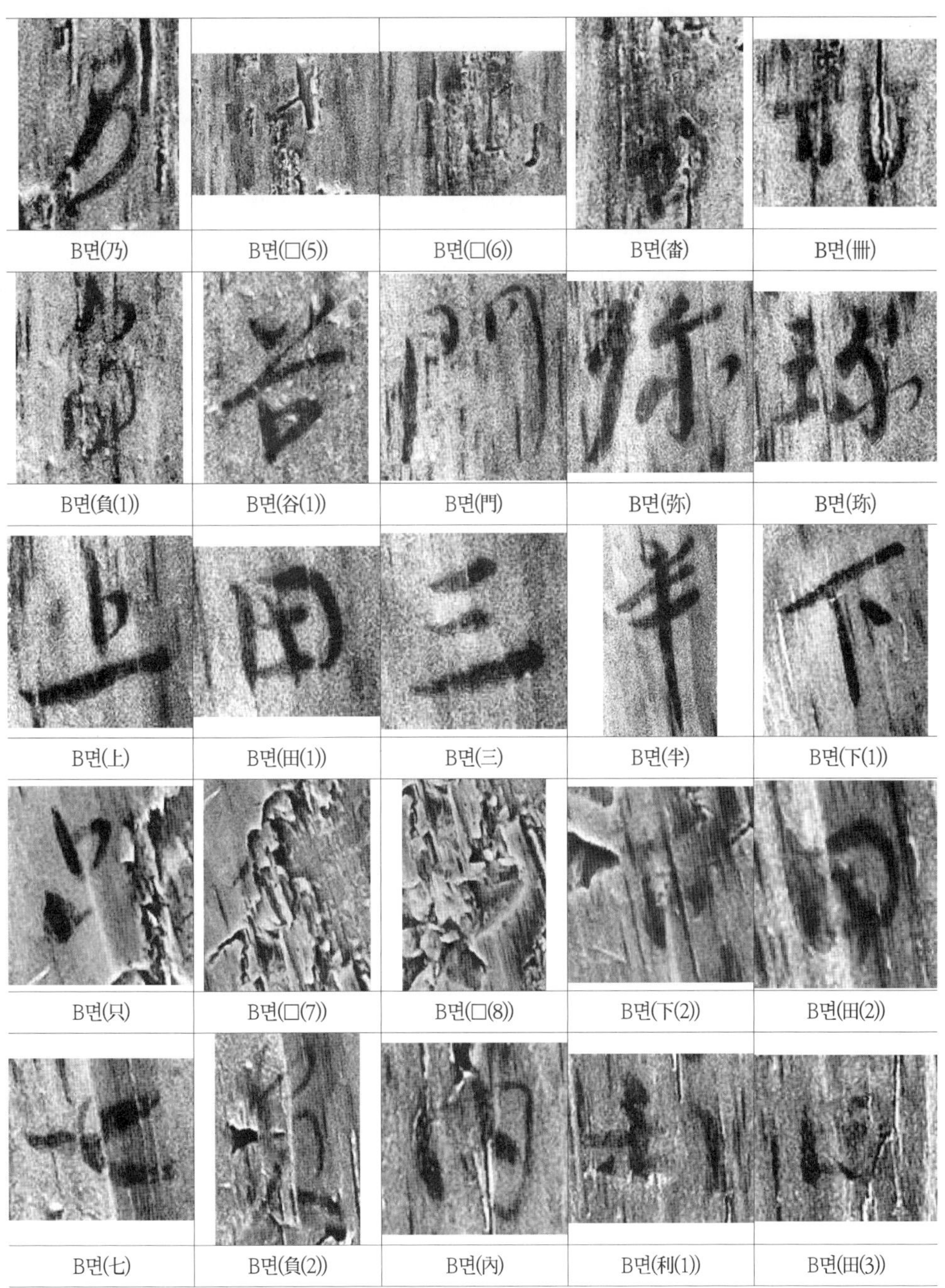

B면(乃)	B면(□(5))	B면(□(6))	B면(畓)	B면(卌)
B면(負(1))	B면(谷(1))	B면(門)	B면(弥)	B면(珎)
B면(上)	B면(田(1))	B면(三)	B면(半)	B면(下(1))
B면(只)	B면(□(7))	B면(□(8))	B면(下(2))	B면(田(2))
B면(七)	B면(負(2))	B면(內)	B면(利(1))	B면(田(3))

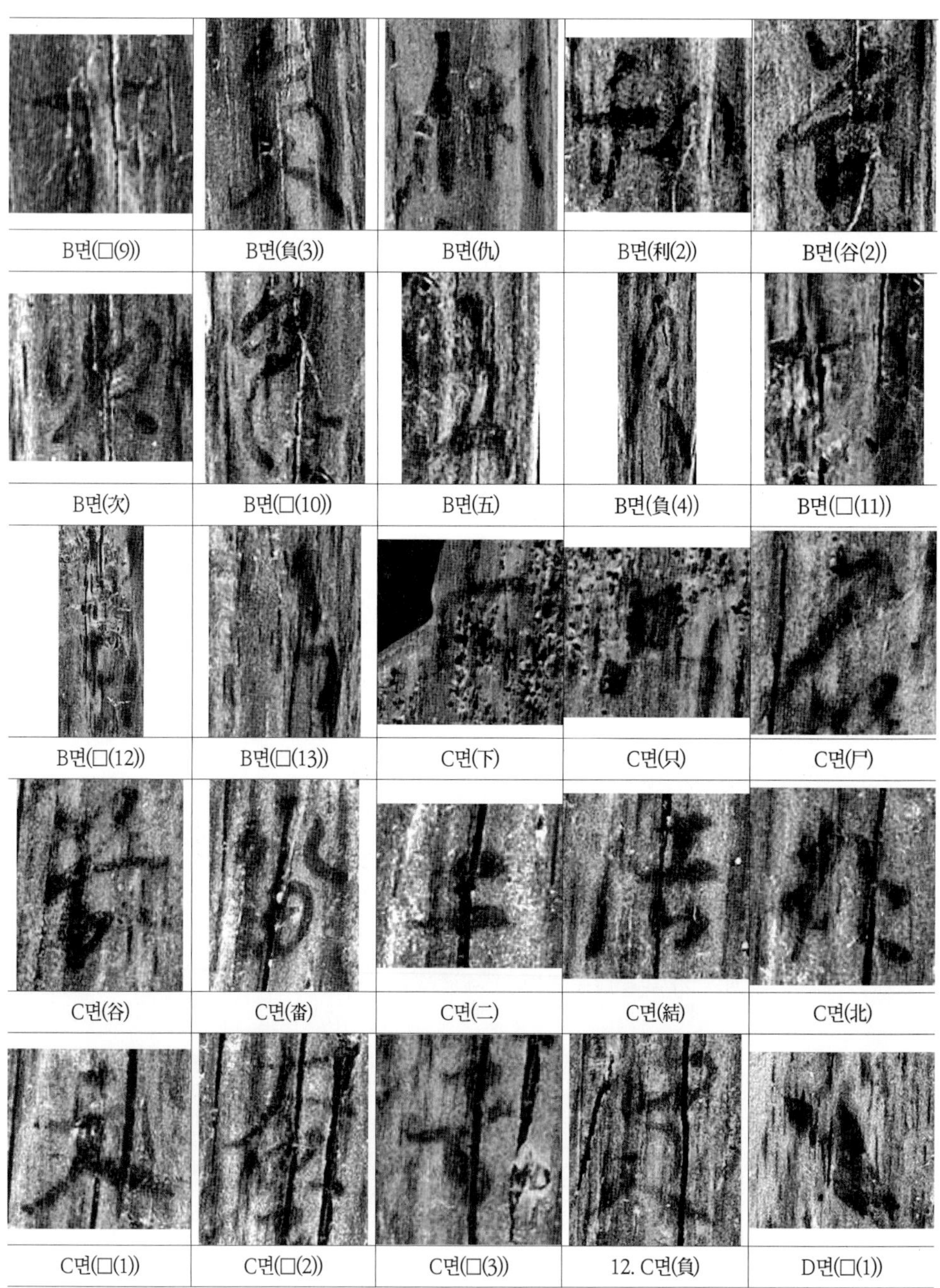

B면(□(9))	B면(負(3))	B면(仇)	B면(利(2))	B면(谷(2))
B면(次)	B면(□(10))	B면(五)	B면(負(4))	B면(□(11))
B면(□(12))	B면(□(13))	C면(下)	C면(只)	C면(戶)
C면(谷)	C면(畓)	C면(二)	C면(結)	C면(北)
C면(□(1))	C면(□(2))	C면(□(3))	12. C면(負)	D면(□(1))

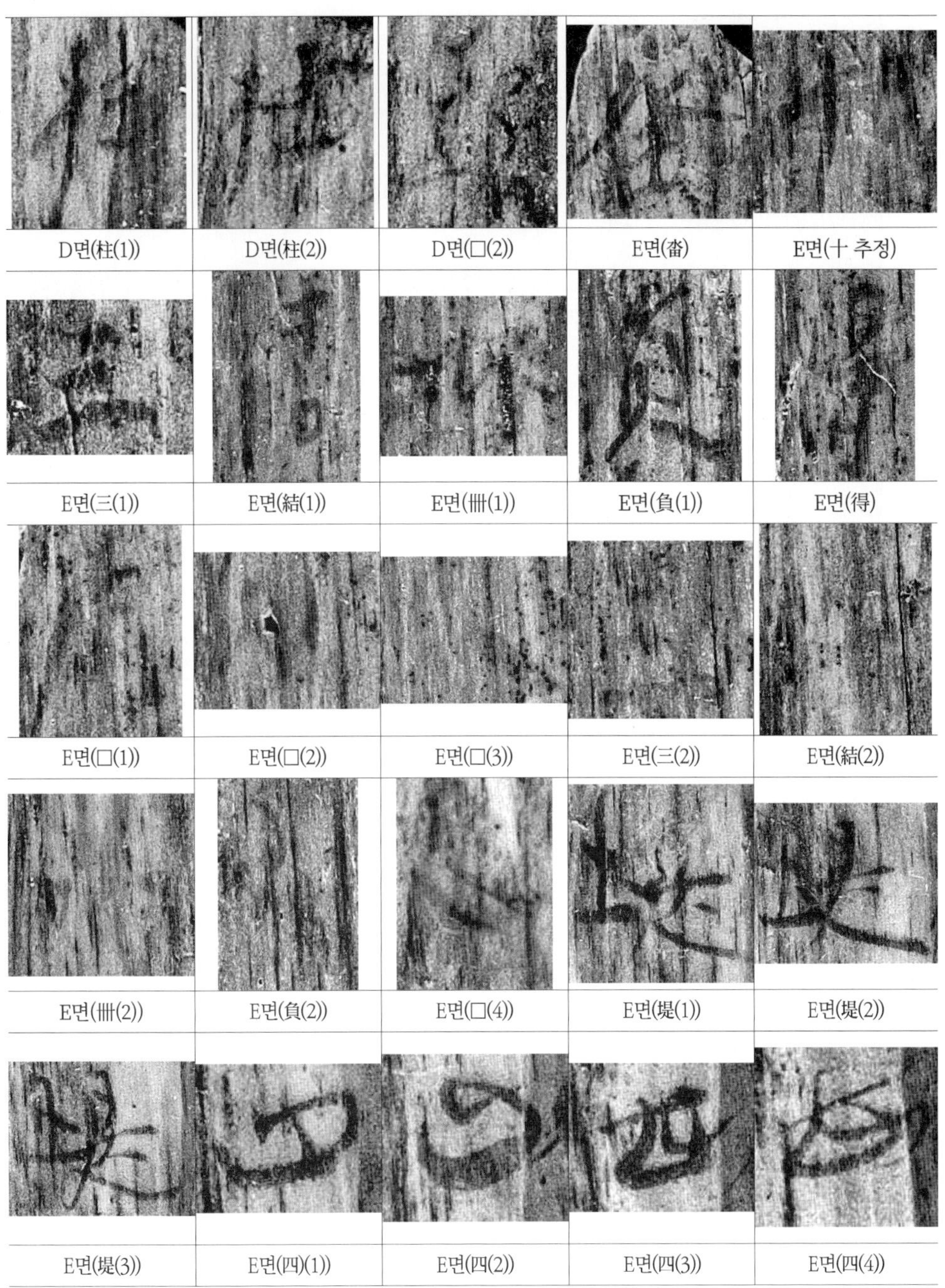
D면(柱(1))
D면(柱(2))
D면(□(2))
E면(畓)
E면(十 추정)
E면(三(1))
E면(結(1))
E면(卌(1))
E면(負(1))
E면(得)
E면(□(1))
E면(□(2))
E면(□(3))
E면(三(2))
E면(結(2))
E면(卌(2))
E면(負(2))
E면(□(4))
E면(堤(1))
E면(堤(2))
E면(堤(3))
E면(四)(1))
E면(四(2))
E면(四(3))
E면(四(4))

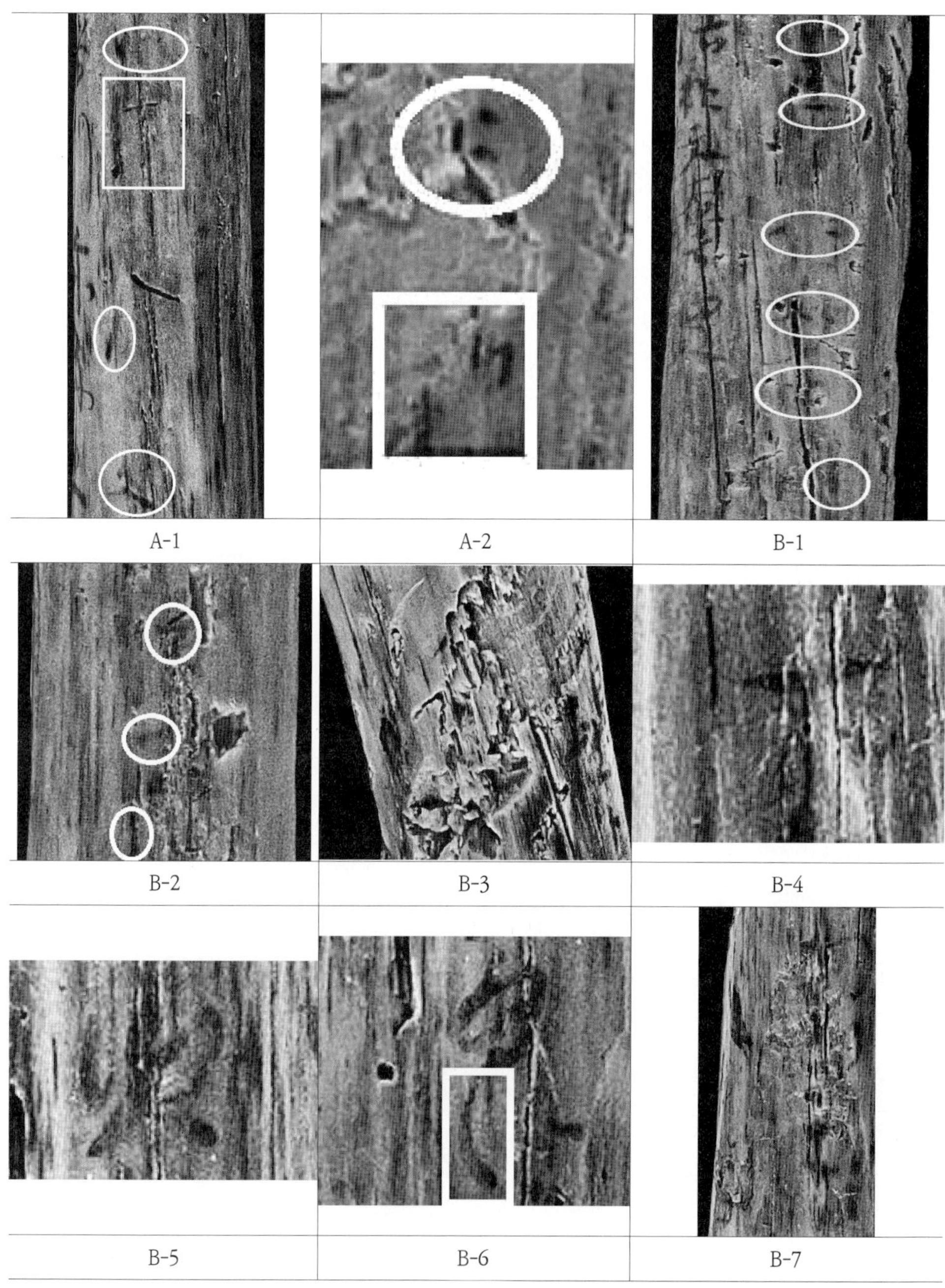

A-1	A-2	B-1
B-2	B-3	B-4
B-5	B-6	B-7

B-8 C-1 D-1

D-2 E-1 E-2

E-3 E-4

사진 A-1은 A면 윗부분에서 약간 아래쪽으로 내려온 부분이다. 여기에 일부 글자의 획(흰색 원)이 보인다.[9] 다만 구체적인 글자 판독은 어렵고,[10] 흰색 원 표시 외에 글자의 흔적으로 추정되는 부분이 있다. 자문회의에서 이 부분은 글자의 흔적은 있지만 정확한 글자 수를 판독할 수 없다고 결론을 내렸다. 이에 '⊂⊃'라는 기호를 사용하여 판독문에 표시했다.

사진 A-2는 A면 중간 부분으로 이 위쪽에는 畓, 아래쪽에는 堤가 위치한다. 사진 상에는 두 글자가 있었다고 추정되는데 획이 확실한 것은 흰색 원 내부의 가로 두 획과 사각형 안에 있는 입 구(口)의 위쪽과 오른쪽 획 일부이다.[11] 먼저 가로 두 획은 획의 간격이 좁지만 칠(七)로 추정하고, 확실하지 않다는 의미에서 물음표(?)를 덧붙였다. 그리고 사각형 안 글자의 경우 結로 판독한 견해도 있지만[12] 그 위쪽에 나무 표면이 떨어져 나갔기 때문에 더 이상의 판독은 불가능하다. 따라서 자문회의에서 나온 의견과 마찬가지로 글자는 있으나 판독 불가라는 의미로 사각형(□)으로 표시해둔다.

사진 B-1은 B면 윗부분으로 흰색 원으로 표시한 부분을 중심으로 글자의 흔적이 보인다. 제일 위쪽 원의 경우 획이 뭉개진 흔적으로 추정되는 부분이다. 그 아래에도 여러 글자가 있다고 추정되므로 A-1처럼 '⊂⊃'로 표시했다. 이 사진의 바로 아래는 乃가 이어지는데, 자문회의에서 4글자 정도 있다고 판단했다.[13]

사진 B-2는 B면 위쪽에 있는 乃와 畓 사이 부분이다. 여기에도 획의 일부분으로 추정되는 흔적이 있다.(흰색 원) 자문회의 당시 다른 부분의 글자 크기나 글

9) 사진 왼쪽에 보이는 글자는 B면에 있는 것이다.
10) 첫 번째 원과 두 번째 사각형 안의 글자를 八月로 추정 판독하기도 한다(손환일, 2020, 앞의 논문, p.586).
11) 원 내부의 새로 획과 오른쪽 대각선 아래쪽 획으로 보이는 부분은 목간 표면이 파손되면서 그림자가 진 부분이다.
12) 손환일, 2020, 앞의 논문, p.6.
13) 八月十日로 판독하는 견해도 있다(손환일, 2020, 앞의 논문, p.586).

자 사이의 간격을 고려해서이 부분에는 2글자 정도 있었다고 추정했다.[14)]

사진 B-3는 B면 중간에서 약간 아래쪽으로 치우친 부분으로 목간 표면이 파손되었다. 이 부분 위쪽으로 下只, 아래쪽으로는 下田이 나오는데, 최근 C면에 등장하는 下只尸谷을 의식하여 下只(尸谷)이라 추정 판독하는 견해도 있다.[15)] 물론 파손된 부분에 尸谷이 위치했을 가능성이 있고 (尸谷)이라고 추정했지만 자문회의에서 나온 의견을 존중하여 이 부분은 판독 불가로 두는 게 좋다고 생각한다. 즉 완전히 파손된 부분에 대한 판독이므로 글자가 있었을 것이라는 표시만 하는 것이 옳다고 여겨지므로 사각형(□)으로 두었다.

사진 B-4는 B면 아래쪽에 위치하며, 위쪽에는 田, 아래쪽에는 負가 있다. 이 글자의 경우 다음에 나오는 負를 감안하면 숫자가 확실하다. 확실한 것은 가로로 그은 획이고 나머지는 불확실하다. 자문회의 당시 一, 七, 十 등으로 견해가 나뉘어졌는데, 필자의 판단으로는 가로획 위쪽을 뚫고 간 흔적이 보이지 않으므로 一일 가능성이 크다고 생각한다. 다만 이 부분은 추가 판독이 필요하다고 생각되므로 사각형(□)으로 표시하고, 자문회의에서 가능성 있는 글자로 거론된 것을 주석으로 표시했다.

사진 B-5는 B-4보다 아래쪽에 위치한다. 바로 윗 글자는 谷이며, 아래쪽은 알 수 없는 글자이다. 자문회의 과정에서 약간의 논란이 있기는 했지만 최종적으로 次로 판독했다. 이에대해 火로 판독하는 견해도 있다.[16)] 즉, 아래에서 설명할 B-6을 田으로 판독한 후, 이를 次田으로 보기 어렵다는 이유를 들어 火田이라 본 것이다. 그런데 이 견해에서도 사진 B-5의 획이 次와 유사하다는 점은 인정했다. 次田으로 보기 어렵다는 것은 B-4의 글자를 火로 보아야 할 충분한 근거가 되지 못한다. 따라서 B-4의 글자는 확실한 다른 근거가 없다면 당분간 次로 보는 것이

14) 乃刀(谷)으로 판독하는 견해도 있다(손환일, 2020, 앞의 논문, p.586).

15) 손환일, 2020, 앞의 논문, p.586.

16) 손환일, 2020, 앞의 논문, p.586 및 p.607.

타당하다.

사진 B-6은 B-5보다 아래쪽에 위치한다. 위쪽으로 次가 있으며, 아래쪽에는 내용이 두 줄로 나누어진다. 위쪽의 형태만 본다면 왼쪽 세로획이 없는 田과 유사하다. 그런데 아래쪽에 길게 그어진 획의 존재(사각형 표시) 때문에 田으로 보기 어렵다. 일단 판독할 수 없다는 의미에서 사각형(□)으로 두고, 자문회의에서 가능성이 있는 글자로 거론된 色을 주석으로 표시했다.

사진 B-7의 경우 오른쪽에는 五負가 있다.[17] 이 부분은 목간 표면이 약간 파손되어 표면이 고르지 못하다. 그래서 판독의 어려움이 있어서 자문회의 당시 글자 수부터 논란이 있었다.[18] 일단 오른쪽의 五負처럼 두 글자가 있는 것으로 의견을 모았고, 글자는 정확하게 판독할 수 없으므로 사각형(□)으로 표시하고, 각각의 글자는 첫 번째 글자는 四 또는 內, 두 번째 글자는 負일 가능성을 주석에 표시했다.

사진 B-8은 B-7과 五負로 나뉘어진 줄이 다시 합쳐지는 부분에 위치한다. 획의 일부(흰 원)가 남아 있어 글자가 있었음은 확실하다. 다만 자문회의에서도 어떠한 글자인지 알 수 없으므로 판독 불가능한 글자 표시(사각형(□))로 남겨두었다.

사진 C-1은 C면 윗부분인데, 여기에 4자 정도 있는 것으로 추정된다. 이 부분의 글자는 다른 면의 글자와 달리 겹쳐 쓴 것으로 보이기 때문에 자문회의에서도 정확한 글자 수를 판단하기 어려웠다. 다만 최근에 '赴文大舍 定'이라 판독하여 5자로 보는 견해가 나왔다. 이 견해는 人名과 관등까지 판독하고, 농산물 산출을 관장한 사람이 기재된 것으로 보고 있다.[19] 그런데 이 판독을 제시한 논자가 지적했듯이 舍의 경우 일반적인 合字가 아니라는 점, 大와 舍 사이에 획이 있다는

17) 사진에는 글자가 오른쪽으로 치우쳐 있다.

18) 3자로 추정하기도 한다(손환일, 2020, 앞의 논문, p.586).

19) 손환일, 2020, 앞의 논문, p.586, p.597.

점 등은 판독 결과와 별개로 이 부분을 판독하는데 고려해야 할 요소이다. 자문회의에서 이 부분은 글자가 겹쳐있지만 잠정적으로 4자가 있다고 보고, 첫 번째 글자는 보이는 형태에 따라 北, 두 번째와 세 번째 글자는 판독 미상이라는 의미로 사각형(□), 네 번째 글자는 負로 판독했다. 그런데 새로운 판독을 제시한 연구에서 주장한 大와 舍 사이의 획을 고려하면 자문회의 판독보다 1글자가 더 있을 것으로 추정된다. 이에 자문회의 결과 보다 판독할 없는 1글자를 더 추가했다.

사진 D-1은 D면 아래 이물질이 붙어 있는 부분의 아래쪽이다. 이 부분은 나뭇결과 표면의 얼룩이 있다. 그 가운데 흰색 원으로 표시한 부분에 획으로 여겨지는 것이 있는데, 이러한 점을 토대로 자문회의에서 글자가 있었으나 지워진 것으로 보았다. 그러므로 이 부분은 '⊂⊃'라는 기호로 표시했다.

사진 D-2는 D-1 아래쪽이며 글자 중간에 이물질이 붙어 있다. 여기에는 4글자가 있었다고 추정된다. 즉 중간 두 글자는 柱로 판독하고, 제일 위쪽 글자와 제일 아래쪽 글자는 알 수 없는 글자로 처리했다.[20] 이 부분의 글자를 (神位) 斯로 판독한 견해도 있지만[21] 추정인 만큼 현재로서는 가장 비슷한 형태인 柱로 판독하는 것이 옳다고 생각한다.

사진 E-1은 E면의 두 번째 글자이다. 1차 자문회의 판독에서 中으로 판독되었다가 2차 자문회의 판독에서는 十으로 수정 판독되었다. 그런데 흰 사각형 안에 있는 오른쪽 획이 위아래 분리된 것처럼 보여 中일 가능성도 있다. 다만 앞뒤 문맥으로 본다면 畓十三結이 畓中三結보다 분명한 의미를 지닌다. 그러므로 자문회의 결과를 존중하여 판독문에는 十으로 표시하고 中일 가능성도 각주로 표시해둔다.

사진 E-2는 E면 7번째 글자(得)가 시작되는 부분이다. 전체적으로 8자가 있

20) 이 글자는 미상으로 처리했지만 오른쪽 부분에 우부 방(⻏)이 보인다.

21) 손환일, 2020, 앞의 논문, p.586, p.605.

다고 추정되는데 자문회의에서 得 아래 세 글자의 경우 논란이 있었다.[22] 글자의 크기로 보아 세 글자 정도가 있다고 여겨지며, 정확한 글자를 판독할 수 없으므로 사각형(□)으로 표시하고, 자문회의에서 가능성 있는 글자로 제기된 것을 각주로 표시했다.

사진 E-3은 E면 아래쪽에 있으며, 3개의 堤의 가운데 첫 번째 글자가 시작되는 부분이다. 자문회의에서는 글자 위의 획으로 추정되는 부분(흰색 원)을 살피지 못했는데, 이 부분은 글자가 기재되었다가 지워지고 남은 흔적으로 추정된다. 따라서 자문회의 결과를 보완하여 아래의 판독문에 새롭게 반영했다. 다만 堤 위에 글자가 있었으나 판독할 수 없으므로 사각형(□)으로 두었다.

사진 E-4는 E-3 아래쪽에 있으며, 비슷한 글자가 반복되고 있다. 4개의 글자 형태가 각각 다른데 대체로 위의 두 글자와 아래의 두 글자가 비슷한 형태이다. 1차 자문회의에서는 '心心 四四'로 판독했으나 2차 판독에서 '四四 四四'로 수정했다. 여기서는 2차 자문회의 결과를 따른다. 하지만 위쪽 두 글자를 虛劃을 사용한 心心, 아래쪽 두 글자를 匹匹로 보는 견해도 있다.[23] 그런데 전자는 일반적인 心의 필법과 다르다고 여겨지고, 후자는 목간에 남겨진 글자 오른쪽이 획으로 막혀 있다고 보인다. 이에 四四 四四로 잠정적으로 정리해 둔다.

이상의 내용을 정리하여 판독문으로 제시하면 다음과 같다.[24]

22) 이를 두 글자(月□)로 판독하기도 한다(손환일, 2020, 앞의 논문, p.586).

23) 손환일, 2020, 앞의 논문, p.586, p.609.

24) 목간의 면은 A면을 잠정적으로 정한 다음 그 왼쪽부터 B, C, D, E면 순으로 진행된다. '∩∪'는 글자의 흔적은 보이지만 몇 글자있는지 모르는 것을 표시한 것이고, □는 글자의 획이 전부 또는 일부보이지만 알 수 없는 글자를 표시한 것이다. 아울러 각 면의 글자 크기가 달라서 기재된 글자의 상대적인 위치는 일부 차이가 있다.

A면 ⊂⊃卌負 甘末谷畓七(?)□堤上一結 仇弥谷三結 堤下卌負

B면 **⊂ ⊃□□□□乃□□畓卌負谷門弥珎上田三半 下只□□下田** 五負 □
七負內利田□[25]負 仇利谷次□[26] □[27] □[28]

C면 下只尸谷畓二結北□□□負

D면 ⊂ ⊃□柱 柱□

E면 **畓十[29]三結卌負 得□[30]□[31]□[32]三結卌負 □堤 堤堤四四 四四**

소월리 목간 판독문

3. 목간의 내용과 용도

목간의 전반적인 내용은, 잘 정리한 문장이라기보다 단편적인 내용을 기재한 것으로 보인다. 글자의 줄을 맞추지 않았다는 점, B면 말미에 글자가 두 줄로 늘어난다는 점, 그리고 D면과 E면 마지막 부분이 글자를 연습한 곳으로 추정된다는 점 때문이다.

현재 판독되는 부분을 토대로 하면 목간의 내용이 기재된 형식은 '지명+토지종류+토지 면적'으로 정리된다.[33] 지명은 甘末谷(A면), 仇弥谷(A면), 谷門弥珎(B

25) 또는 一, 七, 十
26) 또는 色
27) 또는 四, 內
28) 또는 負
29) 또는 中
30) 또는 坡
31) 또는 田
32) 또는 入
33) E면은 畓으로 시작하는데, 원래 위쪽에 지명이 있었을 것이라 추정된다. 그렇다면 목간은 현재보다더 긴 형태였다는 점을 알 수 있다.

면), 下只□□(B면), 內利(B면)[34], 仇利谷(B면), 下只尸谷(C면)가 있으며, 토지 종류로는 畓과 田이 보이고, 그 면적으로 結과 負를 사용했다. 이 밖에 堤, 柱 그리고 토지 면적을 표기하거나 연습한 숫자가 있다.

목간에는 등장하는 甘末谷, 仇弥谷, 仇利谷, 下只尸谷 등에 사용된 谷은 문헌기록과 금석문에는 國名이나 地名 그리고 人名으로 사용되었다. 그 사례를 보면 국명은 悉直谷國[35], 지명은 牛谷[36], 烏大谷[37], 東海谷[38] 또는 海谷[39], 牛鳴谷[40], 梁谷[41], 인명은 得烏谷(또는 失)[42] 등을 들 수 있다. 이로 보아 谷은 다양한 용법으로 사용했다는 점이 드러난다.

목간에 등장하는 甘末谷 등은 그 가운데 地名으로 사용된 사례이다. 하지만 단순한 자연지명이 아니라는 점은 다음의 사례를 통해서 알 수 있다. 고구려 경우 東海谷 또는 海谷에는 守 또는 太守가 파견되었으며, 梁谷은 광개토왕의 능을 지키는 守墓人이 차출된 여러 집단 가운데 하나였다. 신라의 경우, 551년 무렵 세워진 것으로 추정되는 명활산성작성비에는 성(촌) 단위의 지방관이 파견된 烏谷을 중심으로 노동력을 동원한 사실이 기재되어 있다.[43] 목간에는 谷 단위로 토

---

34) 內利의 경우 '某某谷'으로 표현된 것과 다른 형태이지만 仇利谷이라는 사례를 고려할 때, 谷이 생 략된 것으로 추정된다. 또한 같은 B면에 등장하는 上田, 下田과 달리 단순히 田으로만 표기되었다.이러한 점과 관련하여 谷처럼 田도 생략한 것이지 여부는 알 수 없다. 다만 內利의 田 전체가 조세수취 대상이었기에 때문에 上이나 下와 같은 표기를 하지 않았다고 추측할 수도 있다.

35) 『三國史記』 卷1 新羅本紀1 婆娑尼師今 23年.

36) 『三國史記』 卷3 新羅本紀3 訥祇麻立干 3年.

37) 「明活山城作城碑」

38) 『三國史記』 卷15 高句麗本紀3 太祖大王 55年.

39) 『三國史記』 卷17 高句麗本紀5 西川王 19年.

40) 『三國史記』 卷26 百濟本紀4 東城王 14年.

41) 「廣開土王陵碑」

42) 『三國遺事』 卷2 紀異2 孝昭王代竹旨郞. 한편 영남지방에는 골짜기를 '실'이라고 발음하는 전통이 남아 있다.

지 면적이 집계되고 있다.[44] 이러한 토지 면적은 조세 수취와 관련되므로 행정적인 목적을 가지고 그것을 파악했을 것이다. 그러므로 谷은 기본적으로 골짜기를 배경으로 형성된 집단이면서[45] 국가에서 노동력을 동원하거나 조세 수취에 필요한 자료를 수집하는 단위였다.

목간의 내용에 따르면 국가에서 谷 단위로 조세 수취 자료를 수집할 때 파악한 것은 畓과 田의 면적이었다. 그 가운데 畓은 흔히 알고 있듯이 신라 고유의 漢字이다. 이 글자는 창녕신라진흥왕척경비, 신라촌락문서, 삼국유사 등 금석문, 고문서, 역사서 등 다양한 자료에 등장한다. 그 가운데 가장 이른 시점의 자료는 561년에 세워진 창녕신라진흥왕척경비에 등장하는 '海州白田畓'이다. 이러한 점을 토대로 추정한다면 목간 내용도 561년을 전후한 시점에 작성되었을 것이다.

목간에 등장하는 畓은 천수답일 가능성도 있지만 함께 등장하는 堤를 감안할 때 그 물을 이용하는 畓도 있었을 가능성이 있다. 신라에서 堤가 축조되기 시작한 시점을 알 수 없지만[46] 429년에 矢堤를 새롭게 쌓았다는 기록을 볼 때[47] 5세기 전반에 이미 堤의 존재가 확인된다. 536년에 영천의 菁提, 578년에는 대구의

---

43) 朱甫暾, 1992, 「明活山城作城碑의 力役動員體制와 村落」『西巖趙恒來教授華甲記念 韓國史學論叢』,아세아문화사: 2002, 『金石文과 新羅史』, 지식산업사, pp.206~209.

44) B면에 등장하는 谷門이 谷과 谷 사이 또는 谷과 谷 이외의 지역을 구분하는 시설물일 가능성도 있다. 한편 風伯에게 지내는 제사 장소로 犬首谷門이 등장하는데(『三國史記』 卷32 雜志1 祭祀) 이 것이 城門인지 谷과 관련된 시설물인지 알 수 없다.

45) 고조선의 유민들이 산골짜기 사이에 흩어져 살았다는 기록이나 박혁거세의 출생지가 산자락이라는 기록은 당시 촌락이 산자락이나 구릉 등에 위치했음을 보여준다(李銖勳, 1995, 『新羅 中古期 村落支配 硏究』, 釜山大學校 大學院 博士學位論文, pp.30~32). 이는 목간에 등장하는 집단이 谷 단위로형성되었다는 것과 비슷한 양상이다. 또한 소월리 유적도 골짜기의 상부에 위치했다는 점이 주목된다((재)화랑문화재연구원, 2019, 앞의 자료집, p.7).

46) 144년의 제방 수리 기록과 330년의 벽골지 축조 기사가 있지만, 각각 연대나 위치에 대한 논란이 있다.

47) 『三國史記』 卷3 新羅本紀3 訥祗麻立干 13年.

塢가 축조되는데, 6세기 무렵에는 지방에서도 수리 시설이 본격적으로 나타난다. 이러한 수리 시설은 신라 중앙 정부의 관심사였다. 그 축조에 京位를 가진 왕경인이 관여하거나 국왕이 담당 관청에게 제방 수리를 지시했다는[48] 점에서도 이러한 상황을 엿볼 수 있다. 또한 수리 시설을 통해 자연재해로부터 안전한 田畓이 확보되었을 것이다. 이렇게 확보된 畓의 증대는 수확량과 토지 이용률을 향상시켜[49] 중앙 정부의 재정을 늘리는 효과를 가져왔다.

수리 시설의 축조는 지방 촌락의 경관도 변화시켰을 것이다. A면에 따르면 토지는 堤上, 堤下처럼 둑 또는 제방을 기준으로 그 위치가 기록되었다. 이는 수리 시설이 중요한 기준점이 되었음을 의미한다.[50] 즉 골짜기에 형성된 주거지와 그 아래쪽에 축조된 堤를 중심으로 펼쳐진 田과 畓이라는 오늘날 경산 소월리 인근 지역의 6세기 무렵 풍경을 추정할 수 있다.

지금까지 살펴본 각종 변화는 신라 중앙 정부의 지방 통치 체제 강화의 연장선상에서 이해가능하다. 5세기 후반에 시작된 지방관 파견과[51] 지방민을 대상으로 한 각종 역역 동원은 지방에 대한 중앙의 영향력이 강화되었음을 보여주는 사례라는 점은 기존 연구에서도 지적되었다. 특히 소월리 목간은 지방의 谷 단위까지 토지 면적을 파악했다는 점을 보여주는 자료이다.[52] 비록 통일 이후에 작

---

48) 『三國史記』 卷4 新羅本紀4 法興王 18年.

49) 전덕재, 1990, 「4~6세기 농업생산력의 발달과 사회변동」 『역사와 현실』 4, pp.28~29.

50) 목간 E면에 堤를 여러 번 쓴 것은 그만큼 자주 쓰는 글자였기 때문에 연습한 흔적이라 추정된다.

51) 朱甫暾, 1989, 「迎日冷水里新羅碑에 대한 基礎的 檢討」 『新羅文化』 6: 2002, 『금석문과 신라사』, 지식산업사, p.86: 1996, 「麻立干時代 新羅의 地方統治」 『嶺南考古學』 19: 1998, 『신라 지방통치체제의 정비과정과 촌락』, 신서원, pp.60~67.

52) 조사 주체는 정확히 알 수 없지만 道使의 임무가 조세 수취였다는 점과(姜鳳龍, 1987, 「신라 中古 期 州制의 형성과 운영」 『韓國史論』 16, p.119), 조세 수취가 道使-使人, 村主의 보고를 바탕으로국가가 촌내의 호구 수와 재산을 파악하여 수취했을 것이라는

성된 신라 촌락문서처럼 인구나 牛馬의 수, 그 변동을 기록하는 수준에 이르지 못했지만 지방 말단 조직에 대한 토지 현황 조사가 6세기에 이미 이루어지고 있었던 것이다.

토지 현황 조사와 관련해서 주목할 것은 그 면적에 사용된 단위이다. 목간에는 結과 負가 자주 등장한다. 널리 알려졌듯이 이는 우리나라 고유의 단위이다. 토지 면적을 결부 단위로 파악하는 결부제가 제도화된 시점은 일반적으로 7세기 후반 무렵이라 보았는데[53] 이는 結에 대한 기록이 문무왕대부터 나타난다는 점을[54] 주목한 것이다. 그런데 4세기 후반~6세기 전반 사이 신라 내에서 활발하게 진행된 계층분화에 대처하기 위해 국가적으로 양전 사업을 실시했으며, 이를 토대로 6세기 전반에 佃舍法을 정비하고, 1결의 기준을 정하여 국가 차원에서 결부제를 공식적으로 시행했다는 견해도 있다.[55]

결부제 시행 시점과 관련하여 경산 소월리 목간은 그 기록 시점을 6세기 중반 무렵까지 올려볼 수 있는 중요한 자료가 된다. 목간의 내용이 작성된 시점은 干支나 연도를 구체적으로 특정할 만한 단서가 없어서 알 수 없다. 논란이 있기

점을 참고할 수 있을 것이다(金在弘,2001,『新羅 中古期 村制의 成立과 地方社會構造』, 서울大學校 博士學位論文, p.131).

53) 李宇泰, 1989,「新羅時代의 結負制」『泰東古典研究』5, pp.66~67: 1992,「新羅의 量田制 -結負制의成立과 變遷科程을 중심으로」『國史館論叢』37, pp.33~35; 박찬흥, 2001,「신라의 결부제와 조의 수취」『역사와 현실』42, pp.60~70: 2010,「고대 한국과 일본의 양전제 비교 고찰」『韓國史學報』41, pp.21~25.

54) 圓光이 설치한 점찰보에 헌납한 밭 수량이 100결이라는 기록도 있다(『三國遺事』卷4 義解5 圓光 西學). 여기서 100결이 진평왕대에 측량된 것인지 『三國遺事』가 만들어진 고려시기에 측량한 것인지 확실히 알 수 없다(李宇泰, 1992, 앞의 논문, p.34).

55) 전덕재, 2001,「신라 中古期 結負制의 시행과 그 기능」『韓國古代史研究』21, pp.274~277. 비록 문무왕대에 結의 사례가 나타나지만 이때 결부제가 국가적으로 사용되었을 가능성은 희박하다고 보는 견해도 있다. 다만 견해를 주장한 논자도 삼국시대에 결부제의 기반이 마련되었다고 하였다(김기흥, 1991,『삼국 및 통일신라세제의 연구』, 역사비평사, pp.160~162).

는 하지만 목간의 출토 층위나 유물이 6세기대로 추정된다는 점, 비교 자료가 되는 월성 해자 목간의 작성시점이 보통 6세기 중반~7세기 전반 무렵에 작성된 것으로 본다는 점, 앞서 언급한 堤나 畓이 6세기 신라의 농업 경제를 반영하고 있다는 점 등으로 보아 6세기 무렵에 작성된 것으로 여겨진다.

소월리 목간은 오늘날 경산 인근 지역의 토지 현황을 조사한 6세기 문서 목간이라 할 수 있다. 다만 정식 문서는 아니며 그것을 작성하기 위한 기초자료일 가능성이 크다. 그것은 목간의 형태나 내용에서 추정가능하다,

일반적으로 목간은 물품 꼬리표, 글자 연습, 간단한 내용 보고하는 용도로 쓰였다. 소월리 목간은 그 형태를 보면 아래쪽에 끈을 묶었던 것으로 보이는 홈이 있는데 아마도 최초에는 물품의 꼬리표로 사용되었다고 추정된다. 어느 시점에 지금의 용도로 변화했다고 여겨지는데, 표면에 불규칙하게 다듬은 흔적은 재활용 과정에서 나타난 것일 수도 있다. 그리고 표면이 불규칙한 것은 글자를 쓸 수 있는 최소한의 가공만 거쳤기 때문에 나타났을 것이다.

한편 '지명+토지 종류+토지 면적'이라는 공통된 기재 방식이 나타나는 것은 문서 작성을 위한 최소한의 형식은 있었음을 의미한다. 그런데 기재된 형태가 정연하지 않고 줄 구분이 쉽지 않다는 점에서 그 내용을 즉흥적으로 썼다고 생각한다. 특히 D면과 E면 아래쪽에 있는 글자는 앞에서 언급한 기재 방식과 다르다는 점, 그 위치가 다른 내용과 떨어져 있다는 점, 비슷한 글자가 반복된다는 점 등으로 미루어 본아 중요하거나 자주 사용하는 글자를 연습한 흔적일 것이다. 아마도 중앙에서 파견된 관리가 실제 현장을 둘러보면서 업무용 수첩처럼 사용한 것으로 추정된다. 즉, 경산 소월리 목간은 조세 수취를 위한 현지 조사를 토대로 정식 문서를 작성하기 위한 내용을 기록한 문서 목간이라 할 수 있다.

4. 맺음말

경산 소월리 목간은 6세기 무렵 신라 지방 촌락의 구조나 경관 그리고 그곳에 영향력을 행사한 국가의 행정력 등을 보여주는 자료이다. 이와 더불어 甘末谷 등의 지명과 堤는 목간을 다양한 방면으로 연구할 수 있는 계기를 제공한다.

앞에서 언급한 甘末谷, 仇弥谷, 仇利谷, 下只尸谷 등의 정확한 위치는 알 수 없다. 다만 목간이 발견된 인근 지역에 있었던 지명으로 추정된다. 그렇다면 오늘날 경산 인근, 특히 하양지역의 지명 유래를 연구할 수 있는 단서가 될 수 있다.

또한 堤의 경우 목간이 출토된 지역의 주변 상황과 비교할 수 있다. 목간이 출토된 소월리 산60-1번지 주변에는 현재 8개의 크고 작은 저수지가 존재한다. 그런데 1926년 지도에는 현재의 소월지, 진촌지, 동강지 그리고 이름 없는 저수지 2개 등 5개가 보인다. 이들 저수지 가운데 어느 하나가 목간에 등장하는 堤라고 볼 근거는 없다. 다만 목간이 작성된 시대적인 배경을 고려하면 堤의 축조와 관련된 碑가 목간 출토 인근 지역에서 발견될 가능성이 있다. 이러한 측면에서 경산 소월리 목간의 내용 분석과 더불어 출토지와 그 주변 지역에 대한 연구도 추진되어야 할 것이다.

참고문헌

『三國史記』, 『三國遺事』, 「廣開土王陵碑」, 「明活山城作城碑」

(재)화랑문화재연구원, 2019, 『경산지식산업지구 진입도로 개설공사부지 내 2구역(소월리유물산포지2) 발굴조사 전문가검토회의 자료집』.

(재)화랑문화재연구원, 2019, 『경산지식산업지구 진입도로 개설공사부지 내 2구역(소월리유물산포지2) 발굴조사 현장설명회 자료』.

문화재청 보도자료, 「경산 소월리 유적에서 5세기 경 의례와 관련된 사람얼굴모양 토기 출토」
(2019.12.03.).

문화재청 보도자료, 「경산 소월리 유적에서 토지 관리 연관된 신라 목간 출토」(2019.12.09.).

李銖勳, 1995, 『新羅 中古期 村落支配 硏究』, 釜山大學校 大學院 博士學位論文.

金在弘, 2001, 『新羅 中古期 村制의 成立과 地方社會構造』, 서울大學校 博士學位論文.

김기흥, 1991, 『삼국 및 통일신라세제의 연구』, 역사비평사.

朱甫暾, 1998, 『신라 지방통치체제의 정비과정과 촌락』, 신서원.

朱甫暾,2002, 『금석문과 신라사』, 지식산업사.

韓國木簡學會, 2020, 『2019年 東아시아 新出土 木簡』, 韓國木簡學會 第33回 定期發表會資料集.

姜鳳龍, 1987, 「신라 中古期 州制의 형성과 운영」『韓國史論』 16.

박찬흥, 2001, 「신라의 결부제와 조의 수취」『역사와 현실』 42.

박찬흥, 2010,「고대 한국과 일본의 양전제 비교 고찰」『韓國史學報』 41.
손환일, 2020,「경산 소월리 출토 목간의 내용과 서체」『韓國古代史探究』 34.
李宇泰, 1989,「新羅時代의 結負制」『泰東古典研究』 5.
李宇泰, 1992,「新羅의 量田制 -結負制의 成立과 變遷科程을 중심으로」『國史館論叢』 37.
전덕재, 1990,「4~6세기 농업생산력의 발달과 사회변동」『역사와 현실』 4.
전덕재, 2001,「신라 中古期 結負制의 시행과 그 기능」『韓國古代史研究』 21.

제4장

경산 소월리 목간의 서체

정현숙

1. 머리말

2019년 11월 25일, 경상북도 경산시 소월리 신라 유적에서 인면문토기 1점, 목간 1점 등의 유물이 출토되었다. 그중 목간은 같은 해 12월 9일 적외선 사진과 함께 정식으로 공개되었고 이듬해 이와 관련된 글이 2편 나왔다.[1)] 이 목간에는 약 100자의 묵서가 적혀 있어 서예사적 가치가 매우 크다.

상단 일부가 파손되었지만 완형인 목간은 길이 74.2cm, 직경 2.8~ 4.3cm로 현전하는 한국 목간 가운데 가장 길다. 이전의 최장 목간은 나주 복암리에서 완형으로 출토된 백제 목간인데 길이 60.8cm, 너비 5.2cm, 두께 1cm였으니 소월

1) 전경효, 「경산 소월리 목간의 기초적 검토」 『목간과 문자』 24(한국목간학회, 2020); 손환일, 「「경산소월리출토목간」의 내용과 서체」 『한국고대사탐구』 34(한국고대사탐구학회, 2020).

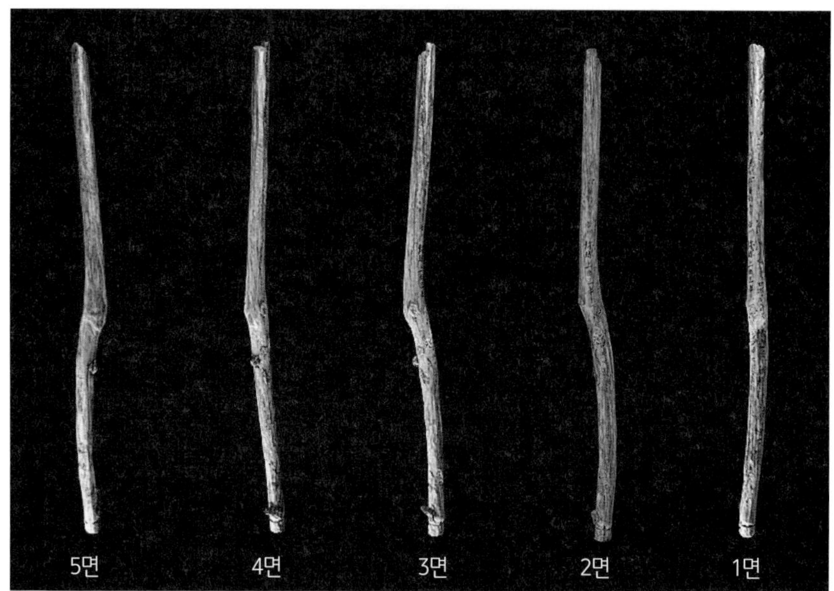

〈그림 1〉 경산 소월리 목간, 6세기, 신라, 74.2cm×4.3cm, 국립경주문화재연구소

리목간이 13.4cm 더 길다.[2)] 중간이 휘어진 목간의 하부에 끈을 묶기 위한 홈이 있어 원래 꼬리표였던 것으로 간주한다. 이후 재활용 차원에서 손질하여 다섯 면을 만들고 거기에 묵서를 썼다.

목간 표면에는 글자를 작성하기 위해 다듬은 흔적이 있는데 일정한 방향으로 가공한 것이 아니라 다듬은 면적이나 방향이 불규칙하다. 이런 가공 형태 때문에 글자를 쓴 면을 정확하게 구분하기 어렵고, 적힌 글자도 많이 지워져 내용을 정확하게 파악하기는 어렵다.

이 글은 소월리목간 글씨의 서예적 면모를 살펴보기 위한 것이다. 먼저 글씨 자체를 세밀하게 분석해 보고, 다음으로 이전에 출토된 동시기 다른 신라 목간

2) 정현숙, 「백제 부여목간과 나주목간의 서풍」 『목간과 문자』 24(한국목간학회, 2020), p.93, 〈표 2〉.

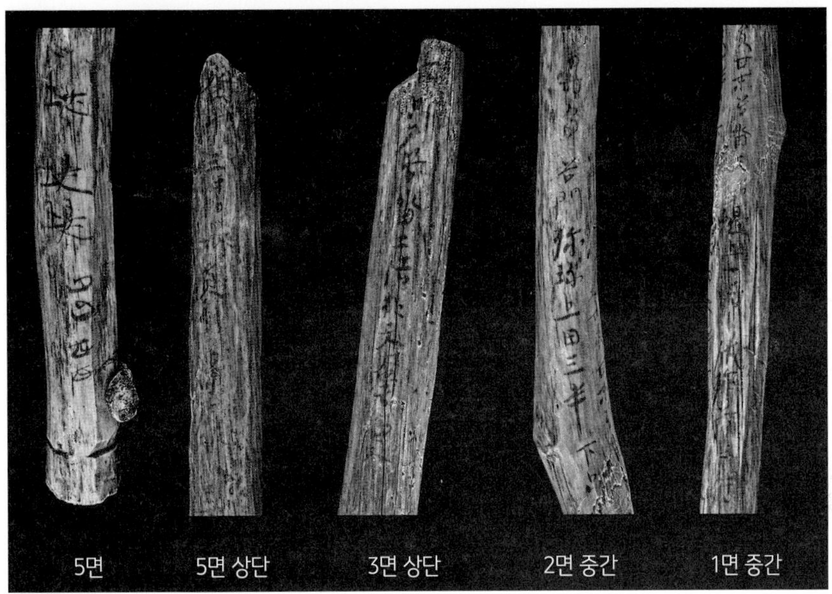

〈그림 2〉 경산 소월리 목간 부분

글씨와의 비교를 통해 소월리목간 글씨만의 특징을 도출하고자 한다. 이런 과정을 통해 그 서예사적 의의가 자연스럽게 드러나게 될 것이다.

2. 목간의 서체와 서풍

소월리목간(그림 1)에서 판독된 글자는 1면 21자, 2면 41자, 3면 11자, 4면 4자, 5면 21자로 총 98자다. 각 면은 1행이며, 2행 하단 부분만 2행이다. 묵서는 일종의 문서다. 다만 4면 하단에 '柱'가, 5면 하단에 '堤', '心', '四'가 반복적으로 쓰여 문서를 작성한 후 여백에 습서한 것으로 보인다. 따라서 이 목간의 주 용도는 문서이고, 부 용도는 습서라고 할 수 있다.

목간 출토 층위나 유물이 6세기대로 추정되는 점, 비교자료인 월성 해자 출토 목간의 작성 시점을 6세기 중반부터 7세기 전반경으로 보는 점, 목간에서 자주 사용된 堤나 畓이 6세기 신라의 농업경제를 반영한 점 등으로 보아 이 목간은 6세기에 제작된 것으로 여긴다.[3)]

따라서 이 목간은 6세기경 신라 지방 촌락의 구조나 경관 그리고 甘末谷(1면), 仇彌谷(1면), 仇利谷(2면), 下只尸谷(3면) 등의 촌락에 영향력을 행사한 국가의 행정력을 보여주는 자료다. 기록된 지역의 정확한 위치는 알 수 없으나 경산 인근의 지명 유래를 연구할 수 있는 단초를 제공한다. 목간에는 신라에서 논을 뜻하는 '畓', 밭을 뜻하는 '田'에 면적 단위인 '結', '負'가 매겨져 있어 세금을 걷은 장부로 추정한다. '지명+토지종류+토지면적'이라는 문서 작성을 위한 최소한의 공통 기재 방식이라는 형식은 취했으나 그 형태가 일정하지 않고 행의 구분이 정연하지 않아 즉흥적으로 묵서를 쓴 것으로 간주한다. 따라서 현재의 경산 인근의 토지 현황을 조사한 6세기 문서목간이라 할 수 있다. 다만 정식 문서를 작성하기 전에 기초 자료에 관한 정보를 기록한 것으로 보인다.[4)]

목간은 길고 둥근 막대형이다. 중간 부분이 휘어졌기 때문에 각 면의 장법도 목간의 형태를 따라 자연스럽게 휘어져 있다. 이런 장법은 2면에서 특히 두드러진다(그림 2). 묵서의 서체와 서풍, 장법과 결구, 자형과 필법은 변화가 심하다. 6, 7세기 신라에서 제작된 함안 성산산성, 하남 이성산성, 경주 월성해자 목간 글씨와 상통하면서 동시에 다른 점도 많다.

묵서는 행서로 쓰였는데, 동시기 신라 꼬리표목간에 쓰인 행서와 같은 서체다. 그러나 이 목간은 초서의 필의가 강한 행서로 쓰였고, 성산산성목간(그림 3, 4), 월성해자목간 등 대부분의 신라 목간들은 해서의 필의가 있는 행서로 쓰였다는 점에서 구별된다.

---

3) 전경효, 앞의 글, 2020, p.374.

4) 전경효, 위의 글, pp.371~374.

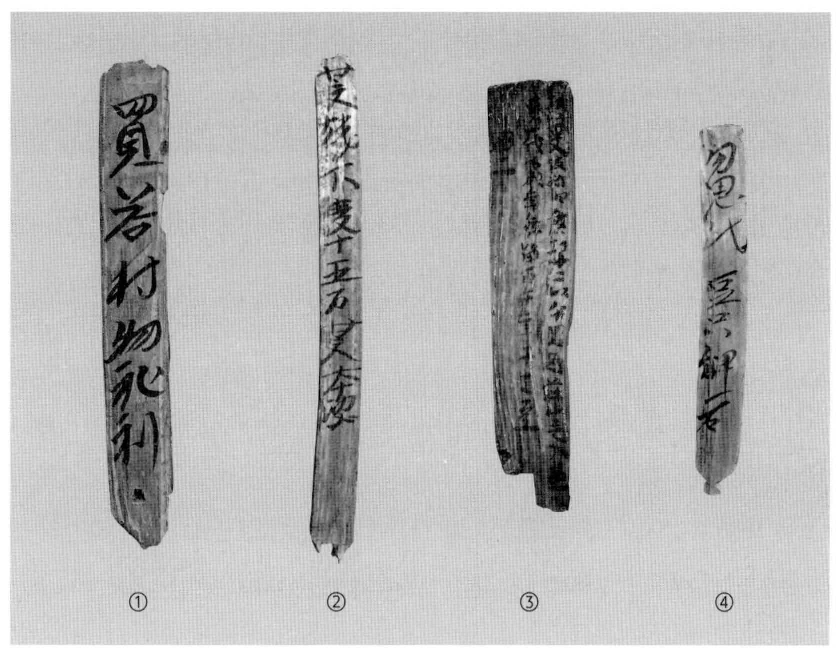

① 〈그림 3〉 성산산성 매약촌목간, 신라

② 〈그림 4〉 성산산성 감문성목간, 신라

③ 〈그림 5〉 월성해자 병오년목간, 586, 신라

④ 〈그림 6〉 성산산성 물사벌목간, 신라

문서지만 서법을 넘어선 자유분방한 묵서는 역시 문서인 월성해자 출토 〈丙午年목간〉(586, 그림 5)의 절제미 강한 묵서와 대비된다.[5] 그러나 성산산성 출토 꼬리표인 〈勿思伐목간〉(그림 6), 〈陽村목간〉의 거침에 비하면 상대적으로 절제미

5) 정현숙, 『삼국시대의 서예』(서울: 일조각, 2018), pp.403~404; 「고대 동아시아 서예자료와 월성 해자 목간」 『목간과 문자』 20(한국목간학회, 2018), p.307.

가 있다.[6] 글자의 크기와 길이는 변화무쌍하고 운필의 속도는 빠른데, 이는 서사 솜씨가 노련함을 의미한다.

글자가 상대적으로 많은 1, 2면의 글씨를 보면 상단은 작고 가늘게, 중간은 그것보다 크고 굵게, 하단은 다시 작고 가늘게 써 같은 면에서도 변화를 주어 형식에 얽매이지 않고 편하게 썼다. 목간이 길어 세로 서사 공간이 넉넉하므로 글자는 장방형이 많다.

필법을 보면 가로획의 起筆은 露鋒으로 가늘게 시작하고 行筆하면서 조금씩 굵어진다. 收筆은 강하지 않고 다음 획으로 자연스럽게 連筆하니 초서처럼 느껴진다. 가로획과 세로획의 굵기에 변화가 많지 않고 轉折도 圓轉이 주를 이루니 이것도 초서의 필법에 속한다. 글자가 가장 많은 2면에서 이런 특징이 두드러진다. 이제 이 목간에서 1회 쓰인 글자와 2회 이상 사용된 글자로 나누어 각각의 특징을 좀 더 상세하게 살펴보자.

한 번만 사용된 글자들(표 1) 가운데 2면의 글자들이 특히 행기가 강하고 장방형이 많다. '乃', '半', '五'는 통상적 글자보다 유난히 길다. 그중에서 특히 긴 '半'의 마지막 획인 세로획에서 方筆인 起筆과 懸針인 收筆의 날카로움은, 첫 획과 둘째 획인 양점에서 그 아래 가로획으로의 連筆, 두 가로획의 기필과 수필의 圓筆이 주는 부드러움과 대비되면서 동시에 잘 어우러진다. '半'처럼 마지막 획이 세로획인 글자에서 그 획을 한껏 길게 쓰는 것은 중국에서는 고대부터 금석문, 목간 그리고 帛書에서 흔한 필법이다.

그런데 이런 필법은 글자의 위치가 행의 시작과 끝 그리고 중간 세 부분에서 모두 나타난다.[7] 먼저 시작 부분에서 마지막 세로획이 길게 쓰인 경우다. 서한 成帝(재위 B.C.33~B.C.7)의 양삭 연간(B.C.24~B.C.21)에 제작된 〈陽朔四年木簡〉(B.

6) 정현숙, 「함안 성산산성 목간의 서체」 『韓國의 古代 木簡 II』(국립가야문화재연구소, 2017), p.479.

7) 이하 중국의 예시는 二玄社, 『木簡·竹簡·帛書』(1998)에 실린 것이다.

〈표 1〉 소월리목간에서 1회 쓰인 글자

1면		2면					
甘	末	乃	門	珍	半	七	內
2면		3면				5면	
次	五	尸	二	文	買	得	

C.21, 그림 7), 新나라 王莽(재위 8~23)의 시건국 연간(9~13)에 제작된 〈始建國三年木簡〉(11, 그림 8)의 '年'이 그 예다. 한국에서는 신라 성산산성 출토 〈壬子年목간〉(592, 그림 9)이 그런데,[8)] 목간 자체가 길지 않으므로 세로획이 중국의 것만큼 길지는 않다.

다음으로 끝부분에 마지막 세로획이 길게 쓰인 경우다. 서한 宣帝(재위 B.C.73~B.C.48)의 五鳳 연간(B.C.57~54)에 새긴 〈魯孝王泮池刻石〉 (B.C.56, 그림 10)의 '年', 감숙성박물관 소장 〈武威磨咀子漢簡 王杖詔書令〉(그림 11)의 '令', 〈武威早灘坡漢醫簡〉(그림 12)의 '也'가 그 예인데, 이것이 가장 보편적이다.

마지막으로 중간 부분에 세로획이 길게 쓰인 경우다. 〈武威磨咀子漢簡 王杖詔書令〉(그림 13)의 '令'이 그렇다. 이것이 바로 소월리목간 2면의 '半'과 같은 필법이다. 따라서 이는 기원전 1세기부터 중국 목간에서 널리 쓰인 필법이며, 행초서로 쓴 후대의 지본에서는 흔하게 나타난다. 다만 시대가 다르므로 서체가 다를 뿐이다.

8) 정현숙, 앞의 글, 2017, p.473; 앞의 책, 2018, pp.399~400.

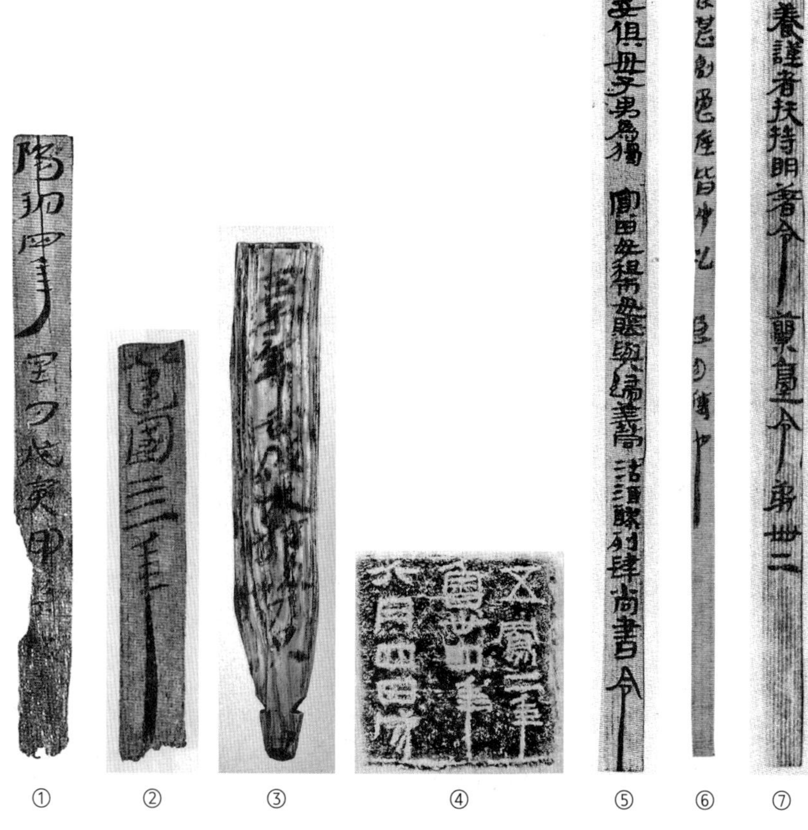

① 〈그림 7〉 陽朔四年木簡, B.C.21, 한

② 〈그림 8〉 始建國三年木簡, 11, 신

③ 〈그림 9〉 성산산성 임자년목간, 592, 신라

④ 〈그림 10〉 魯孝王泮池刻石, B.C.56, 한

⑤ 〈그림 11〉 武威磨咀子漢簡 王杖詔書令, 한

⑥ 〈그림 12〉 武威旱灘坡漢醫簡, 한

⑦ 〈그림 13〉 武威磨咀子漢簡 王杖詔書令, 한

소월리목간에서 행의 정중앙에서 세로획이 매우 긴 '半' 아래 충분한 여백을 두고 다음 글자를 썼다. 이것은 목간이 상당히 길고 서사 공간이 매우 넉넉하기 때문이다. 길이가 짧은 목간에서 여러 글자를 쓸 때 자간의 여백이 없고 따라서 글자가 주로 편방형인 것과 대비된다.

'門'과 '內'의 轉折은 유려한 圓轉이다. 가로획보다 꺾어 내린 세로획이 더 굵은 것이 통상적 필법인데, 두 글자에서는 가로획과 세로획의 굵기가 거의 같으며, 첫 획인 세로획보다 더 가늘다. 이런 행초의 필법은 노련한 운필에서 기인한다.

5면의 '得'도 비정상적으로 길다. 상단의 폭이 하단의 폭보다 더 넓은 것은 통상적 결구와 반대되는 것으로, 운필이 서법에 구애됨이 없다.

2면의 '七'은 첫 획인 가로획이 통상적 글자의 그것보다 더 짧다. 그리고 첫 획의 仰勢가 심해 둘째 획이 비스듬히 내려오다 平勢로 마무리되었음에도 俯勢의 느낌이 강하다. 비록 두 획이지만 결구와 필법에서 노련함이 느껴진다. 한 번 쓰인 글자 중에 여기에서 언급하지 않은 것들은 3장 '동시기 신라 목간 글씨와의 비교'에서 다시 살필 것이다.

<표 2> 소월리목간에서 2회 이상 쓰인 글자

卌	負	谷	畓	堤	上	結	仇	彌	三	下	卅	田	只	利
1면	1면	1면	1면	1면	1면	1면	1면	1면	1면	1면	1면	2면	2면	2면
2면	1면	1면	2면	1면	2면	1면	2면	2면	2면	2면	5면	2면	3면	3면
	2면	2면	3면			3면			5면	2면		2면		

卌	負	谷	畓	堤	上	結	仇	彌	三	下	卅	田	只	利
			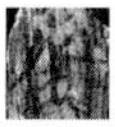											
	2면	2면	5면			5면				3면				

	2면	3면												

	2면													

	2면													

	5면													

다음으로 두 번에서 여덟 번 사용된 글자들(표 2)의 특징을 살펴보자. 두 번 사용된 글자는 '卌', '堤', '上', '仇', '彌', '卅', '只', '利'다. '堤'는 1면에 두 번, '卌', '上', '仇', '彌'는 1, 2면에 각각 한 번씩, '卅'은 1, 5면에 한 번씩, '只', '利'는 2, 3면에 각각 한 번씩 사용되었다.

'卌'은 廿을 두 개 붙인 해서 결구다. 첫 획인 가로획을 1면에서는 부세, 2면에서는 앙세로 써 변화를 주었다. 廿의 하단 ㄴ의 圓轉은 전서 필법이다. 따라서 이 글자에서는 해서와 전서를 혼용했다.

'堤'는 부수인 土의 필법이 확연히 다르다. 하단의 土는 전서의 필법으로 쓰여 행해의 필법으로 쓰인 상단의 土와 다르다. 반면 是의 마지막 획인 책받침은 굵게 시작하여 행필하면서 붓을 들어 가늘게 쓴 필법이 공통점인데, 이것은 행초의 필법이다. 하단의 '堤'는 전서와 행초의 필법이 혼용된 점이 특이한데 이는 서자가 여러 서체를 두루 섭렵했음을 의미한다.

'上'은 1면에서는 반듯하게 서 있으며, 기필은 노봉이다. 마지막 획인 가로획은 기필에서는 가늘게 시작하고 행필하면서 점점 굵어져 수필은 장봉으로 회봉한 것처럼 보인다. 반면 2면에서는 우상향의 기울기가 심하고 둘째 획인 점이 다음 획인 가로획의 시작 부분을 향하고 있다. 결과적으로 1면보다 2면의 글자가 행기가 더 강하다. 이처럼 동일자에서 서풍과 필법을 달리하여 지루한 분위기에 변화를 주었다.

'仇'는 1, 2면의 필법이 유사하다. 亻의 첫 획을 아래로 길게 늘어뜨려 둘째 획보다, 그리고 우측 九의 갈고리보다 더 내려와 글자가 상당히 길다. 이런 특이한 결구는 현재까지 출토된 한국 문자 자료에서는 처음이며, 이례적으로 긴 목간임을 의식한 즉흥적인 결구다.

'彌'는 1, 2면 모두 弓과 爾의 하단을 길게 써 글자가 장방형이고 행서의 필의가 강하다. 또 弓이 爾보다 더 긴 것은 이례적인데, 이는 필법에 구애됨이 없는 자유자재함의 표현이다.

'卅'은 1면에서는 川이 대칭처럼 보일 정도로 정연하지만 5면에서는 마지막 세로획은 앞의 두 세로획보다 길다. 결과적으로 '卌'과는 다른 방법으로 동일자에 변화를 주었다.

'只'는 2면에서 첫 획인 세로획이 유난히 길어 口는 장방형에 가깝고, 하단 양 점의 거리가 멀지 않아 글자가 정방형이다. 이는 편방형에 가까운 통상적 只와 다르다. 묵흔이 흐린 3면의 것도 2면의 그것과 대체로 유사하다.

'利'는 2면에서는 하단에 묵흔이 없어 정확한 모습을 알 수 없다. 3면에서 좌측 禾의 첫 획은 힘찬 方筆의 藏鋒으로, 둘째 획인 가로획은 기필이 露鋒이고 행필하면서 점점 굵게 누르는데 이것은 행초의 필법이다. 셋째 획은 행필하면서 좌측으로 휘어지고 收筆은 갈고리가 아닌 懸針이다. 넷째 획인 좌측 점은 짧은 세로획 모양이고 우측 점은 수평이다. 이것은 통상적 필법을 벗어난 것으로, 붓 가는 대로 쓴 자유분방함을 보여준다.

세 번 사용된 글자는 '三', '田'이다. '三'은 1, 2, 5면에 한 번씩, '田'은 2면에서만 세 번 사용되었다.

'三'은 보통 仰·平·俯勢로 쓰는데, 1, 5면 글자는 대략 비슷한 느낌의 필세다. 그러나 2면에서는 세 획 모두 앙세인데, 이는 '三'이 포함된 2면 중앙의 글자들이 대략 심한 우상향인 것과 같은 맥락이다.

'田'은 기울기의 차이에도 불구하고 전체적인 분위기는 유사하다. 앞의 두 글자는 좌측으로 조금 기울어져 있는데, 口 안의 十을 보면 이것을 확인할 수 있다.

네 번 사용된 글자는 '畓', '結', '下'다. '畓'은 1, 2, 3, 5면에, '結'은 1면에 두 번 그리고 3, 5면에, '下'는 1면에 한 번, 2면에 두 번 그리고 3면에 한 번 사용되었다.

'畓'은 글자의 기울기가 조금씩 다르고 획의 필법도 조금씩 다르다. 1, 5면에서는 반듯하게 서 있고, 2면에서는 좌측, 3면에서는 우측으로 기울어졌다. 그 결과 상부 水의 획도 1, 5면에서는 해서 필법의 직선으로 쓰였고, 2, 3면에서는 행서 필법의 곡선으로 쓰였다. 이 글자에서 보여준 다양한 변화는 능숙하고 노련한 서사 솜씨 때문에 가능하다.

'結'은 통상적으로 정방형인데, 여기에서는 모두 장방형이다. 특히 1면 둘째 글자는 더 길쭉하고, 5면 글자는 기형적으로 긴데, 이것은 세로 서사 공간이 넉넉하기 때문이다. 3면 글자는 우측으로 기울어졌다. 전체적 분위기는 유사하지만 자형과 형태에 조금씩 변화를 주었다.

'下'는 모두 기필이 노봉이고 세로획이 길어 전체적으로 장방형이다. 1, 3면에서는 반듯하게 서 있지만, 2면 두 글자는 우상향이다. 이것은 '上', '三' 등 2면 중간 글자들이 우상향인 것과 같은 흐름이다.

다섯 번 사용된 글자는 '谷'이다. 1면에 두 번, 2면에 두 번, 3면에 한 번 등장하는데 모두 유창한 행서로 쓰였다. 매 획의 連筆이 확연하며 획의 길이, 위치, 필세에 조금씩 변화를 주었다. 그중 가장 노련한 것은 첫 글자다. 각 획의 연필을 분명히 드러내고 운필의 묘미가 상당한 경지에 이르렀다.

마지막으로 여덟 번 사용된 글자는 '負'다. 전체 글자 중 가장 자유분방하며,

특히 貝는 붓 가는 대로 휘둘러 초서의 필의가 강하다. 2면 마지막 글자가 목간에서 바로 위의 글자 '五'처럼 기형적 장방형인 것은 '五負'이 2행 중 우측 행이고, 하단에 여백이 많기 때문이다. 전절은 물론 전체 획이 유려한 곡선으로 쓰여 마치 광초를 보는 듯하다.

지금까지 살펴보았듯이 소월리목간의 문서는 초서의 필의가 강한 행서로 쓰여 유려하면서 자유분방하다. 그러나 부분적으로 해서와 전서의 필법도 사용되었다. 자형은 주로 장방형이며, 정방형도 있다. 특히 기형적 장형도 있는데, 이는 목간이 매우 길어 세로 서사 공간이 넉넉하기 때문이다. 행서이므로 기필은 노봉이 주를 이루지만 장봉인 것도 있어 해서적 요소도 부분적으로 있다. 전체적으로 서법을 의식하지 않은 편안함과 노련함이 느껴진다.

〈표 3〉 소월리목간의 4·5면 습서

柱(4면)	堤(5면)	心(5면)	四(5면)

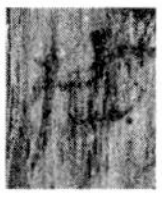	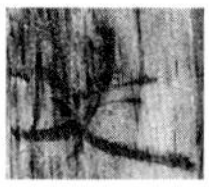		

상술했듯이 이 목간의 주 용도는 문서지만 4, 5면 하단에 습서가 있다(표 3). 내용을 다 쓰고 남은 공간에 글자를 연습한 것인데 본문의 글자와 분위기가 유사하다. 5면의 셋째 '心'은 '四'를 쓰려다 변경한 것으로 보인다. 마지막 점이 위의 두 '心'의 그것과 같기 때문이다. 4면의 '柱'와 5면의 '堤'는 行氣가 있는 해서로 쓰여 조금 딱딱하고, 5면의 '心'과 '四'는 초서 필의가 있는 행서로 쓰여 유려하다.

'心'과 '四'의 필세와 운필은 본문 '門', '負', '谷'의 유창함과 상통하니 이는 서자가 같음을 암시한다.

3. 동시기 신라 목간 글씨와의 비교

이 장에서는 소월리목간과 대략 동시기에 제작된 다른 신라 목간들의 글씨를 비교하여 그 同異를 살펴보겠다. 비교 대상은 6세기 후반부터 7세기 전반에 걸쳐 제작된 성산산성, 월성해자 그리고 이성산성의 목간이다. 소월리목간 글자의 장방형, 정방형은 대부분의 동시기 신라 목간 글자의 정방형, 편방형과 대비되는데 양 목간의 동일자를 통해 이를 확인할 수 있다.

첫째, '甘' 자를 살펴보자(표 4). 소월리목간 글자는 성산산성목간 글자에 비해 첫 획인 가로획이 더 짧고 두 세로획은 더 길며, 두 세로획의 간격이 더 좁다. 따라서 글자가 정방형에 가까운데 이것은 글자가 편방형인 성산산성목간과 다른 점이다.

〈표 4〉 '甘' 자 비교

소월리(1)	성산산성	성산산성

〈표 5〉 '末' 자 비교

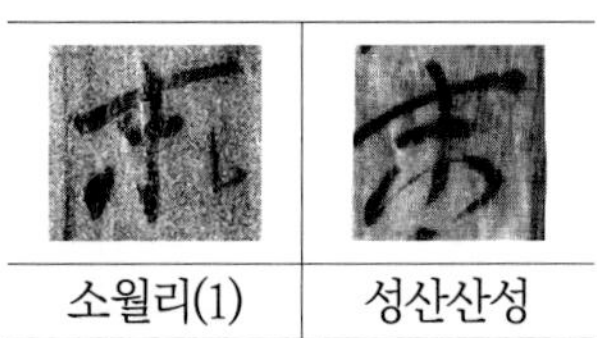

소월리(1)	성산산성

둘째, '末' 자를 비교해 보자(표 5). 소월리목간에서 가로획과 세로획은 거의 직선이다. 起筆은 藏鋒의 方筆이고 收筆은 가로획에서는 回鋒하고 세로획에서는 갈고리 모양을 취하면서 다음 획인 왼점으로 향한다. 이것은 전체적으로 약간 딱딱한 해서 필법인데, 길쭉한 목간의 형태와 잘 어울린다. 성산산성목간에서는 모든 획이 곡선이고 기필과 수필도 둥글며 양점의 이음도 곡선이다. 鉤劃의 懸針과

마지막 획인 점이 다음 글자를 향해 끝이 뾰족한 필법이 유사하다. 꼬리표이므로 속도가 빠른 유려한 행서로 쓴 점이 소월리목간 글자와 다른 점이다.

셋째, '上' 자를 살펴보자(표 6). 소월리목간 1면 글자는 평세, 2면 글자는 앙세로 쓰였다. 성산산성목간 글자는 앙세, 월성해자목간 글자는 평세로 쓰였다. 기필에서 성산산성목간 글자만 장봉이고 나머지는 모두 노봉이다. 전체적으로 소월리목간 1면과 월성해자목간 글자가 유사하고, 소월리목간 2면과 성산산성목간의 글자가 비슷하다. 이 중에서 월성해자목간 글자가 가장 안정적이다.

〈표 6〉 '上' 자 비교

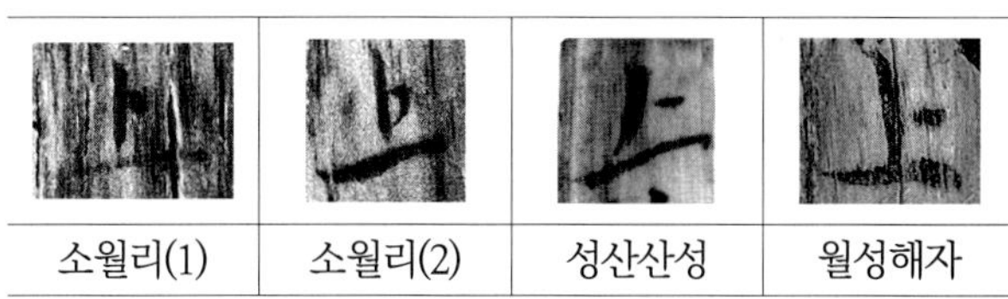

소월리(1)	소월리(2)	성산산성	월성해자

넷째, '仇' 자를 살펴보자(표 7). 소월리목간 글자는 첫 획이 매우 긴 장방형이고, 성산산성목간 글자는 정방형 또는 편방형이다. 소월리목간 첫 획인 삐침은 거의 수직에 가깝고 길이는 우측 구획보다 더 길다. 반면 성산산성목간1, 2의 삐침 각도는 약 45도며, 우측의 구획은 길이가 짧다. 성산산성목간3, 4는 삐침이 소월리목간처럼 수직에 가깝지만, 우측 구획의 길이가 소월리목간보다 우측으로 훨씬 길게 뻗어져 있다. 이런 점들이 소월리목간 글자를 장방형으로, 성산산성목간 글자는 정방형 또는 편방형으로 만들어 서로 다르게 보인다.

〈표 7〉 '仇' 자 비교

소월리(1)	소월리(2)	성산산성1	성산산성2	성산산성3	성산산성4

다섯째, '彌' 자를 살펴보자(표 8). 소월리목간 글자는 기형적 장형인데, 특히 弓이 그렇다. 상대적으로 편형이고 弓이 짧은 성산산성목간 글자와 비교해 보면 그 차이가 확연하다. 거친 운필은 비슷하지만 소월리목간 글자가 행서의 필의가 더 강하다.

〈표 8〉 '彌' 자 비교

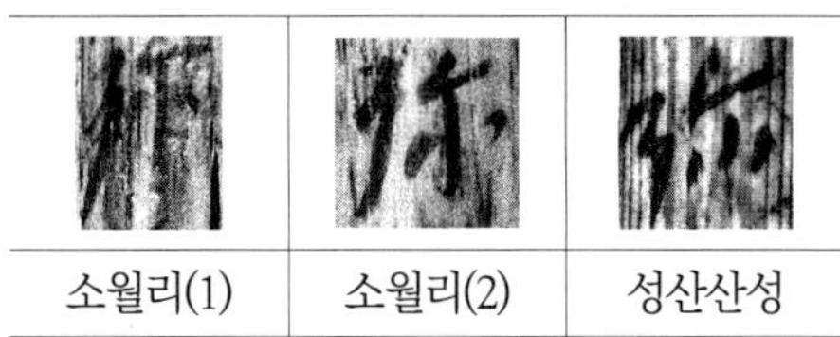

소월리(1)	소월리(2)	성산산성

여섯째, '三' 자를 살펴보자(표 9). 소월리목간 1면 글자는 앙·앙·평세로, 5면 글자는 앙·평·부세로, 2면 글자는 세 획 모두 앙세로 쓰였으니 당연히 1, 5면의 글자가 더 안정적이다. 반면 성산산성목간1, 2의 글자는 평·앙·앙세로, 이성산성목간과 월성해자목간 글자는 평세로만 쓰였다. 월성해자목간 글자는 세 획의 길이도 비슷하여 변화는 없지만 정연함은 있다. 다양한 필세의 다양한 모습인데 전체적으로 소월리목간 글자가 노련한 편이다.

〈표 9〉 '三' 자 비교

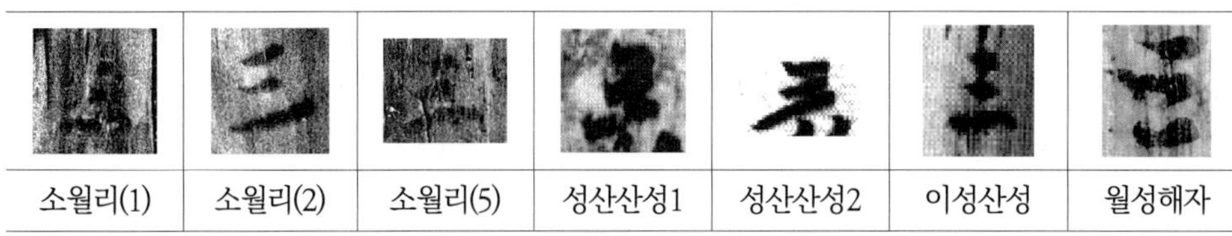

소월리(1)	소월리(2)	소월리(5)	성산산성1	성산산성2	이성산성	월성해자

일곱째, '下' 자를 살펴보자(표 10). 장방형인 소월리목간 1면 글자에서 가로획의 기필은 노봉, 세로획의 수필은 현침, 점은 연필로 쓰였는데, 간단한 필획에 굵기로 변화를 주어 단조로움을 피했다. 서로 잘 어우러지는 행서 필법이다. 이것과 형태가 비슷한 월성해자목간 글자는 기필이 장봉이고 수필과 점도 장봉으

로 회봉한 해서 필법이며, 획의 굵기도 비슷하여 단조로운데, 이것이 소월리목간 1면 글자와 다른 점이다. 소월리목간 2면 글자들은 심한 우상향인데 성산산성목간1, 3의 글자가 이것과 비슷하다. 성산산성목간1, 2의 글자는 가로획이 세로획보다 더 길고, 긴 점도 위치가 세로획과 비슷하거나 더 길게 내려와 글자가 편방형이다. 이것이 장방형인 소월리목간 1면과 2면 첫째 글자와 다른 점이다. 소월리목간 2면 둘째 글자와 형태가 비슷한 것은 성산산성목간3의 글자다. 전자에서 가로획 기필의 필법은 알 수 없으나 점에는 행서의 필의가 있는데, 이것은 해서의 점을 구사한 성산산성목간4나 월성해자목간 글자와 다른 점이다. 소월리목간 1면의 세로획이 가장 길어 유난히 장방형인데, 이것이 곧 소월리목간 글씨의 특징 가운데 하나다.

〈표 10〉 '下' 자 비교

소월리 (1)	소월리 (2)	소월리 (2)	성산산성1	성산산성2	성산산성3	성산산성4	월성해자

여덟째, '卅' 자를 살펴보자(표 11). 소월리목간 1면 글자는 예서 결구에 가로획 아래의 전절을 전서 필법으로 둥글게 처리하여 유려하면서 부드럽다. 가로획의 기필은 노봉이고 수필은 다음 획을 향해, 행서 필법이다. 한편 월성해자와 성산산성 목간의 글자는 통상적 결구에 기필과 수필이 장봉이다. 소월리목간 1면 글자는 전서, 예서, 행서가 혼용되었고, 월성해자와 성산산성 목간의 글자는 해서로 쓰였다. 마지막 획인 긴 세로획의 수필을 월성해자목간에서는 懸針으로, 성산산성목간에서는 垂露로 쓴 점은 다르다. 소월리목간 5면 글자는 첫 세로획은 독립된 획으로 쓰고, 둘째 세로획은 행서처럼 다음 세로획으로 연필했다. 마지막 획 우측에 점처럼 보이는 것이 획이 아닌 단순한 묵흔이라면 가로획과 균형이 잘

잡힌 '卅'으로 보아도 무방하다. 그 결구는 1면 글자와는 다르며 오히려 월성해자와 성산산성 목간 글자에 가깝다. 우측의 묵흔이 획이라면 '卅'이 아닌 다른 글자로 봐야 할 것 같다.

〈표 11〉 '卅' 자 비교

소월리(1)	소월리(5)?	월성해자	성산산성

아홉째, '乃' 자를 살펴보자(표 12). 소월리목간에서 첫 획인 삐침과 우측의 구획은 가늘고 길어 성산산성목간 글자보다 폭은 훨씬 좁고 길이는 훨씬 긴 장방형이다. 획이 굵고 힘찬 성산산성목간 글자는 폭이 소월리목간보다 넓어 정방형에 가깝다. 전자는 유려한 행서로, 후자는 웅건한 해서로 쓰여 대비된다.

〈표 12〉 '乃' 자 비교 〈표 13〉 '門' 비교

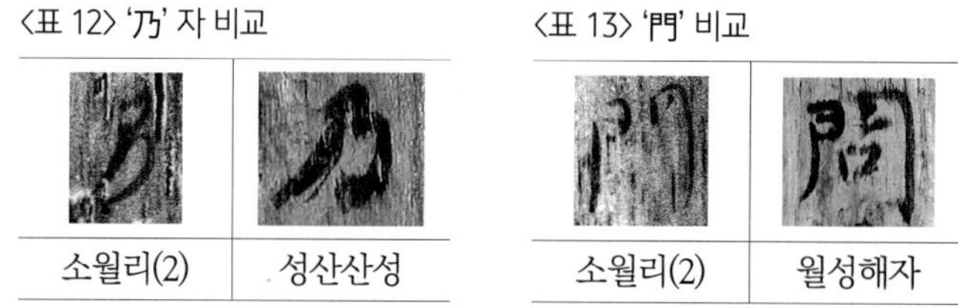

소월리(2)	성산산성

소월리(2)	월성해자

열째, '門'을 비교해 보자(표 13). 소월리목간에서는 가로획은 짧고 세로획은 길고 가늘어 월성해자목간 글자보다 더 길쭉하다. 전자는 기필이 노봉이고, 우측의 전절은 원만하고 구획은 현침으로 쓴 행서다. 반면 후자는 기필이 장봉이고, 우측의 전절이 전자에 비해 각이 있고 구획에 갈고리가 있는 해서다. 서체가 다른 두 글자 중 전자가 더 노련하다.

열한째, '珍' 자를 살펴보자(표 14). 소월리목간에서 좌측 王의 가로획은 매우 짧고 상대적으로 세로획은 훨씬 길다. 가로획 기필의 노봉은 행서 필법이다. 우측은 첫 획인 삐침을 휘감아 바로 세로획으로 이었으며, 세로획 끝의 약한 갈고리는 바로 왼점으로 이어지고 왼점이 오른점으로 이어진 것은 행서 필법이다. 글자도 성산산성목간 글자보다 길다.

한편 성산산성목간 글자는 좌·우측 가로획이 모두 길어 편방형에 가깝다. 목간1의 기필은 장봉의 방필로 시작하고 수필은 장봉으로 회봉한 해서지만 우측 구획과 양점에는 행서의 필의가 있다. 목간2는 기필이 모두 원필이고 속도감이 있어 목간1에 비해 행기가 강하다. 종합하면 정방형인 소월리목간 글자는 유려한 행서로 썼으며, 편방형인 성산산성목간에서 1은 행서의 필의가 조금 있는 해서로 쓰고, 2는 형태는 1과 유사하나 필법은 행서에 가깝다.

〈표 14〉 '珍' 자 비교

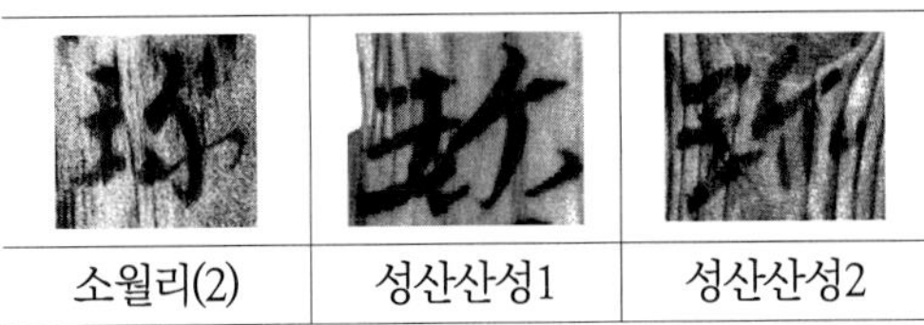

소월리(2)	성산산성1	성산산성2

열두째, '只' 자를 살펴보자(표 15). 소월리목간의 口는 첫 획인 세로획이 가로획의 두 배 정도 길어 장방형이다. 이것은 가로획이 세로획의 두 배 정도 길어 정방형 또는 편방형인 성산산성목간과 대비되는데, 특히 성산산성목간1과는 확연히 구별된다. 다양한 모습의 해서로 쓰인 성산산성목간에서 목간2와 3은 口를 ▽으로 묘사하여 더욱 납작하다. 목간4의 口에서 둘째 획은 평세, 셋째 획은 앙세이며, 아래의 양점에서 왼점보다 오른점의 위치가 훨씬 높아 불안정하다. 반면 목간5는 口와 양점이 편평하여 안정적이다. 전체적으로 노봉이 두드러진 소월리목간 글자와 대비된다.

〈표 15〉 '只' 자 비교

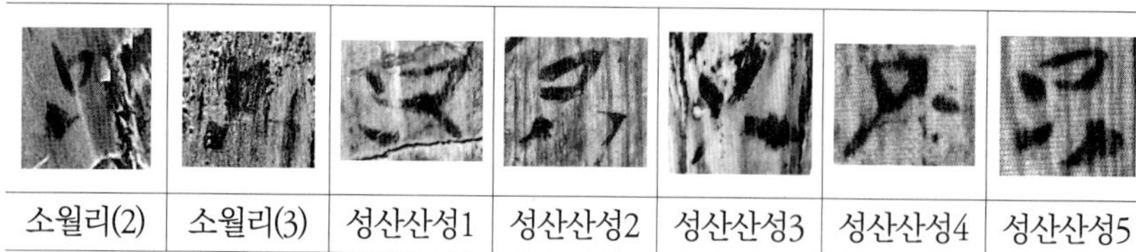

소월리(2)	소월리(3)	성산산성1	성산산성2	성산산성3	성산산성4	성산산성5

열셋째, '內' 자를 살펴보자(표 16). 성산산성목간처럼 전절에서 가로획이 긴 것이 통상적 형태인데, 소월리목간에서는 세로획이 더 길어 장방형이며 꺾임이 부드럽고 획의 굵기가 같아 행서의 필의가 강하다. 길쭉한 점으로 표현한 첫 획과 入에는 해서의 필의가 강하지만 전체적 분위기는 행서에 가깝다.

이와 반대로 편방형의 통상적 결구를 취한 성산산성목간 글자는 획이 굵어 힘차다. 목간1은 앙세, 목간2는 평세로 대비되고, 목간1은 획의 굵기에 변화가 심해 목간2보다 리듬감이 있다. 소월리목간은 유려한 행서로, 성산산성목간은 웅건한 해서로 쓰여 서체도 필법도 대비된다.

월성해자와 이성산성 목간의 글자는 공히 冂보다 入이 더 강조된 독특한 결구를 취해 소월리와 성산산성 목간과는 전혀 다른 모습이다. 당시 두 가지 형태를 혼용한 것으로 보인다.

〈표 16〉 '內' 자 비교

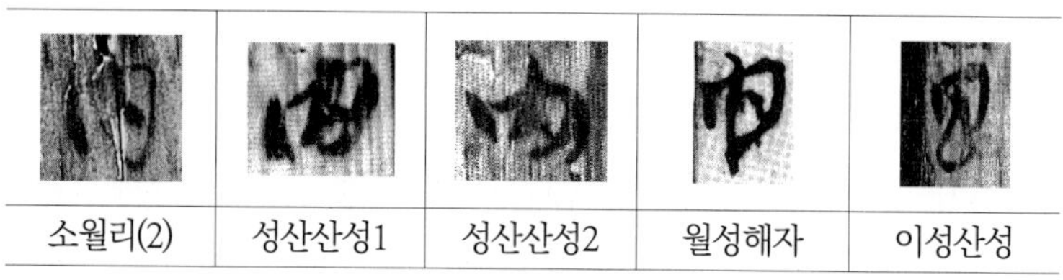

소월리(2)	성산산성1	성산산성2	월성해자	이성산성

열넷째, '利' 자를 살펴보자(표 17). 소월리목간 2면 첫 글자는 하부가 지워졌으나 대략적 모습이 둘째 글자와 유사해 보인다. 첫 글자에서 둘째 획인 가로획이 굵게 시작하여 행필하면서 점차 가늘어지는 것은 둘째 글자의 그것과 반대다.

정방형인 둘째 글자의 禾에서 첫 획인 삐침은 장봉의 방필로, 둘째 획인 가로획은 노봉으로 가늘게 시작하여 점차 굵어지면서 장봉으로 회봉한다. 셋째 획인 구획은 연필이 아닌 별개의 획으로 시작하고, 넷째 획인 삐침은 짧은 세로획으로 긋고 오른쪽 점으로 이어진다. 그리고 連筆로 마지막 획을 향하고 그 획은 향세로 행서처럼 내려그었다. 이 부분은 장방형인 성산산성목간2와 가장 흡사하다. 목간3은 禾의 마지막 획이 아주 작아 마치 생략된 것처럼 보인다. 그리고 좌측은 상단이 높고 하단이 짧은데, 이는 우측과 대가 되어 결구에 변화가 있다. 편방형인 목간4와 5는 심한 우상향에 연필의 속도감이 있는 행서로 쓰여 목간1, 2, 3과는 조금 다른 듯하지만, 필법과 분위기는 같다.

禾는 소월리목간은 해서로, 성산산성목간은 행서로 쓰여 대비된다. 또 소월리목간의 가로획은 평세인데 성산산성목간의 그것은 앙세가 심해 분위기가 다르다. 소월리목간 글자에서 禾는 해서, 刂는 행서 필법으로 쓰여 전체적으로 부자연스럽고 서툴지만, 성산산성목간의 글자는 좌우의 흐름이 연결된 행서로 쓰여 더 자연스럽고 노련하다.

〈표 17〉 '利' 자 비교

소월리(2)	소월리(2)	성산산성1	성산산성2	성산산성3	성산산성4	성산산성5

열다섯째, '次' 자를 살펴보자(표 18). 소월리목간 글자는 좌우가 한 몸을 이루고 상단과 하단의 너비가 거의 같아 정연하고 향세로 쓰여 풍후하다. 반면 다양한 형태의 성산산성목간에서는 좌우의 거친 필법, 마지막 획의 대범함이 눈에 띈다. 특히 목간6의 정연함 가운데 마지막 획의 파격미는 노련함의 극치다. 소월리목간의 원필의 부드러움, 흐트러짐 없는 절제미는 성산산성목간의 운필의 대범함, 자유분방한 파격미와 대비된다.

〈표 18〉 '次' 자 비교

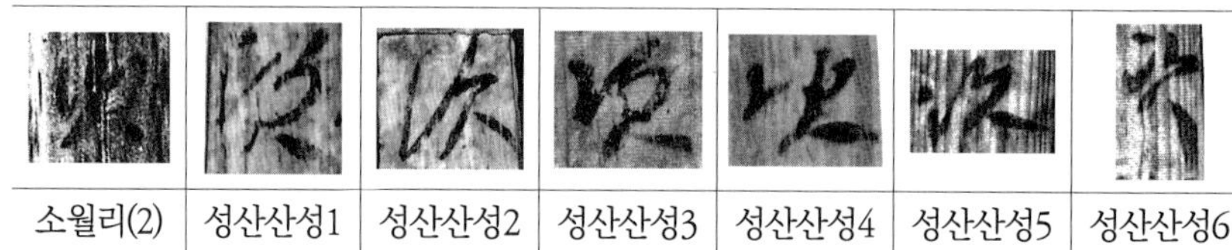

소월리(2)	성산산성1	성산산성2	성산산성3	성산산성4	성산산성5	성산산성6

열여섯째, '五' 자를 살펴보자(표 19). 소월리목간의 원필과 원전, 긴 세로획이 만든 장방형은 소전을 연상시키고 행서의 필의가 강하다. 2행 하단에서 그 아래의 '負'와 더불어 '五負'라 쓴 두 글자는 2행의 우측 행이라 글자가 더욱 좁고 길다. 반면 성산산성목간에서 상대적으로 짧은 세로획, 처음과 마지막의 긴 가로획은 편방형을 만들어 예서를 연상시킨다. 두 글자에는 같음은 없고 다름만 있다.

〈표 19〉 '五' 자 비교 〈표 20〉 '尸' 자 비교

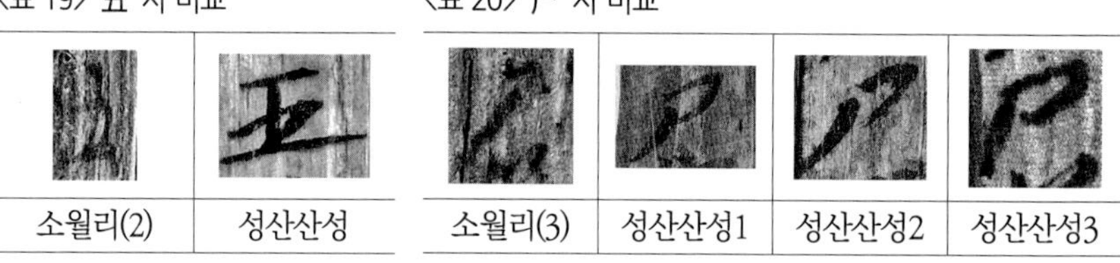

소월리(2)	성산산성

소월리(3)	성산산성1	성산산성2	성산산성3

열여섯째, '尸' 자를 비교해 보자(표 20). 소월리목간 글자는 '五'처럼 가로획은 짧고 삐침은 길어 장방형이다. 삐침 끝부분 우측에 다음 글자의 획이 보이는데 이는 서사 공간이 넉넉함을 의미한다. 반면 성산산성목간 글자들은 가로획이 길고 삐침이 짧아 정방형 또는 편방형이다. 목간3은 삐침이 짧음에도 소월리목간처럼 우측에 다음 획이 쓰였다. 그러나 그 여백은 소월리목간보다 좁다. 전체적으로 소월리목간의 필법이 더 노련하다.

열일곱째, '二' 자를 비교해 보자(표 21). 간단한 글자지만 각각 조금씩 다르다. 소월리목간 글자의 기필은 노봉이고, 수필은 장봉으로 회봉했는데, 이는 월성해자목간2와 유사하다. 그러나 필세에서 전자는 앙세와 평세로, 후자는 평세

와 앙세로 쓰인 점, 둘째 획의 길이가 전자는 첫 획과 비슷하고, 후자는 두 배인 점이 다르다. 이성산성목간과 월성해자목간1은 기필과 수필이 모두 장봉인 점은 유사하지만, 전자는 앙세와 부세로 쓰여 안정적이며, 후자는 둘 다 앙세로 쓰여 불안정한 점이 다르다. 종합적으로 보면 소월리목간 글자의 형태는 이성산성목간과, 필법은 월성해자목간2와 유사하다.

〈표 21〉 '二' 자 비교

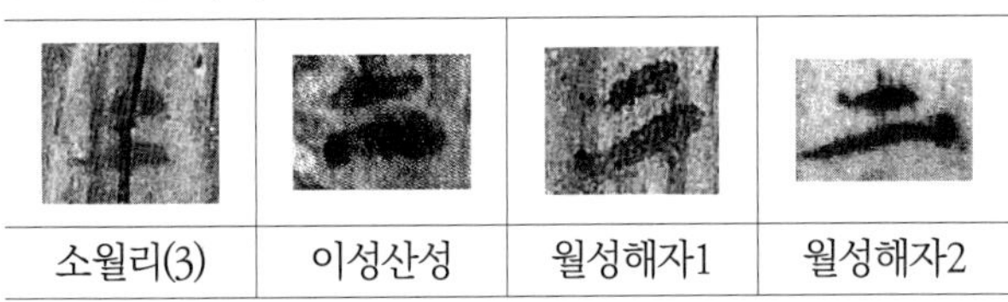

소월리(3)	이성산성	월성해자1	월성해자2

열여덟째, '文' 자를 비교해 보자(표 22). 소월리목간 글자의 셋째 획인 삐침과 넷째 획인 파책의 위치는 성산산성목간2, 3과 같다. 둘째 획이 긴 것은 성산산성목간1, 〈울주천전리서석원명〉과 같고 필세는 앙세인 성산산성목간1과 평세인 〈울주천전리서석원명〉 사이이다. 소월리목간 글자가 가장 자연스럽고 노련하다.

〈표 22〉 '文' 자 비교

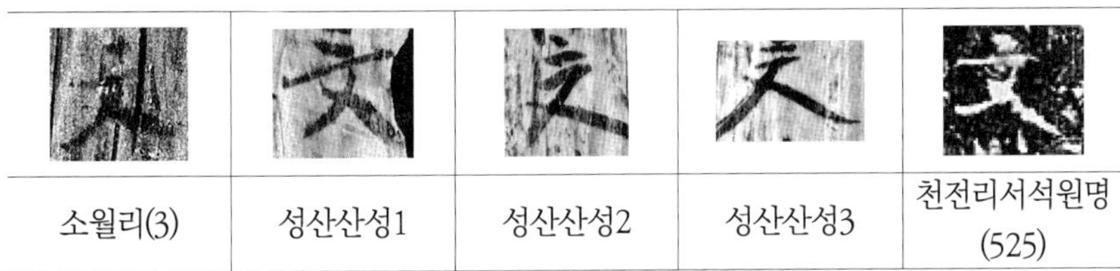

소월리(3)	성산산성1	성산산성2	성산산성3	천전리서석원명 (525)

열아홉째, '買' 자를 비교해 보자(표 23). 이 글자는 대부분 '負'로 판독했으나 결구나 필법을 보면 '買'로 봄이 타당하다.[9] 혹 실수로 罒로 썼을 가능성은 있다.

9) 홍승우는 '買'로 보았다. 홍승우, 「경산 소월리 목간의 내용과 성격」 『동서인문』 16, 경

罒보다 目을 지나치게 좌측에 두었으나 마지막 양점을 크게 그리고 넓게 벌려 마무리하여 뒤로 넘어질 듯한 모습이 조금은 상쇄된 효과가 있다. 월성해자목간 글자는 행기가 있지만 한 획 한 획을 분명하게 그어 상대적으로 차분하면서 안정적이다. 그러나 소월리목간 글자와는 반대로 중심이 앞으로 약간 기울어졌다. 두 목간의 앞뒤로 경사진 모습과는 달리 성산산성목간 글자는 중심이 똑바르며, 罒의 원전 모습, 貝의 하단 양점은 소월리목간의 그것과 닮았다. 세 글자의 전체적인 분위기는 비슷하다.

〈표 23〉 '買' 자 비교

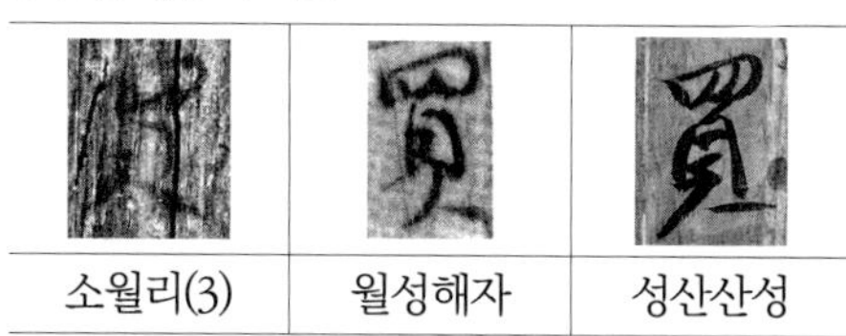

소월리(3)	월성해자	성산산성

마지막으로, '負' 자를 비교해 보자(표 24). 주로 숫자 뒤에 사용된 이 글자는 머리 부분의 필법을 다양하게 하고, 目의 양쪽 획을 평세 또는 향세로, 그리고 하단으로 갈수록 좁게 또는 넓게 표현하여 변화를 주었다. 하단의 양점을 상단보다 크게 쓰고 늘어트려 강조한 점이 눈에 띈다. 2면 마지막 글자가 유난히 좁은 장방형인 것은, 상술했듯이 '五'와 더불어 '五負'이 2행의 우측 행에 쓰였기 때문이다.

성산산성목간 마지막 획의 과감한 파격미는 소월리목간에 비할 바가 아니다. 그 글자들은 모두 행의 마지막 글자로 하단에 여백이 넉넉하므로 마음껏 운필했다. 貝의 간략화가 소월리목간 글자보다 더 심해 초서처럼 보인다. 그러나 소월리목간 글자들이 더 자유분방하고 변화무쌍하며 거침없이 노련하다.

북대학교 인문학학술원, 2021, pp.35~36.

〈표 24〉 **'負'** 자 비교

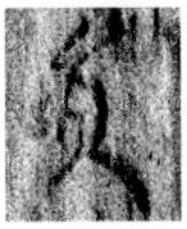 소월리 (1)	 소월리 (1)	 소월리 (2)	 소월리 (2)	 소월리 (2)	 소월리 (2)
 소월리 (2)	 소월리 (5)	 성산산성1	 성산산성2	 성산산성3	 성산산성4

상술한 바를 전체적으로 보면, 소월리목간에 사용된 초서 필의가 있는 노련한 행서는 이전에 출토된 동시기 신라 목간들의 해서 필의가 있는 투박한 행서와는 다름을 알 수 있다. 소월리목간 글씨는 유려한 행서로 쓴 통일기의 김해 봉황동, 인천 계양산성 목간 글씨와 상통하는 점이 있으니,[10] 통일기 행서는 6세기 고신라 행서에 근거한다고 보아도 무방하다. 6세기 후반부터 금석문과 목간에 북위 해서가 사용된 점,[11] 6세기에 행초서가 상용된 점을 종합해 보면 신라인들은 6세기에 북조 비와 남조 첩의 글씨를 동시에 사용했음을 알 수 있다.

10) 정현숙, 「용도로 본 통일신라 목간의 서풍」 『한국학논집』 61(계명대학교 한국학연구원, 2015), pp.57~60; 『신라의 서예』(서울: 다운샘, 2016), pp.261~263; 「통일신라 목간의 서풍」 『영남서예의 재조명』(대구: 계명대학교 출판부, 2017), pp.74~77.

11) 정현숙, 위의 책, 2016, p.90, p.106; 앞의 책, 2018, p.378, p.389, p.399, p.402, p.403.

4. 목간의 서예사적 의의

경상북도 경산시 소월리 출토 신라 목간은 중간 부분이 휘어진 막대형이다. 길이는 74.2cm로 현전하는 한국 목간 가운데 가장 길다. 길이가 길다는 것은 그만큼 세로 서사 공간이 넉넉함을 의미하고, 이것은 글씨의 특징을 결정짓는 중요한 요소다.

하단에 홈이 있어 처음에는 무엇에 묶기 위한 용도로 제작한 것으로 본다. 그러나 현재 상태를 보면 목간 4, 5면 하부에 몇 자의 습서가 있지만, 서사면이 손질된 오면에 적힌 묵서의 내용이 문서임을 말해준다. 묵서는 초서 필의가 강한 행서로 쓰였고, 동시에 부분적으로 해서, 예서, 전서의 필법으로 쓰인 글자들도 있어 다양한 서체가 융합되어 있음을 알 수 있다. 성산산성목간의 일부 꼬리표목간의 행서와 상통하는 점도 있으나 주로 해서 필의가 강한 행서로 쓰인 이전의 동시기 신라 목간 글씨와는 분위기가 사뭇 다르다. 글자 크기와 길이에 변화가 많은데, 목간이 길어 유난히 장방형인 글자들이 많다. 운필은 노련하고 속도감이 있으며, 노봉과 장봉을 혼용했지만 초서 필의가 많은 노봉이 주를 이룬다. 앙·평·부세를 자유자재로 구사해 우상향인 글자들도 있고 안정적인 글자들도 있다. 세로 공간이 넉넉한 서사 환경을 잘 활용한 글씨는 유려하면서 꾸밈이 없고, 자유분방하면서 편안하다. 국가 차원의 문자 교육을 철저히 받았을 관리는 이 목간에서 자신의 실력을 마음껏 발휘했고, 이를 통해 6세기 신라의 서예 수준이 지금까지 생각했던 것보다는 높았음을 알 수 있다.

신라는 7세기 전반부터 외교사절을 통해 적극적으로 당 문화를 수입했으며, 이때 행서도 같이 가져온 사실이 있다. 648년 김춘추와 그의 아들 문왕을 조공사로 파견했을 때 당 태종은 친히 지은 〈溫湯碑〉(648), 〈晉祠碑〉(646) 및 새로 편찬한 『晉書』를 하사했다.[12] 당 태종의 왕희지 글씨에 대한 흠모와 학습은 널리 알려져 있으며, 두 비는 그가 왕희지를 배운 후 친히 쓰기까지 한 행서비다.

그러나 6세기 후반의 성산산성목간에 이미 행서가 사용되었고 소월리목간에는 거기에 초서의 필의까지 더해졌다. 현전하는 신라 목간 가운데 행초 위주인 첩의 분위기를 가장 많이 지닌 소월리목간의 글씨는 당 태종의 행서가 들어오기 전인 6세기에 이미 신라가 주로 왕희지·왕헌지가 쓴 남조 첩을 수용했을 가능성을 보여준다. 비록 1점이지만 약 100자에 달하는 묵서가 신라에서 초서의 필의가 강한 행서로 쓰인 첫 글씨라는 점, 남조 첩이 신라에 수용되었을 가능성을 보여준다는 점에서 소월리목간의 서예사적 의의는 매우 크다.

12) 『三國史記』 卷5 新羅本紀5 眞德王2年條.

참고문헌

1. 단행본

계명대학교 한국학연구원 편, 『영남서예의 재조명』, 대구: 계명대학교 출판부, 2017.

국립가야문화재연구소, 『韓國의 古代 木簡 II』, 2017.

정현숙, 『신라의 서예』, 서울: 다운샘, 2016.

정현숙, 『삼국시대의 서예』, 서울: 일조각, 2018.

二玄社, 『木簡·竹簡·帛書』, 中國書法選 10, 1998.

2. 논문

손환일, 「「경산소월리출토목간」의 내용과 서체」 『한국고대사탐구』 34, 한국고대사탐구학회, 2020.

전경효, 「경산 소월리 목간의 기초적 검토」 『목간과 문자』 24, 한국목간학회, 2020.

정현숙, 「용도로 본 통일신라 목간의 서풍」 『한국학논집』 61, 계명대학교 한국학연구원, 2015.

정현숙, 「통일신라 목간의 서풍」 『영남서예의 재조명』, 계명대학교 출판부, 2017.

정현숙, 「함안 성산산성 목간의 서체」 『韓國의 古代 木簡 II』, 국립가야문화재연구소. 2017.

정현숙, 「고대 동아시아 서예자료와 월성 해자 목간」 『목간과 문자』 20, 한국목간학회, 2018.

정현숙, 「백제 부여목간과 나주목간의 서풍」 『목간과 문자』 24, 한국목간학회, 2020.

정현숙, 「경산 소월리 목간의 서예사적 고찰」 『동서인문』 16, 경북대학교 인문학학술원, 2021.
홍승우, 「경산 소월리 목간의 내용과 성격」『동서인문』 16, 경북대 인문학술원, 2021.

제2부

경산 소월리 목간과 그 주변

제5장

경산 소월리 목간의 내용과 성격

홍승우

1. 머리말

2019년 11월 25일 경상북도 경산시 소재 소월리 유적(경산지식산업지구 진입도로 개설공사 부지, 경산시 와촌면 소월리 1186번지) 발굴조사에서 사람얼굴모양토기[人面文土器甕] 및 시루와 함께 1점의 목간이 출토되었다. 이 경산 소월리 유적 출토 목간(이하 소월리 목간)은, 길이가 74.2cm에 달하는 원형 막대에 여러 행으로 글자가 쓰여있는 목제품으로, 발굴을 담당한 화랑문화재연구원의 요청으로 국립경주문화재연구소가 수습하여 조사한 후, 2019년 12월 9일 적외선 사진과 함께 공개하였다.

처음 공개될 당시 이미 谷, 畓, 堤 등의 글자를 통해 골짜기[谷]를 배경으로 형성된 일정한 집단이 있었으며, 둑[堤]이 조세 부과와 연관 있을 것이라는 추정이 있었다. 畓, 結, 負 등의 문자를 볼 때, 조세 부과를 위한 토지 관리 문서로 파악한 것이다. 아울러 신라에서 만들어 사용한 國字인 畓을 통해 6세기 중반경에 만들어졌을 가능성이 제기되기도 하였다.[1)]

이후 이 목간은 2020년 1월 18일에 있었던 제33회 한국목간학회 정기발표회에서 기초적인 검토 내용이 학계에 정식으로 보고되었으며, 그 내용이 학술지에도 게재되었다.[2] 이 과정에서 목간과 공반되어 출토된 사람얼굴모양토기를 볼 때 제의와 관련있을 가능성에 주목해야 한다는 지적도 있었고, 제작 시기도 공반된 토기의 편년에 따라 더 올라갈 수 있다는 견해도 나왔다.

출토 당시부터 많은 관심을 받았던 목간이지만, 아쉽게도 후속 연구가 활발히 이루어지지는 않았다. 서체와 문장 구조 및 내용 전반에 대해 간략히 검토한 추가 논문 1편 정도만이 있을 뿐이다.[3] 여전히 공개 당시의 기초적인 검토 단계에 머물고 있으며, 내용에 대한 분석이 충분히 이루어졌다고 하기 힘들다.

이 논문은 소월리 목간의 기재 내용을 검토·분석하고자 한다. 목간의 내용을 파악하고 그 의미를 이해하기 위해서는 기재 내용과 함께 출토 유적 및 공반 유물을 종합적으로 분석해야 하겠지만, 일단 기초 연구로서 목간에 쓰인 문자 판독과 내용 파악에 집중하려 한다.[4] 이 작업을 통해 목간의 성격과 작성 목적에 접근할 단서를 찾을 수 있을 것으로 기대한다.

---

1) 문화재청 2019년 12월 9일 보도자료.
http://www.cha.go.kr/newsBbz/selectNewsBbzView.do?newsItemId=155701811§ionId=b_sec_1&pageIndex=1&strWhere=title&strValue=%ec%86%8c%ec%9b%94%eb%a6%ac&mn=NS_01_02

2) 전경효, 「경산 소월리 목간의 기초적 검토」 『木簡과 文字』 24(한국목간학회, 2020).

3) 손환일, 「「경산소월리출토목간」의 내용과 서체」 『韓國古代史探究』 34(한국고대사탐구회, 2020).

4) 이 논문에 사용된 목간의 이미지 자료는 모두 국립경주문화재연구소가 한국목간학회에 제공한 사진 자료들이다. 국립경주문화재연구소와 한국목간학회에 감사드린다. 또 경북대학교 인문학술원 HK+사업단의 경산 소월리 출토 목간 판독회(이하 경북대 판독회)가 큰 도움이 되었음도 밝힌다.

2. 판독과 내용

이 목간의 전체적인 형상은 글자를 쓰기 위해 표면을 다듬은 것 이외에 많은 가공을 하지 않은 부정형의 원형 막대이며, 우측에서 좌측 방향으로 돌아가면서 글자를 썼다고 추정된다. 글자가 지워진 부분도 적지 않고, 상부가 파손되어 있어서 묵서 양상을 분명히 파악하기는 힘들다. 더구나 행이나 열을 맞추어 일정한 간격을 두고 썼다고 보이지는 않아서, 이 목간에 기재된 문자의 전체적인 형상을 정확히 파악하는 것은 쉽지 않다.

이 목간을 수습하여 정리한 국립경주문화재연구소의 전경효는 5면에 걸쳐 문자가 기록된다면 목간으로 파악하였다.[5)] 그리고 각면에 21, 41, 11, 4, 21자가 적혀있는 것을 확인할 수 있다고 하였다. 이러한 판독안과 시작 및 마지막 면의 설정은 두 차례에 걸친 자문 판독회의를 토대로 나온 결론으로서, 상당 부분 동의할 수 있다.

그러나 원형막대에 글씨를 썼다는 점을 고려할 때, 면이 아니라 행으로 보는 것이 타당하다고 생각한다. 또 몇몇 글자는 수정이 필요하다. 이하에서 행별로 판독을 재검토하여 수정안을 제시해 보겠다.

(1행) [　　Ⓐ　　]▨卌負甘末谷畓Ⓑ▨(結)堤上一結仇弥谷三結堤下Ⓒ卅負

5) 전경효, 앞의 논문, 2020b, p.360. 2019년 12월 6일에 있었던 1차 판독 자문회의에서는 6면에 걸쳐 94자가 있다고 보았지만, 2020년 1월 2일의 2차 판독 자문회의에서는 전체 5면 98자가 있는 것으로 파악하였다.

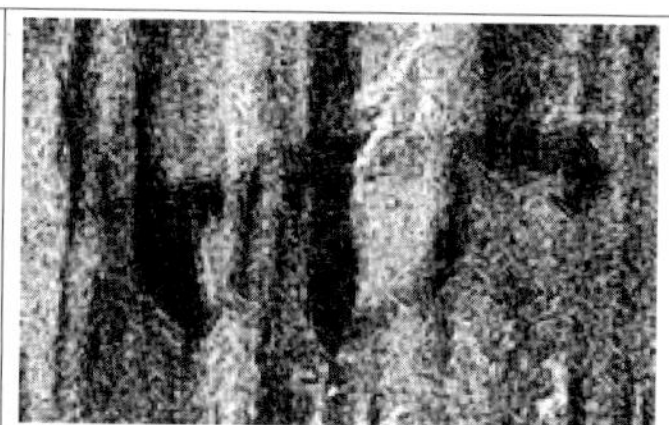

1행 Ⓑ▨(結)	1행 Ⓒ卅

〈사진 1〉 1행 판독 관련 세부 사진

(1행)의 상부(Ⓐ)는 중간중간에 묵흔이 있는 것이 확인되어 글자가 적혀있었던 것은 분명하지만, 글자를 읽기는 힘들다. 이 중에 일부를 '八月'로 추독할 수 있다는 견해도 있지만,[6] 확인하기 어렵다. 글자수 미상의 판독불능으로 처리하는 것이 타당하다.

Ⓑ▨(結)의 경우 파손으로 전체 글자가 보이지는 않지만, 두 번째 글자의 우하변에 '口'가 보여서 앞의 畓과 연계하여 結로 추독할 수 있다. 그렇다면 앞의 글자는 숫자가 될 텐데, 현존 자형만을 볼 때, '三' 혹은 '五'일 가능성이 있지만, 확실하지 않아 미상자로 처리했다. Ⓒ卅의 경우 처음 보고에서는 '卌'으로 판독하였지만,[7] 사진에서 보듯이 卅일 가능성이 크다 그 외 나머지는 처음 보고에서의 판독을 그대로 따를 수 있다.

(1행)의 기재 내용을 보면, 앞부분에 어떤 내용이 들어 있는지는 글자를 읽을 수 없어 알 수 없다. 하지만 판독이 비교적 명확한 뒷부분 '甘末谷畓▨(結)堤上一結 仇弥谷三結堤下卅負'를 통해 유추해 볼 수는 있겠다. '지형·지명(△△谷)+畓+△結+堤+上·下+△負' 형식이 두 번 나오고 있는데, 이를 통해 앞부분 '▯▨卌負'

6) 손환일, 앞의 논문, 2020, p.586. 하지만 판독의 근거를 구체적으로 제시하지는 않았다.

7) 전경효, 앞의 논문, 2020b, p.361, p.371. 손환일, 앞의 논문, 2020, p.586에서는 卅으로 판독하였다.

도 유사한 형식 및 내용이었을 가능성을 상정할 수 있다. 또 지형 혹은 지명 아래에 토지 면적인 結負의 수가 나오는 형식은 (2행) 이하에서도 계속되고 있는데, '지형·지명'이 자연적인 이름이 아니라 일종의 하위 행정단위적인 성격이 있다면,[8] 이들 '지형·지명'이 소속된 상위 행정단위, 요컨대 '村'이나 '城' 등의 정보가 있었을 가능성도 있겠다. 아니면 토지소유주에 대한 정보가 있었을 수도 있다.

(1행)에서 가장 주목되는 글자로 '堤'를 들 수 있다. '堤'는 물길을 막는 '둑'으로서, 그 축조를 통해 저수지를 만들어 농지에 용수를 공급하는 역할을 한 수리시설의 일종으로 파악되고 있다.[9] 그런데 그 뒤에 上·下가 붙어 있고 뒤이어 '~結·負'라는 토지 면적이 나오고 있다. 바로 앞에 나오는 '~谷'과 달리 앞에 이름이 없고, 뒤에는 畓과 같은 토지 종류가 붙지 않으며, 그 면적도 상대적으로 넓지 않다. 이를 볼 때, 이 堤는 앞의 谷 인근에 축조된 것으로 보이며, 또 그 谷에 소재한 畓 중 일부인 것으로 이해할 수 있다. 즉 '甘末谷의 畓은 ▨(結)이며 그중 堤 위에 一結이 있다', '仇弥谷의 畓은 三結이며 그중 堤 아래에 卌負가 있다'와 같이 해석해 볼 수 있겠다.

(2행) [ ]Ⓓ▨▨▨▨▨▨Ⓔ(乃)▨▨畓卌負谷門弥珎上田三半 下只▨▨下田七負內利田(一)負 仇利谷Ⓕ▨▨ Ⓖ五負/▨▨ ▨

8) 전경효, 위의 논문, p.372에서는 '谷'을 골짜기를 배경으로 형성된 집단이면서 국가에서 노동력을 동원하거나 조세 수취에 필요한 자료를 수집하는 단위였다고 보았다. 즉 골짜기 주변에 형성된 주거지와 堤 인근의 田畓으로 구성된 단위로 파악하는 듯하다. 하지만 '谷'을 조세 수취에 필요한 자료를 수집하는 단위로 보기에는 谷에 소재한 田畓의 규모가 지나치게 적다. 후술하겠지만 자연지형의 골짜기로서 전답의 위치를 표시해 주는 역할이었다고 보는 것이 타당할 것이다.

9) 노중국, 「한국 고대의 저수지 축조와 역사적 의미」『고대 동북아시아의 水利와 祭祀』(서울 : 학연문화사, 2011).

역시 상부에 일부 묵흔이 있어 글자가 있었을 것으로 추정되지만 몇 글자인지는 분명하지 않다. 묵흔이 확실히 보이는 부분은 Ⓓ▨▨▨▨▨▨이하이다. 처음 보고에서는 네 글자 정도의 글자가 있는 것으로 보았지만, 아래의 〈사진 2〉에서 볼 수 있듯이 6글자 정도는 구분할 수 있다. 두 번째 글자 부분을 제외하고는 묵흔이 흐릿하게나마 보인다. 첫 번째 글자는 '結'일 가능성이 있다. 현존 부분이 '結'자의 우변 중 '士' 부분과 아래 '口'의 윗부분만 남아 있는 듯 보이기 때문이다. 하지만 현재로서는 판독할 수 없는 것으로 보는 것이 타당하다. 세 번째~여섯 번째 글자를 '八月十日'로 판독한 견해도 있는데,[10] 불가능한 것은 아니지만 확정하기는 힘들다. 미상자로 두는 것이 좋을 것 같다.

〈사진 2〉 2행 판독 관련 세부 사진

Ⓔ(乃)▨▨의 첫 글자는 비교적 자획이 분명히 확인된다. 보고의 판독인 乃로

10) 손환일, 앞의 논문, 2020, p.586.

보아도 무방할 듯하다. 다만 자형상 '另'일 가능성도 배제할 수는 없겠다. 어느 쪽이든 이 행의 마지막에 '五負'라는 토지 면적이 나오므로, '지형·지명+田·畓+結負數' 형식인 다른 부분을 참고할 때, 이 Ⓔ부분은 지형·지명일 것이다.[11]

Ⓕ▨▨는 2글자로 판독되어 왔지만, 두 번째 글자 아래에 길게 내려오는 두 획이 별도의 글자일 수도 있어서 3글자일 가능성도 있다.[12] 만약 아래 두 획이 실획이 아니라면 두 번째 글자는 '白'일 가능성도 상정할 수 있다. 첫 번째 글자는 자획으로는 '次'로 보이지만 명확하지 않다.[13] 이 글자들은 다른 부분의 사례를 고려할 때, '전·답' 혹은 '상·하'에 해당하는, 곧 농지 종류나 위치 정보 표시가 와야 할 것으로 생각되지만, 현재로서는 미상자이면서 의미를 알 수 없다고 해야 할 것이다.

Ⓖ五負/▨▨는 이전까지와 다르게 2행으로 기재되어 있다. 위에서부터 이어지는 선상에 있는 글자는 좌측의 ▨▨이고, 五負는 글자 라인의 오른쪽에 附記한 것과 같은 형상이다. 좌측의 ▨▨ 중 첫 번째는 '冂'의 오른쪽 부분이 보이는데, 숫자가 나와야 하는 부분이므로, '四'로 볼 여지가 있다.[14] 그리고 두 번째도 첫 번째 글자와 연계하여 생각하면 남은 자획이 '負'의 일부라고 할 수도 있겠다. 또 좌측의 ▨▨ 부분은 긁어낸 듯한 흔적이 보이는데, 만약 긁어내었다고 한다면, ▨▨를 적었다가 잘못된 내용이 있어서 지우고 오른쪽에 五負로 고쳐 적은 것이 아닐까 추정된다.

---

11) 손환일, 위의 논문, p.586에서는 '乃刀(谷)'으로 판독하였다.

12) 경북대 판독회에서도 동일한 의견이 있었다. 전경효, 앞의 논문, 2020b, p.371에서는 '色'이라는 의견도 있다고 하였다.

13) 전경효, 위의 논문, p.369. 손환일, 앞의 논문, 2020, p.609에서는 次자의 운필과 유사하기는 하지만, '次田'이라고 했을 때 의미가 통하지 않아서 그렇게 볼 수 없다고 하였다.

14) 전경효, 앞의 논문, 2020b, p.371에서는 四 혹은 內라는 견해도 있다고 하였다.

(3행) 下只尸谷畓二結Ⓗ(在)Ⓘ▨Ⓙ▨▨▨ Ⓚ(買)

Ⓗ는 판독 자문회의를 거친 첫 보고와 여러 판독회들에서 北으로 추정한 것이다.[15] 그러나 이 글자의 우변은, 좌측 부분이 지워지기는 했지만, 좌변 우하단의 점과 우변 아래의 가로획이 연결되는 것이 분명하여, '匕'보다는 '土'에 가깝다. 그렇다면 좌변의 모양과 함께 고려하면, '在'일 가능성이 크다. 혹은 좌변의 세로획이 아래 가로획을 지나 내려오고 있어서 '扌'처럼 보이기도 하여서, 在의 이체자인 '扗'일 가능성도 있다.

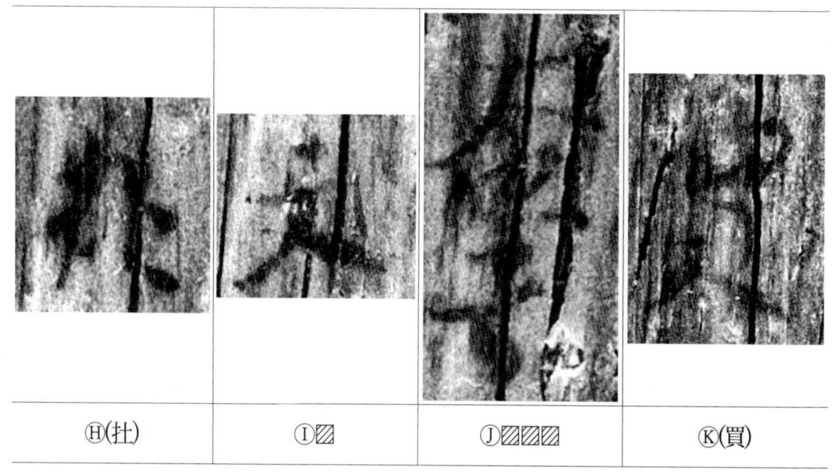

Ⓗ(扗)	Ⓘ▨	Ⓙ▨▨▨	Ⓚ(買)

<사진 3> 3행 판독 관련 세부 사진

Ⓘ는 '文'으로 읽을 수 있을 것 같지만 일단 미상자로 두었다. Ⓙ는 획이 비교적 잘 보이는 편이지만, 글자 간의 간격이 거의 없어서 정확히 몇 글자인지도 파악하기 힘들다. 세 글자로 본다면, 가장 앞의 글자는 '大', 둘째 글자는 '只'나 '四'

15) '赴'로 판독한 경우도 있다(손환일, 앞의 논문, 2020, p.586).

의 자형이 있는 것 같으며, 마지막 글자는 '吉' 정도일 수 있겠다.[16] 다만 마지막 글자에서 가장 아래의 큰 점 같은 묵흔을 제외한다면 '二'일 가능성이 있다. 이를 '二'로 볼 수 있다면, 앞의 '下只尸谷畓二結' 중의 '二結'에 대응하는 것일 수 있다.

Ⓚ는 처음 보고에서 '負'로 파악하였고, 대체로 이에 동의하고 있는 편이다.[17] 이는 다른 부분들의 서식을 고려하였을 때 일견 무난한 것으로 생각된다. 하지만 다른 곳의 '負'자들과 상부의 자형이 다소 다른 것을 확인할 수 있다. 현재 자형상으로 상부는 '罒'에 가까운 것으로 판단된다. 특히 위의 사진에서 볼 수 있듯이, 상변의 중앙 부분에 세로 직선획이 분명히 확인된다. 그렇다면 이 글자는 '買'로 판독함이 마땅하다.

(3행)을 이상과 같이 판독할 수 있다면, 이 행의 뒷부분은 '특정 위치(ⒾⒿ)의 땅[+면적?]'을 샀다는 의미로 이해할 수 있다.

Ⓛ▨

<사진 4> 4행 판독 관련 세부 사진

(4행)[ ]▨柱柱Ⓛ▨

(4행)은 전체적으로 판독되는 글자가 많지 않다. 판독되는 글자는 '柱'인데, 다른 부분들의 형식과 내용을 생각해 볼 때, 이질적이다. 또 같은 글자가 반복해서 쓰여있고, (5행)의 아랫부분이 습서였을 것으로 추정되는 것을 아울러 고려할 때, 역시 (5행) 하단부와 마찬가지로 다른 행들과 같은 목적하에 쓰여진 내용은 아니었던 것으로 추정되고 있다.[18] 다만 Ⓛ은 자형이 '耶'에 가까운데, 좌변은 불

16) 손환일, 위의 논문, p.586에서는 ⒽⒾ를 합하여 '文大舍'로 판독했으며, 경북대 판독회에서 이용현은 같은 부분을 '文大尺'일 수 있다는 의견을 낸 바 있다. 이 판독안들은 이 부분을 두 글자로 보는 것이다.

17) 손환일, 위의 논문, p.586에서는 '定'으로 판독하였으나, 적외선 사진을 볼 때, 그렇게 판독할 수 없음을 알 수 있다.

확실하지만, 우변의 '阝'은 확실히 보인다.[19] 어쨌든 이 (4행)은 다른 행과 별도로 작성된 것으로 보고 내용 분석에서 제외한다.

(5행) 畓Ⓜ十三結Ⓝ卅負　Ⓞ得▨▨▨三結Ⓟ卅負　　　　▨堤堤堤
　　Ⓠ四▨ 四四

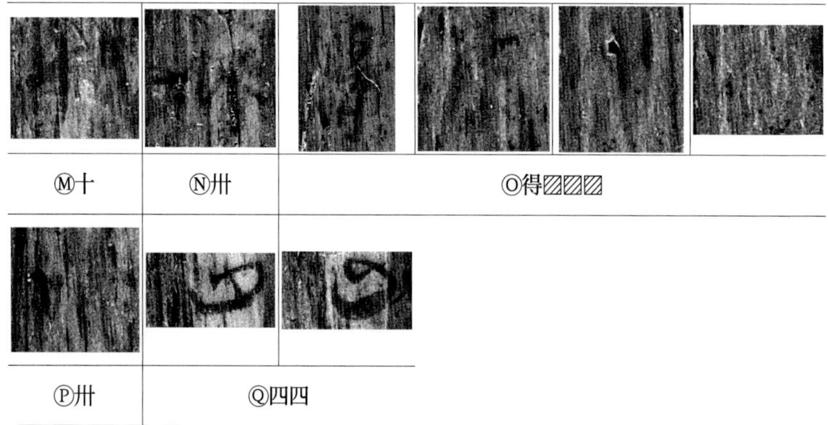

<사진 5> 5행 판독 관련 세부 사진

Ⓜ은 '中'으로 보는 견해도 있지만, 위치상 숫자가 들어가는 것이 타당하고 자형도 거의 분명하기 때문에 '十'으로 확정할 수 있다. Ⓝ과 Ⓟ는 처음 보고에서 '卌'으로 판독했지만, '卅'으로 수정하고 싶다.[20]

Ⓞ의 첫 글자는 통상 '得'으로 판독하였고 이견도 없는 편이다. 우변의 자형이 분명하고 좌변도 아랫부분에 세로획이 확인되므로 합리적인 판독이라 할 수 있다. 내용상으로도 그와 같이 보는 것이 타당하다고 여겨진다. '得' 이후에는 일부

18) 손환일, 앞의 논문, 2020, p.586에서는 '(神位) 斯'로 판독하였다.

19) 경북대 판독회에서도 동일한 의견이 있었다.

20) 경북대 판독회에서도 의견이 일치하였다.

묵흔이 있어 글자가 있었었다고 볼 수 있는데, 공간을 고려할 때 세 글자 정도인 듯하다. 글자를 읽을 수 없기는 하지만, 그 뒤에 '三結卅負'라는 토지 면적이 나오므로 그 앞은 토지에 대한 정보가 있었을 것으로 추정할 수 있다. 그렇다면 '어떤 땅 3결 30부를 취득하였다'는 의미를 가진다고 할 수 있는데, 이렇게 得이 토지 면적 앞에 쓰여 '얻었다'는 의미로 사용된 사례를 중국의 적장 문서에서 찾아볼 수 있다.[21)]

현존하는 가장 오래된 종이 호적으로 여겨지는 〈前秦建元二十年三月高昌郡高寧縣都鄉安邑里籍〉(이하 〈전진건원20년적〉)이 그 사례이다.[22)]

〈前秦建元二十年三月高昌郡高寧縣都鄉安邑里籍〉[23)]

(1)

[前 缺]

奴妻扈年卄五	小男一	(得)(孫)萮(塢)下田二畝
		虜奴益富年卅入李洪安

21) 〈永川 菁堤碑〉(이하 〈청제비〉) 丙辰銘에서 '得'(혹은 淂)이 길이 단위로 사용된 사례가 보이는데[韓國古代社會研究所, 『譯註 韓國古代金石文Ⅱ』(서울: 駕洛國史蹟開發研究院, 1992), p.27], 해당 비문에서는 '숫자+得'의 형식이어서, 소월리 목간의 '得'과 용례가 다르다. 〈大邱 戊戌塢作碑〉(이하 〈오작비〉)에서 '㫖淂(得)所利村'이라는 촌명과 '也淂(得)失利'라는 인명이 확인되므로(韓國古代社會研究所, 위의 책, p.98), 이 '得'이 고유명사일 가능성도 없지는 않다.

22) 榮新江·李肖·孟憲實, 『新獲吐魯番出土文獻(上)』(北京: 中華書局, 2008), pp.176~179. 〈전진건원20년적〉에 대해서는 榮新江, 「吐魯番新出≪前秦建元二十年籍≫研究」 『中華文史論叢』 2007-4(2007); 張榮强, 「≪前秦建元二十年籍≫『漢唐間籍帳制度變化』, 『漢唐籍帳制度研究』(北京: 商務印書館, 2010); 朴根七, 「'前秦建元20年(384)籍'과 호적 기재양식의 변천-4~10세기 서북지역출토 호적류 문서의 분석을 중심으로-」 『東洋史學研究』 131(동양사학회, 2015); 戴衛紅, 「간독과 문서로 본 중국 中古 시기 지방 징세 체계」 『木簡과 文字』 21(한국목간학회, 2018) 참조.

23) 밑줄과 강조점은 필자가 추가한 것임.

奴息男�父年八　凡口七　虜婢益心年卄入蘇計
郁女弟蒲年一新上　(舍)(一)區
賀妻李年卄(五)(新上)　(建元卄年三月籍)
高昌郡高寧縣都鄉安邑里民崔奣(年)[ ]
弟平年[ ]　[ ]　[ ]
奣妻▨(年)[ ]　[ ]　[ ]
平妻郭年(卅)[ ]　[ ]　▨▨▨田▨▨畝
奣息女顏年卄一從夫　[ ]　得闞高桑薗四畝半
顏男弟仕年十四　[ ]　得江進鹵田二畝以一畝爲場地
仕女弟訓年十二　得李虧田地桑三畝
平息男生年三(新上)　舍一區
生男弟麴年一新上　(建)(元卄年三月籍)

[後缺]

(2)

[前缺]

[ ]　▨▨[三]　(埽)(塢)(下)[ ]
女々弟素年九新上　凡口八　得猛季常田四畝
西塞奴益富年卄入李雪
素女弟訓年六新上　虜婢巧成年卄新上
勳男弟明年三新上　舍一區
明男弟平年一新上　建元卄年三月籍
高昌郡高寧縣都鄉安邑里民張晏年卄三
叔聰年卅五物故　奴女弟想年九　桑三畝半
母荊年五十三　晏妻辛年卄新上　城南常田十一畝入李規
叔妻劉年[卌][六]　丁男一　得張崇桑一畝
晏女弟婢年卄物故　丁女三　沙車城下道北田二畝

婢男弟隆年十五	(次)丁男三	率加田五畝
隆男弟驅[年]	(次丁女一)	(舍一)區
驅女弟△[年]	(小女一)	(建元卄年三月籍)
聰息男[奴年　]	凡口(九)	
高昌郡高寧縣都鄉安邑里民△△[年　]		
妻朱年五(十)	丁男一	沙車城下田十畝入趙▨
息男隆年卅三物故	丁女一	埽塢下桑二畝入楊撫
隆妻張年卄八[　]	小女一	(埽)塢薗二畝入▨▨
隆息女顔年九	小男一	舍一區
(顔)[男弟▨年　]	(凡口四)	(建元卄年三月籍]

[後 缺]

이 호적의 3단에 노비나 농지에 대한 정보가 기재되어 있는데, 여기에 '得'과 '入'이라는 표현이 등장하여, 그 취득과 이전이 이루어진 정황을 기재하고 있음을 확인할 수 있다. 이러한 토지에 대한 정보가 호적에 등재되는 것이 일반적인 양상이었는지는 분명하지 않다.[24] 하지만 '得'이 토지 정보 앞에 나와 그 변화상을 보여주는 의미로 사용되었음은 확실하다. 그리고 이러한 양상은 百濟의 적장 문서류 목간인 〈나주 복암리목간5〉(이하 〈복암리5〉)에서도 확인된다.[25]

24) 傅克輝, 『魏晉南北朝籍帳硏究』(齊魯: 齊魯書社, 2001)에서는 北魏이후에야 비로소 토지 정보가 호적에 등재되기 시작했다고 보았다.

25) 홍승우, 「목간 자료로 본 백제의 籍帳 문서와 수취제도」 『韓國古代史硏究』 80(한국고대사학회, 2015), pp.128~130. 아래 판독문도 이 논문의 것이며, 밑줄과 강조점은 필자가 추가한 것임.

〈나주 복암리목간5〉

丁一　　中口

[1면]　大祀村你首上　▨▨▨

▨丁一　牛一

涇水田二形得七十二石　八月二十日▨

[2면]　白田一形得六十二石

得耕麥田一形半

백제의 호적 혹은 호적을 바탕으로 정리된 장부 문서로 추정되는 〈나주 복암리목간5〉의 [2면]에는 토지와 그 토지에서의 소출량이 기재되어 있다. 여기에서 '得'은 소출량과 토지 앞에모두 사용되었다. 이 중 '麥田' 앞의 것은 〈전진건원20년적〉과 동일한 용례로 볼 수 있다. 그렇다면 소월리 목간에서도 토지 면적 앞에 있는 이 글자를 '得'으로 보는 것이 합리적이고, 이번에 해당 토지를 취득했다는 의미로 기재되었다고 이해할 수 있다.[26] 한편 '得' 이하를 새롭게 취득한 내용으로 본다면, (5행) 앞부분의 '畓十三結'은, 다른 부분보다 토지 면적이 상대적으로 매우 넓은 것을 아울러 고려할 때, 앞에 나온 畓의 합계 혹은 이전부터 있던 畓의 합산일 가능성도 있겠다.

하단부는 '堤'가 연속적으로 적혀있고, 그 아래에도 동일한 것으로 보이는 글자가 반복되고 있어서, 습서일 것으로 생각된다. 판독에서는 윗부분과 같이 (5행)으로 분류했지만, 상부 및 (4행)을 제외한 다른 행들과 형식과 내용 및 목적이 달랐던 것으로 파악되므로, 내용 분석에서 제외한다. 다만 판독의 재검토 측면에

26) 손환일, 앞의 논문, 2020, p.594에서는 '得' 이하를 답의 소출량으로 보았다. 〈복암리5〉에서의 용례 때문인 듯하지만, 신라에서 결부는 시종 토지 면적으로만 사용되었고, 곡물량은 石斗升만 확인되므로, 그렇게 파악할 수는 없다.

서 첨언하면, 자문 판독회와 초기 보고에서 ⓠ이하를 '四'가 반복되는 것으로 보았으나, 두 번째 글자는 분명하지 않아 미상으로 처리하였다.[27)]

이상의 검토를 종합 정리한 본고의 판독안은 다음과 같다.

(1행) [ ]▨卌負甘末谷畓▨(結)堤上一結 仇弥谷三結 堤下卌負

(2행) [ ]▨▨▨▨(乃)▨▨畓卌負谷門弥珎上田三半 下只▨▨下田七負內利田(一)負 仇利谷▨▨ 五負 ▨▨ ▨

(3행) 下只尸谷畓二結(在)▨▨▨ (買)

(4행) [ ]▨柱 柱▨

(5행) 畓十三結卌負得▨▨▨三結卌負 ▨堤堤堤四▨ 四四

판독이 어려운 몇 글자가 있어서 확정까지는 하기 힘들더라도, 내용은 대체로 '지형·지명(+上·下)+田·畓+숫자(+結·負)'를 적은 것으로 정리할 수 있다. 특히 주목되는 것은 '堤'이다. (1행)에만 두 번 나오는 '堤'는 앞에 별다른 이름이 붙어 있지 않다. 그래서 이 두 '堤'가 같은 것인지는 알 수 없다. 다만 앞에 나오는 甘末谷과 仇弥谷에 비해 면적이 작은 점을 고려한다면, 각각 甘末谷과 仇弥谷의 堤로 볼 수 있을 것 같다. 즉 甘末谷과 仇弥谷에 소재한 畓 결수를 제시하고 그중에 堤 인근에 있는 답의 결수를 따로 적시한 것이 아닌가 한다. 堤上과 堤下라는 표현은, 앞에서 제시한 〈전진건원20년적〉에 나오는 '塢下' 표현과 동일하게, 전답의 위치를 표현한 것으로 볼 수 있다.

(2행)의 '上田'과 '下田'이라는 표현 역시 주목할 수 있다. 이에 대해 田品을 표시한 것으로 본 견해도 있지만,[28)] 上·下는 앞의 지명·지형을 기준으로 전답의 위치를 표시하는 것으로 보는 것이 타당하다. 역시 〈전진건원20년적〉에 유사한 사

27) 손환일, 위의 논문, p.586에서는 ⓠ앞의 두 글자를 '心心'으로 판독하였다. 경북대 판독회에서도 같은 의견이 있었다. 이 네 글자는 모두 '心'일 가능성이 있다.

28) 손환일, 위의 논문, p.588.

례가 보인다. (1행)의 堤上, 堤下라는 표현도 이를 뒷받침한다.

(3행)은 새로 취득한 내용을 취득 방식과 함께 기재하였으며, (5행)은 이상의 내용을 합산한 결과를 적은 것으로 볼 수 있다. 결국 이 목간의 기재 내용은 전답 위치와 면적(결부수)의 현 상황을 기록한 것이고, 변동 사항도, 새로 얻은 것만이기는 하지만, 기록되어 있다고 할 수 있겠다.

3. 성격과 작성 목적

이 목간의 내용은 어떠한 단위의 현재 田畓 위치와 면적 등을 변동 사항을 드러내면서 정리한 장부로 볼 수 있다. 이 장부의 성격 및 작성 목적에 대해서는, 일찍부터 조세 수취와의 관련성이 제기되었다.

소월리 목간에서는 甘末谷, 仇弥谷, 仇利谷, 下只尸谷 등의 곡명이 보이고 있으며, 지명의 하나로 보이는 谷門弥珎에도 역시 谷이 포함되어 있다. 또 (2행)의 下只▨▨가 谷일 가능성이 있고, 內利 역시 谷이 생략되었을 수도 있다. 곡은 여러 문헌 사료와 금석문에 빈번하게 나오는데, 여기에서는 지명이 분명하다.

처음 보고에서는 이 谷을 단위로 토지 면적을 집계했다고 이해하였다. ~谷이 단순한 자연지명이 아니라, 신라에서 설정한 행정단위적인 성격이 있는 것으로 파악하면서, 기본적으로는 골짜기를 배경으로 형성된 집단이라고 보았다. 이러한 이해의 바탕에는 谷이라는 행정단위의 전체 토지 면적을 '집계'했다는 인식이 전제되어 있다. 다른 연구에서도 谷을 자연 지형이나 지명이 아니라, 가장 작은 마을 단위로 보았는데, 그 근거로 〈慶州 南山新城碑〉나 〈함안 성산산성목간〉에 나오는 '△△谷村'을 들었다. 즉 이 목간이 조세 수취를 위하여 일정한 행정단위 혹은 자연 거주지 단위의 농지 면적을 집계한 것이고, 谷은 村 내지는 그 아래급의 행정단위로 이해한 것이다.

먼저 앞의 판독안을 기준으로 소월리 목간의 전답 면적을 정리하면 다음 〈표

1〉과 같다.[29)]

〈표 1〉 소월리 목간 전답 내용 정리

행	지형·지명	농지종류	면적	비 고
1행	미상	미상	미상[40부 이상]	
	甘末谷	畓	▨결	3 혹은 5결 추정
	堤上	(畓)	1결	甘末谷 畓의 일부로 추정
	仇弥谷	(畓)	3결	
	堤下	(畓)	30부	仇弥谷 畓의 일부로 추정
2행	미상	畓	40부	
	谷門弥珎上	田	3.5(단위 미상)	3.5부로 추정
	下只▨▨下	田	7부	
	內利	田	(1부)	
	仇利谷	(田)	5부	田으로 추정
3행	下只尸谷	畓	2결	買로 취득
소계		畓	12결 10부 이상	
		田	16.5부 이상	
5행	미상	畓	13결 30부	합계 부분일 가능성 있음
	미상	미상	3결 30부	畓의 취득분 추정
총계		畓	25결 40부 이상	
		田	16.5부 이상	

앞 장의 판독과정에서 (3행)은 이번 작성시에 새로 취득한 내용에 대한 기재이고, (5행)이 (1~3행)의 합계일 가능성이 있다고 보았는데, (1~3행)의 답 결부

29) 앞서 판독을 진행하면서, (1행)의 堤上, 堤下를 앞에 있는 甘末谷과 仇弥谷 畓의 일부로 판단하였다. 그러나 이는 확정할 수 없는 것이어서, 이 정리에서는 일단 별도의 畓으로 계산하였다.

수 합과 5행의 답 결부수가 비슷하다는 것을 알 수 있다. 그런데 (1~3행)에서 곡이나 다른 지명들 아래에 있는 전답의 결부수는 최고 3결에 불과하며, 특히 田의 경우 모두 10부 미만이고, 총합도 16.5부에 불과하다. 이러한 전답 면적은 이 목간에 기재된 '~곡' 등 지명의 성격에 대한 단서가 될 수 있다.

신라에서 토지의 면적 집계를 정리한 장부로 〈新羅村落文書〉가 있다. 이 장부에는 4개촌의 호구와 전토 및 여러 자산 상황을 집계한 내용이 담겨 있다. 지역과 작성 시기에서 차이가 있어서 직접 비교하기는 어렵겠지만,[30] 일단 참고를 위해 그 전답의 면적에 대한 정보를 정리하면 다음 〈표 2〉와 같다.[31]

〈표 2〉 〈新羅村落文書〉 田畓 면적 정리

촌	畓 면적(결.부.속)				田 면적(결.부.속)			
沙害漸村 (11호)	102.2.4	烟受有	74.32.4	1호당 8.54.8	62.10.5	烟受有	62.10.5	1호당 5.64.6
		村主位	19.70.0					
		村官謨	4.0.0					
		內視令	4.0.0					
薩下知村 (15호)	63.64.9	烟受有	59.98.2	1호당 3.99.9	119.5.8	烟受有	119.5.8	1호당 7.93.7
		村官謨	3.66.7					
미상촌 (호수 미상)	71.67.0	烟受有	68.67.0	1호당 미상	58.7.1	烟受有	58.7.1	1호당 미상
		村官謨	3.0.0					
西原京 미상촌 (10호)	29.19.0	烟受有	25.99.0	1호당 2.59.9	77.19.0	烟受有	76.19.0	1호당 7.61.9
		村官謨	3.20.0			村官謨	1.0.0	

30) 〈新羅村落文書〉의 제작연도에 대해서는 695년설, 755년설, 815년설, 875년설 등이 있는데, 어느 설을 따르더라도, 소월리 목간 보다 후대임은 분명하다.

31) 노명호 외, 『韓國古代中世古文書研究(上)』(서울: 서울대학교출판부, 2000), pp.315~319.

여기에서 村은 그 호수를 볼 때 최하위 행정단위인 縣 내에 분산적으로 존재하는 자연취락으로 이해되고 있다. 물론 이들 4촌 사이에도, 畓의 경우 결부수가 3배 이상 차이나기도 하는 등 편차가 있는 것을 볼 수 있어서, 이들 촌의 결부수를 통상적인 것으로 확정할 수는 없다. 하지만 가장 적은 답 결부수를 가진 서원경 소속 미상촌의 경우도 29결 이상의 답과 함께, 77결이 넘는 전이 소재한 것을 확인할 수 있다. 이는, (5행)을 집계가 아니라 개별 전답으로 보더라도, 소월리 목간의 전답 총면적에 비해 현저히 많은 것이라 할 수 있다.

이렇게 볼 때, 서원경 미상촌의 답 결부수가 1~5행 합산 전답수와 큰 차이가 나지 않기 때문에 단정할 수는 없지만, 소월리 목간이 하나의 城·村급의 행정단위, 혹은 더 작은 단위인 자연취락의 전답을 집계한 장부라고 하기는 힘들지 않을까 한다.

오히려 개별 호의 전답수에 가까울 수 있다. 전답의 면적만을 본다면, 〈신라촌락문서〉에서 孔烟의 숫자가 결락되어 있는 미상촌을 제외한 3개 촌의 전과 답 합산을 호[孔烟]수로 나누면 10~14결 정도가 된다. 〈신라촌락문서〉의 촌별 1호당 결부수가 소월리 목간의 1~3행 합계와 유사한 셈이다. 물론 〈신라촌락문서〉에서 한 호에 속한 일반적인 전답의 결부수를, 단순히 전체 결부수를 호수로 나누어 파악할 수는 없다. 또 아직까지 신라에서 개별 호별로 소유 혹은 경작하는 田畓을 기재한 장부가 확인된 바 없어서, 한 호에 속한 전답의 규모라 단정할 수만은 없다.

그러나 백제에서는 호적 혹은 호적을 바탕으로 작성된 문서 목간들에 한 호의 토지 상황을 기재한 것으로 추정되는 사례들이 있다. 그중 하나는 앞 장에서 제시한 〈복암리5〉이며, 다른 사례로 다음의 〈부여 궁남지목간315〉(이하 〈궁남지315〉)가 있다.[32]

---

32) 홍승우, 앞의 논문, 2015, pp.120~122.

〈부여 궁남지목간315〉

[1면] 西十丁 卩夷

[2면] 西 卩後巷巳達巳斯丁 依活干▨畑丁
　　歸人中口四 小口二 邁羅城法利源水田五形

〈복암리5〉에서는 '4形 반', 〈궁남지315〉에는 '5형'의 토지가 기재되어 있다. 둘 다 비슷한 면적의 토지가 기재되어 있어서, 이 정도 면적이 1호의 소유였다고 판단된다. 形이라는 단위는 백제에서만 사용된 것으로, 어원이나 그 실제 면적이 어떠했는지를 현재로서는 알 수 없다. 그러나 〈복암리5〉에 수확량이 기재되어 있어, 이를 기준으로 하여 동일 및 전후 시기 주변국의 면적 단위와 비교하면 어느 정도 가늠할 수 있을 것이다.

최근의 연구에서 이 방법론을 사용하여 백제 1형이 신라 2~3결 정도일 것이라는 추론이 나왔다.[33] 이는 현존하는 자료를 가지고 산술적으로 계산한 것이어서, 전적으로 받아들이기는 힘들지만, 어느 정도 합리적인 면이 있다고 할 수 있을 것이다. 이 추론이 타당하다면, 백제 1호가 보유한 5형의 전답은, 신라 결부로 환산했을 때 10~15결 정도가 되며, 〈신라촌락문서〉에서 단순 계산으로 나온 1호당 전답수인 10~14결 및 소월리 목간 1~3행의 전답 합산인 13결 30부와 대체로 비슷하다고 할 수 있다.

이와 같은 추론은 너무 과감한 것 같지만, 적어도 이 목간이 여러 행정단위나 자연취락들에 속한 전답 총 결부수를 집계한 것이 아님은 분명한 것 같다. 또한 '~谷' 역시 지역 공동체 단위나 자연취락 등 행정상 단위로 파악하기는 힘들다고 할 수 있다.

다만 전체 결부의 합산이 아니라 특정한 종류의 전답만을 기재한 것일 가능

---

33) 전덕재, 「三國의 量制와 百濟 田積制에 대한 고찰」 『木簡과 文字』 24(한국목간학회, 2020), pp.210~217.

성은 여전히 남아 있다. 예컨대 〈신라촌락문서〉 상에 나오는 村官謨田畓이나 內視令畓 및 村主位畓과 같은 일종의 公廨田이나 職田류 등일 가능성은 남아 있다. 村官謨(田)畓은 대체로 3~4결이며, 내시령답도 한 사례뿐이기는 하지만 동일하다. 이는 소월리 목간에 있는 谷별 畓 면적의 최대치와 유사한 편이다. 烟受有畓 중에 설정된 촌주위답 같은 경우도 19결 70부의 사례가 있는데, 이는 1~3행 합산치와 1~5행 합산치의 중간 정도이다. 따라서 여러 행정단위 내지 자연취락에 있는 특정한 목적 혹은 유형의 전답을 집계한 것일 수는 있다.

하지만 堤上·堤下 및 지명에 上·下가 같이 있는 사례를 고려하면, '~谷'을 비롯한 지형·지명은 행정단위적 성격이 아니라 일반적인 지명이었을 가능성이 높다고 판단된다. 즉 이 지명들의 역할은 기재된 전답이 소재한 행정단위로서의 지명이 아니라, 전답의 구체적 위치를 표시하기 위한 기준이라 할 수 있다.

앞에서 제시한 〈전진건원20년적〉에서 田地의 앞에 사람 이름이 나오는 경우도 있지만, '城南常田十一畝', '沙車城下道北田二畝', '沙車城下田', '埽塢下桑二畝', '(埽)塢薗二畝' 등과 같이 그 전지가 어디에 있는지를 나타내는 정보가 기재되고 있는 것을 볼 수 있다. 특히 '埽塢'라는 수리시설을 기준으로 그 아래와 그 위에[34) 있다는 기재 내용은 소월리 목간의 堤上·堤下를 연상시킨다. 이 표현들 중 '沙車城'은 단순한 자연 지명이 아니지만, 여기에서는 田의 위치를 나타내기 위한 위치 정보로서의 역할을 할 뿐이다.

소월리 목간에서 谷과 달리 행정단위로서 볼 수 없는 谷門弥珎도 문서상 ~谷과 동일한 위치에 있는 것 역시, 전답의 앞에 있는 지명은 田의 소재지이지만, 행정상 단위로서가 아니라 田의 위치 정보로서 기재되었음을 보여준다.

이상에서 살펴본 바와 같이 소월리 목간은 성·촌급의 행정단위나 그 하위 자연촌락의 전답 집계부가 아니라, 하나의 호 혹은 몇 개 호 정도 규모에 해당하는

34) '(埽)塢薗'은 '埽塢에 있는 薗地'이므로 塢 상에 있다고 볼 수 있겠다.

전답의 위치와 결부수를 기록한 장부라 추정된다. 형식은 '위치정보+(畓·田)+면적[結負]'일 것이다. 또 '買'과 '得'을 사용하여 변동 사항을 표시하였다. 단순히 현재의 총합산만을 기재한 것이 아니라는 것이다. 이는 〈전진건원20년적〉과 매우 유사하다고 할 수 있으며, 그렇다면 별도의 집계 장부라 하더라도, 신라 호적 내용에서 발췌·집계한 것으로 볼 수 있을 것이다.

현재 신라의 호적이 어떤 형식이었는지 분명히 알 수는 없다. 전답의 면적과 위치 정보가 신라 호적의 기재 내용이었는지 알 수 없는 것이다. 하지만 확실히 이전 시기 중국 호적류 문서에서 확인되기도 하며, 소월리 목간과 비슷하거나 약간 늦은 시기의 것으로 보이는 백제 목간인 〈복암리5〉와 〈궁남지315〉에서도 동일한 모습을 찾아볼 수 있다. 특히 〈궁남지315〉는 토지의 위치와 면적 정보가 같이 기재되어 있어 소월리 목간과 통하는 점이 있다. 그렇다면 신라의 호적에도 토지에 대한 정보가 기재되었을 가능성이 존재하며, 그것을 바탕으로 〈신라촌락문서〉나 소월리 목간이 작성되었다고 볼 수 있겠다.

한편 소월리 목간에 기재된 정보는 〈신라촌락문서〉와 다른 양상이다. 〈신라촌락문서〉는 잘 알려진 바와 같이 촌별로 孔烟(호)수, 計烟수(戶調 산정을 위한 호등을 고려한 계산상 호수)와 함께, 호등 산정의 기준이 되는 연령등급별 인구수, 전·답·麻田 결부수, 경제수목의 수, 貫甲 수, 牛·馬 수 등을 기재하고 있다. 그리고 인구와 경제수목, 관갑 및 우·마의 경우 장부 작성 주기인 3년간의 변화상을 기재하고 있는데 비해, 전답은 오직 전체 결부수만을 기록하고 있다. 〈신라촌락문서〉는 조세, 아마도 戶調의 수취를 위한 호등과 계연수 산정을 목적으로 작성한 장부이므로, 이러한 양상이 나타나는 것은, 신라에서 호등 산정에 토지의 비중이 크지 않았기 때문으로 이해된다.

그에 비해 소월리 목간은 전답의 변동 사항이 기재되어 있다. 〈신라촌락문서〉와 다른 성격의 문서임을 알 수 있다. 설사 같이 조세 수취와 관련한 것이라 하더라도, 보다 토지에 중점을 둔 장부일 것이다. 즉 조세 중 田租와 관련있는 것일 수 있다. 다만 통상적인 조세 수취를 목적으로 작성된 장부라고 단정할 수만은 없다. 이 목간이 작성된 것으로 추정되어 온 6세기 후반 시점에 '買'를 통한 畓의 취득이 당시 민들 사이의 일반적인 상황이었을까 하는 의문이 있기 때문이다. 또 상부가 결실되어 전체 목간 기재 내용을 파악할 수 없는 상황이므로, 현존하는 전답의 결부수가 1호 정도에 해당한다고 단정할 수 없기도 하다. 일반적인 호의 상황을 정리했거나 통상적인 전조 수취에 활용할 목적의 장부가 아니었을 가능성도 염두에 둘 필요가 있다.

소월리 목간의 작성 목적에 대한 추론에는 중국 고대 간독 자료 중 농지의 면적을 집계한 장부들을 참고할 수 있는데, 長沙 走馬樓吳簡 중 〈嘉禾吏民田家莂〉이 주목된다. 〈嘉禾吏民田家莂〉은 孫吳 嘉禾 4년(235)과 5년에 각 호가 농사를 짓고, 그 田租로서 납부한 米, 錢, 布 등의 액수와 납부 시기 및 담당 관리 등이 기록되어 있는 장부이다. 특히 그 안에 빌린 전의 町·畝수, 빌린 田의 성격, 해당 田의 旱熟 여부와 수취 畝수 등이 기록되어 있다.[35] 몇 가지 예를 들면 다음과 같다.

> 下伍丘男子五將 田七町 凡卅畝 皆二年常限 其廿六畝旱敗不收 畝收布六寸六分 定收四畝 畝收米一斛二斗 爲米四斛八斗 畝收布二尺 (중략) 其旱田畝收錢卅七 其熟田畝收田七十 凡爲錢九百六十二錢 (하략)[4·7]
>
> 公田丘大女唐妾 佃田一町 凡十二畝 皆二年爲常限 悉旱 畝收布六寸六分 (하략)[4·135]
>
> 公田丘男子孫職 佃田四町 凡廿九畝 其十九畝旱田 畝收布六寸六分 定收十畝 畝收米一斛二斗 爲米十二斛 (하략)[4·136]

35) 長沙市文物考古研究所·中国文物研究所·北京大学歷史學系走馬樓簡牘整理組, 『長沙走馬樓三國吳簡 嘉禾吏民田家莂』(北京: 文物出版社, 1999); 張榮强, 『漢唐籍帳制度研究』(北京: 商務印書館, 2010); 戴衛紅, 앞의 논문, 2018, pp.156~160 참조.

石下丘男子謝贊 佃田七町 凡卄畝一百六十步 皆二年常限 其十畝七十步旱敗不收布 定收十畝九十步 (하략)[5·233]

기본적으로 토지를 기준으로 부과하는 세금[布·米·錢]의 양을 산정하고 수취한 내용을 개별로 정리한 후 鄉의 총합 내역을 엮은 장부이다. 여기에서 田은 각 호의 소유 토지가 아니라, 국유지로서 田家가 빌려 경작한 것으로 파악되고 있다. 장부에는 전의 소재 구역수와 총면적이 명기되어 있다. 소월리 목간과 같이 전답의 위치정보와 면적이 함께 기재된 장부의 집계로 볼 수 있다. 이 장부는 국유지, 곧 公田에 대한 것이기는 하지만, 그 기초가 되었던 장부의 성격은 民田과 같았을 것이다.[36)]

그런데 이 장부에는 조세 수취와 관련하여 중요한 정보가 기재되어 있다. 旱田[旱敗], 熟田 등 전의 현 상황에 따른 종류를 적고, 종류별 1畝 당 수취액과 각 호의 총 수취액을 적시하였다. '火種田'이라는 표현도 나오는데,[37)] 경작 방식에 따른 구분도 있었음을 볼 수 있다. 田에 대한 수취를 위한 장부에서는 경작 여부 및 상황 등의 정보가 함께 기재되는 것이다.

신라에서는 소월리 목간과 〈신라촌락문서〉 모두 토지의 경작 여부나 상황에 대한 정보가 없다. 백제의 경우 〈궁남지315〉에는 토지의 위치와 면적 정보만이 있으며, 〈복암리5〉에는 위치 정보가 없는 대신 면적과 함께 수확량, 곧 경작 상황에 대한 정보가 기재되어 있다. 둘 모두 호적 혹은 호적을 활용하여 작성한 장부로서, 인적 정보에 대한 기재는 거의 동일하지만, 토지에 대한 기재 내용이 다른 것은 이 둘의 작성 목적 차이에 기인한 것일 수 있다. 〈복암리5〉가 보다 조세 수취의 목적이 강했을 것이다. 그렇다면 소월리 목간은 직접적으로 전답에 대한 수취를 목적으로 작성되었다기보다는, 토지에 대한 기본적인 정보를 정리하는데

36) 戴衛紅, 위의 논문, p.160.

37) 張榮强, 앞의 책, 2010, pp.324~326.

1차적인 목적이 있었다고 보아야 하지 않을까 한다.

이와 관련하여 또 다른 孫吳의 간독인 〈隱核波田簿〉 역시 참고가 된다.[38] 이 죽간군은 수리시설인 陂塘과 그 인근의 波田[陂田]의 상황을 정리한 장부라 할 수 있다. 그 서식은 다음과 같은 형식들이 있다고 한다.[39]

(1) △波一所 深△丈△尺 長△丈 敗△丈 沃田△頃△畝 枯蕪△年 , 可用△夫作亭下波一所 深一丈七尺 長卄丈 敗十一丈 沃田九頃 枯蕪十年 可用一萬夫[參·6320]

(2) △波一所 長△丈 沃田△頃△畝 溏兒民△等 歲自墾食逢唐波一所 …… 長三百丈 沃田四頃 溏兒民沙郡劉張[參·7221]馮漢等歲自墾食[參·7222]右波九所 田合五百卅一頃卅畝 ▨給民自墾食[參·7226]

여기에서 이 죽간들에 대해 자세하게 다룰 여유는 없지만, 수리시설 축조와 그와 연관되어 있는 전지와 관련있는 내용으로서 소월리 목간과 어느 정도 유사한 면을 찾아볼 수 있다. '~波'와 '沃田'은 소월리 목간의 '谷에 축조한 堤' 그리고 그 인근의 田·畓에 대응하는 것으로, 두 장부가 서로 통하는 점이 있다고 할 수 있는 것이다. 다만 이 장부는 陂塘의 현 상황과 그 인근 陂田의 면적 합계와 상황을 조사하고 기록한 것이다. 훼손된 陂塘과 그와 연계되어 황폐화된 농지의 상황을 파악하고, 권농 차원에서 이를 복구하기 위한 목적이 있었을 것이다.

그러기 위해서 기본적으로 陂塘별로 인근의 농지의 위치와 면적을 정리하고,

---

38) 長沙市文物考古研究所·中国文物研究所·北京大学歷史學系走馬樓簡牘整理組, 『長沙走馬樓三國吳簡 竹簡(參)』(北京: 文物出版社, 2008); 凌文超, 「走馬樓吳簡"隱核波田簿"復原整理與研究」『中華文史論叢』 2012-1(2012) 참조.

39) 凌文超, 위의 논문, p.134.

그것의 보유자 혹은 경작자를 조사한 후, 그것을 집계하는 과정을 거쳤을 것이다. 이 각 단계에서 장부가 만들어졌을 것이라고 보아도 될 텐데, 궁극적으로는 전지의 상황을 파악하고 이를 활용하여 조세 수취를 하려 했다고 할 수 있겠지만, 각 단계에서의 장부를 모두 조세 수취를 위한 목적으로 작성했다고만 할 수는 없다.

이러한 점들을 고려해 보면, 소월리 목간은 조세 수취를 위한 목적으로 넓은 범위를 대상으로 작성한 장부라 할 수 없으며, 작은 단위 혹은 특정 목적 농지의 위치와 면적 및 변동 사항이라는 기초 정보를 담은 장부였다고 보는 것이 타당할 것이다.

이상에서 소월리 목간의 성격을 추론해 보았는데, 그렇다면 이 소월리 목간이 담고 있는 전·답의 성격은 무엇일까. 즉 성·촌 등 행정단위나 자연촌락 전체의 농지를 대상으로 하지 않은 것은 분명하지만, 구체적으로 어떤 단위 혹은 목적의 전답이었을까 하는 문제가 남아 있다. 앞에서 그 합계가 한 호 정도의 규모에 해당할 수 있다고 보았지만, 일반 민의 한 호에 대한 정보였다고 보기는 주저된다.

호적과 같은 장부에 기재된 기초 정보를 바탕으로 작성되었다고 할 수 있지만, 그 호적류 내지 토지 장부가 民戶의 것만 있는 것은 아니기 때문이다. '買'라는 소유관계 변동 원인의 존재, 그리고 국가적 차원의 사업으로 추정되는 堤의 축조와 연관되어 있는 토지라는 점에서 더욱 그렇게 생각된다. 물론 소월리 유적의 바로 옆에 所月池라는 큰 저수지가 있고, 또 주변에 여러 谷 지형이 산재해 있는 것에서도 알 수 있듯이, 산지가 많은 지형상 특징과 연관하여 일찍부터 저수지 축조와 그것을 활용한 수전의 개발이 이루어졌다고 여겨진다.[40)]

---

40) 李丙燾, 『(修訂版)韓國古代史硏究』(서울: 博英社, 1985), pp.285~286에서는 三韓 소국들의 이름에 보이는 牟涿, 彌凍, 未冬, 吐 등이 堤池를 뜻하는 말이고, 이를 통해 저수지 축조와 水田 개발과 稻作이 성행했음을 알 수 있다고 하였다.

그러나 이러한 곡 지형에서의 저수지[堤池] 축조와 보수 및 그것을 기반으로 한 농지 개발은 逸聖尼師今 11년(144) 2月의 令이나[41] 訖解尼師今 2년(330)과 訥祇麻立干 13년(429)의 제방 축조 및 法興王 18년(531)의 수리 기사 등을 볼 때,[42] 국가적 차원에서의 사업으로 행해져 왔다고 이해해야 할 것이다.[43] 그렇다면 그 인근 전답의 개발과 활용 역시 국가 혹은 지배층 중심으로 이루어졌을 가능성이 높다. 시기적으로 후대이며 설화적인 이야기이기는 하지만, 『三國遺事』 文武王 法敏條에 실린 車得公 설화에, 성주의 星浮山을 武珍州 上守吏의 燒木田으로 지급하였는데, 산 아래 田 30畝가 있었다고 한다.[44] 이 산 아래 田 30畝 역시 같이 하사되어 무진주 상수리였던 安吉이 관리·활용하였을 것이다.

『삼국사기』에는 田莊이나 租를 상으로 지급하는 경우가 있는데, 문무왕이 고구려 원정에 공이 있었던 김유신과 김인문에게 농지 및 그와 관련한 부속 건물을 의미하는 田莊과 재화 및 노비를 나누어 준 것이 대표적인 사례이다.[45] 조의 경우 일부는 일시적인 곡물의 지급으로 볼 수 있지만, 文武王代 强首의 사례와 같이 매

---

41) 『三國史記』 卷1, 新羅本紀1 逸聖尼師今 11年(144) 2月條, "下令 農者政本 食惟民天 諸州郡修完堤坊 廣闢田野"

42) 『三國史記』 卷2, 新羅本紀2 訖解尼師今 21年(330)條, "始開碧骨池 岸長一千八百步"; 『三國史記』 卷3, 新羅本紀3 訥祇麻立干 13年(429)條, "新築矢堤 岸長二千一百七十步"; 『三國史記』 卷4, 新羅本紀4 法興王 18年(531) 3月條, "命有司修理隄防"

43) 〈오작비〉에서 僧職 보유자가 외위 보유자들을 지휘하였고, 〈청제비〉 병진명에서도 경위소지자인 6부인이 공사를 담당하였던 것에서도 알 수 있다.

44) 『三國遺事』 卷2, 紀異2 文武王法敏條, "聞於上以星浮山 下爲武珎州上守繞木田 禁人樵採人不敢近 内外欽羡之 山下有田三十畝 下種三石 此田稔歲武珎州亦稔 否則亦否云"

45) 『三國史記』 卷6, 新羅本紀6 文武王 2年(662) 2月條, "論功 中分本彼宮財貨田莊奴僕 以賜庾信仁問" 그 외에 진흥왕 23년(562)에 斯多含에게 전쟁 포로 200명과 좋은 토지를 지급하려 한 것이나, 문무왕 원년(661)에는 항복한 백제 恩率 波伽에게 級湌 관등과 함께 토지와 집, 옷 등을 하사한 것, 또 신문왕 3년(683)에 安勝에게 집과 토지를 주면서 경주에 살게 한 것 등이 있다. 또 義湘과 같은 고승들에게 왕이 토지를 하사하려 했다고 전하기도 한다.

년 특정 지역[新城]의 租를 지급하는 경우도 있다.[46] 이러한 경우 租를 해당 양의 곡물을 전조로 받을 수 있는 면적의 전지 지급으로 보아도 좋을 것이다. 또 聖德王대에 효자 向德에게 租 300斛과 口分田 약간을 하사하기도 했는데,[47] 여기에서 租는 일시적인 현물 사여로 생각되지만, 구분전은 공전에서 지급한 것으로 보아도 좋을 것이다.

이러한 국유 전답과 개인에게의 사여 등에 의한 사유지 사례들은 모두 중대 이후의 것들로, 이보다 앞선 시기의 것으로 추정되는 소월리 목간의 성격 파악에 직접 활용하는 것은 어려울 것이다. 그러나 신라에서 堤의 축조와 전답의 개간은 훨씬 이른 시기부터 행해졌음이 분명하므로, 공전의 존재와 그것을 사여하거나 운영하는 양상은 비슷했을 것이다. 그리고 그 시작은 지역의 공동체적 소유 전지를 사유지화하는 방식이었을 것이다. 그 구체적 시기를 그대로 믿을 수 있을지 확실하지는 않지만, 조분이사금 7년(236) 2월 항복해 온 骨伐國王 阿音夫에게 田莊을 지급한 것은 가장 이른 시기 사례이다.[48] 그리고 직접적인 사례라 할 수는 없지만, 竹旨郎과 得烏 및 益宣의 일화에 있는 '推火郡 能節租 30石'의 사례를 통해 중고기에도 비슷하였음을 짐작할 수 있다.[49]

---

46) 『三國史記』 卷46, 列傳6 强首傳, "王命有司 歲賜新城租一百石 (중략) 授位沙湌 增俸歲租二百石"

47) 『三國史記』 卷48, 列傳8 向德傳, "賜租三百斛 宅一區 口分田若干"

48) 『三國史記』 卷2, 新羅本紀2 助賁尼師今 7年(236) 2月條, "骨伐國王阿音夫率衆來降 賜第宅田莊安之 以其地爲郡"

49) 『三國遺事』 卷2, 紀異2 孝昭王代竹旨郎條, "時有使吏侃珍 管收推火郡能節租三十石輸送城中 美郞之重士風味 鄙宣暗塞不通 乃以所領三十石贈益宣助請 猶不許又以珍節舍知騎馬鞍具貽之 乃許" 이 기사의 제목은 효소왕대라고 되어 있지만, 해당 일화는 진평왕대의 일이라고 일반적으로 인정되고 있다. 추화군의 능절조를 거두어 운반하고 있던 간진이, 익선을 회유하기 위해 30석의 조를 주고 있다. 능절조의 성격이 무엇인지 분명하지 않지만, 간진이 임의로 처분할 수 있었던 것으로 볼 때, 국가에서 수취한 공적인 租로 보기 힘들다. 그렇다면 사유지의 租일 가능성이 크다.

소월리 목간보다 시기적으로 앞선 501년 혹은 441년에 건립된 〈浦項中城里新羅碑〉(이하 〈중성리비〉) 역시 유사한 양상을 보여주는 것이라 할 수 있다. 〈중성리비〉는 포항 북구 중성리 지역을 둘러싼 신라 6부 사이의 분쟁에 대한 판결을 담고 있다.[50] 분쟁의 당사자와 대상 그리고 결과에 대해서 아직 견해들이 엇갈리고 있기는 하지만, 豆智沙干支宮·日夫智宮과 牟旦伐喙이 연관되어 있는 분쟁으로 이해되고 있다. 豆智沙干支宮과 日夫智宮은 각각 개인의 이름을 사용하고 있어서 왕족 등과 같은 유력자와 관련있는 田莊이나 그것을 관리하는 기관이라 추정된다. 소월리 목간의 전답과 동일한 성격의 전지라 이해할 수는 없지만, 유력자 개인 소유 전지의 존재를 보여주는 것으로 생각해도 좋을 것이다.

이러한 점들을 고려할 때, 소월리 목간의 전답은 일반 민호 소유지로 보기보다는 귀족 등 유력자들과 연관되어 있는 것으로 보는 것이 좋지 않을까 판단된다.

한편 죽지랑조의 일화는 전답의 운영 방식에 대한 단서를 제공해 주기도 한다. 죽지랑의 낭도인 得烏는 '隨例赴役'으로 益宣의 田地 경작에 동원되었다. 이 役에 대해서는, 전통적 部 차원의 역역 동원으로 보는 견해와[51] 관인이었던 익선에게 祿으로 지급되었던 인력 동원 권리로 보는 견해가 있다.[52] 어느 쪽이든 소유한 혹은 租를 취할 자격이 있는 전지에 민을 동원하여 경작하는 방식이 일반적이었다고 할 수 있겠다. 『삼국유사』 眞定師孝善雙美條의 '部役'이라는 표현 역시 그러한 운영이었음을 보여준다.[53] 다만 '부역'의 남는 시간에 '傭作'을 하여 모

50) 홍승우, 「〈포항 중성리 신라비〉의 분쟁과 판결」 『신라 최고의 금석문 포항 중성리비와 냉수리비』(서울: 주류성, 2012) 참조.

51) 김철준, 『韓國古代社會研究』(서울: 서울대학교출판부, 1990), pp.330~335; 李文基, 「新羅 中古의 六部에 대한 一考察」 『歷史教育論集』 1(역사교육학회, 1980), pp.68~69.

52) 尹善泰, 「新羅의 力祿과 職田: 祿邑研究의 進展을 위한 提言」 『韓國古代史研究』 13(한국고대사학회, 1998), pp.241~246.

53) 『三國遺事』 卷5, 孝善 眞定師孝善雙美條, "法師眞定 羅人也 白衣時 隸名卒伍 而家貧不

친을 봉양했다는 기록으로 보아, 의무적인 역역 동원 이외 고용의 형태도 있었을 것이다.

〈중성리비〉도 그러한 전지 운영 방식을 보여준다고 여겨진다. 비문에는 경작에 종사했던 인력으로 추정되는 '作民'의 존재가 보인다. 작민이 원래 전지의 소유·경작자로서 租를 부담하던 존재인지, 아니면 경작을 위해 의도적으로 동원한 인력인지는 분명하지 않다. 비문의 판결 부분 해석을 '작민을 돌려보내다(혹은 돌려주다)'로 할 수 있다면, 후자로 보는 것이 타당할 것이다. 다만 전지와 무관한 외부가 아니라, 전지가 소재한 해당 지역의 4개 촌급 단위에서 동원했다고 할 수 있다.[54)]

이 같은 운영 방식은 소월리 목간의 작성 목적과 관련하여 하나의 시사점을 준다. 조세 수취라는 목적 이외에도, 작민을 동원한 전답의 운영 과정에서의 필요성, 곧 전지의 위치와 면적 등에 대한 정확한 정보를 정리하여 인력을 동원한 경작 활동에 활용하기 위한 목적도 상정할 수 있을 것이다.

소월리 목간은 정형화된 외형과 기재 방식을 가지고 있지 않다. 정형화되지 않은 것은, 그 형식이 이를 활용하는 과정에서 크게 필요하지 않았기 때문일 것이다. 이는 공적인 행정과정에서 만들어진 정식의 장부일 가능성이 낮음을 의미한다. 그러나 이 목간은 여러 구역의 전답에 대한 정보들을 모아 놓은 집계부로서의 성격을 가지고 있으므로, 일정한 목적을 가지고 의도적으로 만들어진 장부임은 분명하다. 그런 의미에서 위의 추정이 어느 정도 가능하지 않을까 한다.

결론적으로 이 목간은 조세 수취를 위해 행정단위별 혹은 자연취락별 전답의 집계부로 이해할 수는 없으며, 호적류 문서에서 특정 개인이나 기구 혹은 특정 목적의 전답 정보만을 추출하여 정리한 집계부라고 할 수 있다. 그리고 좀 과감

娶 部役之餘 傭作受粟 以養孀母"

54) 홍승우, 「「浦項中城里新羅碑」를 통해 본 新羅의 部」와 지방지배, 『한국문화』 66(서울대학교 규장각한국학연구원, 2014).

한 추정을 하자면, 공적인 행정과정에서 생산된 정식의 장부로 볼 수는 없으며, 관련자가 해당 전답의 경작이나 관리 등에 활용하기 위해 그 정보를 정리한 임시적인 성격의 것이 아닐까 한다.

4. 맺음말

이상에서 소월리 목간에 대한 판독을 재검토하고 그것을 바탕으로 기재 내용을 정리·분석하여, 목간의 성격과 제작 목적에 대한 단서를 찾아보았다. 소월리 목간에서는 '谷'이라는 지형 환경과 '堤'라는 구조물을 활용하여 농지의 위치를 표시하는 것을 확인할 수 있는데, 이를 통해 당시 신라가 농지들의 구체적 위치와 면적을 철저히 파악하고 관리하였음을 알 수 있다. 그간 신라에서는 토지에 대한 정보를 면밀히 기재한 흔적을 찾아보기 힘들었는데, 소월리 목간의 발견으로 위치 정보와 면적 및 변동 사항이 기재된 장부가 존재했음이 분명해졌다. 아울러 매매를 통한 전답의 취득 등이 문서에 등재된 것이 확정된다면, 토지의 사적 소유와 활용 양상에 대한 새로운 단서를 얻은 것이 될 것이다. 소월리 목간은 신라의 수리시설 축조를 통한 전지 개발은 물론, 토지 소유와 운영 및 관리 등의 제반 양상에 대한 이해 진전에 새로운 단서를 제공했다고 할 수 있다.

그러나 이러한 결론의 도출 과정에서, 단편적인 정보만 있는 목간의 특성상 지나치게 추론에 의지하였다는 점을 인정하지 않을 수 없다. 이는 이 논문의 분명한 한계일 것이다. 또 목간의 제작 시기와 이 목간이 매납된 유구와의 관련성에 대해서는 미처 다루지 못했다. 이는 본고가 목간의 기재 내용에 대한 분석에 초점을 맞추었기 때문이다. 또 아직 소월리 유적에 대한 발굴조사가 마무리되지 않았던 것도 원인이라고 할 수 있다. 이 한계들은 고고학적 분석을 기다린 후 별도의 연구를 통해 보완하고자 한다.

참고문헌

1. 사료

『三國史記』, 『三國遺事』

2. 단행본

김철준, 『韓國古代社會研究』, 서울: 서울대학교출판부, 1990.

노명호 외, 『韓國古代中世古文書研究(上)』, 서울: 서울대학교출판부, 2000.

李丙燾, 『(修訂版)韓國古代史研究』, 서울: 博英社, 1985.

韓國古代社會研究所, 『譯註 韓國古代金石文Ⅱ』, 서울: 駕洛國史蹟開發研究院, 1992.

傅克輝, 『魏晉南北朝籍帳研究』, 齊南: 齊魯書社, 2001.

榮新江·李肖·孟憲實, 『新獲吐魯番出土文獻(上)』, 北京: 中華書局, 2008.

長沙市文物考古研究所·中国文物研究所·北京大学歷史學系走馬樓簡牘整理組, 『長沙走馬樓三國吳簡 嘉禾吏民田家莂』, 北京: 文物出版社, 1999.

長沙市文物考古研究所·中国文物研究所·北京大学歷史學系走馬樓簡牘整理組, 『長沙走馬樓三國吳簡 竹簡(參)』, 北京: 文物出版社, 2008.

張榮强, 『漢唐籍帳制度研究』, 北京: 商務印書館, 2010.

3. 논문

노중국, 「한국 고대의 저수지 축조와 역사적 의미」 『고대 동북아시아의 水利와 祭祀』, 서울: 학연문화사, 2011.

戴衛紅, 「간독과 문서로 본 중국 中古 시기 지방 징세 체계」 『木簡과 文字』 21, 한국목간학회, 2018.

朴根七, 「'前秦建元20年(384)籍'과 호적 기재양식의 변천 -4~10세기 서북지역 출토 호적류 문서의 분석을 중심으로-」 『東洋史學研究』 131, 동양사학회,

2015.
손환일, 「「경산소월리출토목간」의 내용과 서체」 『韓國古代史探究』 34, 한국고대사탐구회, 2020.
尹善泰, 「新羅의 力祿과 職田: 祿邑硏究의 進展을 위한 提言」 『韓國古代史硏究』 13, 한국고대사학회, 1998.
전경효, 「경산 소월리 목간의 기초적 검토」 『(한국목간학회 제33회 정기발표회) 2019年東아시아 新出土 木簡』, 한국목간학회, 2020a.
전경효, 「경산 소월리 목간의 기초적 검토」 『木簡과 文字』 24, 한국목간학회, 2020b.
전덕재, 「三國의 量制와 百濟 田積制에 대한 고찰」 『木簡과 文字』 24, 한국목간학회, 2020.
홍승우, 「〈포항 중성리 신라비〉의 분쟁과 판결」 『신라 최고의 금석문 포항 중성리비와 냉수리비』, 서울: 주류성, 2012.
홍승우, 「「浦項中城里新羅碑」를 통해 본 新羅의 部」와 지방지배, 『한국문화』 66, 서울대학교 규장각한국학연구원, 2014.
홍승우, 「목간 자료로 본 백제의 籍帳 문서와 수취제도」 『韓國古代史硏究』 80, 한국고대사학회, 2015.
凌文超, 「走馬樓吳簡"隱核波田簿"復原整理與硏究」 『中華文史論叢』 2012-1, 2012.
榮新江, 「吐魯番新出≪前秦建元二十年籍≫硏究」 『中華文史論叢』 2007-4, 2007.

제6장

경산 소월리 출토 목간과 유구의 성격

이동주

1. 머리말

경산 소월리 유적은 행정구역상 경북 경산시 와촌면 소월리 산60-1번지 일원에 해당한다. 북서에서 남동으로 이어지는 골짜기를 Ⅰ, Ⅱ구역으로 나누어 조사하였다. Ⅰ구역에서는 고려~조선시대 토광묘가 확인되었고, Ⅱ구역에서는 삼국~통일신라시대 고상건물지 15동, 주혈 500여기, 수혈 71기, 토기가마 1기 등이 확인되었다.[1] 특히 Ⅱ구역 107호 수혈에서는 목간과 透刻人面文甕形土器(이하 인면 토기로 약칭)가 출토되었다. 이에 남측으로 확장조사를 한 결과 고상건물지 17동, 주혈 400여 기, 수혈 11기가 추가로 확인되었다.[2]

---

1) (재)화랑문화재연구원, 『경산지식산업지구 진입도로 개설공사부지 내 2구역(소월리유물 산포지2) 발굴조사』 현장설명회(화랑문화재연구원, 2019).

2) (재)화랑문화재연구원, 『경산지식산업지구 진입도로 개설공사부지 내 2-Ⅱ구역, 3-Ⅱ구역 전문가검토회의』(화랑문화재연구원, 2020).

여기서는 목간과 인면 토기를 중심으로 그 성격을 파악해 보고자 한다. 목간은 출토 당시 장대한 길이와 묵서의 내용, 그리고 인면 토기는 독특한 외형이 세간의 주목을 받은 바 있다. 소월리 유적과 관련해서 손환일은 목간의 서체와 토기의 용도를 검토하였다.[3] 목간을 '농산물생산량현황조사장부'를 만들기 위하여 현장을 조사하여 기록한 야장이며, 서체는 허획을 사용한 행서로서 함안성산산성 목간의 서체와 서로 멀지 않은 시기라고 한다. 더 나아가 인면 토기는 소월리 지역민이 곡식을 주는 地神에게 稅吏의 酷政을 고발하는 고사의식의 소산으로 보았다. 하지만 지역민들이 세리의 혹정을 제사의식을 통해 비판할 수 있었을지 궁금하다. 세리는 공권력을 대리 집행하는 자로서 이를 고발한다는 사실이 정부에 대한 도전으로 받아들여지기 때문이다.

한편 전경효는 목간의 기초적인 판독을 정리하였고, 목간의 연대를 6세기 무렵으로 추정하였다. 구체적인 추정 근거는 목간의 출토 층위나 유물이 6세기로 추정된다는 점, 비교자료로 월성 해자 목간의 작성시점이 6세기 중반~7세기 전반 무렵 작성된 것으로 보는 점, 堤나 畓이 6세기 신라의 농업 경제를 반영하고 있다는 점 등을 거론하였다.[4] 다만 목간이 애초 물품 꼬리표로 사용되다 어느 시점에 문서 목간으로 용도가 변화하였다는 지적은 동의하기 어렵다. 아울러 실제 현장을 둘러보면서 업무용 수첩처럼 사용했는지도 단정하기 어렵다고 생각된다.

橋本繁은 소월리 목간에 보이는 13결 40부를 전체 결수가 아니라 모든 숫자가 독립적으로 나열된 것으로 보았다. 그리고 단순한 토지면적을 계산한 것이 아니라 토지를 파악했다는 사실을 告知하기 위한 이른바 시각목간으로서의 기능을 제시하였다.[5] 한 촌락 내 토지 면적의 파악은 공권력에 의한 세금 부과의 기본

---

3) 손환일, 「「경산소월리출토목간」의 내용과 서체」 『한국고대사탐구』 34호(한국고대사탐구학회, 2020).

4) 전경효, 「경산 소월리 목간의 기초적 검토」 『목간과 문자』 24호(한국목간학회, 2020), p.374.

자료 집성에 목적이 있다. 따라서 당시 소월리 주민의 식자층을 고려할 때 이러한 시각 기능이 어느정도 목적을 달성했을지 의문이다.

여기서는 우선 목간이 고고 자료라는 점을 염두에 두면서 다음과 같은 점을 시야에 두고 고찰해 보고자 한다. 우선 소월리 유적의 위치가 築堤碑가 여럿 확인되는 금호강 유역인 점, 목간이 출토된 수혈 주변으로 고상식 건물이 조영되었고, 어느정도 空地가 확인된다는 점, 수혈은 현재도 용천수가 솟아나 일종의 샘으로 볼 수 있으며, 인면 토기가 제의적인 성격이 농후하다는 점, 목간과 싸리나무 뭉치가 서로 셋트 관계로 볼 수 있다는 점 등이다.

그래서 본고를 다음과 같이 구성해 보았다. Ⅱ장에서는 소월리 유적의 입지에 대해 살펴보았다. 유적의 연대가 신라의 중고기이며, 당시 금호강 유역에 형성된 촌락이라는 점이 유의된다. 현재까지 확인된 築堤碑는 공교롭게도 금호강 유역에서 집중적으로 확인된다. 이는 신라 지배층이 금호강 유역에서 전개된 농경에 기울인 관심 정도를 짐작하는데 부족함이 없다. 이어 Ⅲ장에서는 목간의 용도를 추정해 보았다. 목간의 내용에는 제의적인 요소가 전혀 확인되지 않는다. 따라서 수혈과 직접적인 관계를 연결시키기는 어렵다. 다만 목간에서 추출되는 내용의 공통분모는 농경이며, 이는 당시 촌락의 경제기반과 연동된다. 그리고 목간의 출토 정황은 흡사 빗자루를 연상케 한다. 실제 고대 일본에서 거행된 의례의 장에서 빗자루가 사용되며, 실물자료도 꽤 전한다. 이러한 이해를 바탕으로 목간이 빗자루의 손잡이로 재활용되었을 가능성을 제기하였다. 마지막 Ⅳ장에서는 인면 토기의 성격을 추정해 보았다. 구멍을 뚫어 형상을 표현한 것은 토기 본연의 목적과는 결을 달리한다. 구멍은 의도성과 목적성을 함의하고 있으며, 이는 곧 수혈의 성격과 연동된다. 이를 일본 인면문 묵서토기와 비교사적 관점에서 대비해 보았다.

---

5) 橋本繁, 「신라 문서 목간」 심포지엄 통일신라 문자의 세계(국립경주박물관, 2020), pp.43~48.

2. 소월리 유적과 금호강 유역

소월리 유적 주변에는 삼국시대에 조영된 소월리 고분군(Ⅰ~Ⅷ)이 위치하고, 지근한 거리에 청통천이 흐른다. 청통천은 남쪽으로 흘러 하양 생활체육공원 인근에서 팔공산 준령에서 발원한 조산천과 함께 금호강에 합류한다. 금호강은 포항 죽장면 가시령에서 발원하여 영천를 거쳐 경산의 오목천과 남천을 합류하여 대구 북편으로 흐른다. 대구에서는 동화천과 신천이 유입되고, 대구 팔달교 인근에서 팔거천과 합류하여 낙동강과 만난다. 이 강은 낙동강의 지류 가운데 규모가 두 번째로 크며, 영천~대구 일대의 경상도 중심부를 관통한다.[6]

금호강의 풍부한 수량을 바탕으로 청동기 시대 이래 조성된 경작지가 꽤 많이 확인된다. 더 나아가 신라 중고기 축제비 2기 모두 금호강 유역에 확인된 점도 유의미하다. 영천 청제비는 법흥왕 23년(536)에 연인원 7천명이 동원되어 축조하였다. 당시 제방은 塢로 표기하였고, 규모는 (長) 61淂(약 146.4m), 鄧 92淂(약 220.8m), 廣 32淂(약 76.8m), 高 8淂(약 19.2m), 上 3淂(약 7.2m)에 달한다. 청제는 원성왕 14년(798)에 대대적으로 수리되었다. 공사 기간은 2월 12일부터 4월 13일까지이며, 압량군과 절화군에서 동원된 인력이 斧尺 130명, 法工夫 14,140명에 이르렀다. 이때의 공사 범위를 손상된 洑와 堤를 수리한 것으로 보기도 한다.[7] 5월의 파종제를 감안하면 농한기에 시작된 공사는 농번기 직전에 완료된 것 같다. 대구 동천동 유적의 사례에서 보듯 수로는 중간중간 나무를 박아 물을 저장하는 시설을 만들어 둔다. 이럴 경우 다량의 목재가 필요하다. 동원된 斧尺의 규모를 감안하면 단순히 둑의 보수를 넘어 논으로 물을 공급하는 수로의 정비까지 공사의 범위가 미쳤던 것 같다. 청제가 있는 지역은 6세기 무렵부터

---

6) 국립대구박물관, 『금호강과 길』 특별전도록(국립대구박물관, 2018), p.10.

7) 노중국, 「한국고대 수리시설의 역사성과 의미」 『신라문화』 45(동국대신라문화연구소, 2015), p.132.

신라 왕실의 직할지였고,[8)] 지금도 구암들에 물을 공급하는 주요한 저수지로 기능하고 있다. 조선 숙종 14년(1688)에 건립된 청제중립비에 따르면 "이 저수지의 관개는 300여 석이고 지금도 몽리의 혜택을 입고 있다"고 한다. 당시 청제의 몽리 면적은 대략 79결(30만평)로 추정된다.[9)]

무술명 오작비의 둑의 넓이는 20步, 높이 5步 4尺, 길이는 50步의 규모이다. 30일에 걸쳐 연인원 320人의 功夫들이 동원되었다. 규모만 놓고 보면 청제에 비해 규모가 더 크다. 오작비의 최초 발견지점은 대구 대안동 82-8, 9번지이며, 경상감영공원 서북 모서리 쪽 사거리에 바로 면해 있는 곳이다.[10)] 비의 발견지점이 현재의 대구 읍성 인근이라면 신천과 관련된 제방시설일 수 있다.

한편 최치원이 찬한 '신라 수창군 호국성 팔각등루기'에는 대구 일대의 저수지가 여럿 확인된다. 최치원은 중알찬 이재를 위해 기문을 지어주었고, 전문이 『東文選』에 전한다. 팔각등루기에는 "이 堡(호국성)의 서방(兌位)에 塘(둑)이 있어 佛佐라 하고, 동남방 모퉁이(巽隅)에 池(못)이 있어 佛體하 하며, 그 동쪽에 또 別池가 있어 天王이라 불린다. 서남방(坤維)에 古城이 있어 達佛이라 하며 (달불)성의 남쪽에 산이 있어 佛山이라 한다."고 적고 있다.[11)] 저수지 명칭인 '塘號佛佐', '池號佛體', '別池. 號天王' 등이 확인된다. 아마 호국성 일대에 위치한 저명한 저수지였을 것이다.

異才가 쌓았다고 하는 호국성은 대덕산성,[12)] 대구읍성,[13)] 古城洞[14)] 등의 견해

---

8) 河日植, 「新羅 統一期의 王室 直轄地와 郡縣制-菁堤碑 貞元銘의 力役運營 事例 分析」『東方學志』 97(연세대 국학연구원, 1997).

9) 권병탁, 「청제문부자료 해설」『민족문화연구』 7(영남대 민족문화연구소, 1986).

10) 하일식, 「무술오작비 추가 조사 및 판독 교정」『목간과 문자』 3(한국목간학회, 2009), p.142.

11) 『東文選』 卷64 「新羅壽昌郡護國城八角燈樓記」; 是堡兌位有塘號佛佐者. 巽隅有池號佛體者. 其東又有別池. 號天王者. 坤維有古城. 稱爲達佛. 城南有山. 亦號爲佛.

12) 김창호, 「신라 수창군 호국성 팔각등루기의 분석」『고문화』 57(한국대학박물관협회,

가 제기된 상태이다. 그런데 호국성의 위치 비정에는 다음과 같은 요건들이 충족되어야 한다. 첫째, (호국)성의 서남방에 달불성이 위치하였으므로 역으로 호국성은 동북쪽에 위치할 것, 둘째 "강물 위에 우뚝 선 성은 끊어진 절벽과 같으며 험한 산을 등지고 우뚝한 것은 긴 구름과 같다(臨流而屹若斷岸. 負險而矗如長雲)."고 묘사하고 있으므로 자연절벽에 위치한 성일 것 등이다. 이를 달성 인근에서 찾으면 금호강변의 봉무토성과 검단토성을 후보로 들 수 있다. 다만 봉무토성의 경우 금호강변이긴 하지만 구릉에 위치하고 있어 강물 위에 우뚝 선 경관과는 거리가 있다. 이에 반해 검단토성은 동편이 금호강에 접하며 자연단애를 그대로 이용하고 있다. 그리고 북쪽과 남쪽은 구릉 능선을 따라 성벽을 쌓았다. 이 점 팔각등루기에 묘사된 호국성의 외형과 가장 가깝다.[15] 최치원은 호국성 인근의 저수지를 塘과 池로 구분하여 '불좌당', '불체지', '천왕지' 등으로 열거하였다. 저수지의 명칭에서 불교적인 느낌을 준다. 사실 塘은 塢와 함께 둑을 의미한다. 오작비에 기록된 공사감독은 도유나 보장 사척간과 도유나 혜장 아니였다. 혹 최치원의 눈에 띈 "이 성에는 서쪽에 둑이 있는데, 이것을 佛佐라 한다(是堡兌位有塘號佛佐者)"는 것이 오작비의 오를 의미하는 것일까. 일단 단정은 유보하고자 한다. 異才는 호국성이 위치한 일대에서 지역민과 함께 "농사에 힘쓰고(對從南畝)" 있었다. 이 기사의 이면에는 금호강 유역 일대에 개간된 농경지의 존재를 시사한다.

한편 금호강 유역인 경산 조영동 522번지에서도 신라 중고기에 작성된 것으

2001), pp.145~155.

13) 한기문, 「고려 태조대 '대구 달성'지역 불교계의 동향」 『한국중세사연구』 52(한국중세사학회, 2018).

14) 최정환, 「신라 수창군 호국성 팔각등루기의 새로운 고찰」 『대구사학』 136(대구사학회, 2019).

15) 최정환, 「호국성 팔각등루를 세운 위치 재검토와 그 설립의 필요성 고찰」 『글로벌 최치원과 신라 수창군 호국성 팔각등루기』 고운 최치원 국제학술대회(경북대 영남문화연구원, 2020), pp.125~126.

로 추정되는 비석이 출토되었다.[16] 흔히 임당고비라 불리며, 잔존 글자가 명확하지 않아 성격은 단정하기 어렵다. 비는 I 지구 서남부에 있는 배수로 및 부석유구로 명명된 유구의 서쪽 끝 교란층에서 발견되었다. 유적의 연대는 5~9세기이며, 중심연대는 6세기 전반에서 7세기 중반에 걸쳐 있다. 이 비에 대해서는 발굴초기부터 판독에 관여한 篠原啓方의 연구가 참고된다.[17] 비의 총 글자수는 1행 13자 전후×4행으로 추정한 후, 비교적 명확하게 남아 있는 論이 행위의 주체로 보았다. 즉 論의 대상은 그 다음 글자인데, 마멸이 심하나 물 수변 부수가 확인된다. 그래서 論의 대상은 물과 관련된 내용으로 파악한 것이다. 입비의 주체는 '喙起任習□', '斯彼己□亻柯' 등 신라 왕경 6부인으로 보았다. 다만 이 비석은 멀리서 옮겨졌다고 보기는 어렵고 출토된 곳이 연못에 연결된 일종의 도수로로 보인다. 더구나 이 유적에서는 陶管으로 추정되는 유물이 확인되었다. 따라서 임당고비는 築堤는 아니더라도 論의 대상을 물과 연관시켜 본 견해는 타당성이 있다고 생각된다.

한편 대구 동천동 수리시설 유적은 팔계천과 그 동쪽의 팔거평야의 경계지대인 '들말'에 위치한다. 여기서는 취락유구와 함께 대규모의 구상유구, 河道, 수리시설, 경작지 등이 확인되었다.[18] 유적에서는 경작지로 물을 대기 위한 洑나 둠벙 등도 확인되었다. 그리고 대구 칠곡 생활유적(칠곡택지(2)지구 Ⅰ구역 바깥)은 팔계천 하류역에 삼국시대 보를 쌓았다. 평면형태는 약간 호상이며, 말목, 횡목, 할석 등을 사용하여 보를 쌓았다. 보 내에서는 토기와 복숭아씨앗이 검출되었는

---

16) 嶺南文化財硏究院, 「慶山 林堂洞 建物址遺蹟」 學術調査報告 第153冊(영남문화재연구원, 2008), p.92.

17) 嶺南文化財硏究院, 위의 보고서, 부록, 篠原啓方, 「경산 임당동 Ⅰ지구 출토 古碑」(영남문화재연구원, 2008); 「慶山林堂遺跡出土古碑の」容とその歷史的背景」, 「東アジア文化交涉硏究」 3(關西大, 2010).

18) 嶺南文化財硏究院, 『大邱 東川洞 水利施設遺蹟』 學術調査報告 第214冊(영남문화재연구원, 2014).

데 제의와 관련되는지는 불분명하다.[19] 서변동 유적은 대구지역에서는 처음으로 6~7세기의 논이 발굴되었다. 계단모양의 논둑, 논 바닥, 水口, 족적, 소 발자국, 쟁기자국 등이 확인되었다.[20] 牛耕의 실체가 밝혀진 것과 동시에 당시 경작 수준을 가늠할 수 있다.

지금까지 논의한 바를 지도에 표시한 것이 아래 〈그림 1〉이다. 지도의 오른쪽 모서리는 금호강 상류에 위치한 영천지역이다. 보현산에서 발원한 남천과 북천은 영천 오수동과 금노동 사이 조바골인근에서 합류하게 된다. 이때 금호강이란 이름을 얻어 경산, 대구를 경유하여 최종적으로는 낙동강으로 흘러든다.

이처럼 소월리 유적이 위치한 금호강 유역은 수리시설이나 경작지가 다수 확인된다. 이러한 농경의 물적 기반은 조선시대에도 고스란히 이어져 수 많은 제언 축조로 귀결된다. 소월리 유적을 금호강 벨트라는 시공간 속에서 파악할 수 있다

〈그림 1〉 금호강 유역의 축제비 및 경작 유적

19) 慶北大學校博物館, 『大邱 漆谷 生活遺蹟』 學術叢書32(경북대 박물관, 2006).
20) 嶺南文化財硏究院, 『大邱 西邊洞聚落遺蹟 I 』 學術調査報告 第47冊(영남문화재연구원, 2002).

면, 큰 범주는 역시 농경과 관련될 수 있다. 또한 소월리 유적에서는 재사용된 목간과 인면 토기가 출토되었다. 인면토기는 외형상 모종의 제의에 사용된 용품으로 보인다. 그리고 재사용된 목간의 내용에는 여러 골짜기에 형성된 곡간지를 실셈하였던 정황도 확인된다. 이는 신라 중앙정부가 지방 촌락의 말단까지 깊숙이 개입하여 수취원을 확보하려는 노력의 결과일 것이다. 이러한 이해를 바탕으로 다음 장에서는 목간의 용도에 대해 살펴보자.

3. 목간의 용도 추정

수혈 107호에서 목간과 인면 토기가 출토되었다. 우선 수혈은 직경 286cm, 깊이 180cm, 바닥 직경 92cm의 규모이다. 갱신세층을 上廣下狹의 형태로 굴착하였다. 내부는 크게 갈색 사질점토와 회청색 니토층이 퇴적된 양상을 보였다. 유물은 지표하 30cm 지점에서 완, 개, 고배편 등이, 80cm 지점에서 인면 토기, 시루, 목간, 사릿대 뭉치 등이 출토되었다. 최하층 바닥에서는 용도 미상의 토제품과 토기편, 가공된 목재 2점이 확인되었다.

〈그림 2〉에서 수혈 107호의 입지를 보면 서쪽에는 건물 8, 9호가 위치한다. 그리고 서쪽에는 선물 24, 25호가 있으며, 남-북으로는 건물이 확인되지 않아 흡사 11자형을 이루고 있다. 동남쪽을 추가 조사한 결과 고상식 건물지가 17동이 더 확인되었다. 고상식 건물은 서쪽에 위치한 것이 상대적으로 규모가 크다. 수혈은 일정한 간격을 두고 空地에 조성한 듯한 인상을 준다. 그렇다면 소월리 거주인들은 어떤 필요성에 의해 수혈을 굴착하였을까.

수혈의 굴착과 관련해서 위치에 주목할 필요가 있을 듯 하다. 내부에서는 지금도 지하수가 용출하고 있다. 산사면에 내린 눈과 비는 지면을 따라 흙 속으로 흡수된다. 암반층까지 타고 내려간 물은 암반을 만나 더 이상 투과하지 못하고 지층사이를 타고 아래쪽으로 흘러간다. 아래로 내려간 물은 어느 일정한 지점에

〈그림 2〉 경산 소월리 유적 삼국시대 유구 배치도

도달하여 용출되는데, 바로 그 지점이 수혈 107호가 조성된 일대가 된다. 말하자면 수혈은 양 골짜기가 합류하는 지점을 선정하여 물이 자연적으로 샘솟는 샘통을 굴착한 것이다. 따라서 어느 정도 굴착하여 물이 용출되기 시작하면 흙을 긁어내면서 파낼 수 있으므로 상대적으로 적은 공력으로 수혈을 완성할 수 있었을 것이다.

사실 목간은 상단부가 결실되어 어느 부분에서 시작되는지 파악하기 어렵다. 서식은 '지명+토지 종류+토지 면적'과 '습서'로 구성되어 있는데, 지명을 통해 당시 소월리 일대의 경관을 어느 정도 짐작할 수 있다. 가령 A면에 甘末谷, 堤上, 仇弥谷, 堤下가 적혀 있고, B면에 …□乃□□, 谷門弥珎, 下只□□, 內利, 仇利谷次□[21]가 확인된다. 그리고 C면에는 下只尸谷, 北□□과 E면 得□□□ 이 적혀 있다. A면과 E면의 일명촌락은 상단부가 결실되어 이름을 확인할 수 없다. 목간이 멀리서 이동되어 온 것이 아니라는 전제하에 각 지명들은 유적 인근의 지형을 나타낸 것일 가능성이 있다. 지명의 대부분은 谷이 동반되어 있다. 이를 통해 경작지 대부분이 곡간지였음을 유추할 수 있다. 그런데 谷을 기본적으로 골짜기를 배경으로 형성된 집단이면서 동시에 국가에서 노동력을 동원하거나 조세 수취에 필요한 자료를 수집하는 단위로 본 견해가 있다.[22] 문헌에 등장한 谷의 사례가 그러하다는 것이다. 다만 소월리 목간의 경우 대부분의 지명에서 谷이 확인되므로 노동력 수취를 위한 기본 단위로 작동할 수 있었을까 의문이다. 그저 면적지의 결수로 미루어 보건대 하나의 취락 정도의 규모로 적합하기 때문이다. 그리고 谷門 역시 인위적인 시설물로 간주하지만 평지와 골짜기가 만나는 경계지점을 나타내는 용어이기도 하다. 실제 현재 소월리 유적 인근이 계곡이 많이 확인되고 있는 점, 계곡 일대가 집수가 용이하고, 개간시 전답으로 활용할 수 있다는 점에 주목할 필요가 있을 것 같다. 그렇다면 목간에 보이는 지명들은 소월리 일대의 경관을 자연스럽게 설명하고 있는 것이 아닌가한다.

목간에는 上田과 下田이라는 용례가 보인다. 이것을 토지의 비옥도로 볼 여지도 있겠지만 단순히 경작지의 위치를 표현한 것이 아닌가 한다. 田品 규정에 의거 토지의 등급을 토지의 활용에 따라 상, 중, 하로 구분한 것이 고려 문종 8년(1054), 곧 11세기에 이르러서야 정착된 것[23]으로 확인되기 때문이다. 그렇다면 소월리 목간에 보이는 상전, 하전은 어떻게 이해를 해야 할까. B.C.239년경 문헌인 『呂氏春秋』에 "上田棄畝", "下田棄甽"이라 하여 경작지의 조건에 따라 상전에는 고랑에 파종하고, 하전에는 이랑에 파종하도록 하고 있다. 경작지의 상황에

---

21) 다른 지명 어미를 보면 단순히 '仇利谷'으로 끊어질 가능성이 있고 이 경우 '次□'은 地目이 될 수 있다.

22) 전경효, 「경산 소월리 목간의 기초적 검토」 『목간과 문자』 24(한국목간학회, 2020), p372.

23) 『高麗史』 卷78, 志32 食貨1, 經理; 文宗八年三月 判, "凡田品, 不易之地爲上, 一易之地爲中, 再易之地爲下, 其不易山田一結, 准平田一結, 一易田二結, 准平田一結, 再易田三結, 准平田一結."

따라 파종법을 달리한 것이다. 한편 6세기 중국 農書『齊民要術』에 밭벼(旱稻, 陸稻)를 재배하는 공간으로 下田을 지목하고 있다. 즉 "낮은 밭이 높은 언덕보다 좋다는 말은 아니지만 여름에 물이 고여 있는 곳에서는 조나 콩을 심을 수 없지만 벼나 보리는 그곳에서 재배하여 물에 잠겨도 수확만은 할 수 있다"는 것이다.[24) 이는 땅에 따라 수확할 수 있는 종자를 구분한 地利에 주목한 결과일 것이다. 낮은 지대에 위치한 下田은 물에 상시 노출되어 있어 건조하면 땅이 마르고 습해지면 질척거리는 곳이다. 따라서 하전은 소출이 낮고 관리가 어렵다. 소월리 목간에 보이는 하전의 소출량이 7負에 불과한 것도 이러한 상황을 반영하는 게 아닌가 한다. 상전의 소출량 三半, 곧 三結 五0負와 과도한 차이 역시 그저 비옥도로 간주하기에 주저된다. 여러 정황을 고려하면 소월리 목간에 보이는 상전과 하전은 현저한 지형지물을 기준으로 밭의 위치를 구분한 것이 아닌가한다. 한편 토지는 田과 畓으로 구성되었고, 일부 기재되지 않은 것도 있다. 이 경우 앞쪽과 地目이 동일하기 때문에 중복을 피하기 위한 조치였을 것이다.

목간에 기재된 전답의 결수를 합해보면 대략 27결 62부+가 된다. 이는 신라 촌락문서에 기록된 각 村의 합 107~182결(畓, 田, 麻田)과 비교했을때 현저히 적은 수치이다. 소월리 목간의 상단부가 결실되었음을 감안하더라도 이 이상의 수치는 나오지 않을 가능성이 높다.[25) 조선시대 영천 청제의 몽리 면적이 대략 79결(30만평)에 달했으므로 이 보다는 작았던 규모로 볼 수 있지 않을까한다. 아마 소월리 목간에 보이는 지명들은 촌락문서의 한 村 정도 에 소재한 지명으로 볼 수 있을 것이다. 목간의 애초 제작 목적은 조세 부과를 위한 경작 면적의 파악이

24) 『齊民要術』 卷2, 旱稻; 非言下田勝高原, 但夏停水者, 不得禾, 豆, 麥, 稻田種, 雖澇亦收.

25) 경산 소월리 목간을 완형으로 보는 견해도 있다. 윗부분 마구리은 단면이 매끄럽게 보이므로 도구를 이용하여 가공한 것으로 보았다. 남태광, 2021, 「경산 소월리 목간의 형태적 특징」, 경북대 인문학술원 HK사업단 제20회 전문가초청특강. 설사 도구를 사용하여 마구리를 다듬었다고 하더라도 상단부의 묵흔을 고려할 필요가 있을 것 같다. 즉 부러뜨린 후 재가공의 가능성을 배제하기 어렵기 때문이다.

었다. 지명의 명칭을 고려해 보면 행정촌 예하에서 자연적으로 형성된 촌락 단위로 보인다. 목간은 하나의 촌락에 대한 토지 면적 파악이 종료되고 문서로 옮겨적은 후 폐기되었던 것으로 추정된다. 어느 시점에 목간은 재활용되었는데, 그 용도가 궁금하다. 우선 출토 맥락부터 살펴보자.

수혈 107호의 내부에서 목간과 자귀는 인면 토기와 시루보다 아래 층위에서 출토되었다. 〈그림 3〉은 목간과 목제 자귀의 노출 전경인데, 목간과 싸리나무 다발이 나란히 확인되었고, 목제 자귀의 경우 날이 빠진 상태로 출토되었다. 자귀의 날을 확대해 보면 석제로 가공하여 만든 것임을 알 수 있다. 따라서 자귀는 실제 굴착용이 아닌 儀仗用 도구로 보인다. 한편 목간은 상단부가 싸리나무 다발 내부에 삽입된 형태를 띤다. 이로 인해 흡사 손잡이를 연상케 한다.

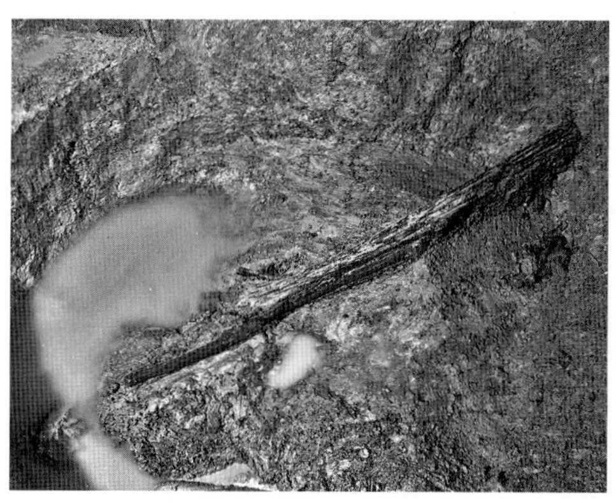
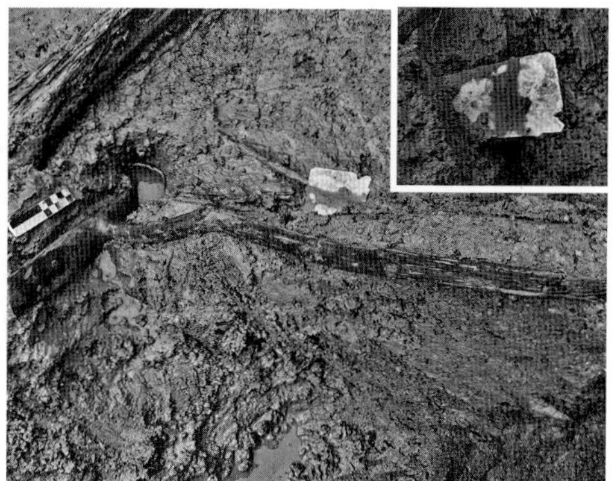

〈그림 3〉 목간 및 자귀 노출 전경

목간의 노출 전경을 보면 형태상 빗자루와 흡사하다. 빗자루는 무엇을 쓸어 담는 혹은 쓸어 내는 도구이다. 빗자루와 의례의 상관성을 고려할 때 우선 일본 정창원 소장품이 유의된다. 일본 정창원 남창에는 궁중의 연중행사에 사용된 것으로 추정되는 '子日目利箒'라 불리는 댑싸리 빗자루 2점이 전한다. 이 빗자루는 황후의 친잠의례와 관련된 것으로 추정되며, 고야보키(高野箒), 곧 댑싸리의 줄기를 엮어 만들었다. 한편 빗자루와 함께 거론되는 '子日手辛鋤'도 있다. 빗자루와 쟁기를 사용한 연중행사는 중국에서 전래되었다. 즉 周·漢시대부터 제도로서 정월 첫 子日에 천자는 手辛鋤로 밭을 갈고, 황후는 目利箒로 잠실을 쓸어 조상과 蠶神을 제사한 의식이 있었다. 이것이 일본으로 전래되어 나라시대에 성행하게 된 것이다.[26] 이외 빗자루에는 손잡이와 가지마다 색 구슬을 매달아 비질을 할 때 마다 서로 부딪혀 찰랑거리는 소리가 나도록 만든 玉箒도 있다. 다만 '子日目利箒'의 구체적인 사용법은 알기 어렵다. 이에 빗자루의 용도에 맞게 잠신을 모시기 위해 잠실의 사악한 기운을 쓸어버리는 역할, 혹은 빗자루에 달린 구슬을 누에알로 보고 그것을 쓸어담는 상징적인 행위를 표현하기 위한 도구로 추정하기도 한다.[27]

정창원 소장 빗자루는 궁중의 연중행사에 사용되었던 만큼 매우 고급스럽게 제작되었다. 이에 반해 소월리 출토품은 투박하고 즉흥적으로 만들어진 느낌이 강하다. 이러한 빗자루의 유형은 〈그림 4〉와 같이 일본 평성경 6AAB區 SK820에서 출토된 싸리비(草箒: くさほうき)나 中國 河南省 方城縣 楊集鄉 漢代 무덤의 화상석과 유사하다.[28] 일본 평성경에서는 두 점의 싸리비가 출토되었는데 연대는 747년 무렵이라 한다. 빗자루는 두 종류인데 나무 손잡이가 달린 것과 사리뭉치를 묶은 것으로 구분된다. 손잡이가 달린 빗자루는 길이 36cm, 손잡이 직경 1.8cm의 크기에 사리에 삽입된 부분이 3.2cm 정도 된다. 손잡이가 없는 빗자루는 현존길이 39cm, 사리뭉치 너비 5.5cm, 사리뭉치 두께 1.5cm에 달한다. 두 빗자루는 같은 구덩이에서 출토되었다. 손잡이가 있는 빗자루는 소월리 것과 거

26) 土井弘, 『正倉院』 原色日本の美術4(東京: 小學館, 1968), p.194.

27) 강은영, 「후지와라노 나카마로(藤原仲麻呂) 정권의 예제 수용의 의의」 『史叢』 99(고려대 역사연구소, 2020), p.111.

28) 도판의 출전은 奈良文化財研究所, 『木器集成圖錄-近畿古代篇』 奈良文化財研究所史料 第27冊(奈良文化財研究所, 1984), PL.64: 王建中主編, 『中國畫像石全集』 第6卷(河南: 河南美術出版社, 2000), 圖43.

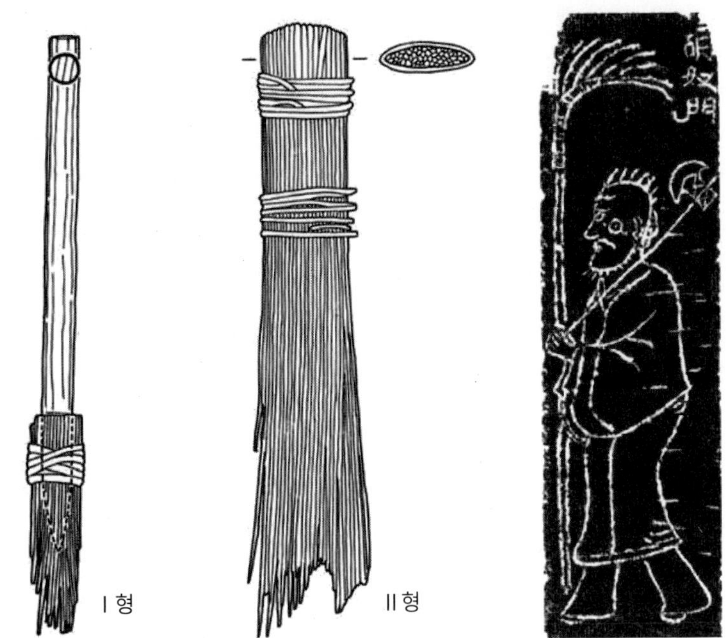

〈그림 4〉 日本 平城京 출토 빗자루와 中國 漢代 畵像石

의 흡사하다. 평성경 SK820의 유구 정보를 접하지 못한 상태에서 단정하기는 어렵지만 공간의 정결과 관련된 도구로 사용되었을 개연성은 있다.

한편 빗자루의 제의적인 요소와 관련해서 한대 화상석 사례가 유의된다. 1985년 4월 河南省 方城縣 楊集鄕에서는 한 대 분묘가 발굴되었다. 묘의 門柱石에서는 '擁彗搢鉞胡奴門'像이라 명명된 畵像이 확인되었다. 왼손에는 도끼를 쥐고 어깨에 걸치고 있으며, 오른손에는 빗자루를 쥐고 있는 형상이다.[29] 오른쪽 상단에는 胡奴門이란 명문이 확인된다. 胡라는 용어에서 유추할 수 있듯, 서역인의 외모를 하고 있다. 빗자루를 거꾸로 들고 있는 것은 벽사의 행위라고 한다.[30] 빗

29) 劉玉生, 「淺談"胡奴門"漢畵像石」『漢代畵像石硏究』(北京: 文物出版社, 1987), pp.286~288.

자루가 의례에서 벽사 행위와 관련된다면 비질로 邪穢를 물리치거나 쓸어버리는 상징적인 행위를 연출했을 것이다.

수혈 107호는 출토품의 성격상 제사와 관련된 것은 분명하다. 소월리 목간은 소기의 목적을 달성한 후 가공된 목재를 편의상 빗자루의 손잡이로 전용되었던 것 같다. 제의에서 빗자루는 제장의 정결, 사악한 기원을 쓸어내 버리는 상징적인 도구로 사용할 수 있다. 그리고 함께 발견된 자귀는 힘과 권위를 상징하는 의장도구로 사용되었을 가능성을 염두에 둘 필요가 있지 않을까한다. 그러면 다음 장에서는 구체적으로 어떤 제의가 이루어졌는지 살펴보기로 한다.

4. 인면 토기의 성격

수혈 107호는 유적의 북동쪽 가장자리에 위치하며 그리 넓지는 않지만 空地에 조성되었다. 만약 수혈 주변의 空地를 일종의 광장으로 볼 수 있다면, 제의의 장과 연관시켜 볼 수 있다. 광장은 일찍부터 지적되어 왔듯 공동체의 공공 이익을 위한 公用地의 기능을 수행하였다. 공동 노동, 생산물 분배, 의식의 공간으로 활용된다.[31] 수혈의 주위에는 고상식 건물군이 조영되어있다. 건물군은 11자형으로 대칭을 이루고 있다는 점에서 흡사 日本 橫濱 都筑郡衙의 正倉群이 연상된다. 더구나 건물 중 상당수가 저습지에 조성이 되어 있다. 이는 소월리 일대가 일반적인 주거공간이 아니었음을 방증한다고 생각된다. 그리고 출토 유물 가운데 기와가 일부 확인된다. 기와는 권위있는 건물에만 제한적으로 사용되는 건축부재이며, 6~7세기 당시 왕경에도 기와건물은 많지 않았다. 따라서 이곳은 권위와

30) 設樂博己,「イレズミと中華思想」『顔の考古學』(東京: 吉川弘文館, 2021), p.105.

31) 최종규,「광장(廣場)에 대한 인식」『역사교육논집』 13 통합호(역사교육학회, 1990), p.107.

관련된 시설, 이를테면 지방관의 집무 공간이나 창고시설이 존재하였을 가능성이 높다. 고대 일본의 경우 호족의 居館에는 여러 창고가 동반된다.[32] 호족의 거관이 정치거점으로서의 성격을 말해줌과 동시에 창고가 중요한 구성요소였음을 시사한다. 만약 소월리 유적의 고상 건물지를 창고와 관련된 것으로 볼 수 있다면 파종기와 추수기를 연관시켜 해석해 볼 수 있다. 예컨대 고상식 건물군 사이의 空地는 파종기의 종자 분배, 추수기의 수확물 수취와 같은 활동공간으로 이용될 수 있다.

〈그림 5〉는 인면 토기와 수혈 바닥의 노출상황 전경이다. 수혈 바닥 상태에서 유추할 수 있듯 현재도 용천수가 솟아나오고 있다. 바닥면에는 가공된 목재

〈그림 5〉 수혈 조사 전경 및 인면 토기

32) 重藤輝行, 「西海島のヤケと倉」 『大宰府の研究』 大宰府事蹟發掘五0周年記念論文集刊行會(東京: 高志書院, 2018), p.137.

2점이 "ㅅ"형태로 교차되어 있고, 토기와 용도미상의 토제품이 확인된다. 그리고 인면 토기는 등간격으로 3면에 다른 표정의 얼굴을 표현하였다. 토기의 높이는 28cm 정도이며, 소성하기 전 건조과정에서 이목구비를 표현하였다. 가령 눈과 입은 타원형으로 밖에서 오려내었고, 콧구멍은 안에서 밖으로 찔러 구멍을 내었다. 얼굴은 무표정한 얼굴, 심각한 얼굴, 말을 하는 듯한 얼굴 등 다양한 표정을 짓고 있다.

인면 토기의 성격과 관련해서 손환일은 가혹한 혹정을 일삼은 세리를 지신에게 고하는 고사의식과 관련지었다. 인면토기의 흡족한 인상은 세금을 많이 낸 사람에게 지은 인상이고, 평상적인 인상은 세금을 적당하게 낸 사람에게 지은 인상, 화를 내는 인상은 세금을 적게 낸 사람에게 표현한 인상으로 생각해 볼 수 있다고 한다. 그리고 귀와 머리의 정수리에 뚫은 구멍은 백성의 원망을 잘 듣고, 머리로 빨리 깨달아란 의미가 담겼다고 한다. 목간 인근에서 출토된 싸리나무 다발은 지신이 지도편달의 의미로 세리에게 회초리를 징벌적으로 사용할 것을 목적으로 묻은 것으로 보았다.[33)]

과감하고 흥미로운 견해이지만 동의하기 어려운 부분이 많다. 예컨대 토기의 인면 표현은 성형 단계에서 이루어졌다. 따라서 토기를 제작한 장인이 크게 관여한 셈인데, 과연 발주자인 소월리 주민들이 세리를 고발할 목적으로 공방에 의뢰할 수 있었을까 궁금하다. 그리고 평범한 표정이 세금을 적당하게 낸 사람에게 지은 표정으로 풀이했는데, 과연 세금을 적당하게 낼 수 있을까라는 의문도 생긴다.

다만 분명한 점은 인면 토기가 실용성이 떨어지므로 모종의 의도를 가지고 제작되었다는 사실이다. 지금까지 인면이 표현된 토기가 출토된 곳은 진주 중촌리유적과 함평 금산리 유적이다. 이곳에서 출토된 토기 역시 모두 눈과 입이 구멍이 뚫려 있어 무엇인가 의도성이 짐작된다. 따라서 이러한 인면 토기의 공통

---

33) 손환일, 「「경산소월리출토목간」의 내용과 서체」 『한국고대사탐구』 34(한국고대사탐구학회, 2020), pp.599~600.

분모는 제의 전용품이라고 해도 무방할 것이다. 다만 진주와 함평의 인면 토기는 얼굴이 단면인 점에서 소월리 것과는 차이가 있다.

소월리 출토 인면 토기는 한반도에서 유사 사례를 찾기 어렵다. 당시 소월리 주민들은 어떤 필요성을 가지고 토기를 제작하였을까. 토기의 표면에 얼굴을 표현한 토기는 일상적인 기물은 아니라고 할 수 있다. 일본에서는 8~9세기 인면문 묵서 토기가 많이 확인된다. 인면을 포함한 묵서, 각서토기에 대해서는 촌락 내부에서 제사, 의례 등의 행위에 수반하여 사용되었을 것이다. 예컨대 토기에 묵서하는 행위 자체가 일상집기와는 구별되는 비일상의 표지이기 때문이다. 따라서 제의용 토기를 일상집기와 구별하고, 역신, 숭배하는 신, 악령, 귀신 등을 포함한 광의의 의미에서 '神佛'에 속한 기물인 것을 명기한 것으로 본다.[34)]

사실 소월리 출토 인면토기처럼 3면의 얼굴을 표현한 토기는 일상적인 기물은 아니다. 즉 비일상의 상태에서 소비된 것으로 여겨진다. 실제 토기에 인면을 묵서로 표현한 토기가 일본에서는 다수 확인된다. 우선 아래 〈그림 6〉은 宮城県 多賀城市 市川橋遺蹟에서 출토된 인면문 묵서 토기이다. 토기의 외면에는 등간격으로 4면의 얼굴이 묘사되어 있다. 인면문 토기의 용도에 대해서는 더러움 혹은

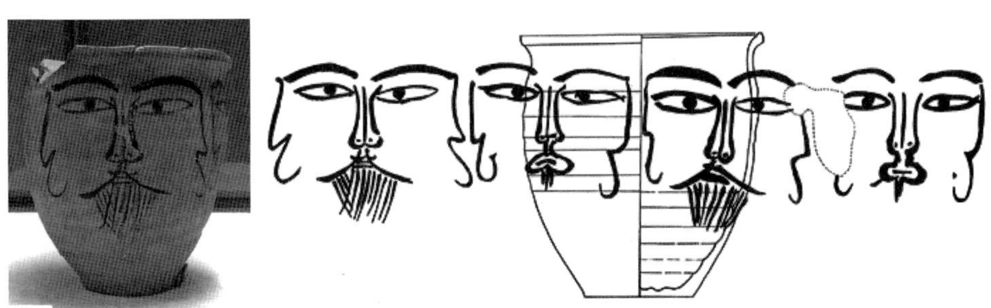

〈그림 6〉 宮城県 多賀城市 市川橋遺蹟 出土 人面 墨書土器

34) 高島英之, 「東國集落遺跡出土人面墨書土器再考」『古代東國地域史と出土文字資料』(東京: 東京堂出版, 2006), p.298.

죄를 담아 흘려버리는 제사에 사용되는 기물로 해석하는 경우가 많다. 토기에 여러 얼굴을 그렸을 경우 떠내려가면서 빙글빙글 돌게 되면, 한 얼굴로 보여질 것을 의도한 것이 아닌가 한다. 아니면 사방에서 보더라도 그 인물을 볼 수 있도록 고안된 것일 수 있다.

대부분의 인면문 묵서토기가 수변이나 물길에서 제의용으로 사용된다. 그런데 수혈주거지에서도 출토되는 경우도 있다. 8세기대 庄作遺蹟에서는 "竈神"명 묵서토기가 확인되기도 하고, 次城縣 石岡市 鹿の子C 유적에서는 인면 묵서토기에 "火"가 쓰여져 있거나, 인면 묵서토기가 출토된 주거지에서 "水"가 묵서된 토기가 공반 출토되기도 한다.[35] 이점 대부분 인면 묵서토기가 수변제사에 사용되긴 하지만, 출토 장소에 따라 제의의 성격이 다를 수 있음을 의미한다.

한편 〈그림 7〉은 静岡県 三島市 箱根田遺蹟에서 출토된 인면문 토기이다. 그런데 이 토기는 의도적으로 입을 뚫었다. 대부분의 인면 토기가 공헌물, 혹은 죄, 더러움을 토기에 담아 흘려보내는 것과는 결을 달리한다고 여겨진다. 이 토기는 내용물이 밖으로 쏟아지도록 고안되었다는 점에서 뭔가 소월리 인면 토기와 맥을 같이하는게 아닌가 한다.

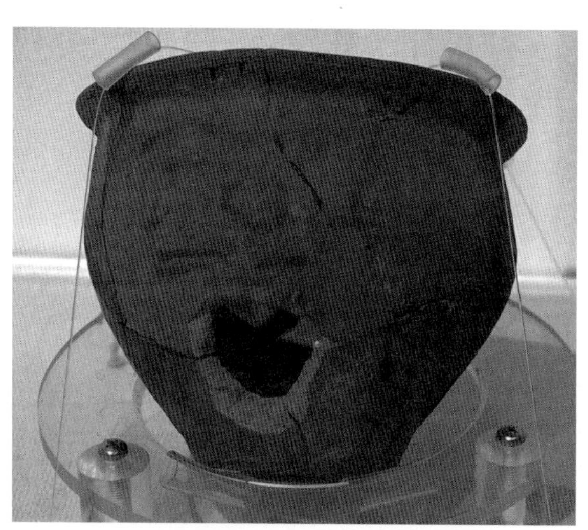

<그림 7> 静岡県 三島市 箱根田遺蹟 出土 人面 墨書土器

소월리유적 인면 토기는 수혈에서 출토되었고, 의도적으로 구멍을 뚫어 얼굴을 표현하였다. 이

35) 鬼塚久美子, 「人面墨書土器からみた古代における祭加の場」『歴史地理学』 181(歴史地理学會, 1996), p.29.

는 각 구멍들이 제례의 진행과정에서 무엇인가 분출되겠끔 연출하기 위해 고안된 것으로 볼 수 있다. 그렇다면 연통으로 기능하였을까. 단정하기는 어렵지만 내부에 그을음의 흔적 등이 전혀 확인되지 않았다는 점에서 가능성은 낮다. 인면 토기의 성격을 가늠하기 위해서는 수혈의 발굴 정황에 주의할 필요가 있지 않을까한다. 우선 바닥면에서 출토된 용도 불명의 토제품은 흡사 기와와 유사하다. 그런데 이 토제품은 인면 토기와 타날 문양이 동일하므로 동 시기에 제작된 것이다. 그렇다면 바닥면 유물과 인면 토기의 층위는 시간의 동시성을 담보받을 수 있다.

용도 불명 토제품은 반원형의 桶 형태이다. 사실 통은 목제, 석제, 도제, 와제가 있으며 둘을 합체해서 쓰거나 윗 부분을 판재로 덮어 사용하기도 한다. 주로 물을 내보내는 방수시설에 쓰인다.[36] 비록 후대의 일이지만 흙으로 구운 도수용의 관을 땅에 묻어 물을 대는 사례도 확인된다.[37] 이러한 반원형 도관은 경산 임당 저습지 유적, 대구 동천동 유적, 대구 칠곡 유적 등지에서 확인된 바 있다. 따라서 외형을 고려하면 바닥면 출토 용도불명 토제품은 물과 관련된 도관이 분명하다.

또한 수혈의 성격을 가늠하는데 목간의 습서도 주목할 필요가 있지 않을까한다. 습서된 문자는 四, 柱, 堤 등이다. 정서하기에 앞서 붓을 다듬을 때나, 연습할 요량으로 쓰여졌을 것이다. 堤의 경우 목간의 본문에서 빈도가 높게 사용되었다. 그런데 四나 柱의 경우 본문에서는 확인되지 않는다. 목간이 용도 폐기된 이후 습서된 것일까. 우선 四의 경우 시간성이나 수량을 나타낸다는 점에서 사라진 상

---

36) 곽종철, 「청동기시대~초기철기시대의 수리시설」 『한국고대의 수전농업과 수리시설』 (서울: 서경문화사, 2010), p.274.

37) 『朝鮮王朝實錄』 『正祖實錄』 卷50, 正祖22年 11月 30日 己丑; "陶甄瓦筒, 而中通外圓, 自上流鱗次埋之於土中, 導水於筒中. 而若逢川壑, 則隨地形埋筒於水底, 越其低, 若阻高岸, 則從地勢而立筒於岸邊, 踰其高者."

단부에 쓰여졌을 가능성이 있다. 그렇다면 소월리 일대의 토지를 파악한 시점으로 볼 여지는 없을까. 만약 이러한 추론이 허락된다면 四는 四月, 곧 파종기와 밀접한 관련을 가지지 않을까한다. 그렇다면 柱는 어떻게 파악할 수 있을까. 이 역시 농경과 관련지어 본다면 말목과 관련시켜 볼 수 있다. 농사는 제 때 물을 공급하는데 성패가 달렸다고 해도 과언이 아니다. 수로에 보를 설치하거나 임시 둑을 설치할 때 나무기둥은 효과를 발휘한다. 영천 청제 보수에 동원된 斧尺은 바로 말목을 제작하는데 사역된 장인으로 볼 수 있을 것이다.

수혈내 출토품이 물과 관련이 있다면 인면 토기는 어떠한 방식으로 사용이 되었을지 궁금하다. 신라 伐休尼師今은 風雲을 보고 점쳐 미리 水災, 旱災와 豐凶이 있을 것을 알았다고 한다.[38] 왕의 제사장적 성격을 나타내는 말이겠지만, 신라는 井泉 신앙과 龍神 신앙이 성행하였다.[39] 이러한 사례는 농업 안정을 위한 제의와 관련시켜 볼 여지가 있다. 한편 하천신에게 제사를 지내 범람을 유도한 경우도 확인된다. 선덕왕 사후 유력한 왕위계승자였던 김주원은 서울 북쪽 20리에 살았다. 그런데 김경신이 아찬 여삼의 말을 듣고 북천신에게 몰래 제사 지낸 결과 냇물이 불어나게 되었다. 그 결과 김경신이 왕위에 오르게 된 것이다.[40] 제사를 몰래 지냈다는 점에서 의례의 폐쇄성이 짐작된다.

소월리 유적의 경우 구체적인 제의 양상은 알기 어렵다. 다만 추론의 단계를 넘어서지는 못하겠지만 수혈 최하단에 설치된 가공목이 유의된다. 흡사 콩나물 시루 받침의 형태를 띠고 있다. 만약 이 위에 인면 토기, 혹은 시루와 결합된 인면 토기를 올린 후 지하에서 용출되는 물이 토기의 각 구멍마다 쏟구쳐 나오도록

---

38) 『三國史記』 卷2, 新羅本紀2 伐休尼師今 원년 3월; 王占風雲, 預知水旱及年之豐儉.

39) 이기동, 「韓國古代의 국가권력과 水利시설」 『한·중·일의 고대 수리시설 비교연구』 (대구: 계명대학교출판부, 2007), p.35.

40) 『三國遺事』 卷2, 紀異2 元聖大王; 阿飧曰 "請密祀北川神可矣." 從之. 未幾宣德王崩, 國人欲奉周元為王將迎入宮. 家在川北忽川漲不得渡. 王先入宮即位.

연출한 것은 아닐까.[41] 그렇다면 인면 토기는 물과 관련된 水神 혹은 상반신은 사람인 龍魚의 의인화된 모습이지 않을까.

지하에서 용출되는 풍부한 물을 통해 제의에 참여했던 사람들은 농사의 풍요로움을 기대할 수 있었던 것이 아닌가 한다. 수혈을 관류하는 큰 흐름은 물이다. 농경이 물과 밀접한 관련이 있다. 따라서 여러 정황을 종합하면 수혈의 성격은 물과 관련된 제사시설일 가능성이 높다. 수리시설 운용의 여하는 농업의 성패와 직결되기 때문이다. 향후 비교 자료의 축적을 통해 제의 양상의 구체적인 추적이 요구된다.

5. 맺음말

경산 소월리 유적 Ⅱ구역 107호 豎穴에서는 목간과 인면 토기가 출토되었다. 수혈은 제의와 관련된 구덩이로 추정되나 목간은 이것과 직접적인 상관성은 없는 것 같다. 수혈의 주위로 空地가 확인되며 그 외곽에 고상식 건물들이 집중적으로 조영된 양상을 보인다. 건물의 연대는 출토 유물로 미루어 볼 때 삼국~통일신라시대로 추정된다.

목간에는 여러 谷間에 형성된 田畓이 확인되며, 量田과 관련된 것으로 보인다. 관련 내용을 장부에 옮겨적은 후 재활용된 것으로 추정된다. 목간과 관련해서 稅吏의 酷政, 시각 기능 등의 견해가 제기되었다. 다만 목간의 내용상 공통분모로 농경을 추출할 수 있으며, 이는 당시 소월리 촌락의 경제기반과 연동된다. 따라서 수혈의 성격 역시 이러한 경제기반과 관련시켜 해석할 여지가 있다고 생

41) 비교 대상이 될지 모르겠지만 이와 관련하여 日本 飛鳥資料館에 소장된 석인상이 유의된다. 석인상의 형상은 두 사람이 겹쳐있고, 몸의 내부에 水路를 만들어 입으로 물이 분출하게끔 설계되었다. 이 역시 물과 관련된 제의에 사용된 것이 아닌가 한다.

각된다. 더욱이 소월리 유적이 위치한 곳은 淸通川邊의 곡간지이다. 청통천은 河陽에서 琴湖江가 합류한다. 공교롭게도 금호강 유역에서는 신라 중고기 築堤碑인 永川 菁堤碑와 大邱 戊戌銘塢作碑가 확인된다. 당시 신라 지배층이 금호강 유역에서 전개된 농사에 얼마나 관심을 기울이고 있었는지 가늠할 수 있다.

소월리 107호 수혈에서는 인면 토기가 시루와 나란히 출토되었다. 그리고 그 밑에는 목간과 싸리나무 다발이 한웅큼 놓여져 있었다. 인면 토기의 성격은 일본의 인면문 묵서 토기를 통해 제의와 관련된 것으로 볼 수 있다. 특히 목간과 싸리나무 다발의 상관성을 고려하면 흡사 빗자루를 연상시킨다. 이러한 유형의 빗자루는 일본의 평성경에서 출토된 바 있어 주목된다. 빗자루는 더러움을 쓸어버리는 도구이며, 祭場의 淨潔과 관련이 있을 것이다. 더구나 중국 한대 화상석의 사례를 보면 벽사와 관련되기도 한다.

농사는 물과 불가분의 관계가 있고, 목간에도 堤가 확인된다. 한국 고대 경작지는 天水畓이 대부분인 관계로 가뭄이나 홍수에 매우 민감했다. 실제 목간이 출토된 수혈은 지금도 물이 솟구쳐 오르는 일종의 샘이다. 그렇다면 수혈의 성격 역시 농경의례 특히 물과 관련된 제의행위와 연관이 있지 않을까. 그 선상에서 인면 토기는 물과 관련된 水神 혹은 상반신은 사람인 龍魚의 의인화된 모습으로 볼 여지가 있을 것 같다. 소월리 촌락 집단은 의례의 집행에 상당히 기획적으로 움직였던 것 같다.

특히 수혈은 건물 사이 일정한 공간의 空地에 조영되었다. 이는 이 공간이 공공의 場, 집회의 場으로 기능하였음을 시사한다. 이를통해 수혈 내 출토 유물은 소월리 촌락의 곡간에 형성된 전답의 성공적인 농사를 기원하며 촌의 長과 구성원들이 모여 의례를 베푼 공간이었음을 증언하고 있다. 이러한 이해의 선상에서 주변에 위치한 고상식 건물군은 日本 橫濱 都筑郡衙의 正倉群처럼 창고시설이 군집한 것으로 볼 수 있을 듯하다.

참고문헌

1. 1차 자료

『三國史記』, 『三國遺事』, 『東文選』, 『高麗史』, 『朝鮮王朝實錄』, 『齊民要術』

2. 2차 자료

(1) 단행본

(재)화랑문화재연구원, 『경산지식산업지구 진입도로 개설공사부지 내 2-Ⅱ구역, 3-Ⅱ구역 전문가검토회의』, 2020.

(재)화랑문화재연구원, 『경산지식산업지구 진입도로 개설공사부지 내 2구역(소월리유물 산포지2) 발굴조사』 현장설명회, 2019.

慶北大學校博物館, 『大邱 漆谷 生活遺蹟』 學術叢書32, 경북대 박물관, 2006.

高島英之, 『古代東國地域史と出土文字資料』, 東京: 東京堂出版, 2006.

곽종철, 『한국고대의 수전농업과 수리시설』, 서울: 서경문화사, 2010.

국립대구박물관, 『금호강과 길』 특별전도록, 국립대구박물관, 2018.

奈良文化財研究所, 『木器集成圖錄-近畿古代篇』 奈良文化財研究所史料第27冊, 奈良文化財研究所, 1984.

嶺南文化財研究院, 『大邱 西邊洞聚落遺蹟Ⅰ』 學術調查報告 第47冊, 영남문화재연구원, 2002.

嶺南文化財研究院, 『慶山 林堂洞 建物址遺蹟』 學術調查報告 第153冊, 영남문화재연구원, 2008.

嶺南文化財研究院, 『大邱 東川洞 水利施設遺蹟』 學術調查報告 第214冊, 영남문화재연구원, 2014.

劉玉生, 『漢代畫像石研究』, 北京: 文物出版社, 1987.

設樂博己, 『顔の考古學』, 東京: 吉川弘文館, 2021.

王建中主編,『中國畫像石全集』第6卷, 河南: 河南美術出版社, 2000.

土井弘,『正倉院』原色日本の美術4, 東京: 小學館, 1968.

(2) 논문

강은영,「후지와라노 나카마로(藤原仲麻呂) 정권의 예제 수용의 의의」『史叢』99, 고려대 역사연구소, 2020.

橋本繁,「신라 문서 목간」 심포지엄 통일신라 문자의 세계, 국립경주박물관, 2020.

권병탁,「청제문부자료 해설」『민족문화연구』7, 영남대 민족문화연구소, 1986.

鬼塚久美子,「人面墨書土器からみた古代における祭加の場」『歴史地理学』181, 歴史地理学會, 1996.

김창호,「신라 수창군 호국성 팔각등루기의 분석」『고문화』57, 한국대학박물관협회, 2001.

노중국,「한국고대 수리시설의 역사성과 의미」『신라문화』45, 동국대신라문화연구소, 2015.

손환일,「「경산소월리출토목간」의 내용과 서체」『한국고대사탐구』34, 한국고대사탐구학회, 2020.

이기동,「韓國古代의 국가권력과 水利시설」『한·중·일의 고대 수리시설 비교연구』, 대구: 계명대학교출판부, 2007.

전경효,「경산 소월리 목간의 기초적 검토」『목간과 문자』24, 한국목간학회, 2020.

최정환,「신라 수창군 호국성 팔각등루기의 새로운 고찰」『대구사학』136, 대구사학회, 2019.

최정환,「호국성 팔각등루를 세운 위치 재검토와 그 설립의 필요성 고찰」『글로벌 최치원과 신라 수창군 호국성 팔각등루기』 고운 최치원 국제학술대회, 경북대 영남문화연구원, 2020.

최종규, 「광장(廣場)에 대한 인식」『역사교육논집』 13 통합호, 역사교육학회, 1990.

하일식, 「무술오작비 추가 조사 및 판독 교정」『목간과 문자』 3, 한국목간학회, 2009.

河日植, 「新羅 統一期의 王室 直轄地와 郡縣制-菁堤碑 貞元銘의 力役運營 事例 分析」『東方學志』 97, 연세대 국학연구원, 1997.

한기문, 「고려 태조대 '대구 달성'지역 불교계의 동향」『한국중세사연구』 52, 한국중세사학회, 2018.

篠原啓方, 「慶山林堂遺跡出土古碑の内容とその歷史的背景」『東アジア文化交涉研究』 3, 關西大, 2010.

重藤輝行, 「西海島のヤケと倉」『大宰府の研究』 大宰府事蹟發掘五0周年 記念論文集刊行會, 東京: 高志書院, 2018.

제7장

경산 소월리 유적 출토 人面透刻土器와 목간의 기능

- 목간의 기능과 농경의례 -

이용현

1. 序言

경산慶山 소월리所月里 목간은 해당지역 논과 밭과 그 소출량을 기록한 신라시대 목간이다. 길이 74.2cm 직경 4.3-2.8cm의 5면 5각의 봉형棒形인 이 목간은 2019년 8월에 화랑문화재연구원이 경북 경산시 와촌면 소월리 1186번지(산60-1번지) 일원을 발굴하는 과정에서 출토되었다. 목간은 2구역의 그 지름이 1.6m되는 107호 수혈에서 출토되었다. 목간은 같은 수혈에서 출토된 인면장식옹, 시루보다 조금 아래에 있었으며, 싸리나무 다발과 자귀와 함께 나란한 상태에 있었다.[1)]

해당목간은 화랑문화재연구원이 수습한 뒤, 국립경주문화재연구소의 협조를 받아 적외선사진 등을 진행하였다. 이후 유적과 목간에 대한 자료가 기초 정리되어 공개되었다.[2] 그 후 공개된 자료를 바탕으로 목간을 심층분석한 손환일과 전경효의 논고가 공간되었다.[3] 이같은 초기 단계 목간 연구는 주로 판독에 기본 해석에 중심을 둔 것으로 높이 평가할 만 하다. 다만 堤만을 너무 중시한 나머지 목간이 제사의례에 활용되었음을 유기적으로 제대로 주목하여 해석하는 데 이루지는 못한 감이 있다.[4]

---

1) 유적 현황은 다음을 참조 : 오승연·김상현, 「투각 인면문 옹형 토기가 출토된 경산 소월리 유적」『2019 한국 고고학 저널』(국립문화재연구소, 2020), pp.76~81 ; 화랑문화재연구원, 「경산 소월리 유적 사람 얼굴 모양 토기 출토」『문화재사랑』 182(2020년 1월호) (문화재청, 2020), pp.36~37 ; 전경효, 「경산 소월리 목간의 기초적 연구」『목간과 문자』 24(한국목간학회, 2020), p.360.p.358.

2) 오승연·김상현, 앞의 논문, 2020 : 최초 목간 공개 자료였던 문화재청 보도자료에서 발굴처는 "목간을 통해 골짜기(곡, 谷)를 배경으로 형성된 일정한 집단이 있었으며, 둑(제, 堤)이 조세 부과와 연관 있다는 점도 드러났다. 이를 통해 골짜기(谷)와 둑(堤)을 중심으로 한 당시 지방 촌락의 입지, 농업 생산력 증대를 위해 축조한 제방과 그 주변에 자리하고 있는 논의 존재 그리고 그곳을 대상으로 조세를 수취하는 중앙 정부의 지배 양상을 동시에 엿볼 수 있게 되었다."고 정리했다(문화재청 보도자료, 2019.12.19 「경산 소월리 유적에서 토지 관리 연관된 신라 목간 출토 : 사람 얼굴 모양 토기 아래서 발견…6세기대 토지 관리 문서로 추정」 https://www.korea.kr/news/pressReleaseView.do?newsId=156365109&call_from=rsslink). 경향신문 기사에서는 〈연구자들은 대체로 제사행위를 펼치고 토기와 목간, 싸릿대 등을 매납한 구덩이라는 의견을 제시했다. … 주보돈 교수는 "바로 저수지를 쌓아 마련한 전답을 토대로 세금을 걷기 위한 기초자료를 얻기위해 목간에 기록했을 것"이라고 해석했다. 주교수는 또한 "목간이 쓰레기 더미가 아니라 제사 구덩이에서 사람 모양 토기 및 시루 등과 함께 출토된 점도 착안거리"라면서 "제사를 지내면서 왜 세금할당량을 기록한 문서(목간)를 매납했는지 연구해볼 필요가 있다"고 덧붙였다.〉고 정리했다. ; 이기환, 「"1500년전 마을별 세금할당량" 경산 소월리 출토 목간의 정체」(경향신문 2020년1월16일자) (http://news.khan.co.kr/kh_news/khan_art_view.html?art_id=202001160905001). 그러나 정작 후속 연구에서 이러한 착안점이 아직은 활성화되지 못했다.

3) 손환일, 「경산소월리목간의 내용과 서체」『한국사탐구』 34(한국사탐구학회, 2020), p.582 : 전경효, 앞의 논문, 2020, p.586.

필자는 선행 논고와 함께 공개자료[5], 그리고 수 차례 실견과 함께 수 차례 발굴 현장 및 그 주변에 대한 답사를 통한 지견, 목간 및 동반 유물의 매납 양상과 유물들의 특성, 경산 지역의 민족지적 사례 등을 종합적으로 판단해서, 투각인면문토기와 목간의 기능에 대한 분석에 다가가보기로 하겠다.

2. 木簡 共伴遺物의 樣相과 農耕儀禮

목간의 墨書 내용은 아마도 소월리 주변 각 村 단위의 田畓의 所出이다.[6] 이러한 목간이 수혈 구덩이에서 독특한 인면형 토기와 싸리비같은 목제물과 함께 출토된 배경에 대해 모색해보기로 한다.

해당 유적은 2019년도 발굴이 완료되면서 인면형 토기와 목간의 출토로 내외의 주목을 받게 되었다. 이와 동시에 발굴처인 화랑문화재연구원은 현장설명회, 몇 차례 학회 발표, 문화재청 잡지 및 언론을 통해 기본적인 정보를 발신하였다. 이를 토대로 유적의 상황을 정리하면 아래와 같다.

소월리 유적은 경북 경산시 와촌면 소월리 1167번지에 위치한다. 경산지식

4) 기존 연구에서 제사 관련 연구는 손환일에 의해 이뤄졌다. 地神에게 稅吏의 酷政의 수탈을 고한 것이라고 파악하였으며 "神位"까지 읽어내었다(손환일, 앞의 논문, 2020). 토착신의 일환이라 할 수 있는 地神을 주목한 것은 탁견이다. 다만 동반유물의 해석과 구체적인 해설에는 이론이 있을 수 있다. 상세한 언급은 III에서 하기로 한다.

5) 언론보도, 또 왕경연구회, 현장설명회, 한국목간학회, 한국고고학저널 등에서 발굴처인 화랑문화재연구소 측이 학계에 발표공개한 자료, 경주연구소에서 열린 자문회의(제2차)에서 얻은 정보 등.

6) 목간 자체와 내용에 대한 상세 분석은 필자의 발표문 「慶山 所月里 木簡의 綜合的 分析 : 木簡의 機能과 農耕儀禮」(2021.4.27.)의 〈II. 文書木簡의 性格: 村落 畓田 基礎 文書〉(경북대학교 인문학술원 국제학술대회 "경산 소월리 목간의 종합적 검토") 및 이를 바탕으로 개고한 졸고, 「慶山 所月里 木簡의 내용」(미공간 논고)에서 다룬다.

산업단지가 조성되면서 소월지의 서쪽 끝 자락의 매네미골과 부처골을 관통하는 배후 대형 도로 공사가 이뤄지면서 그 노선 상에 발굴조사가 이뤄졌다. 대형 도로 부지가 가설되기 전에 115-44와 115-56 사이의 갈밭길 안 쪽에 자리한다. 유적은 남서에서 북동으로 이어지는 주능선에서 남쪽으로 분기한 구릉의 해발 79~99m 지점이다. 삼국에서 조선시대에 걸친 유적이 출토되었는데, 그중 삼국-통일신라시대의 것으로는 고상 건물지 15동, 수혈 73기, 토기 가마 1기, 주혈 500여 기가 있었다. 고상 건물지군 안의 공간에 자리잡은 지름 1.6m, 깊이 약 2m의 수혈에서는 목간이 출토되었다. 수혈의 30cm 깊이의 갈색 사질 점토층에서 6세기 대 사발, 뚜껑, 굽다리접시, 인화문토기 등이 출토되었고, 80cm 깊이의 회청색 니토층에서 투각 인면문 옹형 토기 토기, 목기와 함께 목간이 출토되었다. 투각인면문 옹형 토기는 높이 28.4cm, 구경 17.5cm의 사람 머리 크기로, 세 가지 서로 다른 표정을 묘사하였다. 각 면 마다 눈과 입은 타원형으로 오려냈고, 콧구멍 2개씩을 뚫었다. 또 상부에도 1개의 구멍을 두었는데, 함께 출토된 시루모양 토기와 상하 결합해 사용되었을 것으로 추정된다. 토기 제작기법과 특징으로 6세기 전반 또 그 이전으로 보는 듯하다. 한편 이들 토기 세트 바로 아래 부분에서 목간과 함께 싸리비와 같은 나뭇가지다발같은 목제품이 놓여 있었다.[7] 정리하면 다음과 같다.

30cm 깊이의 갈색 사질 점토층 : 6세기 대 사발, 뚜껑, 굽다리접시, 인화문토기 등

80cm 깊이의 회청색 니토층 : 인면문 토기와 시루모양 토기(상부)나무다발모양 목긴와 목간(하부)

7) 오승연·김상현, 앞의 논문, 2020 ; 전경효, 앞의 논문, 2020 ; 화랑문화재연구원, 앞의 논문, 2020, pp.36~37.

화랑문화재연구원은 인면문 옹형 토기가 의례적 성격을 띠고 있다고 판단하였으며[8] 매납양상과 토기의 양태로 보아 이같은 판단은 틀림없을 것으로 보인다. 이같은 판단을 전제로 해서 한 걸음 더 나아가 보기로 한다.

1) 나뭇가지 다발 목제품

목간과 함께 나란히 출토된 나뭇가지들의 묶음과 같은 목제품에 대해 모색해 보기로 하자. 싸리비와 같다는 의견도 있다. 비[箒]란 길이나 마당을 掃除하는 도구로, 나무가지들을 묶은 것을 막대기 끝에 붙여 쓸어내는 데 사용된다. 중국에서는 무릉군에 높은 숭량산이 있었는데 그 바위 문 모퉁이에 대나무가 있었는데 바람에 고개숙이는 모습을 빗대어 하늘 빗자루라 불렀다고 한다[9]. 빗자루는 쓸어내거나 담는 도구라는 인식을 잘 보여준다. 빗자루와 관련해 비교적 자료가 많이 남아 있는 일본의 예를 보면, 비가 혼을 쓸어모으는 것이나 혹은 잡귀를 쓸어버리는 것과 연계되어 민간신앙화 되기도 했다. 그런 행위가 出産과 연계되는 데서 神性化되기도 한다. 5세기 후반 일본 고분시대에 작은 나뭇가지들을 다발로 묶은 것이 있다. 나라시대에 비자루는 사람의 목숨과 관계깊은 것으로 인식되던 제사용 도구였다. 한편 일본 민속신앙에서는 신성시 혹 터부시되었다. 즉 妊婦가 배를 빗자루로 쓰다듬거나 베개 맡에 두어서 安産을 빌기도 했으며 또 빗자루를 걸터앉거나 밟는 것은 금기시하였으며, 떠나지 않고 너무 오래 버티며 머무는 길손을 떠나게 하기 위해 비자루를 거꾸로 세우는 주문이 전해지기도 한다.[10] 한편 우리 민담에서 비자루는 도깨비로 변하는 내용이 많다.[11] 중국에서 빗자루는 사람

---

8) 오승연·김상현, 앞의 논문, 2020 ; 화랑문화재연구원, 앞의 논문, 2020, pp.36~37.

9) 전영숙, 「한국과 중국의 민속의식에 나타난 대나무 인식」 『중국어문학 논집』 33 (2005).

10) 戸部 民夫·シブヤ ユウジ, 『神秘の道具』(新紀元社, 2001).

11) 김종대, 『한국의 도깨비 연구』(학자료원, 1994) ; 임석재·진홍섭·임동권·이부영, 「한국의 도깨비」 『국립민속박물관총서1』(열화당, 1981) : 또 빗자루는 귀중한 농기구로

이 대신하여 변한 경우도 있고, 점을 칠 때 사용되는 도구이기도 했다.[12] 또 빗자루는 가을 추수나 한 해의 마무리와 관련하여 작지만 든든한 것, 하찮지만 찾아야 할 것으로서 속담에 등장한다.[13] 그리고 빗자루를 쓸 때 안쪽으로 쓸어야지 만일 바깥으로 쓸면 복이 달아난다고 믿는다.[14] 이같이 빗자루를 주술성이 강한 영험한 물건으로 여겨졌으며, 한편 쓸어담고 기능을 긍정적으로 생각하여 거두어 들이는 것, 財福을 쓸어 담는 것으로 생각했던 듯 하다. 따라서 해당 나뭇가지 다발이 빗자루의 일부라면 주술적 도구로서 상징되어 매납된 것이라고 볼 수 있다.

다음은 나뭇가지 다발이 풍작 기원 관련 주술행위에서 파생된 물품일 가능성에 대해 모색해고기로 한다. 풍작을 기원하기 위한 주술행위로서 작물이 잘 생장

사람의 손때가 묻은 것을 허투루 버리거나 하면 도깨비가 되어 사람을 해친다는 속설도 있다. 그래서 손때가 묻은 것은 잘 보관했다가 섣달그믐날 밤에 태워야 한다는 민속이 있다(김광언, 『한국의 농기구』, 문화재관리국, 1969).

12) 중국 酉陽雜俎 권14에 의하면 재상 鄭餘慶이 梁州에 있을 때, 龍興寺의 승 智圓의 관에 그 대신 갈대 빗자루가 있었다고 전한다. 吳 나라 지방 즉 중국 남쪽 지방의 옛 습속 가운데, 부녀가 정월 등절보름에 치마를 가지고 비자루를 파괴하며 쳤던 점을 쳤다고 한다.

13) “가을마당에 빗자루 몽당이를 들고 춤을 추어도 農事 밑이 어둑하다”는 속담이 있다. 가을 추수를 마친 다음 빚을 다 갚고 빈손에 빗자루 하나만 남아도 어딘가 남은 것이 있다는 말로 농사일의 든든함을 이른다(宋在璇 엮음, 『農漁俗談辭典』, 東文選, 1995 ; 이기문 편, 『俗談辭典』, 一潮閣, 1995). “섣달그믐이면 나갔던 빗자루도 집 찾아온다” : 섣달그믐이 되면 남의 집에 빌려주었던 사소한 물건들까지 다 찾아들인다는 의미의 속담이다. 그믐날은 새해 맞을 준비의 하나로 깨끗이 청산하는 풍습이 있다. 이를테면 연중에 있었던 거래의 종결을 맺는데, 빚이 있는 사람은 해를 넘기지 않고 이날 모두 청산한다. 그래서 받을 빚이 있거나 물건을 외상으로 줬던 사람은 이날 찾아다니며 받아야 하며, 만일 자정이 넘도록 받지 못한 빚은 하는 수 없이 탕감해 주거나 정월 보름까지는 독촉을 하지 않아야 한다(송재선 엮음, 『우리말 속담 큰사전』, 서문당, 1983).

14) 또 빗자루는 귀중한 농기구로 사람의 손때가 묻은 것을 허투루 버리거나 하면 도깨비가 되어 사람을 해친다는 속설도 있다. 그래서 손때가 묻은 것은 잘 보관했다가 섣달그믐날 밤에 태워야 한다는 민속이 있다(김광언, 앞의 책, 1969).

하기를 기원하며 장대를 높게 올리는 경우, 또 과일의 번식을 기원하면서 교접, 성교를 상징하여 가지친 곳에 돌을 끼워두는 경우 등이 있다. 전자는 禾積 즉 볏가리, 볏가리대, 낟가리대라는 것이고. 후자는 嫁樹니 과실 시집보내기가 될 것인데, 上元日 즉 정월 대보름에 이뤄졌다.[15] 상원일은 삼원일 중 하나로 도교에서 매우 중요하다.[16] 복을 비는 날이다. 계절적으로 농사 시작과 관련되서 풍년을 기원하는 洞祭 등이 펼쳐지는 시기다. 禾積 즉 볏가리에는 긴 장대 나무가 사용된 점이 주목된다. 지역적으로 경산 인근의 풍속 중 진량면, 경산지역, 영천지역의 다음의 것들이 주목된다. 소월리 근방인 珍良面의 습속 가운데는, 정월에 山頂에서 동리의 장이 밤중에 술·쌀·떡·과일과 소 등을 젯상에 올리고, 소의 머리

15) 농가에서는 정월 보름 전날 짚을 묶어 깃대 모양으로 만들고 마당 한 복판에 세우고, 그 위에 짚을 묶어서 깃발처럼 만든 다음 벼·조·피·기장 등의 이삭을 꽂아 두고 長竿 위에 木花를 늘어놓는데 이것을 '낫가릿대' 또는 '볏가릿대'라고 부른다. 그리고 아이들이 새벽에 일어나 이 나무를 싸고 돌면서 노래를 부르며 기도하다 해가 뜨면 그만둔다. 풍작이 되려면 우선 作物이 잘 자라야 한다. 작물이 잘 자라는 모습을 상징하는 模倣呪術로서 우리 습속에 높이 장대[長竿]를 올린 것이다. 上元日에 산간지방에서는 가지를 많이 친 나무를 외양간 뒤에 세우고 곡식의 이삭과 목화를 걸어 둔다. 역시 상원날에 과일나무의 가지친 곳에 돌을 끼워 두면 과일이 많이 열린다고 하며 이를 嫁樹라 하다.이는 交接을 의미하는데, 생산과 번식을 촉진케 하기 위한 性交의 모방주술이다.: 이상 이 부분은 아래 업적을 참조 정리한 것이다. 이상은 다음의 연구성과에 의해 정리한 것이다. 이관호, 「볏가릿대고」 『생활문물연구』 4(국립민속박물관, 2002) ; 고대민족문화연구소 편, 「祈豊(II歲時風俗_2봄_2)祭儀의 기원)」 『韓國民俗文化大觀 4: 세시풍속, 전승놀이』(2002), pp.134~138 : 이관호에 따르면, 이러한 농경의례는 조상신 혹 마을신을 대상으로 하는 풍요와 안녕을 기원하는 것으로, 농부들의 염원과 마음을 담은 직접적이고 상징적인 의례라고 평가하였다. 아울러, 이러한 농경의례는 한강 이남에서 존속했는데, 일제강점기에 급속히 소멸하게 되어, 충남의 서산·당진·태안, 충북의 서부 일부, 전남 해남, 진도와 경상도 일부에만 남게 되었다고 한다(이관호, 앞의 논문, 2002, p.100).

16) 상원일 정월 대보름 1월 15일, 중원일 7월 15일, 하원일 10월 15일은 각각 天官, 地官, 水官이 액운을 막아 주는 날이다.

만 땅에 묻는 풍속이 있다.[17] 慶山지역에서는 山·川을 대상으로 한밤 중 지역 유지가 중심이 돼서 돼지·과일·술로 제사하는 습속이 있는데 흰종이에 龍神之位라고 써붙인다고 한다.[18] 龍神은 물을 상징하며, 농업 사회에서 매우 중요하다. 진량과 경산의 이러한 제사는, 각각 계절적으로 정월이고, 또 물과 관련된 용신을 대상으로 한다는 점에서 적어도 기풍과 관련되는 농경의례적 요소를 내포하고 있다고 보인다. 이는 지리적으로 가까운 소월리 유적의 수혈 의례를 생각하는데 시사점이 크다. 참고로 우리나라 전역에 펼쳐진 민속 정월 행사 중 열나흗날 밤 上子日에 논밭둑에 불을 지르고 노는 쥐불놀이가 있다. 몽당이 빗자루나 나무를 묶어 만든 다발에 불을 붙여 논밭드렁에 불을 질러, 풍흉과 길흉을 점치었다.[19] 역시 시사하는 바 크다. 한편 가을의 행사도 있다. 추석날 소월리 인근인 永川지방에서는 송편을 天神에 바치며 풍년을 비는데, 송편을 나뭇가지에 꿰어 지붕 위에 세워 두었다고 한다.[20] 나뭇가지란 하늘과 닫기 위한 장치로 보인다. 앞서 禾積과 같은 모티브로 이해된다.

이상 여러 민속지적 사례 속에서, 산천 대상 등 자연신을 대상으로 한 祈豊의례, 창고제 등을 살펴보았으며, 긴 장대를 비롯한 나무, 나뭇가지와 나무다발이 등장하는 것에 눈이 간다. 목간과 동반해 그 옆에 놓여있던 목제품의 실체는 그것이 빗자루이든 단순히 나무가지다발이든, 財福, 豐作 기원 祭儀와 관련이 깊을 가능성이 있음을 상정할 수 있다.[21]

---

17) 고대민족문화연구원, 「기풍주술」 『韓國民俗文化大觀4: 세시풍속, 전승놀이』(1982).

18) 고대민족문화연구원, 「민간신앙 종교 : 농경 농사 기우제」 『韓國民俗文化大觀4: 세시풍속, 전승놀이』(1982).

19) 고대민족문화연구원, 「쥐불놀이」 『韓國民俗文化大觀4: 세시풍속, 전승놀이』(1982).

20) 고대민족문화연구원, 위의 글, 1982.

21) 한편, 손환일은 이 목제품을 싸리나무다발로 보고 이것이 세리의 혹정에 대한 징벌의 의미를 갖는 회초리라는 해석하였다(손환일, 앞의 논문, 2020, p.599).

2) 시루[甑] 토기

다음은 목간과 목제품 바로 위에 인면투각토기와 함께 놓여있던 시루토기에 대해 거론한다.

시루는 쌀, 떡 등 곡물이나 음식을 찌는 데 필요한 그릇이다. 김을 통하도록 구멍을 여러 개 둔다. 우리나라에서는 청동기, 초기철기 시대부터 시루가 보이며, 고구려 안악 및 약수리 벽화에도 보인다.[22]

삼국시대 고분에서 시루 출토는 경주, 경산, 대구라는 신라 지역을 중심으로 하고 있으며[23], 특히 경산 지역 그 가운데서도 임당고분군을 중심으로 집중되고 있다.[24] 삼국시대 고분 유구 즉 횡혈식석실분, 수혈식석곽과 적석목곽분을 대상으로 시루의 부장 분포를 살펴보면, 경주, 경산, 대구와 김해, 함양, 남원에 분포한다. 특히 경주, 경산, 대구 즉 신라지역에 집중 분포하고 있다. 출토 수가 현저히 많은 곳은 林堂고분군을 중심으로 하는 慶山이다. 임당 고분군에서 시루는 다량의 부장품을 갖는 봉토분 부곽에서 뿐만 아니라 수혈식석곽묘와 목곽묘 등 중소형분에서 출토되며 그 출토빈도도 높다.[25] 또 대구 旭水洞, 佳川洞, 盧邊洞 고분군에서도 시루가 부곽에서 출토되며, 특히 임당 고분군을 중심으로 한 지역은 시루가 출토된 빈도가 타지역에 비해 매우 높다. 이들 신라지역에서는 시루가 완형의 형태로 출토되는 데 반해, 咸陽 白川里 1호분, 南原 斗洛里 3호분의 대가야 지

---

22) 이성우, 『고려이전 한국식생활사 연구』(향문사, 1978).

23) 정효은, 「경남서부지역 삼국시대 생활용 토기의 변천과 의미」 『영남고고학』 75 (2016).

24) 신라 지역에 출토례가 많고, 경산 임당 고분은 초기 철기 시대부터 삼국시대 초기까지 지속적으로 시루가 부곽에 부장되고 있다. 예로 경산 임당 D-2-125묘는 부곽묘에 단경호, 부뚜막 토기와 함께 시루가 출토되었는데, 보고서에서는 6세기 초로 편년하였다(오후배, 「시루의 형식분류와 변천과정에 관한 시론」 『호남고고학보』 17, 호남고고학회, 2003, p.59.·p.63.·pp.65~68).

25) 松永悅枝, 「고분출토 취사용 토기로 본 고대 한일 장송의례의 비교」 『영남고고학』 50 (영남고고학회, 2009), pp.94~96.

역에서는 시루가 파쇄된 형태로 출토된다. 평균 기고 25.0cm, 구경 23.5cm로 생활유구에서도 출토될 실용품이 제사용으로 매납되었다. 형태 역시 대가야형과 신라형은 달라서, 대가야형은 平底,小圓孔의 蒸氣口에 把手가 없는데 반해, 신라형은 圓底, 긴 홈으로 된 蒸氣孔에 把手가 있다. 소월리 유적 시루는 신라형 시루의 경향을 갖는다. 시루가 부뚜막형토기와 동반된 예는 한반도에서는 경주 冷水里고분, 경산 임당D-II-125호분, 群山 餘芳里 82호분의 3예뿐이다. 시루는 器高가 군산의 것이 10cm로 미니츄어인 반면, 냉수리가 20cm, 임당은 30cm로 실용품이며, 특히 임당의 것이 큰 것이 인상적이다. 신라지역에서 시루를 중심으로 한 취사용 도구는 5세기 초부터 6세기 중엽까지 확인된다. 임당 지역에서 시루의 출토는 초기철기시대 이래 삼국시대에 걸치는 지속적인 것이다.[26)]

한편 무덤에 부뚜막을 매납하는 행위는 중국 漢代에 데운 음식을 진상하는 행위, 신과 통하는 도구로서 신비적인 힘을 가지는 것으로 인식되었다.[27)] 아울러 사후 생활의 실용성을 추구한 것이라기 보다는 凶을 가라앉히고 吉을 구하는 정신적 표현으로 해석되고 있다.[28)] 소월리 유적은 주거지유적이지만 시루 출토 수혈유구는 제사유구의 성격을 갖고 있다. 또 시루와 함께 부뚜막토기는 동반되지 않았지만 人面透刻甕이 동반되었다. 人面透刻甕의 성격은 뒤에 자세히 논하겠지만 많은 구멍이 설비된 것으로 보아 煙突 즉 굴뚝을 연상케 한다. 금후 유사사례의 출토를 기다려야겠지만 취사 겸 난방 도구의 일부라고 평가할 수 있어서, 시루와 煙突의 조합 역시 넓게 除凶求吉 및 接神의 기능을 설정할 수 있지 않나 한다.

이처럼 신라고분 유적에서 시루의 출토 양상을 볼 때, 소월리 유적 수혈에서 출토된 시루는 위와 같이 경산 지역에서는 고래로 제의에 활용되고 있었던 물품이었다. 참고로 경북 봉화에서는 떡시루에 불밝이를 하고 절을 하면서 농사의 풍

---

26) 오후배, 앞의 논문, 2003.

27) 黃曉芬, 「中國漢代」『季刊考古學』 70(2000), pp.62~67.

28) 松永悅枝, 앞의 논문, 2009, p.105.

작을 비는 農神祭가 있었고, 瑞山지방에서 8월에 길일을 잡아서 광제[庫祭]를 지냈는데, 가을추수를 한 햇곡식을 광에 쌓아 두고 거기에 시루떡을 해서 고사하니 穀穗神에게 제사하는 것이었다.[29] 즉 시루떡과 떡시루는 풍작감사 혹 풍작기원의 상징물임을 시사해준다.

3) 人面透刻土器(人面文甕形土器)

인면투각토기, 인면투각옹 혹 인면문 옹형 토기는 그 생김새로 보아 의례의 용도로 쓰였을 것임에 틀림없다. 甕의 底部에는 人面文 3組가 透刻되어 있다.[30] 3조의 인문에 대해서는 稅吏의 인상으로 세금을 많이 혹은 적게 낸 것에 대해 흡족, 분노 등의 표정이라는 해석도 있다.[31] 두 눈과 코, 입을 나타내도록 각각 구멍을 뚫었다. 그 상하 방향은 甕의 바닥 부분이 人面의 머리꼭대기가 된다. 옹을 거꾸로 엎어 세웠을 때, 머리 꼭대기에 구멍이 있고, 3조의 얼굴 사이에 다시 외반한 구멍을 뚫었다. 3조의 얼굴은 눈,코,입의 구멍 크기가 달라 표정이 다른 느낌을 준다. 출토양상이나 유물자체의 형태로 보아 제사, 의례에 활용된 것임은 명확하다. 이러한 사례는 처음이어서[32] 국내에서는 비록 출토 첫 사례다. 금후

29) 고려대학교 민족문화연구원, 「세시풍속, 전승놀이 : 쥐불놀이」『韓國民俗文化大觀4: 세시풍속, 전승놀이』(1980).

30) 화랑문화재연구원, 앞의 논문, 2020, p.80.

31) 이러한 해석은 稅吏의 혹정에 대한 징벌이라는 전제 아래서, 싸리비가 회초리, 인면토기가 세리의 표정이라는 가설이다. 전체적으로 地神에게 稅吏의 酷政을 고발하는 고사의식으로 파악하였다(손환일, 앞의 논문, 2020, p.599). 그런데 세리를 징벌하는 회초리와 세금을 관장하여 심기를 드러내는 세리가 한 곳에 두어졌다는 것에는 상호모순의 감이 있다. 제사라는 전제는 공감하는데, 외람되나 혹정이라는 전제, 회초리라는 전제 등 여러 가지 전제가 모두 설득력을 가져야만 성립할 수 있는 전제가 아닌가 한다.

32) 함평 금산리 고분 출토 사람 모양 토제품은 계열과 유형이 달라 보여 동류로 보기 어렵다(화랑문화재연구원, 앞의 논문, 2020, p.80).

유사 출토례가 이어질 것으로 전망되고 이후 비교사례가 늘어나겠지만, 현재로서 유사사례와의 비교 검토가 유효하다고 판단된다.

透刻이 아니라 墨書여서 동일하지 않지만 유사사례로서 고대 일본의 人面墨書土器의 연구성과를 참조해보고자 한다. 일본고대 인면토기의 인면은 눈, 코, 입 외에 눈썹, 눈동자, 수염까지 표현되었다. 이에 비해 소월리 것은 담백하게 눈코입만을 표현했다. 아울러 透刻人面을 正位로 한 토기와 시루가 한 세트로 모두 逆位로 透刻人面土器가 上에, 시루가 下에 놓인 상하조립형태로 설치되었다고 한다. 일본의 인면묵서토기는 여러 연구와 해석이 모색되고 있는 가운데, 疫病神, 水神과 竈神, 土着神 등이 거론되고 있으며, 水邊제사, 饗應道具와 除穢, 延命기능 등이 주목되고 있다. 결론을 먼저 이야기하자면 소월리 인면토기는 제사 수혈과 동반된 목간의 내용을 참작하면 토착신 대상의 제사의례 도구였다고 판단된다. 이하 그를 논증한다.

일본 고대의 인면묵서토기는 취락유적의 제사와 관련하여 7세기 말부터 10세기 초에 존재했다. 아울러 다음과 같은 법칙성을 볼 수 있다고 한다.

> (1) 토기의 正位 즉 토기를 제대로 놓은 상황에서 그렸다. (2) 얼굴 數가 규칙적이며 人面의 수가 복수일 경우는 토기 부위를 균등분할한 위치에 그렸다. (3) 또 인면을 2개 그릴 때도 서로 같지 않게 그렸다. (4) 全身의 인형을 그린 것도 있지만 대부분 얼굴만 표현했다.

人面透刻토기(혹 人面透刻甕, 人面透刻甕形토기)의 人面은 (2)(3)(4)의 특징 요소가 동일하다.

즉 얼굴만을 표현하였으며, 3조의 인면은 각각이 토기의 1/3을 균등하게 점유하고 있으며, 3면의 표정 묘사가 각각 다르게 변화를 주었다. 그 점에서 소월리 인면토기 역시 단순한 희극적 존재가 아니라 의도성을 갖고 제작된 것이며,

다시 한번 소월리 인면토기가 제사토기임을 확인할 수 있다고 하겠다. 특히 일본의 인면토기는 그 자체로 그릇으로 활용할 수 있지만, 소월리 것은 甕底를 비롯 여러 곳에 구멍이 뚫려 있어 그대로 그릇으로는 활용할 수 있는 것이 아니어서 제작 당초부터 특수목적 즉 제사용으로 제작된 것이다. 또 (1)에서 일본토기가 인면의 표현을 正位로 한 것에 반해, 소월리토기는 逆位이지만, 애초 제작 때부터 토기를 거꾸로 놓은 상태로 활용할 것을 전제로 했다면, 그 자체가 正位가 되는 셈이다. 다음으로 이 인면은 무엇을 상징하는 것인가에 대해서다. 고대일본의 인면묵서토기의 人面에 대해서는 外國神, 流行神, 疫病神, 水神, 竈神, 國神 즉 土着神설이 있는데 정설이 있는 것은 아니고 여러 설이 모색 중에 있는 듯하다. 내가 보기엔, 소월리의 인면이 묘사한 것이 外國神, 流行神, 疫病神일 가능성은 거의 없어 보이고, 水神, 竈神, 土着神일 가능성은 모색해볼 만 해 보인다.

고대 일본 인면토기를 竈神,土着神으로 비정한 것은 묵서인면과 함께 묵서로 "竈神", "國神"=土着神이라 명기되어 있어 확인할 수 있었다. 그에 비해 소월리의 경우는 관련 묵서는 존재하지 않는다. 공반품으로 묵서는 목간이 있을 뿐이다. 목간으로 미뤄볼 수 있는 정황은 豐作祈願, 秋收感謝고 농경의례와 관련된다고 생각된다. 농업은 물과 같은 환경에 절대적으로 좌우되기 때문에 이와 관련된 神은 水(龍)神, 河神, 雨神, 雲神 등에 天神까지 포괄적으로 생각할 수 있다. 다만 물과 관련된 신은 너무 포괄적이다. 水邊제사라면, 水神에 해당하는데, 농경과 관련된 것으로 신라에서는 龍神 혹 龍王神이 있다. 국가에서는 龍王典이란 기구를 따로 두고 龍王神을 모셨으며, 창녕의 예에서와 같이 지방 단위로 지방장관이 주재하며 龍王을 모셨다. 이들 사례는 통일신라시대를 시대적 배경으로 하지만, 이미 황룡사 조영 설화, 천전리서석곡의 용 그림들의 사례로 볼 때, 龍 신앙은 6세기까지 거슬러 올라가 확인된다. 요컨대 6세기에는 이미 신라 사회에서 水, 祈雨와 관련된 것은 龍王神으로 표상화되어 있었다. 신라에서 龍王 혹 龍神은 龍王이라는 글자나 혹은 龍 그림으로 표상되고 있어서, 소월리 토기의 人面이龍王을 이미지한 것이라고 인식하기는 어려워 보인다. 한편, 일본의 인면묵서토기를 일본학계에서 수변제사로 판단하고 水神으로 인식한 것은, 토기 출토지가 排水路,道路側溝나 河川 등 水邊이기 때문이었다. 그런데 소월리 유구는 排水路도 道路側溝도 河川주변도 아니고 土壙 竪穴이어서 입지가 다르다. 물과 관련짓지만 주변에 있었을 "堤"정도고 그렇다면 堤神을 따로 설정할 수 있을까. 이 점 판단이 용이하지 않은데 신라에서 아직 堤神의 존재와 제사의 사례는 알려진 바 없어 선뜻 堤神대상을 상정하기도 쉽지 않다.

또 竈神에 대해서 모색해보자. 한국에서 竈神은 竈王神의 형태로 민속지에 남아 전한다. 부엌을 맡은 신으로 火神으로 신앙되기도 했다. 명절에 집안의 平安 혹 家運의 昌盛을 기왕하면서 부뚜막에 淨水를 떠놓고 빌기도 하고, 떡과 과일 등 간소한 음식을 차리기도 했는데 이는 일종의 家神이었던 셈이다. 조왕신은 아침에 연기를 타고 올라가서 上帝께 복을 받아오는 일을 했다고 한다.[33] 소월리 透刻人面甕形土器는 透窓 양태로 볼 때 煙突 즉 굴뚝을 의식한 것으로도 보인다. 즉 상부의 구멍 1개, 얼굴과 얼굴 사이의 구멍으로 3개, 눈코입의 구멍까지 감안하면, 얼굴 당 5개로 3면의 합이 15개로, 크고 작은 차이는 있지만 모두 19개의 구멍이 투창되어 있다. 竈神과 연결될 수 있는 요소다. 다만 소월리 유적에서 아직 竈는 발견되지 않았고, 인면토기가 발견된 곳 역시 竈와 무연한 竪穴土壙이다. 한편, 조왕신의 연원은 일찍이 晉代 葛洪이 지은 『抱朴子』(317년 완성)에서 찾을 수 있다. 일찍이 고대 중국에서 竈神인 그믐날[晦日] 밤 하늘로 올라가 가족들의 罪를 하늘에게 일러바치는 것을 막기 위해 제사를 올렸고, 이것은 道教 혹 풍속과 관련된다. 그런데 소월리 수혈유구 제사의 성격과 인면토기를 家族, 더 넓히더라도 家門의 죄를 일러바치는 家神으로 상정할 수 있는가다. 한편 치바현 사하라시[佐原市] 바바[馬場] 유적 04호 주거지의 竈 燃燒部에 4매의 杯를 口緣部를

---

33) 최준식, 「家神 신앙」『한국의 풍속 민간신앙』(이화여자대학교출판부,2005), p.88 ; 전옥천 저, 서아담 역, 「밥그릇 경영」『집안의 주인 조왕신』(천케이, 2008), pp.83~89 ; 한전사전연구사 편, 「조왕신」『종교학대사전』(한국사전연구사, 1998).

아래로 해서 포개어 두었다. 그중 장 위쪽에 두었던 杯에 "上"이 逆位墨書되었다. "上"이란 물론 공헌물을 바친다는 뜻이다. 杯를 매납상태와 같이 거꾸로 놓아야만 上이란 의미가 통하게 되는데, 이를 竈의 廢絶과 함께 竈神을 鎭魂하는 제사가 이뤄졌다고 해석되고 있다.[34] 토기가 거꾸로 사용된 것은 소월리 인면토기와 공통되지만, 소월리 유적 수혈이 竈였다는 단서는 불투명하다,

이어 土着神일 가능성에 대해 검토해보자. 고대 일본 인면토기출토 유적 가운데 치바[千葉] 야치요다이시[八千代台市] 켄겐고[権現後] 유적 출토 인면묵서토기에는 "村神鄕의 丈部國依甘魚"란 묵서가 쓰여 있다. 이는 "村神께 鄕丈部國依가 甘魚(를 바침)/村神鄕의 丈部國依가 甘魚(를 바침)"으로 해석할 수 있을까 한다. 같은 치바의 시바야마쵸오[芝山町] 죠오사쿠[庄作] 유적 25호 주거지 출토 인면묵서토기의 하지키杯에는 "丈部眞次□代國神奉(丈部眞次가 □代신에 國神께 바침)", 인면묵서甕에 "罪厶國玉神奉", 67호 주거지 유적 출토 인면묵서 하지키杯에 "國玉神奉"이 쓰여있어 이들 人面이 村神, 國神, 國玉神임을 알게 해주었다. 國神, 國玉神이란 國靈神, 國魂神이라 할 수 있는 土地 그 자체의 神으로, 村神, 國神은 지역의 土着神에 다름아니다. 같은 치바 成田市成田뉴타운內 유적群 LOC16 006호 주거지 출토 하지키杯에는 "神奉"(底部), "加"(體部)의 글자가 있다. 이시가와현[石川県] 죠오스이지[浄水寺]터에서 출토된 고대 일본의 묵서토기는 神佛에 향응 혹 豐饒祈願하는 다음 문구들이 알려져 있다.

> 珍來, 富來, 吉來, 得來, 八來 / 富加, 吉加, 盛加 / 富集 /
> 大吉, 田吉 / 加福, 土福, 仁福

---

34) 鬼塚久美子, 「人面墨書土器からみた古代における祭祀の場」『歴史学研究』181(歴史学研究会, 1996), pp.19~37 ; 高島英之, 「古代東国の村落と文字(第2部·第1章·第1節)」『古代出土文字資料の研究』(東京堂出版, 2000), pp.207~208 ; 平川南, 「墨書土器と古代村落」『墨書土器の研究』(吉川弘文館, 2000).

여기서 吉加, 加福을 비롯한 문구들은 成田뉴타운內 유적群 하지키杯의 "加"를 해석하는 데 참조가 될 것이다. 즉 "토착신께 바치오니 복(재부,행운 등)을 주십시오"란 뜻이 될 것이다. 소월리 목간과 관련해서는 田吉, 土福이 눈에 들어온다. 이를 참조하면서 인면토기의 성격을 고찰해보면, 土地神, 土着神에 가까울 듯하고, 나란히 놓여있던 목간의 내용을 감안하면 畓田의 吉함, 土地의 財富 즉 豊作을 祈願하는 제사, 의례로 해석함직하다.

한편, 치바현 시바야마쵸오[芝山町] 죠오사쿠[庄作] 유적 48호 주거지 출토 하지키杯에는 파손된 일부편이어서 인면은 확인할 수 없지만 "×秋人歲神奉進上総×"가 묵서되어 있다. 이는 "上総國□□郡□□鄕□□□□秋人歲神奉進(上総國의 □□郡의 □□鄕의 □□□□秋人이 歲神께 奉進함)"으로 복원되고 있다. 이는 歲神을 대상으로 한다. 歲神은 易에 기초하여 陰陽五行說과 관련있다. 歲神신앙은 우리나라에서는 "세경놀이"라는 굿으로 남아 있는데 풍년을 빌기 위한 것이다.[35]

마지막으로 "영동신"과의 연관성에 대해 언급해보겠다. 이에 대해서는 靈童神, 永同神, 嶺童神, 嶺東神, 燃燈神, 龍燈神 등 여러 표기가 있다고 간주되고 또 여러 지방에 걸쳐 사례가 있다. 먼저 이능화는 영동신에 대해 자료를 집대성하였는데, 그가 수집한 사례와 정리 가운데 주목되는 것은, 이 신이 영남지역에서 신봉하며 慶山郡의 田童神에서 비롯되었다는 설이다. 농사가 잘되게 해주는 신으로 비와 바람을 거느리고 있었으며, 화를 잘내는 신이었다고 한다.[36] 三品彰英이 수

35) 황루시, 「무당굿놀이개관」 『이화어문논집』 3(이화어문학회, 1980).

36) 이능화 저·서영대 역주, 「영남과 호남 일대 지방의 靈童神」 『조선무속고』(창비, 2008), pp.441~445(원저: 李能和, 「朝鮮の巫俗」 『朝鮮』, 1929 : 복각판 민속원, 2001, pp.135~146) : 이를 발체 정리하면 다음과 같다. 이 신은 영남에서 湖中[호중은 아마도 충청을 이르는 것으로 보인다]에 걸쳐 농가에서 받드는 신이다. 이 신의 기원 가운데는 慶山郡의 田童神설이 있고 이 때문에 嶺童神이라고도 했다고 한다. 이 신을 제사하면 농사가 잘된다고 해서 농가에서 많이 신봉했고 그래서 전파되었다고 한

집한 한국 각지의 영동신 사례 5예를 고찰하면[37], 豊凶, 風雨, 正月에서 2月 中旬

다. 또 세속에서 靈登神이라고 하는데 이 신이 딸을 데리고 오면 그 해는 바람이 많이 불고, 며느리를 데리고 오면 비가 많이 온다고 한다. 이 때문에 風靈登, 雨靈登이라고도 한다. 또 이 신은 화를 잘 내기도 해서 노여움을 잘타는 사람을 영등 할머니라고도 하는 이유는 그 때문이다. 한편 이능화는 영동신을 할머니, 여성으로 결론내렸는데, 이러한 농경신은 영남과 호남에 널리 산재하며 그 성격도 다른 점을 보면 일률화하기는 어려울 듯하고, 경산의 지방색을 고려하면, 慶山郡의 田童神이 매력적으로 보인다.

37) 三品彰英는 한국을 비롯 오키나와 등 주변포함 18개의 사례를 수집하고 이를 근거로 한국 각지의 영동신 사례를 龍童神으로 결론내렸다. 즉 海村에서의 龍神신앙에서 비롯되어 山村農村에 확산되면서 변형된 것이고 海童의 어머니가 龍女이며 龍의 아들이 海上에서 來臨한 것이 龍童神이라고 해석하였다(三品彰英, 「ヨンドン神小考」『三品彰英論文集4 : 增補日鮮神話傳說の硏究』, 平凡社, 1972, pp.305~326 ; 元載, 『朝鮮学報』 19, 朝鮮学会, 1956). 三品는 위 논문에서 18개의 사례를 들었다. 제1예는 龍池, 제2예는 龍祭, 제3예는 龍木, 제9예와 제11예가 風神祭, 제12예가 燃燈과 龍神신앙, 제13예가 龍王祭, 제18예는 대만, 제17예는 오키나와, 제14예는 자바의 예여서 영동제와 다른 예다. 제5예가 靈登姥와 禾積, 제6예와 제7예가 永童神, 제8예가 嶺童神, 제10예가 영동신이어서 이들 5예가 순수하게 영동신에 ㅐ당한다고 판단된다. 三品의 결론이 龍童神에 이른 것은 이와 같이 모본데이터의 선정 오류에서 비롯된 순환논리다. 즉 애초부터 영동의 영을 龍으로 결론짓고 자료를 모은 연역적 결론의 오류다. 따라서 순수한 5사례를 분석해서 결론을 내야 옳다고 판단된다. 제5예는 巨濟島의 사례로, 정월 그믐밤에 물태[水竿]을 세워 영등노를 맞아 2월 1일부터 3일간 길일을 택해 오곡밥,인절미를 만들어 물태 앞에 바치는데, 원료는 전 해 가을에 수확한 쌀을 대청 혹 안방 瓶에 담아 준비할 정도로 경건하게 했다고 한다. 인절미는 藁苞 즉 볏짚으로 쌓아 둔다고 한다. 제6예는 경북 興海의 사례로, 정월 20일에 영동신이 내려온 후 3월 20일까지 집에 머무는데, 이 동안 매사 삼가며 경건히 한다. 禾積같은 것을 세우지 않고, 1일, 15일, 20일에 제의만을 제내며 풍년을 기원한다. 이 때 바치는 떡은 藁苞 즉 볏짚단으로 쌓았다. 그 볏짚단은 모내기 때에 모[苗]를 묶는 데 사용했다. 永童은 다른 郡 사람이라고도 하고 死靈이라고도 하며 무서운 老女라고도 해서 오는 날에 바람이 불면 며느리를 데리고 왔다고 하고, 조용하면 딸을 데리고 왔다고 하며, 그 해의 豊凶을 점친다. 때에 따라서는 딸을 데려올 때 바람이 불고, 며느리를 데리고 올 때 비가 많이 내린다고도 한다. 제7예는 경북 迎日郡 延日面의 사례다. 永童神이 2월 1일 와서 20일 돌아간다. 민가 문 양쪽에 柱 즉 기둥을 세우는데 그 끝에 가늘고 긴 볏짚

이란 요소가 공통되고 그중 3예가 "童"과 유관하다. 경산 소월리 제사유구의 출토품에 비응하면, 영동신 사례 가운데 볏짚단, 炊事場이 주목된다. 요컨대 영동신의 관련사례를 검토한 바, 소월리 인면토기의 人面은 嶺童神, 靈童神, 田童神일 가능성이 높고, 이는 風雨 등 자연환경을 관장하며 農業의 豐凶과 지역의 安寧을 좌우하는 때로는 兒童人格化된 土着神이라고 할 수 있다. 필자에게는 소월리 인면토기의 人面이 兒童과 같은 느낌으로 다가오며, 3組의 각기 다른 표정은, 이상의 민속지를 대입하면, 神의 平穩에서 憤怒 사이의 3가지 표정의 多重人格으로 묘사되었는데, 이것이 각각 평시, 風時, 雨時를 반영할 것일 수도 있겠다는 생각이 든다.

한편 風神歌는 매년 2월에 風神에게 제사를 지내며 벼의 豐作과 가축을 잘 길

단을 붙였다. 그 위에는 豊年이라고 표시한 종이 깃발을 세워 영동신을 맞이하였다. 볏짚단은 제가 끝난 뒤 1년 내내 그대로 두었다. 제8예는 경북 義城의 사례다. 2월 1일 이른아침부터 15일까지 영동제를 지낸다. 炊事場(부엌을 옮긴 것일까)에 가종 음식을 바치고, 그 해의 평온을 기원한다. 2월 1일은 신이 내려오는 날, 15일은 돌아가는 날로 祭를 올린다. 靈童의 유래는 옛날 어느 곳에서 아이가 죽어서 부근의 밭에 묻었는데 매년 風災가 일어 凶年이 들었다. 밭 주인이 아이 묘에 祭物을 바치고 祭儀를 하자 다음해부터 風害가 사라지고 豊年이 들었다. 이에 이후 영동제를 하였다고 한다. 제10예는 전남 羅州郡의 예다. 1월 말일 한밤중에 영동신이 하늘에서 내려온다고 해서 가족 모두 정결하게 성대한 제사를 지낸다. 제사 끝나면 淨水를 떠서 상위에 올려두고 奉安한다. 神은 2월 29일 밤에 하늘로 돌아가는데 그 사이 3번(1월말일, 2월14일, 2월29일) 大祭를 올린다. 이 영동신은 風雨를 다 자유롭게 지배하는 위력을 지녔고 조금이라도 그 神聖함을 더럽히면 神威를 바로 드러내 峻烈한 罰을 내받았다고 한다. 이들 사례를 종합하면, 豐凶, 風雨, 正月에서 2月中旬, 祭祀를 공통 요소로 한다. 3예가 "童"자를 쓰며, 義城의 1예는 아이가 제사의 대상이다. 경산 소월리 제사유구의 출토품에 비응하면, 영동신 사례 가운데 볏짚단, 炊事場이 주목된다. 종합적으로 소월리 제사의 대상은 영동신이고 인문토기의 인문은 영동신을 이미지한 것일 가능성이 있어 보이고, 마을의 祈豐과 安寧을 위한 농경의례였을 가능성이 있어 보인다. 정월에서 2월에 거치는 공통적인 영동제의 특성 역시 다른 용신제의 기간 즉 제12예의 2월말, 제3예의 三伏中과도 다른 점에서도 양자를 연결하는 것은 타당치 않아 보인다. 한편 영동제에 대해서는 국립문화재연구소, 「경산시_2월」『경상북도 세시풍속』(2002), p.48에도 있으나 소략하다.

러 추수 때 세금을 잘 내게 해달라는 농민 백성의 마음을 잘 반영해준 내용이다.[38) 소월리 농경의례에 담긴 지역사회의 마음을 상상해보기에 좋은 자료로 보인다.

이상의 고대 일본의 사례와 한국의 민족지적 사례를 검토한 바, 인면토기의 인면은 여러 정황으로 볼 때 豊作기원의 대상인 土着神의 擬人化된 이미지일 가능성이 커보인다. 한 발 물러나서 혹 공동체와 神을 연결해주는 메신저일 가능성도 남겨두고 싶다. 요컨대 지역사회의 農耕과 安寧을 관장하는 土着神이었을 것임을 개진해두고자 한다.

38) 한편 이능화는 이 靈童神 항목에 채제공이 모은 풍신가를 수록했는데 아마도 풍신과 관련있다고 판단한 것으로 보인다. 風神歌: 신부는 떡 만들고 아이는 고기를 사오며 / 할아버지와 할머니는 두 번 절하고 신 앞에 엎드리네/ 신이 와서 잡수실 때 가난타 말하지 마라/ 지난날 관에서 나누어준 쌀 네 또한 얻지 않았는가/ 황토 뿌린 뜰에 북소리 둥둥/ 시골 사람 소원이 진실로 사친한 것 아니네/ 집에 있는 소와 양은 번갈아 새끼를 낳아/ 아들들에게 나누어주어 생계수단 삼게 하소서/ 동쪽 언덕에 심은 벼에 새와 참새 많사오니/ 신께서 새들 몰아내어 우리 곡식 많게 하소서/ 추수 때는 세금을 제 때 내어/ 내 살갗이 채찍질을 면하도록 하소서/ 두세살짜리 손자들이 있으나/ 다만 장정으로 등록될까 두렵습니다/ 신이여 우리 식구를 도와주소서/ 그러면 내년 2월에 다시 신을 맞이하겠습니다(〈蔡濟恭의 樊巖集에 수록된 風神歌〉 : 이능화 저·서영대 역주, 앞의 책, 2008, pp.444~445). 영동신을 이능화도 三品도 모두 風神과 연결짓고 있는데, 영동신의 사례를 고찰해보면, 〈영동신=풍신〉은 아니고 〈영동신⊃풍신〉의 관계, 즉 영동신이 風神을 雨神과 함께 수하에 두고 있었던 것으로 보인다. 영동신이 화를 잘내기도 한다는 내용, 이것이 雨, 風과 연계된다는 점을 생각하면, 인면토기에 3色의 표정은 穩和와 忿怒요, 그것이 雨, 風와 연결될 수 있다는 생각이 든다. 결국 農業의 성공과 지역의 安寧을 좌우하는 지역신, 土着神에 다름아닌 듯하다.

3. 木簡의 再活用과 그 時期

1) 竪穴 埋納 當時 木簡의 用途와 象徵

앞 장에서 살펴본 바, 인면투각토기와 시루토기가 상하 세트로 결합되었을 것이며, 그 아래 나무다발(혹 싸리비)과 목간을 둔 상태였다. 시루는 곡물을 취사하는 데 사용된 도구다. 나뭇가지 다발은 풍년을 기원하는 상징적 주술적 도구였다. 요컨대 수혈의 유물들은 제의,제사와 관련있다. 이어서 이러한 제사 혹 의례와 관련된 수혈에 제사용 도구로서 인면토기, 시루토기, 목제품 등과 함께 산입된 목간의 용도에 대해 논하고자 한다.

목간 역시 공반 토기와 목제품과 함께 제의물로서 헌상되었다. 후대에 전해지는 기풍 행사인 禾積 즉 낟가릿대, 볏가릿대 행사는 정월 보름 무렵일에 長竿 위에 木花 혹은 곡식을 늘어놓는 것이었음을 설명했다. 이 행사는 2월 1일 아침 일찍 철거하였는데 낟가릿대를 헐기에 앞서 섬이나 가마니 같은 것을 가져다 곡물을 넣는 시늉을 하면서 큰 소리로 「벼가 몇만 석이요」, 「조가 몇천 석이요」, 「콩이 몇백 석이요」, 「팥이 몇십 석이요」 하고 소리쳐서 마치 많은 수확을 거두게 된 것처럼 한다고 한다.[39] 목간의 용도와 곁에 나란히 배치된 목제품은 이와 유관한 것이 아닌가 생각된다. 나무다발이 많은 것 즉 "多", 목간의 내용이 수확 즉 소출량을 기록한 것 즉 "結負", 목간의 길이가 유독 긴 것 즉 "長" 등 이러한 몇 가지 요소는, 이를테면 禾積 등에서 보이는 豐作의 상징과 연계된다. 목간 역시 수혈의 공반 도구 즉 인면토기, 시루, 나무다발 목제품과 마찬가지로 순조로운 가을 수확을 기원하는 봉헌물, 상징물이었던 것으로 판단된다. 요컨대 목간은 지역사회의 祈豊祭儀 혹 儀禮에 활용된 것이다. 재차 강조하면 목간의 내용, 즉 15개 이상의 谷地 등 마을 지역과 그곳 각각 畓田의 所出 結負數 장부, 또 74cm가

---

39) 이관호, 앞의 논문, 2002, p.110.

넘게 매우 긴 형태는 지역사회의 豐作기원을 위한 농경의례의 상징물, 봉헌물로서 맞춤이라 할 정도로 매우 부합하는 느낌이 든다.

신라의 국가 제사는 여러 종류가 있었고, 삼국사기 잡지에 그 면모를 볼 수 있다. 입춘에는 先農과 風伯, 입하에 中農과 雨師, 입추에 後農과 靈星에 祭를 지냈다.[40] 농사의 신, 바람과 비의 신, 별의 신, 이들은 모두 농경과 관련된 제의다. 농경 제의는 농업과 함께 중국에서 한반도에 도입된 것일 것인데, 신라가 당대 기축산업이었던 농업을 중시하고 있었다는 증좌다. 삼국사기 찬자가 지적했듯 禮記 등에 先農祭는 있어도 중농제, 후농제는 없는 것을 보더라도[41] 신라에서 農事와 그 祭儀를 매우 중시했음을 알 수 있다. 五廟 제사에서는 풍년인가 흉년인가에 따라 제사 제물을 조절했다. 흉년에는 국가의 창고를 풀거나 세금을 경감 혹 면제하는 조치를 취했다. 농사의 풍흉은 국가 재정와 재정, 일상 정치에 연동되며 민심을 좌우하는 중요하고 민감한 사안이었던 것이다. 또 三山 五岳 이하의 名山大川에 大祀, 中祀, 小祀의 제사를 지냈다. 大祀는 3산에서 지냈는데 그중 하나가 소월리 근방, 즉 동남에 자리한 切也火郡의 骨火山[현 영천 금강산]이었다.[42] 또 中祀를 5곳의 산에 지냈는데, 그중 하나가 소월리 인근, 즉 서쪽의 父岳 혹 公山[현 팔공산]이었다.[43] 이렇듯 소월리 근방, 즉 서쪽과 동남쪽에는 지역에서 치러지는 국가제사 중 최고봉인 3산과 5악 중 2건이 자리하고 있었다. 이들 신성한 山岳은 국가제사로 편입되기 이전부터 아마도 이미 지역사회에서 예로 부터 신

---

40) 立春後亥日 明活城南熊殺谷 祭先農 立夏後亥日 新城北門 祭中農 立秋後亥日 菻園祭後農 立春後丑日 犬首谷門 祭風伯 立夏後申日 卓渚祭雨師 立秋後辰日 本彼遊村祭靈星.(『三國史記』 雜志 祭祀)

41) 檢諸禮典 只祭先農 無中農後農. (『三國史記』 雜志 祭祀)

42) 三山五岳已下名山大川 分爲大中小祀. 大祀 三山 一奈歷[習比部] 二骨火[切也火郡] 三穴禮[大城郡]

43) 中祀 五岳 東吐含山[大城郡] 南地理山[菁州] 西鷄龍山[熊川州] 北太伯山[奈已郡] 中父岳[一云公山 押督郡] (『三國史記』 雜志 祭祀)

앙의 대상이었을 것이다. 한편 지역 사회에는 여러 단위별 공동제사와 제의가 존재했을 것이다. 신앙의 대상은 산악과 토지, 自然를 근간으로 한 土着神이었을 것이다.

농업은 국가에서도 중시했고, 당연 지역사회에서도 제1의 관심사요 중대사였을 것이다. 농업은 播種, 營農, 收穫, 水利 등 공동의 集體 노동을 기반으로 하는 것이었다. 雨水와 日照, 기후 등 자연조건에 크게 좌우되는 것이었다. 지역 공동체의 노력동원, 영농의 성패는, 지역사회의 民心의 동향과 밀접하게 상호작용하는 것이었을 것이다. 공동제의는 단위 지역민의 心과 身 모두를 하나로 묶는 역할을 했을 것이다. 제사의 주제자는 단위집단과 이를 대표하는 長 혹 지배자였을 것이다. 문서 목간은 국가와 연결된 官에 의해 작성된 것이고, 그것이 공헌물로 활용되었다는 것은, 해당 제의에 官이 관여했음을 보여주는 중요한 형적이다. 즉 소월리 목간과 매납 양상은, 이 단계에 국가가 지역사회의 畓田파악, 堤와 馬匹 관리 등 지역 파악과 지배 일괄은 물론, 지역사회의 祭儀에까지 깊숙이 간여하고 있었음을 보여준다.

이들 제사의례의 범위와 공간에 대해서는 고고학적인 양상만으로는 소월리 유적 聚落 전체, 혹은 一單位集團內, 혹 보다 더 좁게 一住居單位內라는 매우 한정적인 공간[44]과 人的 관계를 상정할 수 있을 것이지만 공반된 목간 내용으로 보면 기재된 적어도 여러 谷地를 중심으로 한 15개 이상 지역이 모두 포함된 행정구역이 祭祀集團이자 範圍이자 주체였다고 규정할 수 있다.

---

44) 목간에 등장하는 지역명의 지역적 범주에 대한 지명 비정은, 필자의 발표문 「慶山 所月里 木簡의 綜合的 分析: 木簡의 機能과 農耕儀禮」(2021.4.27.)의 〈Ⅲ. 單位行政區域의 位置와 範圍〉 및 이를 바탕으로 개고한 졸고, 「慶山 所月里 木簡에 보이는 지명의 지역적 범주」(미공간).

2) 木簡의 長大함

목간은 길이 74cm로 매우 긴 편이다. 목간은 원형에 육박하는 다면체 즉 5면체로 각 면에 글자가 쓰여 있다. 글 쓴 면의 마멸이 심하여 전체 글자를 다 읽어낼 수는 없는데, 면 전체가 글자로 가득채워졌었다고 가정하면, 매우 많은 글자가 상정된다. 나뭇가지 하나에 되도록 많은 글자를 적기 위한 궁리였다고 보여진다. 이와 같은 다면 목간은 신라목간에 자주 보인다.

형태로는 4각의 4면, 3각의 3면, 원형의 다면 등이 있다. 이러한 다면목간은 신라에서 모두 18개 출토되었다. 왕경에서 14개, 지방에서 4개가 출토되었다. 이 중 6면 묵서가 4개, 4면묵서가 5개, 3면이 6개다. 이 가운데 문서가 7개(4면 경주 월성해자 신3, 신4[45) ; 6면 월성해자 148[46), 150, 158, 168 ; 3면 - 월성해자 172), 약물목록이 2개(4면 경주 월성해자 167, 3면 안압지 198), 기타 5개다(6면 안압지 205, 3면 월성해자 154, 155, 안압지 182, 183). 왕경이외에서는 문서가 1개(3면 하남 이성산성 118), 논어를 적은 것이 2개(4면 : 인천 계양산성, 김해 봉황동), 내용 미상 1개다(4면 익산 미륵사지 295). 요컨대 신라 다면 목

---

45) 목간의 번호와 관련 2계통의 넘버링이 존재한다. 2017년에 공표된 신 출토 월성해자 목간에 대해, 박정재와 전경효 등 국립경주문화재연구소의 "임 몇"의 넘버링(박정재, 「월성해자 조사성과와 목간」『동아시아 고대 도서의 축조의례와 월성해자 목간』, 국립경주문화재연구소, 2017 ; 전경효, 「신출토 경주 월성해자 묵서목간 소개」『동아시아 고대 도서의 축조의례와 월성해자 목간』, 국립경주문화재연구소, 2017)을 주었다. 윤선태는 독자 번호 "신 몇"을 붙였다(윤선태, 「월성해자목간의 연구성과와 신출토목간의 판독」『동아시아 고대 도서의 축조의례와 월성해자 목간』, 국립경주문화재연구소, 2017). 본 발표문에서는 구 목간(기왕에 발견되어 보고된 목간 : 이용현, 「목간류」『月城垓子:발굴조사보고2 고찰』, 국립경주문화재연구소, 2004)과 구분의 편의상 "신 몇"으로 한다. 목간 번호 대조는 다음과 같다. 신1=임69, 신2=임392, 신3=임418, 신4=임001, 신5=임071, 신6=임098

46) 이하 본고에서 목간 번호는 국립창원문화재연구소, 『한국의 고대 목간』(2005)의 것으로 한다.

간의 대부분은 문서목간이었다. 때로는 문서목간 안에 옹이도 보인다(월성해자 153, 172). 한편 백제 목간에서도 다면은 여럿 보이며 부여 능산리사지에서 2건 발견되었다(부여 능산리사지 295, 부여 능산리사지 지약아식미기). 1건은 관문서이고 1건은 남근모양의 주술목간으로 글자가 상하 양방향으로 씌여 있다. 소월리 목간은 5면 묵서 목간으로, 종래 신라 다면 목간에서 보이는 통상적 특성 즉 문서목간으로서의 성격을 갖는다. 다만 길이가 75cm로 기왕의 문서목간과 비교해 극단적으로 길다. 신라의 다면 목간은 완형으로 제일 긴 것이 왕경의 것은 25.9cm, 지방의 것은 35cm다.[47)]

소월리 목간은 기왕의 왕경 혹 지방의 다면 목간과 비교해도 2~3배나 긴 것이다.[48)] 신라의 지방 목간으로는 김해 양동리 목간[49)]이 26.8×2.5× 0.7cm(길이, 너비, 두께), 꼬리표 25.7×2.6×0.7cm과 부산 배산성지 목간 29.6cm, 장수 침령산성 목간 (37.7+a)×2.0cm[다면목간(5면)], 남원 아막산성 목간 (9+a)×2.0 [봉형 다면]이 있다. 일본 고대에서 物忌목간이 길이가 길다. 나가오카쿄오[長岡京] 사쿄오[左京] 三条三坊一町 南溝 출토 목간은 길이가 110.4cm로, 택지 南門 바깥에 땅에 꽂아 세워, 凶日에 除魔를 위해 來客이 들어오는 것을 금하는 목간이었다.[50)] 니이가타[新潟] 하치만바야시[八幡林] 유적 1호 목간은 그 길이가

47) 다면 목간의 길이는 다음과 같다. 25.9cm(월성해자 신3, 월성해자 168), 20.4(월성해자 150), 22.6(백제 부여 능산리사지), 20.0+a(월성해자 148, 172), 15.9+a(안압지 150), 15.0+a(월성해자 신4, 월성해자 154,155,167), 13.9+a(안압지 198), 35.0 (이성산성 117), 17.7+a(익산 미륵사 295),20.9+a(김해 봉황동 논어 147),15.0+a(하남 이성산성 118). 이상 단위 모두 cm. : 이상 제원에 대한 수치는 다음 책에 의거했다. 국립창원문화재연구소, 『한국의 고대 목간』(2005).

48) 정확한 계산은 2.1~2.9배임.

49) 이선미·김현정, 『김해 양동산성 집수지 유적(대성동고분박물관 학술연구총서23)』(대성동고분박물관, 2020), p.75, p.95 : 이수훈, 「김해 양동산성 출토 목간의 검토」『역사와 세계』 58(효원사학회, 2020) .

50) 長岡京 左京 三条三坊一町 南溝 출토, 110.4×4.3×0.7cm : 公益財団法人向日市埋

585cm, 앗타메죠리[荒田目条里] 유적 1호 목간은 (23.0+a)cm, 이바[伊場] 유적 목간은 (28.2+a)cm다. 한편 신라의 논어 목간 2건은 모두 상하가 파손된 상태여서 현재 잔존 길이가 김해 봉황동의 것이 20.9cm, 인천 계양산성 것이 13.8cm인데, 파손 전 원래 길이는 105~127cm로 추정된다 [51]로 추정된다. 논어 목간이기 때문에 예외적으로 문서목간보다 긴 것일까. 그런데 백제 왕경이었던 부여 쌍북리 56번지 출토 논어 목간은 길이가 30여cm로[52] 신라의 논어 목간과 비교해 매우 짧다. 백제 지방 목간으로 나주 복암리 출토품은 4호 郡佐 목간이 60.3×6.1×1.2cm으로 백제 목간 가운데 가장 길고 크다.

이처럼 고대 동아시아에서 백제와 일본의 경우 지방 목간이 크고 긴 경향을 보이는데, 소월리 목간을 통해 이처럼 고대 신라의 목간은, 백제나 일본과 마찬가지로 지방목간이 크고 긴 경향이 있는데, 경산 소월리 목간을 통해서 신라에서도 그러한 경향이 있음을 확인할 수 있다.

蔵文化財センター, 「物忌木簡」『まいぶんfan 特集公益財団法人向日市埋蔵文化財センター設立30周年記念展 : 埋もれた文字~長岡京の墨書土器~』(2018)(http://www.mukoumaibun.or.jp/admin/wp-content/uploads/2018/08/vol.10-0002.pdf).

51) 이용현, 「계양산성 논어목간은 언제 만든 것일까」『나무 속 암호 목간(국립부여박물관 특별전 도록)』(2009), p.203 : 하시모토 시게루는 김해 봉황동 것을 125.4~146.3cm로 복원 추정했고(橋本繁, 「金海出土論語木簡と新羅社會」『朝鮮学報』 193(朝鮮学会, 2004), p.7) 다시 김해 봉황동과 인천 계양산성 것이 모두 길 130cm정도로 복원할 수 있다고 수정언급하였다(橋本繁, 「한국출토 論語 목간의 원형복원」『동아시아 論語의 전파와 桂陽山城』, 계양산성박물관·경북대학교HK+사업단·한국목간학회 공동주최 심포지엄 자료집, 2020, p.195).

52) 잔존 길이는 28cm인데 1자 정도가 결락된 상태여서 필자의 추산으로는 원형은 30.3cm 정도가 된다. : 관련 목간에 대한 소개는 다음이 참조된다. : 김성식·한지아, 「부여 쌍북리 56번지 사비한옥마을 조성부지 유적 출토 목간」『목간과 문자』 21(한국목간학회, 2018), pp.343~347.

3) 목간의 使用 사이클과 用途 變化

위에서 본 목간의 쓰임새들을 생각해보면, 아래와 같이 목간은 3단계의 활용 국면을 설정할 수 있다.

1단계 : 지역의 토지와 결부수 조사를 기록한 것, 문서 자료
2단계 : 문서자료로서의 용도가 종료되고, 습서됨
3단계 : 지역사회의 祭儀의식의 도구로서 활용됨

1단계는 〈마을 + 畓田의 지목 + 結負수〉를 기본으로 한 기록 문서를 작성한 단계다. 목간의 원초적 문서로, 마을의 전답과 그 소출량 결부수를 조사하여 기록하였다. 문서 내용만 적혀 있고, 기록자에 대한 기록은 없다. 기록의 주체가 官임에는 틀림없는데, 아마도 이 지역을 통할하는 관리였을 것이다. 그가 중앙관인지 지방관인지, 즉 6부인인지 아니면 이 지역 출신인지는 판단할 근거가 없어 알 수 없다. 다만 畓와 結負의 서체가 신라촌락문서와 유사한 점은 지적해둔다.

2단계는 追記 習書가 이뤄지는 단계다. 5面 가운데, 2面에서 확인된다. D면과 그 왼쪽 면인 E면 가장 하단 쪽 즉 문장 순서상 가장 뒤 쪽에 추기가 이뤄졌다. D면은 6자, E면은 8자가 확인되고 그 위 어디까지 올라가는지는 확인하기 어렵다. 비록 그렇다고 하더라도 1단계 때 썼던 글자들 위에 덧 쓰거나, 그들을 깍아내고 다시 쓴 것으로 보이지는 않는다. A면을 제1면으로 가정하면, 가장 뒷면의 아래 쪽에 追記한 것이 된다. 1단계 때 공백 부분에 즉 글자가 쓰여지지 않았던 부분에 2단계의 글씨가 쓰여진 인상이다. 적외선 사진에 덧 쓰여진 묵흔이 보이지 않기 때문이다. 즉 이전 문서 내용을 훼손하지 않으면서 付記한 것이다.

다음 3단계는 이러한 문서 혹은 서사기록으로서의 역할을 모두 마치고, 제의의 기물로서 활용된 단계다. 위에서 상정한 2단계와 3단계는 동시에 일어났을 개연성도 생각해 볼 수 있다. 즉 단순한 습서가 아니라 祭儀에서 呪文과도 같은 역할을 했다거나, 토지 결부수 외에 다른 마을 경영과 운영 관련 염원이 담긴 글

귀였다는 상정이다. 추기 부분은 "□□ 柱柱 邱阝"과 "□堤 堤堤 心心匹□"으로 공통적인 것은 2회 이상 같은 글자를 반복하였다. 추기된 글자 즉 堤·柱·心·匹을 비롯한 염원을 담은 것일 수도 있다.[53] 즉 문서로서 효용이 완료된 후에, 제의에 활용되면서 주문과 염원의 글귀를 추가로 써넣었다고 볼 수 있다. 이 경우는 전체 3단계가 아니라 2단계가 될 것이다. 아무튼 목간은 2차 혹 3차에 걸쳐 변신을 하게 된 것으로 볼 수 있다.

목간이 제의에 활용되었다는 것은, 그 순간 이미 문서로서의 기능이 종료되었다는 것을 의미한다. 문서의 관점에서 보면 목간에 기록된 내용이 다른 곳에 옮겨 기록되었을 것임을 의미한다.

4. 結言

경산 소월리 유적 수혈 유구에서는 목간과 함께 인면투각토기, 시루토기, 나뭇가지다발 목제품 등이 공반 출토되었다. 나뭇가지 다발은 풍작 기원 관련 주술행위와 유관하며, 시루토기는 경산 지역에서 고래로 제의에 활용되었다. 인면투각토기 역시 제의과 유관하며, 묘사된 인면은 지역사회의 농경과 안녕을 관장하는 토착신을 의인화한 것으로 보인다. 민속지적 사례로 볼 때, 영동신과 그 성격

53) 능산리사지 백제 목간 중 남근목간에는 "立立立"과 같이 같은 글자를 3차례 써서 呪文을 연상케 한다. 아울러 "无奉" 등 글자를 서로 다른 면에 중복적으로 새겼다. : 관련 자료에 관한 소개와 양호한 사진자료는 아래를 참조 : 이용현, 「목간」 『백제문화사대계12』(충남역사문화원, 2007), pp.270~276 ; 국립부여박물관·국립가야문화재연구소, 『나무 속 암호 목간(특별전 도록)』(2007), pp.12~13 : 한편 손환일 선생은 堤를 3번 반복해서 쓴 것에 대해, 제방이 3중으로 되어 있는 것이라고 해석했다(손환일, 앞의 논문, 2020, pp.33~34). 다만 이 논리라면, 柱가 2회 쓰여진 것, 匹이 2회 쓰여진 것도 각각 기둥이 2개, 馬匹이 2마리인 것으로 해야 한다.

이 흡사해 보인다. 이들과 함께 매납된 목간 역시 제의물의 용도로서 헌상된 것으로 판단된다. 지역사회의 소출이 기록된 목간의 내용, 75cm라는 장대한 외형은 풍작기원의 취지에 부합한다.

목간은 원래 관문서로서 작성되었다가 그 문서적 기능이 폐기된 후, 2차적으로 지역사회의 농경의례에 활용되었다. 용도폐기된 관문서가 지역 농경의례에 활용되었다는 것은, 국가가 지역사회의 농경의례까지도 깊숙이 간여하고 있었음을 말해준다. 즉 토지개간과 수리시설 확충, 농업진작을 매개로 국가의 지역사회에 대한 장악이 국가 저변의 바닥에까지 관철되고 있었음을 알 수 있다. 또 6세기 초에 불교가 공인된 이후인 6~7세기 단계에도 여전히 지역사회에서는 도교 혹 토착색짙은 종교와 신앙이 지역사회를 규제하고 있었으며, 국가 역시 지역 관리에 토착 종교를 존중하며 이에 의존하고 있었음을 보여준다.

참고문헌

1. 단행본

고대민족문화연구소 편, 『韓國民俗文化大觀4: 세시풍속, 전승놀이』, 1982.

국립문화재연구소, 『경상북도 세시풍속』, 2002.

국립부여박물관·국립가야문화재연구소, 『나무 속 암호 목간(특별전 도록)』, 2009.

국립창원문화재연구소, 『한국의 고대 목간』, 2005.

김종대, 『한국의 도깨비 연구』, 국학자료원, 1994.

국립경주문화재연구소, 『동아시아 고대 도서의 축조의례와 월성해자 목간』, 2017.

宋在璇 엮음, 『農漁俗談辭典』, 東文選, 1995.

송재선 엮음, 『우리말 속담 큰사전』, 서문당, 1983.

이기문 편, 『俗談辭典』, 一潮閣, 1995.

三品彰英, 『三品彰英論文集4：增補日鮮神話傳說の研究』, 1972.

戸部 民夫·シブヤ ユウジ, 『神祕の道具』, 新紀元社, 2001.

2. 논문

橋本繁, 「한국출토 論語 목간의 원형복원」 『동아시아 論語의 전파와 桂陽山城』, 계양산성박물관·경북대학교HK+사업단·한국목간학회 공동주최 심포지엄 자료집, 2020.

김성식·한지아, 「부여 쌍북리 56번지 사비한옥마을 조성부지 유적 출토 목간」 『목간과 문자』 21, 2018.

손환일, 「경산소월리목간의 내용과 서체」 『한국사탐구』 34, 한국사탐구학회, 2020.

松永悅枝, 「고분출토 취사용 토기로 본 고대 한일 장송의례의 비교」 『영남고고학』 50, 2009.
오승연·김상현, 「투각 인면문 옹형 토기가 출토된 경산 소월리 유적」 『2019 한국 고고학 저널』, 국립문화재연구소, 2020.
오후배, 「시루의 형식분류와 변천과정에 관한 시론」 『호남고고학보』 17, 2003.
윤선태, 「월성해자목간의 연구성과와 신출토목간의 판독」 『동아시아 고대 도서의 축조의례와 월성해자 목간』, 2017.
이관호, 「볏가릿대고」 『생활문물연구』 4, 국립민속박물관, 2002.
이능화 저·서영대 역주, 「영남과 호남 일대 지방의 靈童神」 『조선무속고』, 2008.
이선미·김현정, 『김해 양동산성 집수지 유적(대성동고분박물관 학술연구총서 23)』, 대성동고분박물관, 2020.
이수훈, 「김해 양동산성 출토 목간의 검토」 『역사와 세계』 58, 효원사학회, 2020.
이용현, 「慶山 所月里 木簡의 내용」, 미공간 논고.
이용현, 「慶山 所月里 木簡에 보이는 지명의 지역적 범주」, 미공간 논고.
이용현, 「慶山 所月里 木簡의 綜合的 分析 : 木簡의 機能과 農耕儀禮」, 2021.4.27. 경북대인문학술원 국제학술대회 "경산 소월리 목간의 종합적 검토" 발표문.
이용현, 「계양산성 논어목간은 언제 만든 것일까」 『나무 속 암호 목간 (국립부여박물관 특별전 도록)』, 2009.
이용현, 「목간」 『백제문화사대계12』, 충남역사문화원, 2007.
이용현, 「목간류」 『月城垓子: 발굴조사보고2 고찰』, 2004.
임석재·진홍섭·임동권·이부영, 「한국의 도깨비」 『국립민속박물관총서1』, 열화당, 1981.
전경효, 「경산 소월리 목간의 기초적 연구」 『목간과 문자』 24, 2020.
전경효, 「신출토 경주 월성해자 묵서목간 소개」 『동아시아 고대 도서의 축조의례와 월성해자 목간』, 2017.
전옥천 저, 서아담 역, 「밥그릇 경영」 『집안의 주인 조왕신』, 천케이, 2008.

최준식, 「家神 신앙」 『한국의 풍속 민간신앙』, 이화여자대학교출판부, 2005.
한전사전연구사 편, 「조왕신」 『종교학대사전』, 한국사전연구사, 1998.
화랑문화재연구원, 「경산 소월리 유적 사람 얼굴 모양 토기 출토」 『문화재사랑』 182(2020년 1월호), 문화재청, 2020.
황루시, 「무당굿놀이개관」 『이화어문논집』 3, 1980.
高島英之, 「古代東国の村落と文字(第2部·第1章·第1節)」 『古代出土文字資料の研究』, 2000.
公益財団法人向日市埋蔵文化財センター, 「物忌木簡」 『まいぶんfan 特集公益財団法人向日市埋蔵文化財センター設立30周年記念展 : 埋もれた文字~長岡京の墨書土器~』, 2018.
鬼塚久美子, 「人面墨書土器からみた古代における祭祀の場」 『歴史学研究』 181, 1996.
橋本繁, 「金海出土論語木簡と新羅社會」 『朝鮮學報』 193, 2004.
平川南, 「墨書土器と古代村落」 『墨書土器の研究』, 2000.
黄曉芬, 「中國漢代」 『季刊考古學』 70, 2000.

제8장

금호강 유역 소월리 목간의 '堤'와 水利碑의 '塢'·'堤'

김재홍

Ⅰ. 머리말

금호강 유역은 신라가 내륙으로 진출하는 길목에 해당하며 넓은 금호평야를 끼고 있는 곡창지대였다. 금호강은 경상북도 포항시 죽장면에서 발원하여 대구 달성군 화원읍에서 낙동강으로 합류하는 지류이다. 금호강 유역에는 영천, 경산, 대구 지역 등이 걸쳐 있으며, 팔공산, 보현산, 비슬산 등 큰 산으로 둘러싸인 분지 지형이다. 산과 산이 이어지고 있으나 그 사이에 금호강의 지류가 실핏줄처럼 흘러 들어온다. 대표적인 지류로 자호천, 북안천, 대창천, 청통천, 남천, 팔거천, 신천 등이 있으며, 지류의 주변에는 평야지대가 형성되어 있다.[1]

금호강의 지류에는 예로부터 골짜기를 따라 논과 밭이 이어지고 있으며, 작

1) 국립대구박물관, 『금호강과 길』, 기획특별전 도록(국립대구박물관, 2018).

은 하천의 물길을 막아 농경지에 물을 대는 제방이 발달하였다. 지금도 골짜기를 따라 형성된 작은 평야지를 중심으로 많은 제방과 저수지가 분포하고 있다. 금호강 유역에는 신라시대 수리시설을 축조한 뒤에 세운 수리비가 2기 존재한다. 水利碑에는 당시 사용한 수리시설의 명칭이 기록되어 있다. 영천 청제비는 앞면 병진명(536년)에 '大塢', 뒷면 정원명(798년)에 '堤'가 기록되어 있다. 대구 무술오작비(578년)에는 '塢'가 개재되어 있다.

경산 소월리에서 출토된 목간에서는 '堤'를 3회나 반복하여 제가 중요한 문자임을 보여주고 있다. 또한 논과 밭의 위치를 알려 주는 '堤上', '堤下'라는 용어도 보인다. 제상과 제하는 지금도 금호강 유역에서 사용하는 마을의 명칭이라 그 역사적 연원을 알 수 있다.

공교롭게도 금호강 유역에서만 신라시대 수리시설과 관련된 수리비와 목간이 발견되고 있다. 자료에 나오는 '堤'와 '塢'는 이 지역의 자연적인 환경에서 축조된 수리시설의 특성을 반영하였을 가능성이 있다. 또한, 금호강 지류에서는 고대 마을이 형성되고 있었고 마을 주변 하천의 물길을 제어하는 수리시설이 집중적으로 발견되고 있다. 금호강 유역은 역사적인 기록과 고고학적인 유적에서 수리시설이 발달한 지역이라 할 수 있다.

이 글은 금호강 유역에서 발견된 수리비와 목간에 보이는 '堤'와 '塢'를 분석하여 수리시설 축조의 기술적인 측면을 규명하려고 한다. 이와 더불어 금호강 유역에서 조사된 고대 마을과 수리시설을 통해 기록에 보이는 수리시설과 비교 검토하고자 한다. 이를 통해 금호강 유역의 치수와 개발을 규명하여 금호강 유역의 공간과 경관을 복원하고자 한다.

Ⅱ. 소월리 목간과 수리비의 '塢'·'堤'

1. 경산 소월리 목간의 '堤'

경상북도 경산시 와촌면 所月里 유적에서 신라의 삼국시대 木簡이 발견되었다. 이 유적은 청통천 유역의 금호평야에 위치하고 있으며, 하천 주변의 넓은 충적지를 조망할 수 있는 위치에 있다. 유적은 고상건물지를 중심으로 주혈, 수혈, 토기가마 등 생활유구가 분포하여 고대 마을의 일부였음을 알 수 있다. 목간 출토지는 Y자형 곡저 상류부의 수혈 107호에서 출토되었다. 목간은 인면장식옹, 시루의 주변에서 싸리나무다발 등과 함께 발견되었다.[2)]

목간에는 연대를 알려 주는 간지나 연호가 적혀 있지 않아 수혈에 함께 묻은 토기를 통해 폐기 시점을 추정할 수 있다. 수혈의 내부토는 몇 개 층으로 구분되고, 목간과 함께 나온 시루, 얼굴모양옹이 나온 상층에서 뚜껑·완·고배·시루·이형토제품이 포함되었다. 뚜껑은 반구형이고, 외면에 소형 국화문이 인화기법으로 시문되었다. 시루는 구연이 수평을 이루고, 몸통과 바닥 외면에 승문타날이 되었다. 바닥은 결실되었고, 외연을 따라 삼각형의 증기공이 배치되었다. 삼각형 증기공은 한 변은 직선이고, 나머지 두 변은 호선을 이루는 형태이다. 이러한 토기는 동일시기에 묻힌 것으로 보이면, 그 형태와 문양으로 보아 7세기 전반으로 편년할 수 있다.[3)]

木簡의 年代는 이보다 先行하고 있다. 목간은 재활용되어 빗자루의 자루로 사용되고 있기 때문이다. 목간이 먼저 제작되고 사용 목적을 다한 이후에, 祭儀와

---

2) 화랑문화재연구원, 「경산지식산업지구 진입도로 개설공사부지 내 2구역(소월리유물산포지2) 발굴조사 전문가검토회의 자료집」(화랑문화재연구원, 2019).
화랑문화재연구원, 「경산지식산업지구 진입도로 개설공사부지 내 2구역(소월리유물산포지2) 발굴조사 현장설명회 자료」(화랑문화재연구원, 2019).

3) 홍보식(공주대학) 선생님의 신라 토기 편년에 따르며, 교시에 감사드린다.

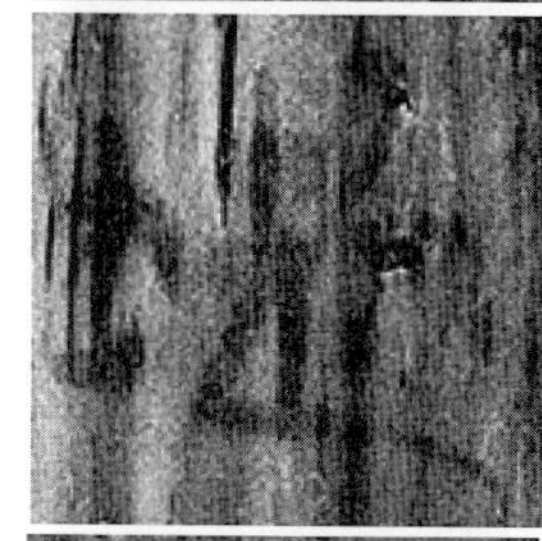

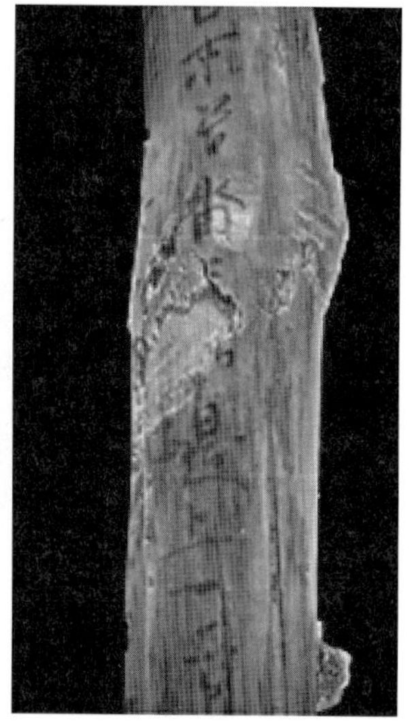

〈그림 1〉 경산 소월리 목간의 '堤'와 '堤上'

관련하여 빗자루의 자루로 사용되어 수혈에 매납되었던 것이다. 함께 부장된 土器의 연대는 7세기 전반이지만 목간은 그 보다 앞선 6세기대에 제작되었을 가능성이 있는 것이다.

목간은 나뭇가지를 조금 다듬어 사용한 多面 목간이며, 아랫부분에는 끈을 묶기 위한 용도로 판 홈이 나 있다. 목간은 대략 6면 정도로 분류되며 그중 2면은 글씨를 연습한 습서에 해당한다. 습서의 D면은 '柱'를 2~4회 정도 반복하고 F면에는 '堤'를 3회(〈그림 1〉), '四'를 4회 반복하고 있다. 제를 반복하여 습서하는 것으로 보아 이 목간에서 중요한 의미를 가진다는 것을 알 수 있다 이를 제외하면 4면에 걸쳐 문자를 기록하였으며, 일정한 패턴을 보인다. 기본적으로 "지명+토지지목+면적"으로[4] 구성되어 있으며, "下只尸谷+畓+二結" 등이다. 그러나 세부적으로 "지명+토지지목+면적+토지위치+면적"로 구체적인 위치를 적고 있으며, "甘末谷+畓七□+堤上+一結"의 예이다. 해석하면, "달마실에 있는 논 7결 중에서 못울의 1결" 정도로 할 수 있다.

4) 전경효, 「경산 소월리 목간의 기초적 검토」 『2019년 동아시아 신출토 목간』, 한국목간학회 제33회 정기발표회(한국목간학회, 2020), p.6.

목간의 지명어미로는 '谷'을 사용하고 있는데, 甘末谷, 仇弥谷, □乃谷, 仇利谷, 下只尸谷 등이다. 문자 그대로 해석하면 계곡의 명칭인 듯하지만, 모두 ○○곡을 칭하는 것으로 보아 계곡 사이의 谷間에 형성된 마을로 보인다. 이는 금호강 유역에 분포하는 마을의 입지와 관련을 가지고 있다. 금호강은 신천, 청통천, 대창천, 북안천 등의 지류가 흘러들며, 다시 더 작은 지류로 분기된다. 이러한 크고 작은 하천을 끼고 있는 곡간에 마을이 형성되었다. 이러한 곡간의 마을을 ○○곡이라 불렀으며, 금호강 유역의 마을 특성을 반영하고 있다. 곡을 단위로 마을이 형성되고 마을 주변에 논과 밭이 분포하는 경관을 이룬다. 이것이 반영된 것이 소월리 출토 목간의 내용이다.

토지의 세부 위치와 관련하여 주목되는 것이 '谷門', '堤上', '堤下' 등이다. 곡문은 문자 그대로 계곡의 문인 입구로 계곡이나 마을의 초입부를 의미한다. 제상은 '못울'로서 저수지의 윗마을, 제하는 '못밑·몯밋'으로 저수지 아래의 위치를 지칭한다. 지금도 신라 문화권인 경주 건천읍 新坪里에는 堤下(못밑) 마을이 있으며, 大谷里에는 줄못이라는 저수지가 있고 그 안에 있는 마을을 堤內(못안) 마을이라 한다.[5] 처음에는 제와 저수지를 기점으로 단순히 제의 위나 아래라는 위치를 지정하였을 것이나 후에 이곳에 마을이 형성되면서 堤下는 못밑 마을로 불리었을 것으로 보인다. 소월리 목간에 보이는 하위 지명이 현재도 그대로 사용되고 있다는 사실을 알 수 있다. 현재의 소월리 주변에 둑[堤]을 쌓고 저수지를 만들면서 제를 기준으로 하위 지명이 만들어졌다. 따라서 금호강 유역의 곡간에서 '谷'을 단위로 마을이 형성되고 다시 저수지가 축조되면서 저수지를 기준으로 지명을 붙이고 있다. 하천 변 계곡을 끼고 마을과 저수지가 형성된 마을 경관을 알 수 있다. '堤'라는 저수지가 '谷'간에 위치하는 경관을 그릴 수 있다. 제는 곡간을 흐르는 소하천을 막아 만들었을 가능성을 제시할 수 있다.

5) 정승혜(수원여대) 선생님의 교시에 따라 지명을 검색하여 찾았으며, 이에 감사드린다.

이 경우 문제가 되는 것이 소월리 목간의 제상, 제하가 단순히 저수지의 위나 아래라는 장소를 의미하는지, 아니면 저수지 위나 아래에 마을이 형성되어 마을인 취락을 의미하는 지이다. 소월리 목간의 문맥으로 보아 감말곡이라는 마을에 있는 제의 안이나 위를 의미하고, 구미곡이라는 마을에 있는 제의 아래라는 뜻으로 볼 수 있다. 소월리 목간의 용법과 같은 예가 발견되지 않은 이상 더 이상의 추론은 어려울 것으로 보인다.

문제의 핵심은 목간에 보이는 '谷'과 '堤'와의 관계이다. 堤가 계곡(谷間)에 형성된 마을(谷)에 위치하고 있다. 계곡과 제는 밀접한 관계를 가지고 있다. 제가 계곡에 위치한 것으로 보아 제는 계곡 사이를 흐르는 물을 막는 시설로 보인다. 이는 전근대 문헌에 보이는 제의 의미와 상통하고 있다. 제와 관련하여 『삼국사기』에는 주로 隄防, 堤防이라는 용어를 사용하고 있으며, 저수지라는 의미를 가지고 있다. 그러나 제는 계곡의 흐르는 물을 막은 수리시설을 가리키므로 『삼국사기』에 기재된 제방은 특정한 수리시설을 의미하는 것이 아니라 저수지나 제방을 의미하는 것으로 보인다. 제를 단순히 제방으로 막은 저수지의 의미 보다는 축조기술과 형태를 포함한 수리시설의 하나로 검토할 필요가 있다.

소월리 목간에는 특정한 수리시설과 마을의 경관을 잘 보여주고 있다. 계곡 사이를 흐르는 작은 하천(금호강 지류)의 상류를 둑으로 막아 저수지를 만들고 그 아래 위에 마을과 토지가 입지하는 경관을 보여주고 있다. 제는 계곡 사이를 막아 물을 저수하는 시설을 지칭하는데, 소월리 목간에 보이는 제를 이해하는데 중요한 시사점을 제시한다. 현재도 소월리 목간 출토지 주변에는 所月池라는 저수지가 위치하고 있어 이를 잘 보여주고 있다.

곡간에 입지한 마을인 '谷'에 입지한 토지의 지목은 논[畓]과 밭[田]으로 구분되며, 토지 면적은 '結', '負' 단위로 헤아려졌다. 토지의 세부 위치가 제상과 제하로 표현된 것으로 보아 농업 용수를 가두는 제를 통해 논에 물을 공급한 것으로 추정된다.

2. 청제비 병진명과 무술오작비의 '塢'

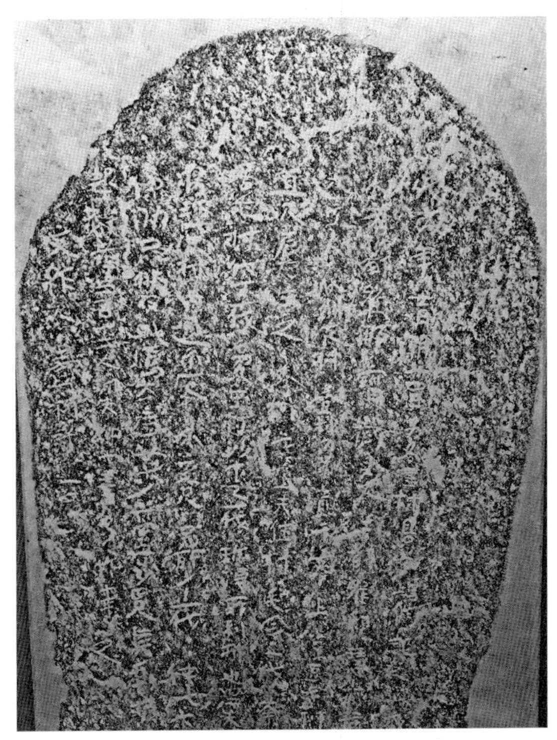

〈그림 2〉 대구 무술오작비 탁본(경북대박물관 제공)

금호강의 지류에서는 저수지를 만들고 그 과정을 기록한 수리비가 2기 발견되었는데, 영천 청제비와 대구 무술오작비이다. 현재 한국 고대 수리비는 2기가 발견되었으며, 모두 금호강의 지류에 위치하고 있다.

〈菁堤碑〉에는 두 시기에 걸려 이루어진 수리시설에 관한 비석이다. 앞면 丙辰銘은 그 간지로 보아 법흥왕 23년(536)에 塢를 만들면서 세운 비이고, 뒷면에는 원성왕대 堤를 수리한 상황을 기록한 貞元銘이 있다.[6] 현재 청제는 상류로부터 흘러 내려오는 물을 둑으로 완전히 막아 저수하는 형태의 수리시설이다. 병진명에는 청제의 처음 명칭으로 고유명사를 사용하지 않고 일반명사인 '大塢'로 표현하고 있다. 이를 보완하기 위해 대오의 위치를 그 앞에 적고 있는데, 판독이 어렵지만 대략 '□乇谷'라고 표현되어 있다. 현재 청제가 위치한 지역인 '□乇谷'이 있는 커다란(大) 塢라는 의미를 가지고 있다. 대오라는 표현으로 보아 이 당시 있었던 다른 오에 비해 규모가 큰 오였을 가능성도 있다. 아직 청제라는 고유명사를 사용하여 수리시

6) 이기백, 「영천 청제비 정원수치기의 고찰」 『신라정치사회사연구』(일조각, 1974).
이기백, 「영천 청제비 병진축제기」 『신라정치사회사연구』(일조각, 1974).

설의 명칭을 사용하지 않은 단계이다.

戊戌塢作碑(〈그림2〉)는 1946년 대구시 대안동 82-8, 82-9번지에서 발견되었으며,[7] 청제비와 달리 저수지를 구체적으로 지적할 수 없다. 발견 장소는 단지 출토 위치로 보아 대구 분지를 관통하는 신천의 지류에 있었던 수리시설과 관련을 가지고 있었을 것이다. 비석의 건립 연대는 간지로 보아 진지왕 3년(578)임을 알 수 있다. 오작비에도 수리시설의 고유한 명칭이 나오지 않으며, '另冬里村 且只谷 塢'라는[8] 명문으로 표현되어 있다. 단지 영동리촌의 차지곡에 있는 오라고만 표현되어 있다. 병진명의 '大塢'에 비해 단지 '塢'라고 표현된 것으로 보아 청제보다는 규모가 작은 수리시설인 오였음을 알 수 있다.

두 비는 모두 6세기 신라 중고기에 수리시설을 축조하고 세운 비로서 비슷한 시기의 양상을 잘 보여준다. 또한 대구와 영천에서 발견되었지만 금호강 지류에 위치한 지점이라는 공통성을 가지고 있다.

두 비에는 수리시설과 관련된 용어로 '塢'가 기재되어 있다. 중국에서 오는 방어적 의미의 防壁, 防壘이며, 마을을 방어하기 위해 둘러싼 토성의 의미였다.[9] 또한 중국 남부지역에서 수리시설의 의미로도 사용되었다.[10] 중국 문헌 『文選』, 일본 문헌 『色葉字類抄』에는 塢를 堰과 동의어로 사용하고 있다. 오가 수리시설의 용례로도 사용되었던 것이다. 당시 중국 남조에서는 토벽 등의 토성이나 수리시설인 제방의 의미로 사용하였으며, 주로 양자강 유역에 분포하고 있다. 두 조형물의 공통성은 塢라는 흙으로 만든 기다란 구조물이었다는 점이다. 이 점을 고려

---

7) 하일식, 「무술오작비 추가 조사 및 판독 교정」 『목간과 문자』 3(한국목간학회, 2009), p.142.

8) '且只'는 두 글자의 한자가 아니라 하나의 글자인 合字로 표기되어 있다.

9) 宮川尙志, 「六朝時代の村について」 『六朝史研究-政治·社會篇-』(日本學術振興會, 1950). 堀敏一, 「魏晉南北朝時代の村をめぐって」 『中國の都市と農村』(唐代史研究會, 1992).

10) 松村弘一, 「塢から見る東アジア海文明と水利技術」 『中國古代環境史の研究』(汲古書院, 2016), pp.343~344.

하면 오는 토성이나 제방을 의미하기도 하지만 흙으로 만든 둑(塢)이라는 의미가 강하였다. 따라서 6세기 신라에서 사용한 塢도 원래 저수지라는 수리시설의 의미보다는 수리시설을 위한 '둑'의 의미로 사용되었다가 후에 수리시설 자체를 의미하였을 것이다.[11]

두 비에는 오의 위치가 정확하게 명시되어 있다. 먼저 오작비의 오는 另冬里村 且只谷에 위치하고 있다. 영동리촌은 차지곡이라는 계곡을 포함한 위치에 있었으며, 오는 차지곡의 계곡을 흐르는 물을 막는 수리시설이었다. 차지곡은 계곡 사이의 곡간의 지명이기도 하였지만 이곳에 형성된 마을을 부르는 지명으로 기능하였다. 且只谷이라는 마을의 상위 지명으로 另冬里村이 기재되어 있다. 금호강 유역에서 신라의 촌은 곡이라 불린 마을이 모인 상위 지명 단위임을 알 수 있다. 청제비 병진명에는 오를 大塢로 표현될 정도로 당시에는 거대한 시설물이었으며, □乇谷에 위치하고 있었다. 곡의 상위 지명은 오작비와 같이 곡의 앞에 기재되지 않고 비문의 마지막 행에 '衆社村'으로 기록되어 있다. 이를 연결하여 이해하면 衆社村 □乇谷으로 오작비와 동일한 지명 기재 방식을 보여준다. 병진명과 오작비에 나오는 오의 위치는 모두 ○○谷으로 나오므로 계곡 사이에 위치한 것으로 보인다. 이 점은 소월리 목간에 보이는 '堤'가 곡에 입지한 것과 동일한 입지를 보이고 있다.

소월리 목간과 수리비의 지명을 연결하여 이해하면, '곡'의 상위 지명으로 '촌'이 있고, 곡의 하위 지명으로 '제상'과 '제하'가 사용된 것을 알 수 있다. 여기에서 금호강 유역의 마을 경관을 알 수 있다. 마을은 계곡의 곡간에 입지하거나 곡간을 포함한 위치에 있었으며, 계곡 물을 조절하기 위한 둑으로 '堤'나 '塢'가 만들어졌다는 사실을 알 수 있다. 제나 오가 축조된 이후에는 하위 지명으로 堤를 이용한 지명이 만들어졌다.

---

11) 김재홍, 「신라 중고기의 低濕地 개발과 촌락구조의 재편」 『한국고대사논총』 7(가락국사적개발연구원, 1995), p.78.

수리시설인 오는 어떠한 구조를 가지고 있었을까. 청제비 병진명에는 오의 구조에 대한 표현이 나온다. 해당 부분은 '弘六十一潯 鄧九十二潯 沢廣卅二潯 高八潯 上三潯'이다. 홍은 둑 아랫부분의 길이, 등은 둑 윗부분의 길이, 택광은 둑 아랫부분의 너비, 고는 둑의 높이, 상은 둑 윗부분의 너비로 추정된다.[12] 당시 삼국의 기준척은 남조척(1척 25cm)이었으며, 1심=8척으로 계산할 수 있다. 홍은 61심=122m, 등 92심=184m, 택광 22심=44m, 고 8심=16m, 상 3심=6m로 환산할 수 있다(<표 1>). 병진명의 오의 규모를 보면, 둑 윗부분의 길이인 鄧 92심은 남조척을 기준으로 하면 184m이다. 이것은 현재 청제의 둑 윗부분 길이 243.5m(청제 안내문)에 비해 짧은 길이이다. 이를 어떻게 해석해야 할까. 청제비 병진명에 기재된 '大塢'는 현재 청제와 다른 규모를 가지고 있었다고 해석할 수 있다. 현재 청제의 둑[菁堤]와 저수지[菁池]는 처음 축조하였던 병진명 단계의 '대오'와는 다른 규모였던 것이다. 또한 규모의 차이와 더불어 수리시설의 구조도 달랐을 가능성이 있다. 이것은 동일한 청제라는 수리시설을 병진명에서는 '大塢'라고 부르고 정원명에서 '菁堤'라는 부르는 차이에서도 추정할 수 있다.

<표 1> 영천 청제비 병진명 '大塢'의 제원

제원	弘	鄧	沢廣	高	上
길이(남조척)	61潯	92潯	22潯	8潯	3潯
현 길이	122m	184m	44m	16m	6m

<표 2> 대구 무술오작비 '塢'의 제원

제원	大廣	高	長
길이(남조척)	20步	5步 4尺	50步
현 길이	30m	8.5m	75m

12) 이우태, 「영천 청제비를 통해 본 청제의 축조와 수치」 『변태섭 교수 화갑기념 사학논총』(삼영사, 1985), pp.108~109.

무술오작비에도 塢의 둑에 대한 기술이 보이는데, 병진명에 비해 간단한 양식이다. '大廣卄步 高五步四尺 長五十步'이다. 대광은 둑 아랫부분의 너비, 고는 둑의 높이, 장은 길이이다. 장은 둑 아랫부분의 길이인 弘이나 윗부분인 鄧 중에서 홍과 동일한 부분으로 보인다. 이는 대광이 둑 아랫부분의 너비를 의미하기 때문에 이와 연동하여 아랫부분의 길이인 弘일 가능성이 높다. 이를 당시 기준척인 남조척(1척 25cm) 1보 6척으로 계산하면, 대광 20보=30m, 고 5보 4척=8.5m, 장 50보=75m이다(〈표 2〉). 길이나 높이에 비해 둑 아랫부분인 대광이 넓은 형태를 하고 있다.

청제비 병진명과 오작비에는 사용한 단위가 다르지만, 특이한 부분은 둑의 너비에 대한 표현이다. 둑의 너비는 병진명에서는 '沢廣', 오작비에서는 '大廣'과 같이 둑의 너비를 표현하는 '廣' 앞에 수식어가 붙고 있다. 이는 일반적으로 둑의 너비라 하였을 경우에 둑의 윗부분과 아랫부분의 너비가 별개로 있어 둑의 아랫부분을 알려 주기 위한 표현으로 보인다. 병진명에서는 둑의 아랫부분이 물에 차 있어 沢廣이라고 표현하였고, 오작비에서는 넓이를 강조하여 大廣이라고 기재하였다. 수리시설의 둑에서 중요한 부분이 물이 차 있는 아랫부분의 너비로 판단된다.

오작비에서는 둑의 너비(廣)가 맨 먼저 서술되었을 뿐만 아니라 높이(高)의 3.5배 정도, 길이(長)의 40% 정도로 폭이 넓은 편이다. 이에 비해 병진명에는 너비가 높이의 약 2.75배, 길이의 약 23%에 불과하고, 크기를 나타내는 표현으로 弘, 鄧, 沢廣, 高, 上 등 다양하게 나온다.[13] 이와 같이 오작비의 塢는 菁堤 병진명의 오에 비해 폭이 넓고, 너비를 大廣이라고 강조하여 표현하고 있다. 이러한 차이를 오작비의 塢가 菁堤에 비해 기술이 뒤떨어지고 지방민이나 도유나가 소속된 사찰에서 주관하였기 때문이라는 견해도 있지만,[14] 이는 수리시설의 차이에

13) 이우태, 「신라의 水利技術」 『신라문화제학술발표회논문집』 13(신라문화선양회, 1992).

14) 이우태, 위의 글.

서 오는 것이다. 즉 오작비의 塢는 하천의 흐름을 제어하는 둑인 洑나 堰 형태의 수리시설이었으므로 폭이 넓고 튼튼하게 만들었던 것이다. 따라서 비문에도 너비 만을 특기하여 '大廣'이라고 표현하고 있다.

오작비의 오는 대구 신천의 하류에 위치하고 있어 계곡 사이의 물을 저장하는 '제' 방식이 아님을 알 수 있다. 신천 지류에 둑을 쌓아 하천수가 넘치지 않게 하거나(후대 堰) 하천수의 일부를 농경지로 흘러들게 하는(후대 洑) 기능을 수행하였다. 오의 구조를 보여주는 대광이라는 표현으로 보아 堰에 해당하며, 하천의 흐름을 제어하는 하천 제방의 성격을 가지고 있었다. 또한 출토 위치와 관련하여 대구 달성에서 직선거리로 1.4km 정도 떨어져 있어 達城 토성과 達城古墳群을 보호하려는 의도도 엿볼 수 있다. 경주 분황사 주변의 차수벽이 황룡사를 보호하는 언의 기능과 비교할 수 있다. 소월리 목간의 '堤'가 계곡 물을 막아 저수하는 담수 제방의 성격인 것과 다른 하천 제방이었다.

청제비 병진명의 塢도 계곡에서 내려오는 물을 일단 막은 다음에 논으로 흘러 보내는 후대 洑와 같은 기능이었을 것으로 보인다. 청제비 정원명 이후의 형태를 반영하는 현재의 청제 보다는 둑의 길이와 너비가 더 작은 수리시설이었다. 병진명에는 배굴리라는 목통이 표현되지 않은 것으로 보아 목통을 통해 취수하는 '堤'형 수리시설은 아니었다. 병진명의 오는 현재 청제가 계곡의 물을 가두고 굴통을 통해 수로로 배수하는 제와는 다른 기능을 가지고 있었다.

3. 영천 청제비의 '塢'와 '堤'

소월리 목간에 보이는 '堤'라는 용어는 수리비에도 등장한다. 영천 청제비 병진명의 뒷면에는 정원명이 기록되어 있다. 신라 통일기 원성왕 14년(798) 4월에 청제를 수리하였으며, 그 내용을 기록한 것이 청제비 정원명이다(〈그림 3〉). 정원명에서는 수리시설을 '堤'라고 부르고 있어 병진명의 '塢'와는 다른 용어를 사용하고 있다. 현재 사용되고 있는 청제라는 명칭도 정원명부터 등장한다. 병진명에는 구체적인 수리시설의 고유명사가 나오지 않고 단지 '大塢'라고 표현하고 있으나 정원명에는 고유명사로 '菁堤'라는 명칭이 나타난다. 현재 사용하고 있는 청제라는 명칭의 시원이 된다. 이미 정원명 시기보다 이전에 수리시설의 명칭이 '오'에서 '제'로 변화하고 있다.

단지 명칭의 변화인지 아니면 수리 축조 기술상의 변화인지 검토할 필요가 있다. '제'와 더불어 '上排掘里'가 보이는데, 병진명에는 나오지 않는 용어이다. 영천 청제는 8세기 후반경에 어떤 사유로 인하여 일정한 부분이 훼손되어 둑을 수축하고 그 내용을 기록하였다. 정원명에는 굴통[水桶, 木桶]에 해당하는 상배굴리라는 시설물이 설치되어 농경지에 물을 대기에 용이하였다. 상배굴리의 존재로 보아 下排掘里의 존재도 추정할 수 있으며, 하배굴리는 원성왕대 수리 이전

<그림 3> 영천 청제비 정원명 탁본

에 만든 것으로 추정된다. 병진명에 하배굴리에 대한 언급이 없는 것으로 보아 하배굴리는 536년 청제를 축조한 이후의 어느 시점에서 798년 청제를 수축한 이전에 설치한 것으로 보인다.[15)]

문제는 청제 둑에서 上排堀里가 설치된 지점이다. 배굴리인 목통은 저수지의 취수를 위해 가장 밑부분에 설치한다. 둑의 아랫부분이 가장 중요하였으므로 청제비 병진명에 汎廣, 오작비에 大廣이라고 표현하여 강조하고 있다. 일반적으로 배굴리는 둑을 기준으로 위에 있는 것을 상배굴리, 아래에 있는 것이 하배굴리로 정의한다. 정원명 이전의 하배굴리가 막혀 상배굴리를 다시 뚫어 사용하였다거나, 아랫부분의 하배굴리와 둑 중앙의 상배굴리를 상정하기도 하지만, 현실적으로 가능하지 않은 구조라 문제이다.

〈표 3〉 영천 청제비 정원명 '堤'의 제원

제원	弘長	岸立弘至深	上排堀里
길이(당척)	35步	6步 3尺	12步
현 길이	62m	11.5m	21m

청제비 정원명에는 둑의 일부가 무너져서 수리한 부분의 규격이 나온다. 그 부분은 '弘長卅五步 岸立弘至深六步三尺 上排堀里十二步'이다. 둑의 아랫부분의 길이인 홍이 35보=62m이고 무너진 높이인 안립홍지심이 6보 3척=11.5m인데 비해, 새로이 설치한 상배굴리는 12보=21m 밖에 되지 않는다(〈표 3〉). 배굴리는 둑의 구조상 적어도 둑 아랫부분 너비인 廣보다는 길어야 된다. 병진명에 보이는 너비인 택광은 22심으로 南朝尺 기준 44m에 달하지만 상배굴리 12보는 唐尺 기준 21m 정도에 불과하다. 병진명의 塢를 축조 이후에 堤로 구조가 변하면서 둑의 너비는 더 넓어졌다고 상정하면, 적어도 44m 이상의 배굴리가 필요하

15) 小山田宏一, 「古代菁堤の基礎的研究」『大阪府立狭山池博物館研究報告』 9(大阪府立狭山池博物館, 2018), p.40.

다. 그러면 상배굴리와 하배굴리를 달리 해석할 필요가 있다.

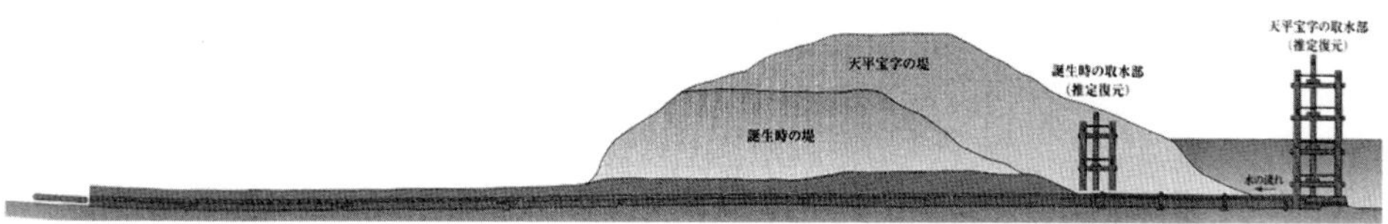

〈그림 4〉 사야마이케[狹山池] 東樋의 구조

上排堀里로 보아 이전에도 (下)排堀里가 있었을 것이다. 상배굴리는 정원명 이전에 만들었던 배굴리에 잇대어 만든 굴통이며, 처음 만든 배굴리는 하배굴리라고 부르고 잇댄 부분은 상배굴리라 불렀던 것이다. 배굴리가 손상되었거나 연장할 필요가 있었을 것이다. 상배굴리는 둑을 기준으로 하배굴리의 윗부분에 있었던 또 다른 木桶이[16] 아니었던 것이다. 이와 유사한 구조를 가진 목통이 일본 오사카 사야마이케[狹山池]에서도 보인다(〈그림 4〉). 사야마이케는 616년에 처음 목통을 바닥에 깐 제를 만든 이후 나라[奈良]시대 天平寶字 6년(672)에 제를 내측으로 더 쌓으면서 목통도 기존 목통에 이어 연장하고 있다. 제의 아랫 너비는 전반적으로 27m 정도 넓어지고 있다. 그 결과 제의 저수량은 초창기의 2배가 되었다고 한다.[17] 특히 제의 東樋은 저수지의 내측으로 13m 정도 연장되었는데, 616년 처음 만든 목통에 덧붙여 연장하고 있다. 이 동통의 나라시대 목통은 신라통일기 청제비 정원명의 상배굴리를 이해하는데 중요한 시사점을 제시한다. 청제비에 보이는 배굴리는 상과 하가 있었지만 둑의 상하에 묻힌 2개의 목통이 아니라 기존 배굴리를 정원명 단계에 연장한 상황을 반영하고 있다. 연장된 배굴리

16) 小山田宏一, 위의 글, p.40.

17) 狹山池調査事務所, 『狹山池-埋藏文化財編-』(狹山池調査事務所, 1998), pp.117~128. 大阪府立狹山池博物館, 『大阪府立狹山池博物館 常設展示案內』(大阪府立狹山池博物館, 2001), p.33.

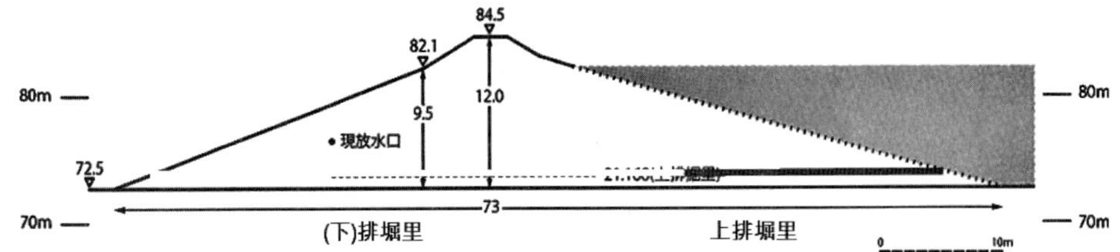

〈그림 5〉 청제 排堀里의 추정 배치도

를 상배굴리라 부르고 기존에 놓여 있던 배굴리는 아마 (하)배굴리라 불렀을 것이다(〈그림 5〉).

상배굴리를 연장하고 제의 둑을 내측으로 확장한 상황은 당시 공사 현황을 통해서도 알 수 있다. 공사 기간이 2월 12일부터 4월 13일까지 2개월 남짓한 기간에 동원된 인원은 法功夫가 14,140인이었다. 이렇게 많은 인원이 동원된 것은 단지 무너진 부분만 수리한 것이 아니라 둑을 내측으로 확장하고 배굴리를 연장하였기 때문이었다. 단지 배굴리만 연장한 것이 아니라 둑을 내측으로 확장하여 수리한 것으로 보인다.

현재 청제(〈그림 6〉)의 명칭이 오에서 제로 바뀐 시기는 언제인가를 밝히는 것이 중요하다. 정원명에는 "청제를 수리하고 기록한다. 제가 상하였다는 보고가 있어[菁堤治記之. 謂狀堤傷]"라는[18] 대목이 있다. 제가 상하였다는 기록으로 보아 정원명 수리 이전에 이미 '제'라는 용어를 사용하고 있었던 상황을 알 수 있다. 여기에서 주목되는 것이 '堤'와 '上排堀里'가 함께 보인다는 사실이다. 배굴리의 사용과 함께 제라는 용어를 기록하고 있는 것이다. 배굴리를 매개로 하면 오에는 배굴리가 없었으나 제에는 배굴리가 있다고도 추정할 수 있다. 따라서 '제'는 배굴리라는 목통이 전제가 된 수리시설임을 알 수 있다. 병진명 이후 어느 시점에

18) 田中俊明, 「新羅の金石文, 永川菁堤碑·貞元銘」 『韓國文化』 44(1983), p.37.
橋本繁, 「영천 청제비의 재검토」 『사림』 60(수선사학회, 2017), p.114.

현재의 청제는 명칭이 '오'에서 '제'로 바뀌었는데, 배굴리인 목통을 설치하여 둑의 구조가 변하였기 때문이었다. 오와 제의 구분은 배굴리(목통)의 유무에 있었던 것이다. 청제의 구조는 원성왕대 정원명의 수리 시기에 다시 한번 변화하게 된다. 계곡 물을 완전히 막아 저수지인 청제로 변화하면서 저수량을 늘리기 위해 둑인 堤를 더 확장하였던 것이다. 확장된 제의 너비 만큼 배굴리의 길이도 늘어났다. 기존 배굴리의 길이는 알기 어렵지만 연장된 상배굴리는 唐尺 12步인 21m 정도이다. 연장된 목통의 길이만큼 堤의 너비도 21m 정도 넓어졌을 것이다. 이제 처음 만든 배굴리인 아랫배굴리는 下排堀里라 부르고 연장된 윗배굴리는 上排堀里라 불렀던 것이다. 정원명 단계의 수리는 단지 손상된 부분만 수리한 것이 아니라 둑의 너비를 넓히고 배굴리인 목통을 연장한 공사였던 것이다.

〈그림 6〉 영천 청제의 堤

이를 정리하면, 536년 처음 축조된 청제는 목통인 배굴리가 없는 '塢'형의 수리시설이었으나, 그 이후 '排堀里'를 설치하면서 '堤'형의 수리시설로 바뀌었다. 798년 제의 둑이 손상되고 배굴리가 막히게 되어 제를 수리하게 되었다. 배굴리를 연장하면서 기존 배굴리는 하배굴리, 연장한 부분은 상배굴리라 불렀던 것이다. 오와 제를 구별하는 가장 중요한 요소는 목통인 배굴리인 것을 알 수 있다.

목통이 없는 오는 어떠한 구조의 수리시설이었을까. 동일하게 계곡을 흐르는 하천의 주변에 위치하고 이를 계곡물로 막아 용수를 확보한 제방을 堤나 塢로 달리 부른 이유가 중요하다. 영천 청제비 병진명(536년)에는 제방명으로 '塢'가 사용되고 수리한 이후인 정원명(798년)에는 '堤'로 나온다. 제방의 명칭이 오에서 제로 변화된 것이다. 계곡의 물을 막아 저수지를 만든 '제'형의 청제는 병진명 이후의 상황을 반영하고 있다. 오와 제는 다른 방식의 수리시설이었음을 알 수 있다.

영천 청제비에서 수리시설의 명칭은 병진명과 정원명에서 달리 나타난다. 병진명에서는 '塢'가 사용되었고 정원명에서는 '堤'로 표현되었다. 이를 확대 해석하여 신라에서는 저수지를 6세기에는 오로 표기하였지만 신라 통일기에는 제로 표기하였다고 이해하였다.[19] 그러나 소월리 목간에서 '제'라는 수리시설의 용어가 나오므로 새로이 해석하여야 한다. 삼국시대, 적어도 7세기 전반에는 신라에서 '제'라는 수리시설을 축조하였음을 알 수 있다. 이 목간의 출토로 인하여 수리시설로서 오와 제가 동시에 축조된 수리시설이라는 사실을 알게 되었다. 물론 시기적으로 오가 먼저 축조되고 제가 조금 나중에 건립되었을 가능성도 있으나, 6~7세기에 같이 사용하였을 것이다. 명칭이 달랐던 것으로 보아, 오와 제는 그 기능이 달랐던 수리시설의 표현이었다. 축조 기술과 기능이 다른 오와 제가 동시기에 사용되었다면 기술 계통을 파악할 필요가 있다.

오는 청동기시대 이래 작은 하천수를 막아 농경지로 끌어 들이는 洑 형태를 중국 남조의 성토기술을 받아들여 더욱 발전시킨 제방의 명칭이다. 오가 저수지나 방어용 성곽의 둑을 의미한다는 점에서 둑의 의미가 강하였다.[20] 제는 계곡의 물을 막아 저수지를 만들었다는 점에서 새로운 기술을 필요로 하였다. 정원명에 보이는 배굴리라는 수통으로 보아 둑의 아랫부분에서 저수한 물을 배수하는 기

---

19) 李殷昌, 「韓國の池」『池』, 日本古代文化の探究(社會思想社, 1978), p.157.
노중국, 「한국고대의 수리시설과 농경에 대한 몇 가지 검토」『한국고대의 수전농업과 수리시설』(서경문화사, 2010), p.20.

20) 김재홍, 「신라 중고기의 低濕地 개발과 촌락구조의 재편」『한국고대사논총』 7(가락국사적개발연구원, 1995), p.78.
김재홍, 「영천 청제비와 대구 무술오작비」『문자와 고대 한국1 -기록과 지배-』, 한국목간학회 연구총서 03, 주보돈교수 정년기념논총(주류성, 2019), p.520.

능을 가지고 있었다. 798년에 수리하기 이전에도 (하)배굴리라는 목통을 상정할 수 있다면, 그 이전에 목통을 가진 '제'라는 수리시설을 상정할 수 있다. 이제 소월리 목간으로 인해 배굴리를 가진 제의 축조는 삼국시대로 소급해도 큰 문제가 되지 않는다. 오와 달리 제가 어떤 지역의 수리시설과 관련지을 수 있는 지는 알기 어렵다. 그러나 넓은 평지의 평야 보다 계곡 사이의 평야가 많은 북조와 관련지을 수 있다. 제가 계곡을 막아 저수지를 만들었다는 점에서 중국 북조의 제를 받아들인 결과로 추정할 수 있다. 오는 남조의 수리시설과 관련을 가지고 있고 제는 북조의 수리시설에서 유래하였을 것으로 보인다.

Ⅲ. 금호강 유역의 치수와 개발

1. 금호강 유역의 수리시설

금호강 유역의 수리시설은 사료상으로 '塢', '堤'라는 용어로 표현되었다. 이것은 한국 고대 수리시설의 종류와 기술을 반영하고 있다. 금호강 유역에는 계곡을 따라 소하천이 분포하고 하천을 제어하는 수리시설이 발견되고 있다. 수리시설은 농경지가 피해를 입지 않도록 막는 시설과 하천의 물을 농경지로 대는 시설을 말하며, 기능상으로 구별하기 힘든 경우도 있다. 우리나라의 전통적인 수리시설은 농경지로 ① 물을 끌어들이는(引水) 洑, ② 물을 가두는(貯水)는 堤, ③ 물을 막는(防水) 堰의 3가지가 대표적이다.[21)]

오는 후대의 보나 언의 기능을 가진 수리시설을 표현한 것이다. 洑는 하천이

21) 김재홍, 「수리시설」 『신라의 건축과 공예』, 신라사대계 18(경상북도문화재연구원, 2015).
김재홍, 「김제 벽골제 축조와 한국 고대 수리시설」 『김제 벽골제, 살아 숨쉬는 농경박물관』, 학술연구총서 8(전북문화재연구원, 2016).

나 그 지류를 막아 수위를 높여서 하천 유로 옆으로 새로이 수로를 만들어 농경지로 물을 공급하는 수리시설이다. 보는 청동기시대부터 나타나는 것으로 처음에는 작은 하천이나 계류를 막아 수위를 높여 물을 끌어들였으나, 16세기 이후에는 큰 하천의 흐름을 막고 관개하는 川防으로 발전하였다. 청동기시대의 보로는 보령 관창리, 부여 구봉리·노화리, 안동 저전리, 밀양 금천리 유적 등이 발굴조사되었다. 이 시기의 보는 먼저 종말목을 박고 사이사이에 횡목과 잔가지를 끼우며 전후에 초본류, 돌, 흙을 채우는 간단한 구조를 가지고 있었다. 삼국시대 보로는 광주 동림동유적, 대구 동천동유적, 대구 칠곡 생활유적 등에서 발견되었다. 청동기시대의 보와 달리 하천을 막아 수로를 통해 물을 공급하는 방식이다.

발굴조사 유적에서 확인된 보는 2가지 유형이 있다.[22] Ⅰ유형은 수로나 자연유로 내에 설치된 보로서 수위를 상승시켜 논에 물을 공급하였으며, 보령 관창리 유적 G지구의 보가 대표적이다. Ⅱ유형은 하천의 지류에 있는 곡저평야나 범람원에서 하천의 수위를 상승시켜 수로를 통해 논에 물을 공급하는 방식이며, 대구 동천동유적 3-Ⅰ구역과 대구 칠곡 생활유적에서 발견된 보이다.

청동기시대 보가 주로 Ⅰ유형이라면 삼국시대 금호강 유역의 보는 하천에 설치한 Ⅱ유형의 보이이다. 그러나 금호강이나 신천에서 물길을 막아 농경지로 물을 끌어 공급하는 보는 조선시대 이후의 천방에 해당하는 것으로 삼국시대에는 큰 하천의 지류에서 물을 끌어들이는 방식을 사용하였다.

금호강 유역에서 수리시설이 확인된 예는 대구 동천동유적이 있다.[23] 동천동

---

22) 김도헌, 「선사·고대 논의 관개시설에 대한 검토」『호남고고학보』 18(호남고고학회, 2003), p.71.
곽종철, 「청동기시대~초기철기시대의 수리시설」『한국고대의 수전농업과 수리시설』(서경문화사, 2010), pp.260~261.

23) 권태용, 「대구 동천동 유적 수리시설 발굴조사개보」『제10회 조사연구발표집』(영남문화재연구원, 1999).
영남문화재연구원, 『대구 동천동 수리시설유적』, 학술조사보고 214(영남문화재연구

유적은 서쪽으로 팔거천이 인접해 있고 팔거천의 충적대지에 위치하며, 분지상의 지형에 입지한다. 이 유적의 부근에서 지류인 반포천이 팔거천에 합류하는데, 동천동 유적은 두 하천의 사이에 형성되었다. 넓게는 동천동 취락유적의 일부이기도 하다. 동천동 취락유적은 주거지, 수혈유구, 주혈 등 취락 유구와[24] 함께 수리시설, 경작지 등이 확인된 복합유적이다.

동천동유적의 수리시설은 물막이와 시설A~H, 웅덩이A·B로 구성되어 있다(〈그림 7〉). 보고서를 검토해 보면 다양한 수리시설(보, 언, 수로 등)이 모여 있는 듯하지만, 洑를 구성한 요소로 판단된다. 보고서의 물막이와 시설B는 하천의 물길을 막는 둑에 해당하며 웅덩이A에서 흐르는 물을 담았다가 둑을 거쳐 동편으로 흐르게 하는 구조이다. 시설C는 둑으로 막은 물을 모아 경작지 방향으로 흘러보내는 보의 일부로 보인다. 이렇게 모인 물은 다시 시설D(둑1호), 시설F(둑2호)

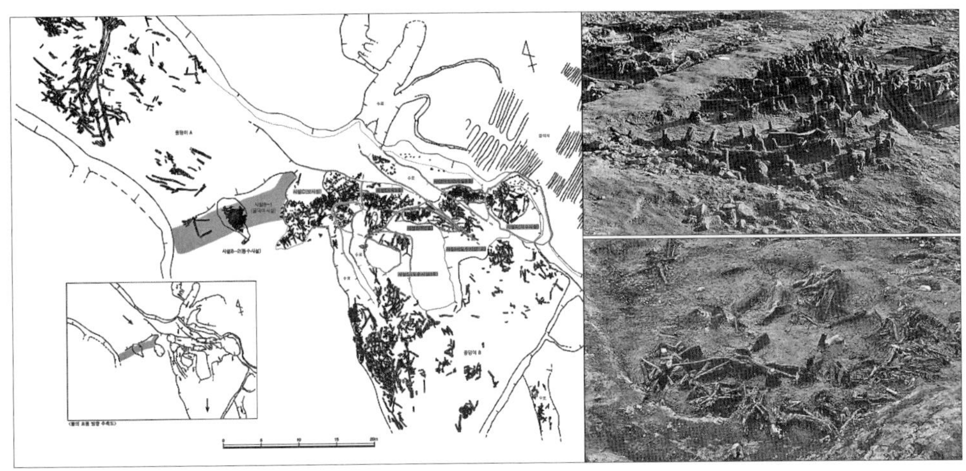

〈그림 7〉 대구 동천동유적의 洑

원, 2014).

24) 영남문화재연구원, 『대구 동천동 취락유적』, 학술조사보고 43(영남문화재연구원, 2002).

의 둑으로 막은 물을 시설A(저수시설)에 모여 농경지로 취수되었을 것으로 추정된다. 둑을 거쳐 흐르는 물은 시설F(도수시설2호)를 통하여 시설A인 저수시설로 모이는 구조이다. 시설F에는 목통이 노출되어 둑에서 흐른 물이 시설A인 저수시설에 모이는 통로 역할을 하고 있다. 이러한 동천동의 洑는 5세기 말에서 6세기 초에 축조된 것으로 추정된다.[25)]

동천동유적의 洑는 Ⅱ유형에 해당하는 것으로 하천에 설치되어 물을 농경지로 흘러 보내는 구조이다. 주변에 농경지가 발굴조사되었으나 보에서 취수한 물을 수로를 통해 흘러 보내는 시설은 확인되지 않았다. 농경지는 밭 두둑과 고랑의 흔적이 나왔으나 수리시설과의 관계는 확인하기 곤란하다. 동천동 보의 둑은 나무와 돌을 조합하여 만든 것이나 원래 이를 진흙 등으로 발라 물의 침투를 막았을 것으로 보인다. 보를 통하여 물길을 돌려 논에 취수하는 방식은 밀양 금천리유적에서도[26)] 잘 보인다.

동천동유적과 연결된 지역이 대구 칠곡생활유적이다.[27)] 여기에서 발굴조사된 溝는 자연적인 구와 인공적인 구가 있다. 이 중에서 131호 구와 그 주변에서 흘러드는 소규모 구는 Ⅳ지구의 중앙을 남북으로 가로질러 남쪽으로 흐르는 자연적으로 형성된 소하천으로 추정된다. 131호 구는 북단부의 구 가장자리에 집중적으로 말목이 박혀 있는데 말목 상부가 어떤 모양인지 알 수 없지만 水路를 인위적으로 이용한 흔적이다. 구의 하안을 보호하는 둑 또는 호안시설로 추정된다. 자연 하천의 물길을 막는 호안시설인 堰이지만 농경지로 물길을 보내는 洑로서도 기능하였을 것이다.

---

25) 영남문화재연구원, 『대구 동천동 수리시설유적』, 학술조사보고 214(영남문화재연구원, 2002), p.83.

26) 경남대박물관, 『밀양 금천리 유적』, 학술조사보고서 28(경남대박물관, 2016).

27) 경북대박물관, 『칠곡택지(2)지구문화유적기초조사보고서』(경북대박물관, 1993).
경북대박물관, 『대구 칠곡 생활유적』, 학술총서 32(경북대박물관, 2006).
경북대박물관, 『대구 칠곡 생활유적Ⅱ』, 학술총서 39(경북대박물관, 2009).

보와는 다른 유형의 수리시설이 堰이다. 언은 하천의 물을 막아 농경지를 보호하거나 수로를 통해 물을 바로 농경지로 흘러보내는 수리시설의 하나이다. 언은 하천의 흐름을 막는다는 의미에서 보와 구별하기 어려운 수리시설로 둑으로 물을 막아 일단 저수하였다가 농경지로 물을 흘러 보내는 보와 구별할 수 있다. 대구 무술오작비에 보이는 둑도 언에 해당할 가능성이 있으나 기술상으로 보인지 언인지 구별하기는 어렵다. 언에 해당하는 수리시설로는 함안 가야리, 밀양 수산제, 김해 봉황동 68호 제방 등이 있으며, 하천의 범람을 막아 농경지를 보호하는 제방이다.

발굴조사에서 확인된 한국 고대 수리시설로는 堤가 대표적이다. 제는 계곡을 흐르는 작은 하천을 막아 물을 가두어 저수지를 조성하는 것으로 영천 청제, 상주 공검지, 제천 의림지, 울산 약사동유적의 제 등이 있다. 현재 영천 청제는 전형적인 제형 수리시설의 모습을 하고 있으며, 울산 약사동유적의 제는[28] 둑 전면을

〈그림 8〉 울산 약사동유적 堤의 둑

28) 우리문화재연구원, 『울산 약사동 유적』, 학술조사보고 53(우리문화재연구원, 2012).

절단하여 둑을 축조하는 과정을 복원하기도 하였다(〈그림 8〉). 둑의 한쪽에는 홍수시에 물을 흘러 보내는 餘水吐도 발견되어 제의 모습을 잘 보여주고 있다. 소월리 목간에 나오는 '堤'형의 제방이다. 상주 공검지는 자연 지형을 이용하여 계곡부에 일자형의 제방을 축조하였던 제였으나 후대에 기능이 축소되어 관상용 저수지로 남아 있다.[29)]

금호강 유역의 수리시설은 사료상으로 '塢', '堤'라는 용어로 표현되었다. 영천 청제비 병진명과 대구 무술오작비에는 '塢', 청제비 정원명과 경산 소월리 목간에는 '堤'가 보인다. '塢'는 하천의 흐름을 막아 가두어 농경지로 물을 대는 洑나 하천의 흐름을 막아 농경지를 보호하는 堰에 해당하는 수리시설이다. '堤'는 계곡 사이를 흐르는 물을 가두어 두다가 필요에 따라 목통을 통해 농경지에 취수하

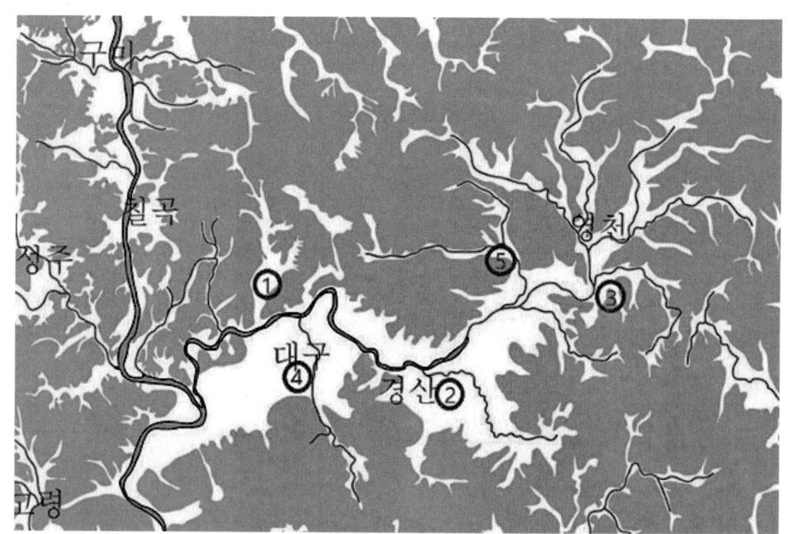

〈그림 9〉 금호강 유역의 수리시설
(① 동천동 보, ② 임당저습지(고비), ③ 청제비, ④ 오작비, ⑤ 소월리 목간; 조효식 2020)

29) 경상북도문화재연구원, 『공검지 제방 유적』, 학술조사보고 204(경상북도문화재연구원, 2013).

는 수리시설이다. 제와 보에 해당하는 수리시설이 금호강 유역에서 발견되어 이를 증명하고 있으며, 영천 청제와 동천동 유적의 洑이다. 또한 수리시설을 통해 물길을 제어한 후에 저습지를 개발하는 모습은 임당유적 임당고비와 적심건물지에서 잘 보인다. 이를 중심으로 수리시설을 통한 금호강 유역의 경관을 설명할 수 있다(〈그림 9〉).

2. 수리시설의 운영 주체

6세기 금호강 유역에 있는 수리시설은 크게 축조 기술에 따라 제와 오로 구분되었으며, 그 축조 과정은 수리비에 잘 나타나 있다. 계곡을 흐르는 하천의 흐름을 조절하는 수리시설은 금호강 유역의 경관을 크게 변화시켜 지방사회를 변화시키고 있었다. 수리시설의 축조는 지역 사회의 생산력을 발전시켰을 뿐만 아니라 신라 국가의 수취도 증가시켰다. 신라 중앙과 지방 모두에 관심이 있는 사항이었다.

수리비에는 제와 오의 규격과 더불어 축조 및 운영 집단을 기재하고 있다. 청제비 병진명에는 축조 집단으로 '使人', '□人', '使作人' 등이 등장한다. 사인은 경위를 가진 왕경인으로 중앙에서 파견된 축조 공사의 책임자이며, □인은 오의 공사를 맡은 기술자 집단으로 보인다. 사작인은 7,000인의 작인을 감독하는 관리자로 추정된다. 축조 관리자 집단은 모두 喙部 출신으로 왕경에서 파견된 인물이었다. 신라 중앙에서 직접 수리시설에 관여하고 있었다.

수리시설의 운영과 관련하여 별다른 기재가 없으나 마지막 단락으로 보아 지역 사회에서 담당한 것으로 보인다. 10행은 '衆社村只尸㕙利干支徙㕙利'로 판독되어 '촌명(衆社村)-인명(只尸㕙利)-외위명(干支), 인명(徙㕙利)'의 순서로 기재되어 있다. 只尸㕙利는 외위인 간지로 보아 村主라는 사실을 알 수 있다.[30] 이들은

30) 김재홍, 「신라 중고기 村制와 지방사회구조」『한국사연구』 72(한국사연구회, 1991).

중앙정부에서 해당 촌에 塢를 축조하자 제반 업무를 도와 주던 재지세력이며, 축조한 이후에 오를 운영하였던 주체로 보인다.

무술오작비에는 승려가 수리시설의 축조에 책임자로서 참여하고 있다. '都維那寶藏沙尺干都維那慧藏阿尼'는 도유나인 보장 사척간(경위 8위)과 혜장 아니가 등장한다. 승려가 수리시설 공사에 참여하는 것은 불교의 수용과 더불어 중국의 토목 기술이 승려를 통하여 들어왔기 때문이다. 사원을 건립할 때에 대지를 다지고 기단을 축조하는 과정은 제방의 성토기술과 관련되기 때문이다. 승려는 모두 도유나란 승직을 띠고 있어[31] 신라 중앙에서 파견되었으며, 청제비 병진명의 使人에 해당한다. 제방 축조의 기술자 집단으로 '大工尺', '道尺', '小工尺'이 나오는데,[32] 지방민으로 구성된 기술자 집단이다. 축제 과정에서 담당한 역할을 기술 수준으로 분류하고 있다. 축제를 마친 후에 운영을 담당한 지역 사회의 관리자는 보이지 않으나 塢가 위치한 另冬里村의 촌주가 오의 운영을 관리하였을 것이다.

6세기 수리비에는 오를 축조한 주체는 신라 중앙에서 파견한 관직을 소유한 집단이다. 청제비 병진명의 使人, 오작비의 都維那는 모두 신라 중앙에서 해당 지역의 수리시설을 축조하기 위해 파견한 책임자였다. 이와 관련하여 주목되는 사료가 다음의 것이다.

A. 봄 3월에 유사에게 명하여 제방을 수리하게 하였다.[33]

법흥왕 18년(531)에 제방을 수리하게 한 것은 지역단위의 산발적인 제방의

---

31) 田中俊明, 「新羅僧侶の築堤事業-戊戌塢作碑 再論-」『構築と交流の文化史』, 工樂善通先生傘壽記念論集(雄山閣, 2018), p.37.

32) 橋本繁, 「戊戌塢作碑釋文再檢討」『國立歷史民俗博物館報告』 194(國立歷史民俗博物館, 2015), p.18.

33) 春三月 命有司修理堤防(『三國史記』 권4 新羅本紀 4 法興王 18年, 531).

축조가 아니라 전국적인 규모에서 수리를 명한 것으로 보인다. 有司는 청제비 병진명의 사인, 오작비의 도유나에 대응하는 수리시설을 담당하는 관리로 보인다. 6세기에는 제방을 만들거나 수리를 할 때에 城의 축조와 같이 지방행정체계를 이용하는 것이 아니라 중앙의 유사를 통하여 인원을 일괄 편성하여 관리하였다. 제언의 축조는 촌에 파견된 지방관을 통하여 행해진 것이 아니라 중앙에서 직접 장악하여 운영되고 있었다. 이러한 사실은 청제비 병진명과 무술오작비의 기재 사항과도 일치하고 있다. 신라 중고기 제방의 축조는 국가에서 직접 관장하는 중앙행정체계를 중심으로 정비되었기 때문이다.

堤塢는 국가 차원에서 직접 축조하였다. 법흥왕 18년 기사의 '有司'나 청제비 병진명의 '使人'이 주관하였다. 신라 중고기 금호강 유역의 수리시설도 국가 주도로 건립되었다. 계곡을 막은 제를 이용한 곡간의 개발이 이루어지고 오를 통해 하천수를 막거나 끌어들여 평지가 확장되면서 개발이 활발하게 이루어지고 있었다. 신라 왕경인 경주 분지에서도 북천의 흐름을 제어하면서 저습지의 개발이 이루어지듯이 지방의 하천 주변에서도 곡간에서 농경지가 개발하고 평지의 저습지를 농경지로 전환시켰다. 신라 역사에서 大開發의 시기가 도래하였으며, 금호강 유역이 가장 활발하게 이루어졌다. 이러한 상황을 잘 보여주는 자료가 소월리 목간의 '제'와 수리비의 '오'이다.

3. 금호강 유역의 개발

금호강 유역에 수리시설이 조영되고 그 과정을 기록한 수리비가 분포하고 있다. 최근에는 경산 소월리에서 수리시설과 관련된 목간이 출토되었다. 삼국시대 6~7세기에 수리시설과 관련된 수리비와 문자자료가 금호강 유역에서 집중하고 있다. 수리비는 국가가 주도하여 수리시설을 완비하고 기록한 것이며, 소월리 목간은 국가에 의한 세금 수취를 보여주고 있다. 모두 국가와 관련을 가진 자료이다. 이는 수리시설의 축조가 국가와 관련되어 있음을 보여주고 있다.

6세기 금호강 유역에서 수리시설이 축조되면서 지역 사회의 경관은 달라지게 된다. 제오의 축조로 인해 하천변의 저습지가 농경지로 개발되면서 하천을 중심으로 마을이 형성하게 된다. 대표적인 예가 팔거천변에 형성된 마을 유적이다.

대구 팔거천변의 칠곡에서 6세기를 전후하여 저습지에서 취락이 형성되고 있었다. 이 지역은 금호강의 지류인 팔거천의 범람원으로 작은 분지 내의 선상지에 위치하고 있다. 이 지역에서는 고선상지의 지면을 현재 범람원 퇴적물이 덮고 있고 이 퇴적층에 삼국시대의 생활공간이 만들어져 있다. 생활 유구로는 지상가옥의 柱穴로 생각되는 크고 작은 구멍이 분포하고 있고 물을 공급한 석조 우물과 옹기샘이 있다. 이 지상가옥을 만든 사람은 하천의 범람원을 개발하여 이곳에 거주하였다. 지상가옥 중의 일부는 고상창고로 추정되어 잉여 생산물을 저장하였을 것으로 보인다.

발굴조사된 대구 동천동 취락유적과[34] 대구 칠곡생활유적에서는[35] 논이 확인되지 않았으나 하천의 물길을 끌어들이는 수리시설인 洑가 확인되었다. 보는 나무와 돌을 이용하여 쌓은 것으로 하천의 물을 막아 웅덩이에 모은 뒤에 농경지로 취수하는 방식이다. 보의 물을 끌어 들여 취수하는 논의 존재를 충분히 상정할 수 있다. 이 취락유적의 주위에는 무덤구역인 鳩岩洞고분군과 방어용 산성인 八莒山城이 있다.[36] 즉, 칠곡들 동편의 주봉인 함지산의 정상부에는 팔거산성이 있고 산의 서남쪽 구릉일대에는 구암동고분군이 위치해 있다. 세 유적은 5~6세기 시기에 만들어진 것으로 상호연결된 복합유적군이라고 여겨진다. 이 지역에

---

34) 영남매장문화재연구원, 『대구 동천동 취락유적』, 학술조사보고 43(영남매장문화재연구원, 2002).
영남문화재연구원, 『대구 동천동 수리시설유적』, 학술조사보고 214(영남문화재연구원, 2014).

35) 경북대박물관, 『칠곡택지(2)지구문화유적기초조사보고서』(경북대박물관, 1993).
경북대박물관, 『대구 칠곡 생활유적』, 학술총서 32(경북대박물관, 2006).
경북대박물관, 『대구 칠곡 생활유적Ⅱ』, 학술총서 39(경북대박물관, 2009).

36) 대구직할시·경북대박물관, 『대구의 문화유적』(대구직할시·경북대박물관, 1992).

서 개발은 5세기경부터 시작되고 있으나 저습지가 본격적으로 개발이 되고 무덤이 거대화하는 것은 6세기 이후라고 여겨진다.[37)]

팔거천 일대는 삼국시대 八居里縣의 소재지였으며, 신라 통일기에 八里縣으로 개칭되었다. 6~7세기 삼국시대에는 현이 설치되지 않았으므로 팔거리현은 八居里村이었을 것으로 추정된다. 팔거천 주변의 칠곡 마을유적은 팔거리촌의 중심지와 관련을 가지고 있었을 것이다. 지방 행정의 중심지였으므로 신라 국가가 주도하여 하천 주변을 개발하였을 가능성을 제기할 수 있다.

경산 소월리 목간이 출토된 지점도 이와 유사한 경관을 보인다. 이 유적은 청통천 유역의 금호평야에 위치하고 있으며, 하천 주변의 넓은 충적지를 조망할 수 있는 위치에 있다. 유적은 고상건물지를 중심으로 주혈, 수혈, 토기가마 등 생활유구가 분포하여 고대 마을의 일부였음을 알 수 있다.

신라 국가 주도로 하천변이 개발되고 행정 중심지로 변하는 과정은 경산 林堂유적에서 잘 보인다.[38)] 임당유적은 고분, 마을, 토성, 저습지 등 복합적인 유적군으로 이루어져 있다. 이러한 경관은 시기에 따라 변화를 겪게 된다. 임당의 생활유적은 무덤 구역과 구별되어 분포하고 있으며 서북쪽 나지막한 구릉에 만들어진 환호, Ⅰ지구의 평지와 완경사면에 자리 잡은 주거지, 그리고 토성의 3개 구역으로 나누어져 있다. 생활유적은 시기별로 중심 구역이 변화하며, 유적의 폐기와 신설이 주기적으로 보인다. 기원전 2세기 전후의 환호, 기원후 3~4세기의 주거지, 4~6세기의 토성, 6~7세기의 적심건물지로 구분된다.[39)]

---

37) 김재홍, 「신라 중고기의 低濕地 개발과 촌락구조의 재편」『한국고대사논총』 7(가락국사적개발연구원, 1995), pp.68~69.

38) 영남문화재연구원, 『경산임당동유적-F, H지구 및 土城-』(영남문화재연구원, 1999).
영남문화재연구원, 『경산 임당동 건물지유적』(영남문화재연구원, 2008a).
영남문화재연구원, 『경산 임당동 마을유적 Ⅰ · Ⅱ』(영남문화재연구원, 2008b).
영남문화재연구원, 『경산 임당동 低濕地유적 Ⅰ · Ⅱ · Ⅲ』(영남문화재연구원, 2008c).

39) 하진호, 「임당유적 취락의 형성과 전개-환호, 주거지, 토성, 저습지를 중심으로-」『제

이 중에서 저습지 문화층은 상층이 6~7세기 적심건물지, 하층이 3~4세기 주거지와 동시기로 추정되는 저습지층이 있다. 저습지층은 바닥의 양상으로 양상으로 보아 기원 전후의 유물이 출토되어 그 시기에 형성된 것으로 보인다. 저습지는 상당 기간 유지되었으며 상층 적심건물지가 들어서면서 변화한 것으로 보인다. 적심건물지는 연못과 우물을 갖추고 있으며, 배수로인 석축유구가 지나가고 있다.[40] 건물지군은 연못과 우물을 포함하고 있는 대저택이나 관아로 추정하고 있다.[41] 하층의 저습지 위에 적심건물지가 들어서 있는 공간 구조이다. 우물 및 연못을 포함한 적심건물지의 경관으로 보아 지방 官衙와 관련이 있는 건물지로 추정된다.

배수로인 석축유구의 서쪽 가장자리에서 碑石이 출토되었다(〈그림 10〉). 비석은 3행으로 구성되어 있으나 글자를 읽기 어려운 상태이다. 그중에서 '論', '斯彼' 정도가 의미를 가지고 읽힌다. '論'으로 보아 일정한 집단에 의해 논의가 이루어지고 있었으며, 포항 냉수리비의 '共論'과 연결하여 이해할 수 있다. '斯彼'는 왕경 6부의 하나인 斯彼部를 지칭하며, 6부와 그 인물을 중심으로 어떠한 사항에 대해 논의를 진행하는 상황을 추정할 수 있다. 이 지역의 어떠한 상황을 두고 사피부 등 왕경 6부가 논의를 거쳐 결정한 것으로 보인다.

비석의 내용을 추정하기 어려우나 적심건물지의 성격과 관련하여 이해할 필요가 있다. 비석은 6~7세기의 연대 폭을 가진 배수로의 서쪽 가장자리에서 석축으로 사용되었다. 문자의 형태나 내용으로 보아 6세기 전반경의 비석으로 판단된다. 이는 6세기 중엽 이후로 편년되는 석축유구의 연대와도 부합된다. 비석의

25회 조사연구발표회자료집』(영남문화재연구원, 2011).
박승규, 「임당유적의 타임캡슐, 저습지유적 살펴보기」 『찬란한 고대 압독문화』(영남대출판부, 2015), pp.92~93.

40) 배수로는 보고서에서 도로 유구의 측구로 서술하고 있으며, 발굴조사 초기에는 담장 유구로 판단하기도 하였다.

41) 영남문화재연구원, 『경산 임당동 건물지유적』(영남문화재연구원, 2008a), p.331.

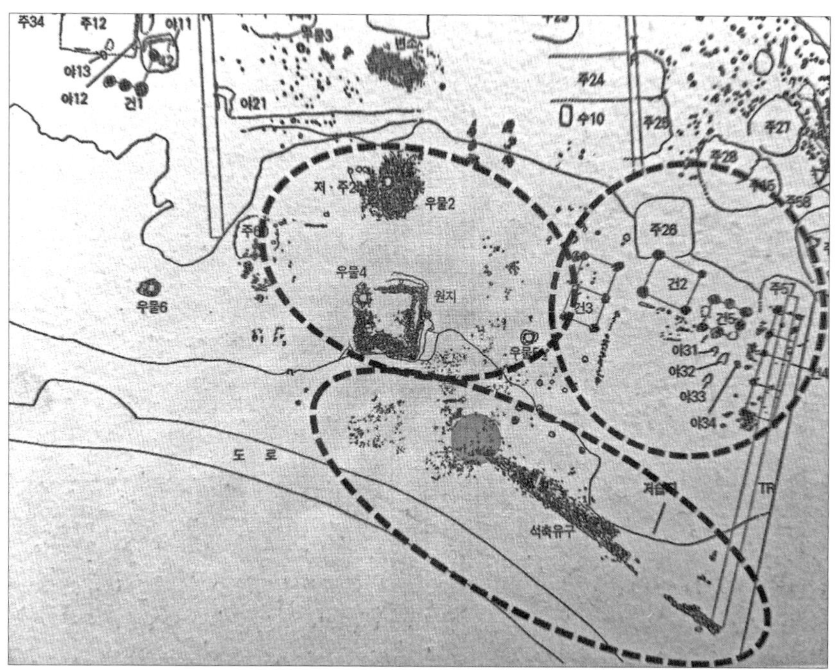

〈그림 10〉 경산 林堂古碑 발견지

사용 시점이 끝나고 석축을 조성하는 시점에 석축의 부재로 재활용되었던 것이다. 비석은 연대적으로 저습지가 메워지고 적심건물지가 건립되기 이전 과정과 관련을 가지고 있다. 6세기 전반 저습지를 메워 대지를 조성하는 과정에서 세운 비석으로 보인다. 이러한 저습지의 매립은 하천의 흐름을 제어할 수 있는 단계에 이루어지며, 수리시설의 조성과 관련을 가지고 있다. 531년 법흥왕이 전국의 수리시설을 갖추라는 명령과 관련지워 해석하면, 이 시기에 금호강 유역에서 수리시설이 갖추어지면서 저습지를 본격적으로 개발하였던 상황을 반영하고 있다. 이 비석을 수리시설의 건립과 관련지우기도 하지만[42] 유적의 상황으로 보아 저

42) 篠原啓方, 「경산 임당동 I 지구 출토 古碑」 『경산 임당동 건물지유적』(영남문화재연구원, 2008), p.516.

습지를 메워 대지를 조성하는 과정과 관련된 것으로 보인다.

금호강 유역에서 하천의 흐름을 제어하는 수리시설은 6세기 이후에 본격적으로 축조되기 시작하였으며, 물을 대어 경작하는 논이 발달하게 되었다. 또한 하천의 물이 생활유적으로 침투하는 것을 방지하여 저습지를 개발하여 대지를 조성하는 기틀을 마련하였다.

신라 중고기(6~7세기)에는 수리시설의 축조를 통하여 저습지를 개발하고 곡저의 황무지를 농경지로 전환시키는 '대개발의 시대'였다. 새로운 농경지의 확보를 통한 신라 국가의 자신감은 진흥왕 22년(561)에 세운 〈창녕진흥왕척경비〉에 잘 나타나고 있다. 원래 신라는 땅이 협소하여 농경지나 주거지로 활용할 토지가 부족하였으나, 수풀을 제거하여 새로운 토지를 개발하면서 농경지가 산림과 구분될 정도로 늘어나고 있는 상황을 반영하고 있다. 이러한 노력의 결과, 당시에 이미 농경지가 논[畓]과 밭[白田]으로 구별될 정도로 논농사가 발전하게 되었다. 당시 상황을 함축적으로 보여주는 자료가 소월리 목간의 '堤'이다.

Ⅳ. 맺음말

이 글에서는 금호강 유역의 신라 수리비와 목간에 기재된 '堤'와 '塢'를 실마리로 하여 수리 기술상의 차이를 해명하고 구체적인 수리시설과 대비하였다. 이를 통해 신라 국가가 금호강 유역을 개발하여 경관을 변화시키는 과정을 검토하였다.

금호강 유역의 수리와 관련된 자료에는 '塢', '堤'가 표현되어 있다. 청제비 병진명과 무술오작비에는 '塢', 청제비 정원명과 소월리 목간에는 '堤'가 보인다. '塢'는 하천의 흐름을 막아 가두어 농경지로 물을 대는 洑나 하천의 흐름을 막아 농경지를 보호하는 堰에 해당하는 수리시설이다. '제'는 계곡 사이를 흐르는 물을 가두어 두다가 목통을 통해 농경지에 취수하는 수리시설이다. 오는 중국 남조의 수리시설이고 제는 북조의 수리시설로 보인다. 금호강 유역에서 木桶은 '排堀里'로 표현되어 있다. 塢와 堤의 가장 중요한 차이는 목통의 유무였던 것이다.

금호강 유역의 堤塢는 계곡 사이를 흐르는 하천에 있었으며, 그 기재 방식이 '○○村 ○○谷'으로 보아 곡간에 위치하고 있었다. 제오를 통하여 곡간이 개발되면서 마을이 형성되는 과정을 잘 보여주고 있다. 금호강 유역의 지류를 흐르는 물길을 막아 농경지로 취수하는 洑형 슈라시설의 '塢', 堤형 수리시설의 '堤'는 마을의 경관을 변화시켰다. 하천 주변의 농경지에 물을 대어 농업 생산력이 발전하면서 마을이 성장하고 있었다.

금호강 유역에 있는 수리시설은 축조 기술에 따라 제와 오로 구분되지만, 제오(堤塢)는 국가 차원에서 직접 축조하였다. 법흥왕 18년 기사의 '有司'나 청제비의 '使人'이 주관하였다. 신라 중고기 금호강 유역의 수리시설은 국가 주도로 건립되었으며, 농경지의 개발도 국가가 주도하였다. 신라 역사에서 '6세기 대개발'이 시작되었으며, 금호강 유역이 가장 활발하게 이루어졌다. 이러한 상황을 잘 보여주는 자료가 소월리 목간과 수리비의 '堤'와 '塢'이다.

참고문헌

1. 단행본 및 보고서

경남대박물관, 『밀양 금천리 유적』, 학술조사보고서 28, 2016.

경북대박물관, 『칠곡택지(2)지구문화유적기초조사보고서』, 1993.

경북대박물관, 『대구 칠곡 생활유적』, 학술총서 32, 2006.

경북대박물관, 『대구 칠곡 생활유적Ⅱ』, 학술총서 39, 2009.

경상북도문화재연구원, 『공검지 제방 유적』, 학술조사보고 204, 2013.

국립대구박물관, 『금호강과 길』, 기획특별전 도록, 2018.

권태용, 「대구 동천동 유적 수리시설 발굴조사개보」 『제10회 조사연구발표집』, 영남매장문화재연구원, 1999.

대구직할시·경북대박물관, 『대구의 문화유적』, 1992.

영남문화재연구원, 『경산임당동유적-F, H지구 및 土城-』, 1999.

영남문화재연구원, 『대구 동천동 취락유적』, 학술조사보고 43, 2002.

영남문화재연구원, 『경산 임당동 건물지유적』, 2008a.

영남문화재연구원, 『경산 임당동 마을유적 Ⅰ·Ⅱ』, 2008b.

영남문화재연구원, 『경산 임당동 低濕地유적 Ⅰ·Ⅱ·Ⅲ』, 2008c.

영남문화재연구원, 『대구 동천동 수리시설유적』, 학술조사보고 214, 2014.

우리문화재연구원, 『울산 약사동 유적』, 학술조사보고 53, 2012.

화랑문화재연구원, 「경산지식산업지구 진입도로 개설공사부지 내 2구역(소월리 유물산포지2) 발굴조사 전문가검토회의 자료집」, 2019.

화랑문화재연구원, 「경산지식산업지구 진입도로 개설공사부지 내 2구역(소월리 유물산포지2) 발굴조사 현장설명회 자료」, 2019.

大阪府立狹山池博物館, 『大阪府立狹山池博物館 常設展示案內』, 2001.

狹山池調査事務所, 『狹山池-埋藏文化財編-』, 1998.

2. 논문
곽종철, 「청동기시대~초기철기시대의 수리시설」 『한국고대의 수전농업과 수리시설』, 서경문화사, 2010.
橋本繁, 「영천 청제비의 재검토」 『사림』 60호, 수선사학회, 2017.
김도헌, 「선사·고대 논의 관개시설에 대한 검토」 『호남고고학보』 18호, 호남고고학회, 2003.
김재홍, 「신라 중고기 村制와 지방사회구조」 『한국사연구』 72호, 한국사연구회, 1991.
김재홍, 「신라 중고기의 低濕地 개발과 촌락구조의 재편」 『한국고대사논총』 7호, 가락국사적개발연구원, 1995.
김재홍, 「수리시설」 『신라의 건축과 공예』, 신라사대계 18, 경상북도문화재 연구원, 2015.
김재홍, 「김제 벽골제 축조와 한국 고대 수리시설」 『김제 벽골제, 살아 숨쉬는 농경박물관』, 학술연구총서 8, 전북문화재연구원, 2016.
김재홍, 「영천 청제비와 대구 무술오작비」 『문자와 고대 한국1 -기록과 지배-』, 한국목간학회 연구총서 03(주보돈 교수 정년기념논총), 주류성, 2019.
노중국, 「한국고대의 수리시설과 농경에 대한 몇 가지 검토」 『한국고대의 수전농업과 수리시설』, 서경문화사, 2010.
박승규, 「임당유적의 타임캡슐, 저습지유적 살펴보기」 『찬란한 고대 압독문화』, 영남대출판부, 2015.
이기백, 「영천 청제비 병진축제기」 『신라정치사회사연구』, 일조각, 1974.
이기백, 「영천 청제비 정원수치기의 고찰」 『신라정치사회사연구』, 일조각, 1974.
이우태, 「영천 청제비를 통해 본 청제의 축조와 수치」 『변태섭 교수 화갑기념 사학논총』, 삼영사, 1985.
이우태, 「신라의 水利技術」 『신라문화제학술발표회논문집』 13호, 1992.
전경효, 「경산 소월리 목간의 기초적 검토」 『2019년 동아시아 신출토 목간』, 한국목간학회 제33회 정기발표회, 2020.
전덕재, 「통일신라의 수전농법과 영천 청제」『한·중·일 고대 수리시설의 비교연구』, 계명사학회 편, 계명대출판부, 2007.
조효식, 「대구 달성유적 검토」『1,500년 전의 기억, 대구 달성유적』, 2020년 국립대구박물관·영남고고학회 공동 학술대회, 2020.
하일식, 「무술오작비 추가 조사 및 판독 교정」『목간과 문자』 3호, 한국목간학회, 2009.
하진호, 「임당유적 취락의 형성과 전개 －환호, 주거지, 토성, 저습지를 중심으로-」『제25회 조사연구발표회자료집』, 영남문화재연구원, 2011.
橋本繁, 「戊戌塢作碑釋文再檢討」『國立歷史民俗博物館報告』 194호, 國立歷史民俗博物館, 2015.
堀敏一, 「魏晉南北朝時代の村をめぐって」『中國の都市と農村』, 唐代史研究會, 1992.
宮川尙志, 「六朝時代の村について」『六朝史研究-政治·社會篇-』, 1950.
李殷昌, 「韓國の池」『池』, 日本古代文化の探究, 社會思想社, 1978.
小山田宏一, 「古代菁堤の基礎的研究」『大阪府立狹山池博物館研究報告』 9호, 2018.
松村弘一, 「塢から見る東アジア海文明と水利技術」『中國古代環境史の研究』, 汲古書院, 2016.
田中俊明, 「新羅の金石文, 永川菁堤碑·貞元銘」『韓國文化』 44호, 1983.
田中俊明, 「新羅僧侶の築堤事業-戊戌塢作碑 再論-」『構築と交流の文化史』, 工樂善通先生傘壽記念論集, 雄山閣, 2018.
篠原啓方, 「경산 임당동 Ⅰ지구 출토 古碑」『경산 임당동 건물지유적』, 영남문화재연구원, 2008.

제3부

경산 소월리 유적과 동아시아

제9장

고대인의 개발과 죽음에 대한 두려움, 기원
- 고대 한국과 일본의 출토자료와 道教 사상에서 -

平川 南

Ⅰ. 고대 한국과 일본의 골짜기와 마을 - 출토 문자 자료와 人面土器를 통해

경산 소월리 유적의 입지와 출토 목간

소월리 유적은 신라 왕경인 경주 서쪽에 있는 경산지방에 위치한다. 출토목간에는 '谷'나 '堤' 그리고 '畓'과 그 면적이 표기되어 있었다. 대지와 樹枝狀으로 형성된 골짜기가 있어 대지를 흐르는 강을 이용해서 논이 개발되었다고 추측된다. 연대는 공반 출토된 토기를 통해 6세기 말에서 7세기 초로 추정된다.

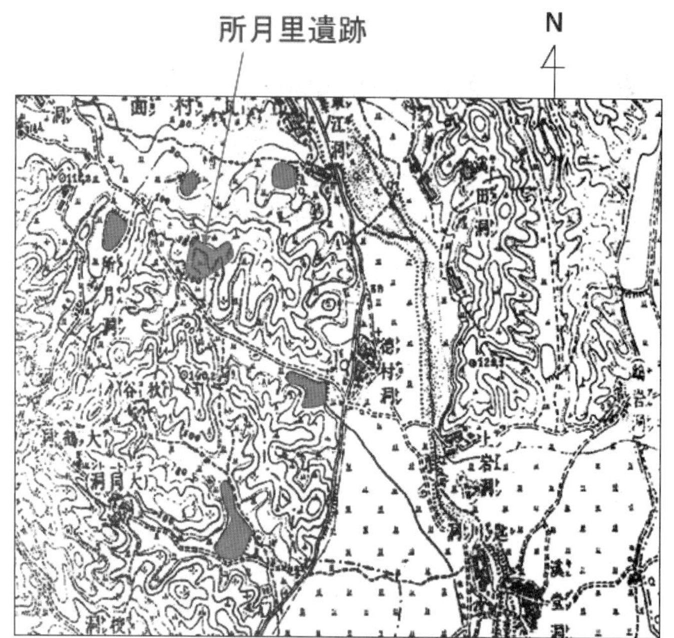

〈그림 1〉 경산 소월리 유적

〈그림 2〉 경산 소월리 유적 수혈 107호 조사전경

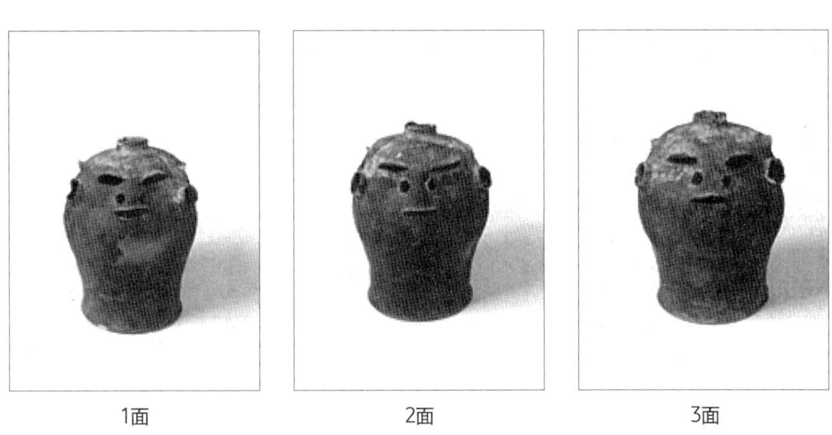

1面 2面 3面

〈그림 3〉 경산 소월리 유적 출토 인면문 토기

1. 고대 일본의 골짜기와 마을

골짜기를 흐르는 강을 이용한 논 개발의 구체적인 모습은 고대 일본의 『常陸國風土記』(713년에 천황의 명령으로 전국에서 편찬된 것 가운데 현존하는 常陸國(현재 茨城縣)에 관한 것)에 골짜기의 논 개발 관련 전승이 기록되어 있다.

고대 말에서 중세 이후 동국 사회에서 사람들은 대규모 관개를 통하여 沖積地를 대대적으로 논으로 개발하였고 주거지를 그때까지의 대지에서 경작지 가까이로 옮기게 되었다. 평야에 널리 형성된 취락과 논이라는 현재 전원 풍경은 아마 고대 말에서 중세까지 올라가고 그 이후 크게 변하지 않았을 것이다. 골짜기를 흐르는 강을 이용한 논 개발의 구체적인 모습은 『常陸國風土記』行方郡條를 통해 알 수 있다.[1)]

1) 『常陸国風土記』 編著者 沖森卓也·佐藤信·矢嶋泉 山川出版社
古老のいへらく、「石村の玉穂の宮に大八洲馭しめしし天皇の世〔継体天皇〕に、有る人、箭括の氏の麻多智といひき。郡より西の谷の葦原を墾闢きて新に田に治りき。此の時、夜刀の神、相群れ引率て、悉尽に到来たり、左右に防障へて、耕佃ることなからしむ。俗いわく、「蛇を謂ひて夜刀の神とす」といふ。其の形は、蛇の身にして、頭に角あり。率引て難を免れるる時、見る人あらば、門を破壊し、子孫継がず。凡て、此の郡の側の郊原に甚多に住めり。是に、麻多智、大く怒の情を起こし、甲鎧を着被けて、自身仗を執り、打殺し駈逐らひき。乃ち、山口に至り、標の梲を堺の堀に置て、夜刀の神に告げていはく、『此より上は神の地と為すことを聴さむ。此より下は人の田と作すべし。今より後、吾、神の祝と為りて、永代に敬ひ祭らむ。冀はくは、な祟りそ、な恨みそ』といひて、社を設けて初めて祭りき、といへり。即ち、還、耕田一十町余を発して、麻多智の子孫、相承けて祭を致し、今に至るまで絶えず。其の後、難波の長柄豊前の大宮に臨軒しめしし天皇の世〔孝徳天皇〕に至りて、壬生連麻呂〔行方郡建評者の一人、茨城国造〕、初めて其の谷を占めて、池の堤を築かしめき。時に、夜刀の神、池の辺の椎·槻に昇り集ひ、時を経れども去らず。是に、麻呂、声を挙げて大言びていはく、「此の池を修めしむるは、要孟めて民を活かすにあり。何の神、誰の祇ぞ、風化に従はざる」といひて、即ち、役の民に令りていはく、「目に見る雑の物、魚虫の類は、憚懼るところなく、随蓋に打殺せ」と言ひ了はる応時、神しき蛇避け隠りき。謂はゆる其の池は、今、椎非の池と号く。池の面に椎株あり。清泉出づれば、井を取り

한 노인이 말하기를, 게아타이(繼體) 천황 때(507~531년)에 야하즈노우지마타치(箭括氏麻多智)라는 사람이 있었다. 군청 서쪽에 있는 골짜기의 갈대밭을 새로 논으로 개간하여 헌상했다. 이 때 야토신(夜刀神)의 무리가 와서 여러모로 방해를 해서 논 경작을 못 하게 했다(뱀을 야토신이라고 부른다. 그 모습은 몸이 뱀이며 머리에 뿔이 있다. 가족을 데리고 위험을 피하려고 할 때 야토신을 뒤돌아본 자는 일족이 멸망하고 자손이 뒤를 잇지 못하게 된다. 이 군청 주변 들판에는 매우 많이 살고 있다). 이러한 상황에 마타치(麻多智)는 노여움이 치솟아 갑옷을 입고 스스로 창을 들고 죽이고 쫓아냈다. 그리고 산에 올라가는 입구에 이르러 경계를 뜻하는 기둥을 경계의 해자에 세워서 야토신에게 "이보다 위쪽은 신의 토지로 인정하겠다. 이보다 아래쪽은 사람이 논을 만들어야 한다. 앞으로 내가 신주(神主)가 되어 오래 제사를 지내도록 하겠다. 부디 재앙을 일으키지 말고 원망하지 않기를"라고 말하고 신사를 만들어서 처음으로 야토신을 모셨다고 한다. 그리고 논 10여 정(町)을 개간하여 마타치(麻多智)의 자손이 대대로 이어서 제사를 지내고 지금까지 계속해왔다. 그 뒤 고토쿠(孝德) 천황 때(645~654년)에 미부노무라지마로(壬生連麿)가 처음으로 그 골짜기를 점유하여 못의 제방을 만들게 했다. 그 때에 야토신들이 못가에 있는 모밀잣밤나무에 올라가 끝까지 물러서지 않았다. 그래서 마로(麿)가 큰 소리로 "이 못을 만들어서 사람들을 구하고자 하는데 어디의 어떤 신이 천황의 명을 어기는가"라고 외쳤다. 곧바로 과역으로 나온 사람

て池に名づく。即ち、香島に向ふ陸の駅道なり。

들에게 명하여 “눈에 보이는 여러 것, 물고기나 벌레 따위는 주저없이 모조리 때려죽여라”라고 했다. 말이 끝나자마자 수상한 뱀들은 그 곳을 떠나 숨어버렸다. 여기서 말하는 그 못은 지금 시이노이(椎井)라고 한다. 못가에 모밀잣밤나무가 있다. 맑은 샘물이 나오므로 이름에 이(井)를 붙였다. 이는 가시마(香島)로 향하는 육로의 역도(驛道)이다.

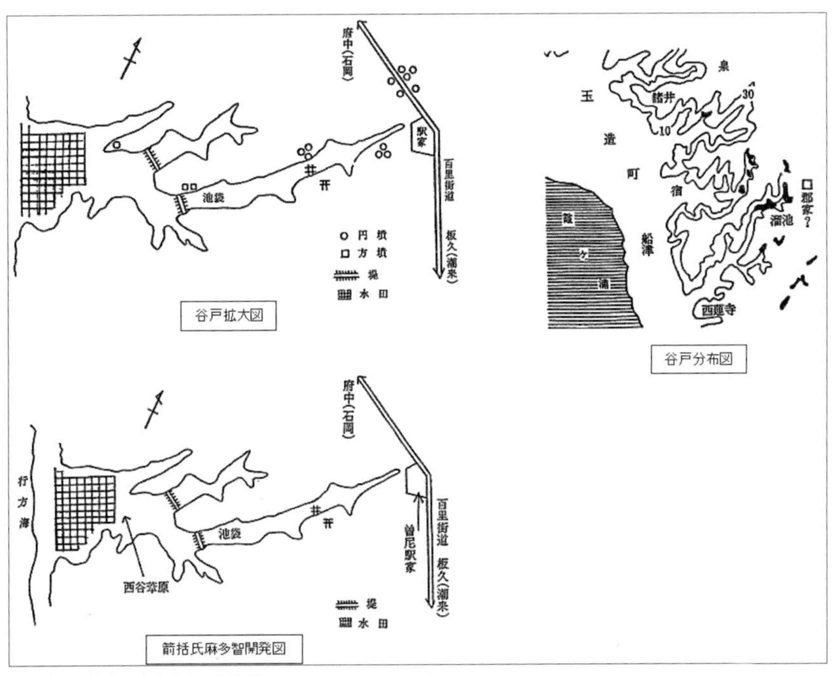

〈그림 4〉 箭括氏麻多智開發圖

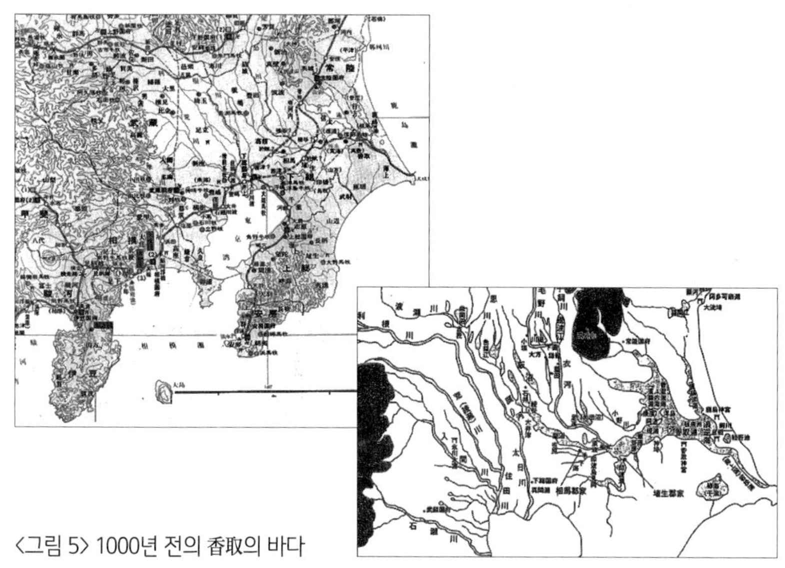

〈그림 5〉 1000년 전의 香取의 바다

行方郡 서쪽 霞ヶ浦에 인접한 대지에는 복잡한 형태의 수지상 골짜기가 있다. 호족인 箭筈麻多智는 이 골짜기의 습지에 형성된 갈대를 베어버리고 새로 논으로 개발하였다. 이 논은 비가 많은 해에는 익지 않고 가문 해에만 풍년이 드는 불안정한 조건이었다.

箭筈麻多智가 골짜기를 개발하기에 앞서 그 골짜기 신에 대하여 산 입구까지는 자기 땅으로 하고 그보다 위는 신의 땅으로 하되 더 이상 개발하지 않을 것, 그리고 신사를 세우고 그 신을 모시기로 약속했다. 무엇보다 자연에 대한 두려움과 관계 수복을 의도한 행위였다.

이러한 개발에 대하여 더 큰 규모로 노역을 투입한 논 개발이 壬生連麿의 개발이다. 골짜기에 흐르는 강을 둑으로 막아 관개용 연못을 만들어 더 넓고 또 자연 조건을 극복할 수 있는 논 개발이 가능해진 것이다. 壬生連麿는 관개용 연못을 만들었고 저항한 골짜기 신에 대하여 '연못은 사람들을 위한 것이다. 땅의 신이라고 해도 천황의 뜻을 따라야 한다!'라고 외쳐 민중을 동원한 대규모 개발을 강행했다. 왕권은 자연까지도 지배할 수 있다고 해서 인민 위에 군림하는 존재가 되었다. 그런 뜻으로는 왕권은 자연과 항상 대치되는 것에서 그 존재를 유지했다고도 할 수 있다.

이러한 常陸國 논 개발과 촌락 형태는 당시 東國 전역의 대지와 수지상 골짜기에서 전개된 일반적인 모습이라고 할 수 있다. 이 모습은 常陸國 이웃인 下總國 북부에서도 거의 같았다. 印旛沼 수계의 新川 본류에 면하여 고분시대 유적이 분포하는 것에 대해 奈良·平安 시대가 되자 新川 지류 수지상 골짜기 연변부에 유적 분포가 더 늘어난다. 사람들이 일상생활에 쓰는 물과 경작지를 구하여 지류 깊숙이까지 주거 범위를 넓혀간 것을 명백히 알아낼 수 있다.

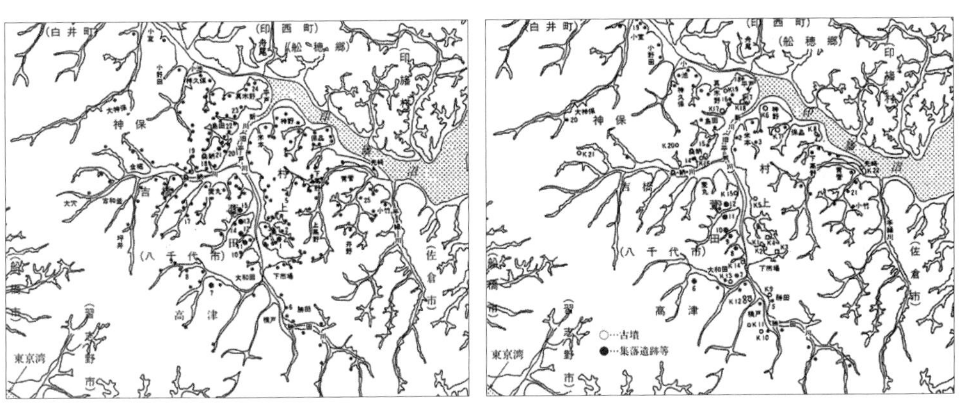

〈그림 6〉 고대 印旛郡 지방 고분시대(오른쪽)와 奈良 · 平安 시대(왼쪽) 유적분포도

고대 印旛郡 村神鄕 안의 취락은 현재 千葉縣 八千代市 新川에 인접한 대지 연변부에 규모가 큰 많은 유적으로 확인된다. 村神鄕의 중심 취락으로 추측되는 白幡前 유적에서 대지 위에 큰 溝로 1변 약 20m의 방형으로 구획된 지역 안에 사면에 차양이 있는 건물이 확인되었고 주변에서 瓦塔 파편도 출토되었다. 또 白幡前 유적에 인접한 井戶向 유적에서는 서로 근접한 수혈주거지에서 '仏' '寺'(저부 내면), '寺杯'(저부 외면)가 쓰인 토기가 출토되었고 작은 금동불도 발견되었다.

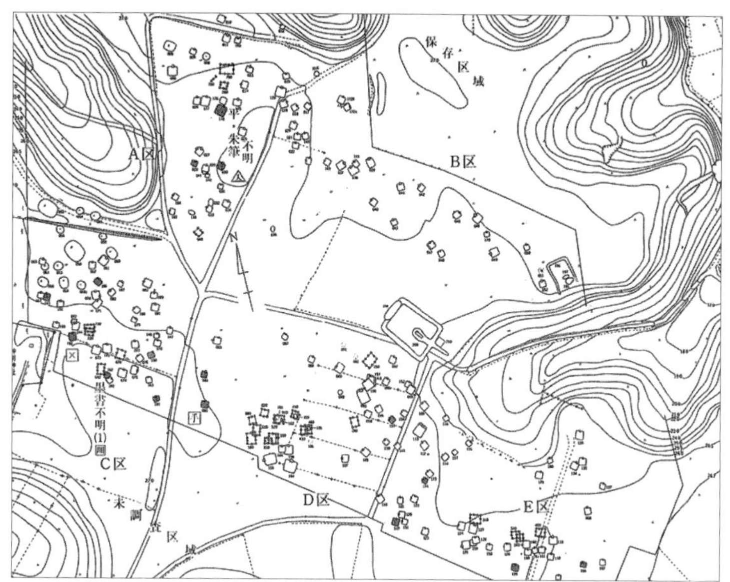

〈그림 7〉 村上込の内 유적 묵서토기 분포도· I 기(5000분의 1.△=箆書 □=線刻)

〈그림 8〉 9세기 초 下總國(千葉縣) 村神鄉의 한 마을

이러한 불교관계 유구, 유물은 근년의 동국 취락 조사에서 일반적으로 확인된다. 3×3칸으로 4면에 차양이 있는 작은 건물에 불상이나 와탑을 안치하여 사람들은 그것을 절이라고 부르며 깊게 믿은 것으로 추측된다.

○ 千葉縣 八千代市 上谷 유적 출토 묵서토기

「下總國 印旛郡 村神鄕 丈部家刀自咩召代進上延暦十年十月廿二日」(묵서인면 있음)

〈요지〉 下總國 印旛郡 村神鄕(현재 千葉縣 八千代市 村上)에 사는 丈部家刀自咩가 冥界(저승)로 가는 대신에 이 그릇에 음식을 담아 올린다. 延暦 10년(791) 10월 22일.

그런데 神佛에 올리는 묵서토기에 왜 '下總國 印旛郡 村神鄕'과 같이 행정 구획까지 썼을까. 이 의문에 대한 답은 고대 불교 설화집인 『日本靈異記』의 다음 이야기에서 추측할 수 있을 것 같다.

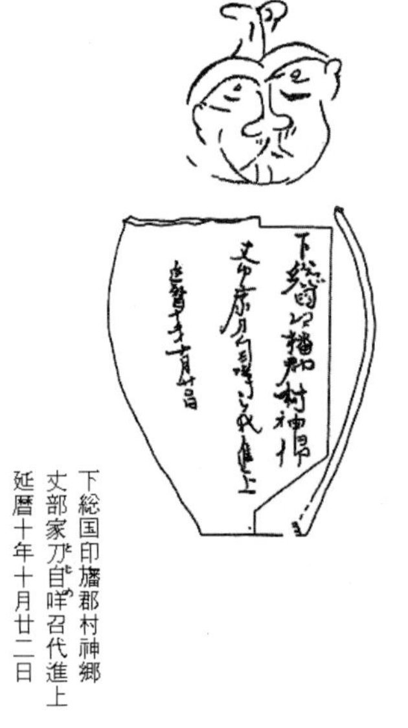
下総国印旛郡村神郷
丈部家刀自咩召代進上
延暦十年十月廿二日
延暦十年（七九一年）

〈그림 9〉 인면묵서토기
(千葉縣 八千代市 上谷 유적 출토)

讚岐國 山田郡의 布敷臣衣女라는 여성이 갑자기 병이 들었기 때문에 집 문 앞에 疫神을 위해 음식을 올렸더니 衣女를 데리고 온 閻魔王의 사자인 귀신이 은의를 느껴서 다른 사람, 곧 讚岐國 鵜足郡에 사는 같은 이름을 가진 사람을 염마왕에게 데려갔는데 염마왕은 곧바로 그것을 간파했다.

이 이야기를 통해서 대접을 받은 귀신은 대접한 사람을 구해야 한다는 것을 알 수 있다. 수혈주거에 사는 농민이 토기에 음식을 담아서 올리는 것은 실은 병이나 죽음을 피하려고 한 필사적인 기원이 아니었을까. 十王圖에 그려져 있는 장부를 보면서 확인하는 閻魔王과 그 옆에서 기록하고 있는 司命神·司祿神을 본 적이 있을 것이다. 司命神은 冥府의 호적을 관리하여 호적에 쓴 나이가 된 사람을 명부로 소환하는 신이다. 司祿神은 娑婆(이승)에 있는 사람의 善業惡業을 모두 기록하는 신이다. 그래서 신불에게 기원하는 사람은 자기 본관지(본적지)를 밝혀야 했다.

〈그림 10〉 閻魔王과 司命神이 그려진 그림(「地藏菩薩 및 十王圖」川崎市·明長寺 소장. 川崎市敎育委員會 제공)

동국의 웅대한 자연 속에 사는 농민의 일상생활은 자연재해나 역병으로 항상 위협 받는 불안한 나날이기도 했을 것이다. 사람들은 신이나 부처님을 모시고 延命을 기원했을 것이다.

이러한 세계는 근년의 발굴조사로 구체적으로 알 수 있게 되어 우리 예상을 넘어 재지 신에 대한 뿌리 깊은 신앙과 새로 일본에 전해진 도교적 제사나 불교를 실제 적극적으로 받아들여 그것들이 渾然一體가 되어 촌락 제사를 형성한 것으로 생각된다.

소월리 유적 출토 인면토기는 이 夜刀神(뱀) 같은 골짜기 신을 진정시키기 위해 만들었고 청정의 의식을 거쳐 이 땅에 구덩이를 파서 사악한 것, 부정한 것과 같이 인면토기를 봉안한 것이 아닐까.

2. 인면토기와 도교

1) 도교 사상

최근 중국 도교의 시작에서 그 복잡한 전개를 명쾌하게 정리하여 중국뿐만 아니라 동아시아 전역에 침투해 가는 전모를 서술한 획기적인 책이 간행되었다. 바로 神塚淑子 씨의 『道教思想 10講』(岩波書店, 2020년 9월)이다. 이하 이 책을 바탕으로 도교의 역사적 전개를 간단하게 정리한다.

고대 중국에서 도교의 시작에 관해서 여러 설이 있는 것은 도교가 매우 다양한 내용을 포함하고 있는 것과 관련된다. 예컨대 元의 지식인 馬端臨(1254~?)은 다음과 같이 말했다.

> 道家の術, 雑にして多端なるは, 先儒の論備われり. 蓋し清浄も一説なり, 煉養も一説なり, 服食（道家の養生法）も又一説なり, 符籙（おふだを用いた呪術）も又た一説なり, 経典科教も又た一説なり.(『文献通考』권225「経籍考」)

이처럼 도교는 老子 사상을 근본으로 하여 그 위에 不老長生을 추구하는 神仙術이나 교단 도교에서 사용된 符籙이나 斎醮(壇을 만들고 기도하는 것) 혹은 불교의 영향을 받아 형성된 경전이나 의례 등 여러 요소가 시대의 흐름과 함께 다층적으로 쌓여 형성되었다. 이밖에 귀신 신앙의 墨子 사상이나 유교의 윤리사상, 혹은 음양오행 사상 등도 도교를 이루는 요소로 들 수 있다.

최초의 도교 교단이라고 하는 太平道와 五斗米道(후한 말에 태평도보다 좀 늦게 張陵이 蜀郡 成都 근교 鶴鳴山에서 『老子道德經』을 기본으로 하여 만든 도교 교단)는 2세기 후반에 후한 말의 혼란된 사회 속에서 나타났다.

葛洪 『抱朴子』의 성립

한편 조직화된 도교와는 별도로 신선이 되기 위하여 개인 혹은 소수로 수행하거나 道術을 하는 움직임도 일찍부터 있었다. 도술은 개인과 개인 사이로 비밀리에 전해지는 경우가 많았는데 그것을 책으로 공개한 晉의 葛洪(283?~343?)의 『抱朴子』를 통해 후한 말에서 진대 신선도의 모습을 알 수 있다. 『抱朴子』는 신선 사상만이 아니라 윤리 사상의 면에서도 도교 역사상 중요하다. 그리고 『抱朴子』는 일찍부터 일본에 전래되어 고대 일본 문화에도 영향을 미쳤다(이를테면 平安 시데 庚申 날에 밤을 새워서 三尸가 몸에서 벗어나지 않게 하는 '守庚申' 등).

陸修靜의 도교 교리 통합

전한 시대에 전해진 불교가 후한, 삼국시대를 거쳐 중국 사회에 침투되어 그 세력을 확대하자 도교는 점차 위기의식을 가지고 도교를 하나로 묶어서 중국 고유문화로 지키려는 움직임이 생겼다. 그 중심이 된 것이 劉宋 道士인 陸修靜(406~477)이다. 그는 유송 明帝(재위 465~472) 때 높이 우대되어 도성 建康 근교에 道觀(도교 사원)을 얻어 살며 도교 경전을 수집했다.

남조에서는 육수정 이후에도 불교 교설을 수용하면서 도교 교리 체계화가 도모되었다. 그 성과는 북조에서도 받아들여 北周 武帝(재위560~578) 때 도교 교리를 정리한 『無上祕要』 100권이 편찬되었다.

唐代의 도교

당대는 중국 역사상 도교 문화가 가장 번성한 시대다. 高祖 李淵(재위618~626)은 이 씨가 천하를 얻을 것을 老君(太上老君)이 예언했다고 하는 도사의 말을 이용해서 당 왕조를 창립하여 노자(李耳)를 왕실 조상으로 삼았다. 이로 인해 당대에는 왕조의 정책으로 노자와 도교가 존숭되어 則天武后 시기(690~705)를 제외하여 도교를 불교보다 우선하는 '道先佛後' 정책이 채용되었다.

2) 도교 부적 –동아시아에서 공통된 기원

이 '井'이 한 토기에 다른 글자와 같이 적혀 있는 사례도 있다.

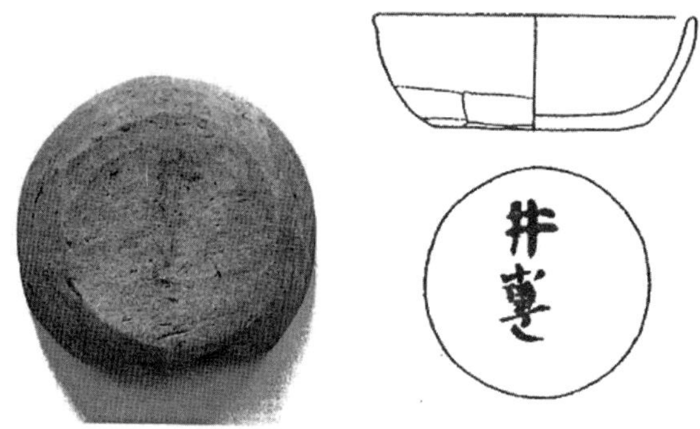

〈그림 11〉 묵서토기 '井 小田万呂'(千葉縣 東金市 作畑 육적 출토)와 실측도

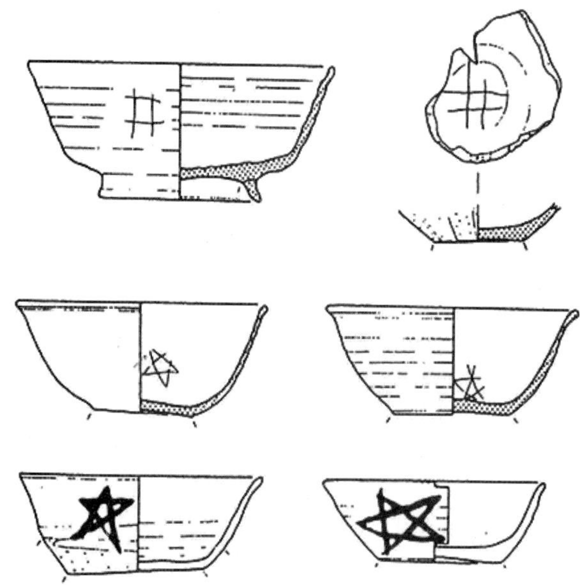

〈그림 12〉 千葉縣 柏市 花前 유적군 출토 토기 '井' '☆' 실측도(위·중단은 線刻, 하단은 묵서)

千葉縣 東金市 作畑 육적의 묵서토기 '井小田万呂'는 '井'와 '小田万呂'의 서체가 다른 것이 틀림없다. 즉 인명 '小田万呂'는 일반적인 행서체, 이에 대해 '井'는 '小田万呂'보다 크고 해서체처럼 썼다. '小田万呂'와는 별도로 상부에 '井'를 썼을 것이다. 이들 사례로도 '井'는 종래 통설이던 '우물 제사'에 사용되었다고 하는 우물 한자인 '井'이 아니라 오히려 일종의 기호로 판단될 것이다.

이 '井' 기호는 도교의 부호인 '䷀'(도만)을 간략하게 쓴 것으로 생각된다. 이 '䷀'는 '九字'라고도 하여 중국 도교 이론서인 『抱朴子』에 보이는 음양도나 修驗者가 부르는 護身의 주문 '臨兵鬪者皆陣列在前'의 9자를 말한다. 이 말을 부르고 손가락으로 공중에 세로획 4개, 가로획 5개를 쓰면 호신, 除災, 승리를 얻을 수 있다는 주문이다.

'☆'도 원래 서아시아지방이 기원이라고 하여 원래는 도교의 북두성 신앙을 상징하는 문양이다. 악령, 사신을 외치고 기원을 이루는 것을 기도하는 기호이모세만(五芒星)이라고 하여 음양도나 수험도에서는 '오행'(木·火·土·金·水)이라고 한다.

'井'는 마물도 길을 잃는 미로, '☆'는 마물도 들어갈 틈이 없는 것을 뜻한다고 한다. 이 부적 '井'도 '急急如律令'의 주구와 같이 한반도를 거쳐 일본열도로 전래된 것을 알 수 있게 되었다.

고구려 최성기의 왕이 광개토왕(재위 391~412)이다. 고구려 광개토왕비는 왕의 공적을 기념하여 아들인 장수왕이 414년에 압록강 중류 북안의 통구(현 중화인민공화국 길림성 집안시)에 세운 높이 6.39m, 폭 1.35~약 2m의 角礫凝灰岩제 方柱碑다.

신라의 사자가 당시 세력이 강성했던 고구려로 가서 신라 도성으로 가져온 것이 '고구려 호태왕 호우'라고 불리는 청동제 완(직경 24cm, 높이 19.4cm)이다. 그 완의 바닥 외부에 아래와 같은 명문이 있다.

「乙卯年國
岡上廣開
土地好太
王壺杅十」

〈그림 13〉 청동제 완 '고구려 호태왕 호우'(오른쪽)와 완의 저부(왼쪽)(국립중앙박물관 소장)

을묘년은 광개토왕비가 건립된 '甲寅年' 다음해인 415년에 해당한다. 놀랍게도 호태왕 이름 위에 비스듬하게 '井'가 새겨져 있는 것이다. 이 '井' 기호는 광개토왕 부적으로 이해했다.

위에서 언급한 千葉縣 東金市 作畑 유적의 '小田万呂'라는 사람의 부적으로 인명 위에 기호 '井'를 쓴 묵서토기(8세기)와는 국가나 시기는 다르지만 똑같은 기재 방법이라고 할 수 있을 것이다.

한국 내에서는 6세기 이후 토기에 덜 마른 상태에서 대칼로 '井'를 새긴 수많은 사례가 확인된다. 5세기 초에 이미 고대 한국에서 '井'는 부적으로 사용되었고 그것이 일본열도에도 전해진 것이 아닐까.호신, 제재를 원하는 마음이 아시에 세계에 공통된 부호 '井' '☆'를 전파시킨 것이다.

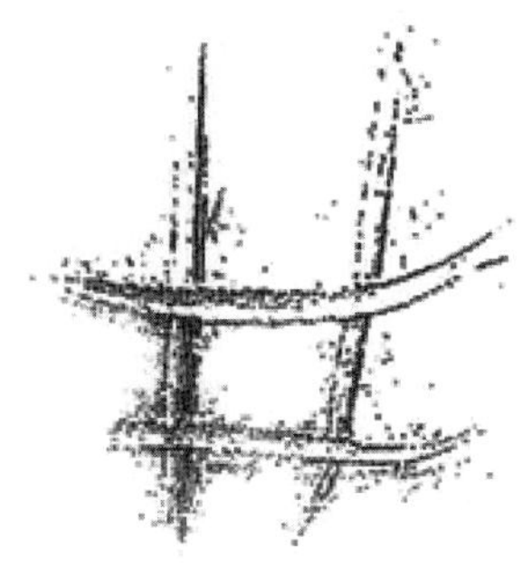

〈그림 14〉 '井'명 고배와 고배에 새겨진 부호의 확대도(김해시 예안리고분군 30호분 출토, 부산대학교박물관 소장)

3) 도교와 부록과 인면

부록의 예

중국 甘肅省 敦煌石窟 莫高窟 제17굴에서 발견된 고문서군은 8~10세기가 중심이다. 그 문서군 가운데 『敦煌掇瑣』에 부록이 있다. 거기에 그려져 있는 인면상이야말로 인면토기의 祖型이라고 할 수 있다.

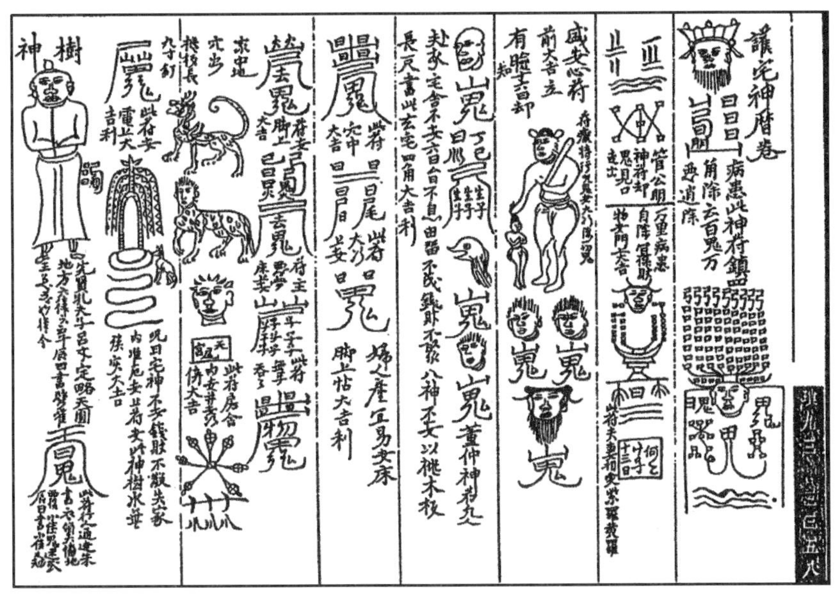

〈그림 15〉 부록의 예(『敦煌掇瑣』)

敦煌石窟 : 중국 甘粛省 敦煌市에 남아있는 불교 석굴 사원으로 千仏洞·西千仏洞·楡林洞·水峡口窟의 총칭이다. 천불동의 莫高窟이 가장 규모가 크고 약 490의 석굴이 남아있다. 현재 확인할 수 있는 가장 오래된 것은 北涼 시대 5세기 초로 추정되고, 문서 기록에 남는 4세기 중엽의 석굴은 아직 확인되지 않았다. 明代 16세기 중엽에 조영이 끝났다. 돈황은 河西走廊 서단에 있는 실크로드 출입구로 동서 문화교류의 중계지로 번성했다.

敦煌文書 : 중국 甘粛省 敦煌 莫高窟 제17굴에서 발견된 고문서군. 돈황은 전한 때에 군이 설치되어 4세기에 막고굴이 열린 후에 오랫동안 오아시스 불교 도시로 번영했다. 20세기 초에 소개된 고문서는 영국, 프랑스, 러시아, 중국, 일본 등 여러 기관에 소장되어있다. 사경, 사본을 중심으로 관청 등의 공문서 2차 이용도 많아 호적을 비롯한 紙背文書는 사회경제사, 법제사에 관한 귀중한 사료이다. 8~10세기 중심.

〔日本史広辞典編集委員会編 『日本史広辞典』 山川出版社 1997년〕

돈황에서 발견된 도교 부록은 고대 일본의 이른 사례로는 大阪市 東住吉區 桑津 유적 출토 7세기 전반의 呪符木簡으로 확인할 수 있다.

Ⅱ. '고대인의 죽음'에 대한 두려움과 기원

1. 고대 일본의 冥道 신앙의 수용 -대문헌 사료에 보이는 죽음과 기원

일본의 명도 신앙은 역시 불교설화집 『日本靈異記』를 통해서 구체적인 내용을 알 수 있다. 염라왕이 지옥의 판관으로 사람의 생사를 주관한다는 신앙은 다

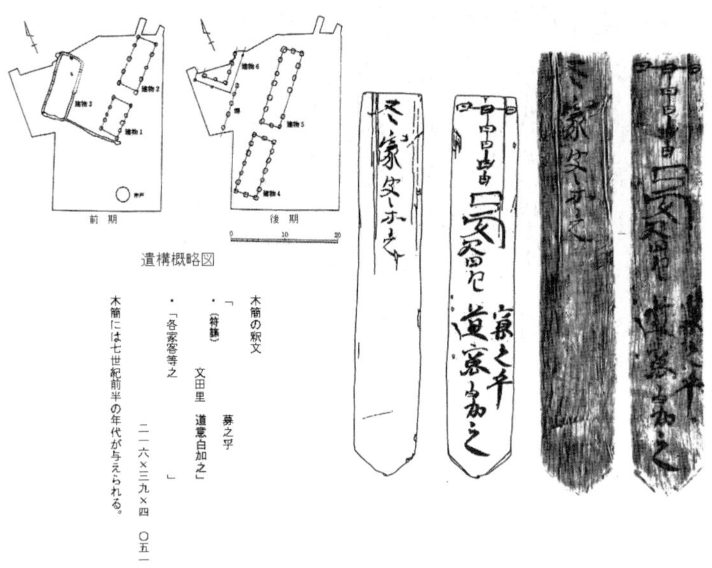

前期
後期
遺構概略図
木簡の釈文
「　　　　　募之乎
・(符籙)　文田里　道意白加之」
・「各家客等之　　　　　」
二一六×三九×四　〇五一
木簡には七世紀前半の年代が与えられる。

〈그림 16〉 大阪市 東住吉區 桑津 유적 출토 呪符木簡(7세기 전반)

음 설화를 통하여 잘 알 수 있다.

> 官の勢いを借りて、非理に政を為し、悪報を得る縁 下巻一35
> 白壁の天皇のみ世（光仁天皇）に、筑紫の前の国松浦の郡の人、火君の氏、忽然に死して琰魔の国に至る。時に王校（挍）ふるに、死期に合 は不るが故に、更に敢へて返す。還る時に見れば、大海の中 に釜の如き地獄有り。（下略）
> (『日本靈異記』의 해석은 日本古典文学大系本(岩波書店) 을 따랐다.)

도교의 泰山府君은 불교의 염라왕과 합하여 사람의 수명과 복록을 지배하는 신이 되었다. 측근에 사명·사록 두 신이 있다. 사명신은 명부의 호적을 관리하여 호적에 기재된 나이가 된 사람을 명부로 소환한다. 사록신은 사파에 있는 사람들의 선업악업을 다 기록하는 신이다. 따라서 이 설화와 같이 일단 염라왕청으로 소환되어도 그 사람이 사명신이 관리하는 호적에 기록된 나이가 되지 않은 사람은 '죽을 때가 맞지 않다'는 이유로 염라왕이 판단하여 현세로 되돌린 일조차 있었다.

염라왕에 관한 『日本靈異記』의 다른 설화는 크게 나누면 다음과 같다.

○ 죄업으로 염라왕으로 소환되어 罪報를 받다(下-26, 36, 37).

(예) 因果を顧み不悪を作して、罪報を受くる縁(下-37)

従四位上佐伯宿禰伊太知は、平城の宮に宇御めたまひし天皇のみ世の人なり。時に京中の人、筑前に下り、病を得て忽に死にて閻羅王の闕に至る。(略) 諸史〔書紀〕に問ひて言はく「若し此の人世に在りし時に、何の功徳善を作せる」とのたまふ。諸史答へて言はく「唯法華経一部を写し奉れり」といふ。王の言はく「彼の罪を以て経巻に宛てよ」とのたまふ。巻に宛つると雖も、罪の数倍勝れること無量無数なり。亦経の六万九千三百八十四文字に宛つるに、猶罪の数倍りて、救ふところ無し。(하략)

그 사람의 죄를 사경한 권수로 계산할 결과 죄가 많아서 구하지 못 하였다고 한다.

○ 염라청에서 소환하러 온 귀신에게 음식을 주고 연행을 면한다(中-24, 25).

(예) 閻羅王の使の鬼、召さるる人の饗を受けて、恩を報ずる縁(中-25)

讃岐の国山田の郡に、布敷臣衣女有り。聖武天皇のみ代に、衣

女忽に病を得たり。時に偉しく百味を備けて、門の左右に祭り、疫神に賂ひて饗す。閻羅王の使の鬼、来りて衣女を召す。其の鬼、走り疲れにて、祭の食を見て、靦りて就きて、受く。鬼、衣女に語りて言はく「我、汝の饗を受くるが故に、汝の恩を報ぜむ。若し同じ姓同じ名の人有りや」といふ。衣女、答へて言はく「同じ国の鵜垂の郡に同じ姓の衣女有り」といふ。鬼、衣女を率て、鵜垂の郡の衣女の家に往きて対面し、即ち緋の嚢より一尺の鑿を出して、額に打ち立て、即ち召し将て去る。彼の山田の郡の衣女は、かくれて家に帰りぬ。(하략)

병이 든 衣女를 위해 역신에게 뇌물을 주는 제사를 드린 결과 염라왕청의 사자인 귀신이 그 음식을 받아서 은의를 느껴 동성동명의 여자를 데리고 염라왕에 바쳤다. 하지만 염라왕은 바로 그것을 간파하고 결국 山田郡의 衣女를 다시 데려오라고 명하였다.

2. 묵서토기를 통해 본 고대인의 죽음과 기원

1) 罪司

일본의 명도 신앙 수용을 가장 잘 보여주는 말은 '罪'이다. 즉 명부에서는 裟婆에 있는 사람들의 선업악업을 다 기록하고 그 호적에 기재된 나이가 된 사람들 명부로 소환한다. 그 사람들의 죄를 판단하는 것이 罪司이다. 이른바 '죄사에 의한 죽음의 재판'이다.

千葉縣 印旛郡 富里町 久能高野 유적 13호 주거지에서 출토된 묵서목간 '罪司進上代'와 '桑田寺'가 주목된다. 坏形 토기에 음식을 담아 자신의 죄를 면하기 위해 죄사에게 올린 것으로 보인다.

이 죄사와 같이 출토된 묵서토기 '桑田寺'가 중요한 뜻을 가지고 있을 것이다.

千葉縣 山武郡 芝山町 庄作 유적에서는 '丈部真次召代國神奉' '國玉神奉' 등 수많은 신에게 올리는 묵서토기가 출토되었고 또 68호 주거지에서는 '夫□女奉'과 '佛酒'가 출토되었다. '佛酒'라고 체부 외면에 거꾸로 묵서된 土師器 잔에는 저부 외면에도 '#'가 묵서되어있다. 이 '#'에 대해서는 도교의 악령을 떨치고 원하는 것이 성취되기 위한 부호 '卌'(九字)를 생략한 것이다.

중국의 冥道 세계는 사후의 세계에 관한 중국 재래 속설로 자극되어 불교라고도, 도교라고도, 일반신앙이라고도 할 수 없는 뒤섞인 모습으로 나타난 것이라고 한다. 일본의 명도 신앙 또한 '國玉神'이 있고 '佛酒'가 있고 또 도교 부록이 있는 중국의 명도 세계와 비슷한 상황이라고 할 수 있다.

2) 인면 묵서토기

千葉縣 庄作 유적의 인면 묵서토기는 8세기대의 것도 확인되었고 재지사회에서도 비교적으로 이른 시기부터 아마 招福이나 息災延命 등의 제사가 인면 묵서토기를 사용해서 이루어진 것으로 이해된다. 또 이들 자료에서 인면 묵서토기의 '인면'은 外来神이나 疫神을 그린 것으로 보기 어렵다. 오히려 지금까지 각지의 사례에서 그려진 '인면'이 매우 다양하고 일정하지 않고, 그중에는 아주 이상한 '인면'도 있는 것을 통해서 '인면'의 실태는 그리는 측에 여러 모습을 그릴 수 있는 실상이 없는 것이 아니었을까. 즉 적어도 庄作 유적의 '인면'은 國神 자체를 표현한 것으로 볼 수 있지 않을까.

國神(國玉神)에 대하여는 『風土記』에서 보면 예를 들어 『伊勢國風土記』 일문 度会郡에서는 다음과 같다.

> 風土記曰はく、夫れ、度会の郡と号くる所以は、畝傍の樫原の宮に御宇しめしし神倭磐余彦(神武)の天皇、天日別命に詔して、国覔し時、度会の賀利佐の嶺に火気発起ちき。天日別命視て、「此に小佐居るかも」と云ひて、使を遣りて見しむるに、

使者、還り来て申ししく、「大国玉の神あり」とまをしき。賀利佐に到る時に、大国玉の神、使を遣りて、天日別命を迎へ奉りき。(하략)

(日本古典文学大系『風土記』(岩波書店))

여기서는 度会郡의 지명 설화를 이야기하는 가운데 天日別命(天神)에게 굴복하는 大國玉의 신(國神)의 모습이 그려져 있다. 天神에 대해서는 동국에서 본다면『常陸國風土記』香島郡조에 鹿島神宮 御舟祭의 縁起 가운데 鹿島神宮은 '香島의 天의 大神'(天神)이라고 표기된다. 여기서 國神은『古事記』의 天神·國神 개념과는 달리 高天原의 神 = 天神에 대하여 지재의 신 일반을 뜻하는 것으로 이해하고 싶다.

千葉縣 山武郡 庄作 유적 土師器 坏
내면-인면묵서
외면 동체부-'丈部真次召代國神奉'

千葉縣 八千代市 白幡前 유적 土師器 甕
외면 동체부-인면묵서
'丈部人足召□(代?)'

福島縣 いわき市 荒田目条里 유적 土師器 鉢形
외면 동체부-인면묵서
'磐城(郡)
磐城郷
丈部手子麿
『召代』'

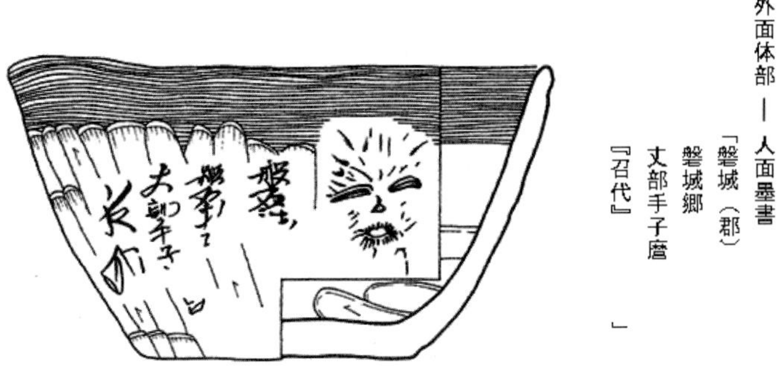

〈그림 17〉 福島縣 いわき市 荒田目条里 유적 土師器 鉢形

이 3점은 인면묵서+인명+'召代'라는 기재양식이 공통된다.

'召代'에 관해서는 먼저 庄作 유적의 사례를 보면 '丈部真次召代國神奉'의 '召代'의 召는 이 경우 招와 같은 뜻으로 이해하면 '招代'가 될 것이다. 招代란 依代(신령이 내려오는 것)를 신령을 부르는 측에서 본 호칭이다. 즉 '丈部真次召代國神奉'은 丈部真次가 인면 묵서토기를 招代로 하여 國神을 부르고 그 신에게 饗應한다는 뜻으로 해석된다. 또 다른 가능성은 召는 문자 그대로 사람들 부른다는 뜻, 즉 명계로 부르는 것으로 해석된다. 예컨대

> 広足を喚びて言はく『闕〔閻魔王庁〕、急に汝を召す』といひて、戟を以て背に棠き立て、前に逼め将る。

라는 경우 丈部真次가 명계로 가는 대신에 국신을 향응하는 것을 뜻한다고도 해석될 것이다. 이 후자로 해석하는 방증이 되는 것이 千葉縣 印旛郡 酒々井町 長勝寺脇館 터에서 출토된 묵서토기이다. 3점과도 거의 같은 내용으로 생각된다.

[ ]命替神奉

여기서 말하는 '命替'는 상술한 '召代'가 명계로 생명을 부른다는 해석으로 보면 거의 같은 표현으로 볼 수 있을 것이다.

이상 향응이라는 뜻으로 供膳具로서의 잔형 토기에 주목해야 할 것이며 八千代市 権現後 유적의 '丈部國依甘魚'가 중요한 시사를 주는 자료라고 할 수 있다. 즉 공선구에 담긴 '甘魚'(음식)은 國神과 같은 신에 대한 향응을 내용으로 한 것이라고 이해할 수 있을 것이다.

이상 인면 묵서토기를 중심으로 한 일군의 관련 자료를 검토한 결과 다음 3가지를 지적할 수 있다.

첫째, 종래 일반적인 해석으로는 奈良 시대 인면 묵서토기 제사는 역병이 遠國 혹은 역병 발생지에서 도성으로 들어오는 것을 막기 위해 실시된 국가제사이며 奈良 시대 말 이후 아마 새로운 종교(밀교)의 등장과 더불어 인면 묵서토기 제사는 점차 쇠퇴하여 그와 함께 개인적 제사, 민간제사로 변질되어간다고 한다.

그러나 庄作 유적 등의 인면 묵서토기는 8세기대의 것도 확인되어 재지에서도 비교적으로 이른 시기부터 국신에 대하여 초복이나 식재연명 같은 제사가 인면 묵서토기를 이용해서 실시되었다고 이해된다. 그런 뜻으로는 재지사회에서 인면 묵서토기 제사는 국가제사가 쇠퇴하여 민간제사로 변질된 것이라고 하기보다는 종래의 재지사회에서의 토착신에 대한 제사에 인면 묵서토기 제사가 비교적으로 이른 시기에 받아들여서 도성의 국가제사와 중층적으로 존재했다고 이해하는 것이 타당하지 않을까.

둘째, 중앙정부는 동국을 지배하기 위하여 香取·鹿島神宮을 정비, 강화했다고 한다. 그 天神인 香取·鹿島神宮이 있는 常陸·上總·下總國(常總)지구 취락에서 國神·土着神에 대한 깊은 신앙이 있었다는 것은 중요한 역사적 사실로 크게 주목해야 한다.

셋째, 위와 같이 이해할 때 常總 지역에서 인면 묵서토기는 고대제사의 다양한 측면을 보여주는 것이라고 할 수 있다. 다시 말해서 인면 묵서토기는 여태까지 畿內 중심으로 본 관점만이 아니라 재지사회에서는 다양한 제사 형태 속에서 활용되었다고 할 수 있지 않을까.

그리고 적어도 동국에서 인면 묵서토기의 이른바 '인면'은 胡人이나 역신을 그린 것이라고 보기 어렵다. 오히려 종래 각지에서 발견된 사례를 포함하여 그려진 '인면'이 매우 다양하고 일정하지 않은 것, 특히 이상한 '인면'도 있는 것으로 '인면'의 실태는 그리는 사람이 여러 형태로 그릴 수 있는 실상이 없는 것이 아니었을까. 즉 적어도 동국에서 '인면'은 國神을 비롯한 신 자체를 표현한 것으로 볼 수 있을 것이다.

3) 부뚜막 신

庄作 유적에서 출토된 土師器坏 외면 저부의 '竈神'은 문자 그대로 부뚜막을 지키는 신이다. 이 '竈神'과 관련된다고 생각되는 자료는 庄作 유적 북쪽에 있는 佐原市 馬場 유적에서 출토된 것이다.

또 고고학자 阿久津久 씨는 東日本 일반취락 터에서 8세기 후반부터 9세기에 걸쳐 볼 수 있는 부뚜막과 묵서토기가 관련되는 구체적인 예를 들었다.

茨城縣 日立市 諏訪町 諏訪 유적에서는 9세기 말경의 3호 주거지(약 3×3.2m)에는 부뚜막이 북쪽과 동쪽에 있다. 동쪽 부뚜막은 토층을 보면 의도적으로 메웠고 그 메운 토층 바로 위에 묵서된 土師器 坏 2점이 놓여 있었다. 출토된 묵서 土師器 坏은 '滿'과 또 1점은 판독할 수 없고 주거지가 확인된 면을 조금 판 지점에서 확인되었다. 토기는 정리된 부뚜막에 놓인 것으로 추정된다. 그리고 阿久津 씨는 부뚜막 안의 묵서토기의 특색을 다음과 같이 정리했다.

1. 묵서토기는 다 土師器 坏이며 등명접시가 사용되는 사례도 있다.
2. 작법으로 묵서토기를 부뚜막 바닥 중앙 혹은 부뚜막 위에 놓는다.

중국 晉代에 만들어진 갈홍의 『포박자』는 신불사상이나 윤리사상의 면에서도 도교 역사에서도 중요한 것이다. 그 책에 의하면 부뚜막 신이 晦日 밤 가족의 공죄를 天帝로 보고하는 것을 막는 신앙이 있었다는 것을 알 수 있다.

이를 통해 생각해 보면 동일본 일반취락 터에서 8세기부터 9세기에 걸쳐 주거지에서 토기 상태는 부뚜막을 폐기할 때 부뚜막 신을 봉인하기 위해 잔을 거꾸로 놓은 것으로 해석된다.

4) 뇌물 행위

司命神은 명부의 호적을 관리하여 호적에 기재된 나이가 된 사람을 명부로 소환한다. 사람들은 명계로 소환되는 것을 면하기 위하여 필사적으로 이른바 뇌물 행위를 실시한 것으로 추측된다.

이러한 행위는 『日本霊異記』에서도 구체적으로 알 수 있다.

그 한 사례는 앞에서 제시한 '閻羅王の使の鬼、召さるる人の饗を受けて、恩を報ずる縁'(中-25)이다.

병이 든 衣女를 위하여 역신에게 뇌물을 드리는 제사를 한 결과 염라왕청의 사자인 귀신이 제사 음식을 받았기 때문에 귀신은 은의를 느껴 동성동명의 여자를 부르고 염라왕에게 바쳤는데 염라왕은 바로 그것을 알고 결국 山田郡의 衣女를 다시 부르게 명했다는 내용이다.

사람들은 명계의 부름을 면하기 위하여 필사적으로 공선구로서의 잔형 토기에 음식을 담아서 바치는 뇌물을 했다고 생각된다.

가장 좋은 사례가 千葉縣 八千代市 權現後 유적에서 출토된 내면에 인면이 외면 동체부에 '村神郷丈部國依甘魚'라고 묵서된 토기다. 즉 (下總國 印旛郡) 村神郷의 丈部國依가 坏形 토기에 담은 甘魚(음식)를 신에게 공헌한 것을 표기한 것으로 추정된다.

문자자료에서 대부분은 다음에 정리하는 것과 같이 비슷한 제사행위를 위해 쓴 것으로 판단된다.

〈표 1〉 千葉縣·福島縣 다문자 문서토기 기재항목

유적명	본관	죄기재	인면	身召代	신명	'奉'
1. 千葉縣 庄作 유적		罪ム罪司	丈部真次	召代	國神	奉
2. 〃			[ ]女			奉
3. 〃					國玉神	奉
4. 千葉縣 久能高野 유적						進上代
5. 千葉縣 北海道 유적			丈部乙刀自女	形代		
6. 千葉縣 白幡前 유적			丈部人足	召代		
7. 千葉縣 長勝寺脇館 터			]	命替	神	奉
8. 千葉縣 鳴神山 유적			丈部山城	方代		奉
9. 〃			[ ]刀自女	召代		進上
10. 〃			丈部鳥万呂		國玉神	上奉
11. 福島縣 荒田目条里 유적	磐城郡磐城鄉		丈部手子麿	召代		
12. 〃			多臣永野麻呂	身代		

토기는 대부분이 土師器 杯이며 소형 土師器 甕을 소수 포함하는 정도이기 때문에 供膳具로 추측해 볼 수 있다. 토기에 음식을 담아서 올리는 것을 가장 중요한 목적으로 했다고 생각해야 할 것이고 글자는 그 행위를 설명하는 것으로 이해된다.

결국 여기서 든 다문자 묵서토기는 차이는 있더라도 제사 행위를 위한 것으로 이해하고 다음과 같이 해석해두고 싶다.

다문자 묵서토기는 사람의 죄를 판단하고 그 죽음을 결정하는 죄사에게 음식을 토기에 담아서 올리는 것으로 명계에 이름이 불리는 것을 면하려고 기원한 것으로 생각된다.

Ⅲ. 맺음말에 대신하여

1. 묵서토기와 고대사회

고대 유적에서 출토되는 묵서토기는 고대사회를 해명하는 유력한 자료이다.

인면 묵서토기에 상징되듯이 지금까지 일반적인 이해는 당초 국가제사로 자리매김된 것이 나중에 민간제사, 개인적 제사로 변질되어 지방으로 보급된 것으로 추측되었다. 이 인면토기 제사도 받아들인 고대 동국 사회에서 제사 형태 실태는 어떤 것이었을까. 묵서토기를 실마리로 선명하게 보이기 시작한 것이 죽음으로부터, 명계로부터 필사적으로 면하려고 하는 '연명' 제사다.

중국에서 이미 명도 세계는 중국고래의 속설이라고도 불교라고도 도교라고도 일반신앙이라고도 할 수 없는 혼합된 양상이었다. 따라서 일본에는 그러한 혼합된 것이 그대로 받아들이고 또 일본 고대 신앙과도 섞어서 복잡한 형태가 되었다고 생각된다. 그 신앙 전개 과정은 묵서토기를 통해서 보면 8세기 단계에는 동국사회에 침투되었고 중앙과 재지사회 수용에는 큰 시간적 차이는 없었을 것이다. 약간의 시간차가 있었다고 해도 이상과 같은 수용 상황으로 봐서 통설적인 이해처럼 국가 제사에서 민간 제사로 변절된 과정을 상정할 수는 없을 것이다.

한편 제사 내용에서도 지금까지 초복, 제재라는 측면이 강조되었지만 현세 이익을 위한 또 한 가지로 연명도 고대인의 강한 소원이었다는 것을 수많은 묵서토기를 통해 선명하게 알 수 있다. 부뚜막 신, 경신 신앙을 포함한 명계 신앙 속에 우리는 고대인이 죽음 및 사후 세계에 대한 두려움의 실태를 엿볼 수 있다고 생각한다. 또 그 제사는 종래 문헌사료를 더 거슬러 올라가고 현재로서는 거의 8세기 단계까지 확인할 수 있다.

복잡하게 혼합된 신앙이라고 해도 외래의 새로운 신앙형태 특히 도교는 재지사회에는 이상하게 보였을 것이고 그 현세 이익의 입장에서는 사람들의 지극히 강한 관심을 모았다고 추측된다. 그 새로운 신앙 형태 특히 도교는 자연스러운 형태로 마을에 침투한 것이 아니라 재지사회에서 특정한 수용 주체, 다시 말해 그것을 제사 지내는 것이 재지사회에서 지배 이데올로기가 되는 것이 아니었을까.

그 점을 밝히기 위한 실마리로 상기 동국 각지에서도 下總·上總 지방 묵서 토기에 쓰인 제사 주체로 생각되는 사람들은 '丈部'라는 씨족명이 압도적으로 많다. 이 사실과 이들 묵서토기 출토지역에서는 모구 丈部(直)가 郡領氏族 혹은 有力氏族이었다는 점이 중요하다.

2. 인면토기가 더러움과 병을 물리치다

平城京이나 長岡京 등 도성을 비롯하여 동국 유적에서 묵서된 인면토기가 수없이 많이 출토되었다. 도성에서는 大祓神事가 6월과 12월에 親王 이하 도성에 있는 백관들이 朱雀門 앞 광장에 모여 사람들의 죄나 더러움을 물리치기 위해 이루어졌다. 인면을 그린 甕型 土器는 그 속에 숨을 내쉬는 것으로 스스로의 더러움이나 병을 봉하여 옹과 함께 강에 흘리는 행사에 사용되었다고 생각된다.

왜 토기에 인면을 묵서한 것일까. 인면이라고 하지만 실은 기원하는 대상인 신불의 얼굴을 그린 것이다. 예부터 서역(중국 서방 나라들)과의 교통의 요충지였던 甘肅省 敦煌에서 발견된 符籙을 기록한 책에 일본의 인면 묵서토기와 유사한 인면이 그려져 있다. 부록이란 중국의 도교 수행자가 가지고 다녔던 비밀문서를 말하여 주문을 쓰고 부적으로 했다. 부록을 가지고 있으면 사악한 것을 물리치게 하고 병을 고치는 데 효능이 있다고 한다.

중국에서 전래된 도교적 신앙은 원래 한민족의 전통 종교이었는데 뒤에 도교의 泰山府君(산동성 泰山의 山神)과 불교의 閻魔王이 합하여 인간이 수명과 복록을 지배하는 신으로 민중에 정착된 것 같다. 사람들은 초복, 제재 그리고 현세 이익으로서의 또 한 면으로 延命을 강하게 빌었다.

동국의 묵서 인면토기 분포를 보면 伊豆 반도 북단에 있는 静岡縣 三島市 箱根田 유적에서 다수 출토되었다. 三島市는 고대 伊豆國府가 설치된 곳이다. 箱根田 유적은 三島市 남쪽 저지에 있어 하천 터에서 8~10세기 초쯤의 土師器 甕·鉢·坏 같은 다양한 기종에 그려진 인면 토기 12점이 출토되었다. 동국사회에서도 국부의 정식 행사 이외에도 지방 호족 등이 인면 토기 제사를 수용하여 甕形 土器만이 아니나라 鉢型이나 坏型 토기에도 인면을 묵서하게 되었을 것이다.

〈그림 18〉 인면 묵서토기
(静岡縣 三島市 箱根田 유적 출토.三島市教育委員會 소장)

인면토기는 伊豆 반도의 箱根田 유적, 相模湾으로 통하는 相模川에 가까운 南鍛治山 유적 등을 거쳐 房總 반도로 이른다. 上總에서 下總으로 들어가면 고대에는 霞ヶ浦·北浦에서 印旛沼·手賀沼까지 이어지는 큰 内海가 있었고 下總國 香取 지방에서 서쪽은 '香取의 바다'로 불렸다. 下總國 香取神宮(千葉縣 佐原市)은 常陸國 鹿島神宮(茨城縣鹿嶋市)와 함께 조정으로 동국을 진정하는 신(天神-야마토조정계 高天原의 신)으로 '香取의 바다' 일대에 세력을 자랑했다. 印波(印旛) 지방의 호족 '丈部直'이 중국에서 한반도를 거쳐 일본열도로 들어온 도교의 영향이 강한 인면토기를 쓴 이질적인 제사를 적극적으로 수용하여 특이한 제사를 통해 천신인 香取神宮과 그 세력에 대해 대항하기 위하여 일부러 國神, 國玉神(토착신·지방의 신)에게 빌었던 것을 뜻하는 것이 아닐까.

고대국가의 동북지방 지배를 위하여 香取·鹿島神宮의 末社가 동북 연안 각지에 설치되었다. 그 뒤를 따라가듯 인면토기는 '香取의 바다'에서 해로를 북상하여 陸奥國 磐城지방(福島縣 いわき市)에서 최종지 陸奥國府가 설치된 多賀城 성

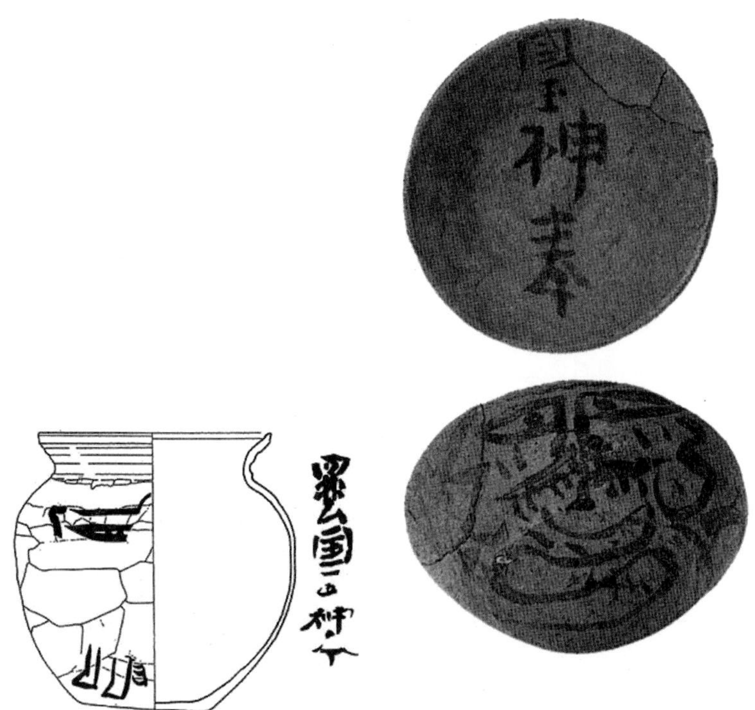

〈그림 19〉 묵서토기 '罪厶國玉神奉'(千葉縣 庄作 유적 출토) 실측도(왼쪽), 千葉縣 芝山町 庄作 유적 출토 묵서토기. 내면(위)에 '國玉神奉'의 글자가 있고, 외면(아래)에 인면이 그려져 있다.(복제품. 국립민속박물관 소장)

하에서 다량으로 출토되었다. 바로 『日本書紀』 야마토타케루 東征伝承의 왕로의 종착점과 똑같다. 인면 묵서토기는 상술했듯 자기 더러움과 병을 甕에 봉하여 강에 흘리는 것이다. 즉 6월과 12월의 '大祓' 神事에서 『延喜式』을 따르면 '죄를 물리치다'라고 하는 것은 더러움이 높은 산, 짧은 산(낮은 산) 기슭에서 강을 따라 흘러내려(速川) 그리고 바다로 가서 마지막으로 땅 바닥에 있는 뿌리의 나라, 바닥의 나라의 신이 가져가서 없어지는 구조였다고 한다. 이 구조가 인면 묵서토기가 東海道에서 陸奥國 太平洋 연안 즉 '바닷길'에 분포하는 까닭일 것이다. 일본해 측도 비슷하게 분포한다.

〈그림 20〉 인면묵서토기

〈그림 21〉 市川橋 유적 출토 사면에 얼굴이 그려진 土師器(9세기) 실물자료사진(多賀城市 발행 『多賀城市史 第4巻 考古資料』1991)

〈그림 22〉 실물자료사진(히라카와 가필)

3. 도성과 양물형 목제품·도교 부록 목간

백제 왕경 나성 동문 부근에서 출토된 능산리사지 목간은 다음 3가지 특징이 있다.

부여 사비성 동문 터 주변에서 출토된 것
목간이 양물형인 것
'道緣에 세우다'라고 써 있는 것

이 목간은 6세기에 백제 왕경이었던 부여를 둘러싼 나성 동문 부근에서 상설로 기둥 같은 것에 걸려 사용된 것으로 추측된다.

원시 신앙에서는 양물은 일반적으로 활력과 위협의 상징이었다. 즉 사악한

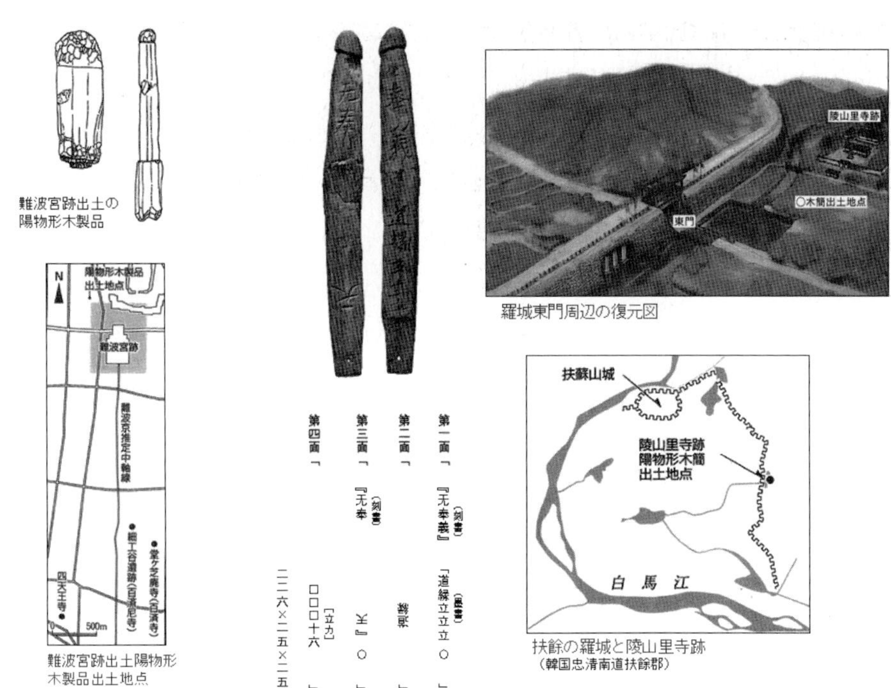

〈그림 23〉 능산리사지 양물형 목간

것을 진정하게 하는 기능이 있었다고 한다. 왕이 살고 있는 왕경은 항상 청정하게 유지되어야 하기 때문에 사악한 것이 왕경으로 들어오는 것을 막기 위해 양물형 목제품을 게시한 것으로 생각된다.

6세기 백제 왕경에서 실시된 이른바 도성 제사는 일본열도에서 도성제가 본격적으로 시작된 7세기 중엽 전기 難波宮 이후 도입된 것으로 추정된다.

전기 難波宮 출토 양물형 목제품

大化원년(645)부터 白雉 5년(654)까지 孝徳天皇 치세에 도성은 飛鳥에서 難波로 천도되었다. 이때 難波宮을 전기 難波宮(難波長柄豊碕宮)이라고 하여 그 궁역은 동서 약600m, 남북 약 530m 정도로 추측되어 있다.

1999년에는 難波宮 북서부에서 남동으로부터 북서로 내려가는 큰 골짜기가 확인되었다. 조사한 결과 골짜기 안의 유물 포함층에서 수많은 토기와 목제품이 출토되었다. 그 가운데 32점 출토된 목간에는 '戊申年'이라고 쓴 목간이 있어 이는 같이 출토된 토기의 연대로 648년(大化 4)에 해당한다. 1점의 목간만으로 유적 연대를 확정할 수는 없으나 지금까지 조사에서 출토된 유구, 유물과의 관계를 고려하면 전기 難波宮에서 天武朝를 거슬러 올라가는 7세기 중엽 단계에 기능한 것은 거의 확실하다고 할 수 있다.

이들 목간과 같이 다량으로 출토된 목제품 가운데 2점의 남근형(양물형)목제품이 확인된다. 1점은 아래쪽에 홈이 있다. 또 1점은 陰嚢 부분까지 표현한 가능성이 있는 목제품이다.

결국 전기 難波宮 북서 구석에 해당하는 지점에서 양물형 목제품을 이용한 道饗祭(도성 네 구석의 제사)같은 길의 제사가 실시되었다고 생각된다. 그리고 2점의 양물형 목제품은 백제 능산리사지 출토 양물형 목간과 같이 홈 부분에 끈을 매달려 양물형 선단부를 아래로 향하여 게시한 가능성이 상정된다.

그리고 일본 도성과 백제와의 관련을 엿볼 수 있는 주목할 만한 사실을 지적하고 싶다. 難波宮 남쪽에는 四天王寺, 阿倍 씨의 氏寺로 추측되는 阿倍寺 이외에도 백제에서 망명해 온 왕족인 百済王 씨의 氏寺라고 하는 百済寺(堂ヶ芝廢寺) 그리고 天王寺区 細工谷 유적에서는 '百済尼' '百済寺' 등으로 묵서된 토기가 출토되어 여기에 百済王 씨의 또 하나의 氏寺인 '百済尼寺'가 있었다는 것이 밝혀졌다.

이 사실은 백제 왕도에서 동문 부근에서 실시된 양물형 목제품을 사용한 제사가 전기 難波宮 북서 구석에서 망명왕족 백제왕 씨가 똑같이 실시한 것과 관련되는 것을 시사해 주는 것으로 생각해도 될 것이다.

도성 제사로 명확하게 규정되는 道饗祭는 천황이 있는 도성으로 사악한 것이 들어오지 않도록 하기 위한 것이다. 고대일본에서 도교의 상징이라고 할 수 있는 부록도 전기 難波宮의 남쪽 현재 大阪市 東住吉区 桑津 유적 출토 7세기 전반의 주부목간으로 확인되어 현재 일본에서 가장 오래된 것이다. 도교의 부록은 위에서 제시한 8~10세기 고대 동국에 명확한 유례를 확인할 수 있다. 그 가운데 千葉

〈그림 24〉 "難波京 주변도"

縣 袖ケ浦市 西原 유적 출토 주부목간이 주목된다.

이 목간은 朱書되었다. 일본 현존 최고의 의학서인 『医心方』(30권)은 궁중의 針博士인 丹波康頼(912~995)가 永観 2년(984)에 조정에 헌상한 것이다. 당의 道士 孫思邈 「千金要方」「抱朴子」 등 중국의 책을 많이 인용하여 도교의 養生法를 많이 인용한다.

그 『医心方』에 실린 주부에는 부록은 朱로 쓴다는 설명이 있어 西原 유적 출토 주부는 다 朱書되었다. 三上喜孝 씨가 이미 이 자료의 해설문에서 지적한 것이

다(國立歷史民俗博物館『國際企画展示「文字がつなぐ一古代の日本列島と朝鮮半島一』2014년). 한반도에서 다양한 도성 제사, 도교 문화가 먼저 일본열도에서 7세기 단계에 본격적으로 시작된 도성으로 도입되어 이어서 지방 행정 거점이 두어진 지방 도시에 전해졌다. 그리고 이러한 제사 행위는 각지의 호족들에 의한 재지 지배의 유력한 수단으로 활용된 것이 본고가 다룬 동국 각지의 인면 묵서토기, 각종 출토 문자 자료를 통해서 충분히 읽어낼 수 있을 것이다.

〈그림 25〉 千葉縣 袖ケ浦市 西原 유적 출토 朱書 주부목간 복제
(원본 袖ケ浦市鄉土博物館 소장)

長生, 延命을 위한 다양한 의약 활동은 그 후에도 계속되는 '일본의 도교'의 가장 중요한 조건을 일관해서 가지게 된다.

그리고 수명을 포함한 운명을 명계 조직과 교신하는 것을 통해 점 치고 예지하는 시도도 있었다. 短籍이나 骨相 같은 점이다. 그리고 궁도나 사원 그리고 거기에 왕래하는 도로, 이들을 유지하면서 만들기 위한 생산력 향상을 노린 관개용수 등 광범한 토목 공사, 천문 관측이나 음양 오행법이나 점술, 도술을 구사했다.

天然痘가 맹위를 떨친 737년(天平 9)을 계기로 하여 오곡의 탕약, 즉 죽을 기조로 한 문자 그대로 본초 즉 초목의 약이 정착 혹은 추장되었다.

이는 농경사회 확대와 생산력 향상에 관련시킨 것이며 오곡풍양이 동시에 의약에 환원되어 그 결과 유지된 생명이 오곡생산에 이어진다는 사이클이 구상되고 있었다.

4. 한반도에서부터의 도교·문자문화 수용

753년 일본의 견당사가 당 황제 玄宗에게 鑑真의 도항 허가를 신청했다. 당대에는 왕조의 정책으로 노자와 도교가 존숭되어 도교를 불교보다 우선하는 '道先仏後' 정책이 채택되었다. 현종은 도교 도사가 같이 가는 것을 조건으로 했다. 이에 대하여 견당사는 '일본의 군주는 아직 道士의 법을 존숭하지 않습니다.'라고 대답했다. 견당사가 현종에게 말한 것은 일본 천황은 지금까지 도사의 법 즉 도교를 숭배하지 않았다는 것이었다. 그런데 한반도에서는 도교의 부호는 5세기 초의 고구려 광개토왕이 도교의 부호 '井'를 사용했다. 그리고 이번에 경산 소월리 유적에서 발견된 인면토기는 도교 부록에 그려진 인면상에 바탕을 둔 것으로 이해되는 것과 그 연대가 공반 출토된 토기로 6세기 말~7세기 초로 추정된다. 또 도교문화는 의료를 비롯하여 종합적인 문화이며 토목공사나 천문, 地相, 인면 등 관측 복점의 특수 기능 등 실로 풍부하고 다양하다. 도교문화는 골짜기 개발기술에도 충분이 활용되었을 것이다.

선단적인 도교문화 수용과 그에 따른 문자문화 또한 동국에 이주한 한반도에서 온 도래인이 골짜기 개발기술과 함께 이 곳에서 큰 역할을 했을 것이다.

5. 일본의 동국 -香取·鹿島神宮과 재지호족

일본열도 각지에서 출토되는 묵서토기는 일반적으로 한 글자 혹은 두 글자만이다. 그런데 千葉縣 북부의 '香取의 바다'라고 하는 内海 일대에서는 장문의 묵서토기가 많이 출토된다.

○ 千葉縣 八千代市 上谷 유적 출토 묵서토기

「下總國印旛郡村神郷

丈部□(家)刀自咩召代進上(묵서인면)

延暦十年十月廿二日」

下總國 印旛郡 村神郷(현재 千葉縣 八千代市 村上)에 사는 丈

部家刀自咩가 명계(저승)로 가는 대신에 이 그릇에 음식을 담아 올린다. 延暦 10년(791) 10월 22일.

○ 千葉縣 印西市 西根 유적 출토 묵서토기

「丈部春女罪代立奉大神」

〔要旨〕丈部春女가 罪를 대신하여 이 그릇에 음식을 담아 大神에게 올린다.

○ 千葉縣 印西市 鳴神山 유적 출토 묵서토리

「國玉神上奉 丈部鳥万呂」

더욱 강조해야 할 것으로 다음 점이 위와 같은 새로운 이문화 수용과 전개를 가능하게 한 중요한 기반이라고 할 수 있다. 고대 일본의 동국 경영은 한반도 도래인의 대규모 이주를 중요한 정책으로 전개되었다. 上總·下總에서는 재지호족은 한반도에서 도래한 사람들을 대지와 골짜기를 흐르는 '香取의 바다'로 이어지는 여러 하천이라는 절호의 지리적 특성을 활용한 골짜기 개발을 추진했을 것이다. 본 논문 모두에 제시한 『常陸國風土記』의 골짜기 개발의 전개로 봐도 될 것이다. 대규모 논 개발에 따른 압도적인 경제력이 새로운 이문화 도입-도교사상과 문자문화-를 가능하게 하여 중앙전부의 '香取·鹿島神宮과 天神'을 통한 神祇 지배에 대항하는 것을 가능하게 했다고 할 수 있겠다.

6. 경산 소월리 유적의 고대한국 일본의 역사적 의의

이번에 경산 소월리 유적에서 6세기 말에서 7세기 초 골짜기 개발에 의한 벼농사와 인면토기 발견은 고대 신라의 선진적인 골짜기 개발 기술과 도교 인면 토기 제사의 전개를 실증한 획기적인 성과이다.

그 선진적인 골짜기 개발 기술과 도교 사상에 바탕을 둔 인면토기제사는 고

대일본에서 8세기 이후 동국사회에서도 전개되었다. 그 전개의 원동력이 된 것은 중앙정부의 동국 그리고 동북지방 지배의 국가적 神祇-香取·鹿島神宮 주변 재지호족과 도래계 이주민의 저항이었다. 그리고 이문화로서의 도교사상은 '일본의 군주는 아직 도사의 법을 존숭하지 않습니다.'라고 하듯이 일본 천황은 도교를 숭배하지 않았다는 것도 사실일 것이다. 香取·鹿島神宮의 천신이 아니라 재지호족과 도래계 이주민은 國神(在地神) 신앙과 이문화로서의 도교사상에 바탕을 둔 도교의 泰山府君과 불교의 閻羅王에 대한 기원을 인면과 문자로 표기하는 토기제사를 실시한 것이다. '일본의 군주는 아직 도사의 법을 존숭하지 않습니다'를 서명 『道教をめぐる攻防ー日本の君王、道士の法を崇めず』(1999년, 大修館書店)으로 하여 고대일본의 도교를 전면적으로 제기하신 新川登亀男 씨에 따르면 그 책 집필의 계기를 '크고 깊은 어두움 속에 형태가 되지 않는 知로서의 도교(그 일단)를 상징적으로 느꼈다'라고 표현하셨다.

필자로서는 지금 지향하고 있는 '동아시아 그리고 일본열도 각 지역에서 고대일본의 역사상을 다시 보고 새로운 역사, 문화상을 구축할 수 없을까'라는 시도를 이번의 경북대학교 인문학술원 HK+사업단 주최 '경산 소월리 목간의 종합적 검토'라는 주제의 국제학술회의에 참가해서 많이 배웠고 이러한 소론을 쓸 수 있었던 것에 관계 각위에게 깊이 감사드린다.

(번역: 橋本 繁)

참고문헌

平川 南『墨書土器の研究』2000년, 吉川弘文館

平川 南「人と自然のかかわりの歴史 -『環境の日本史視座 - 』」(平川南編『環境の日本史1 日本史と環境 - 人と自然 - 』2012년, 吉川弘文館)

平川 南『新しい古代史へ2 文字文化のひろがり 東國·甲斐からよむ』2019년, 吉川弘文館

제10장

주마루오간(走馬樓吳簡) "隱核波田簿"의 분석과 연결

- 저수지(陂塘)의 구조와 陂田興復을 再論하며 -

凌文超

走馬樓吳簡 采集簡 第37盆 중 상당수의 "隱核波田簡"(소량은 采集簡 第36盆에서 보임)이 나왔고, 竹簡들이 함께 덩어리진 형태(揭剥位置示意圖3·圖8·부록1을 참조)로 나와 "隱核波田簿"를 集成해서 정리할 수 있는 조건을 갖추었다. 傳世文獻 가운데 초기 中國의 江南 水利建設에 관한 기록은 매우 적으며, 이러한 가운데 1차 사료로서 孫吳 臨湘侯國의 저수지(陂塘) 田畝의 상황을 기록한 吳簡 "隱核波田簿"는 더욱 귀중하다. 따라서 이 자료가 발간되자마자 학계의 관심과 논의를 불러일으켰다.

이후 走馬樓 吳簡으로 발굴된 簡들이 연이어 출간되었으나 추가사례는 발견되지 않았다. 현재 논의할 수 있는 것은 采集簡 제36·37盆의 簡들이다. 비록 필자는 일찍이 "揭剥位置示意圖"를 이용해 초보적으로 복원 정리하고, 그 내용에 대해 간략하게 해석한 바 있지만(이하 "前稿"로 약칭)[1] 더 많은 출토 竹簡들이 아직 공개되지 않은 점을 감안할 때 이 정리결과는 簿書의 내용 및 구성을 集成하고 분류한 것일 뿐, 簡牘을 세밀하게 연결하지 않았고, 함께 연결된 簿書에 필요한 분석도 이루어지지 않았다. 이러한 簡牘들의 사용가치를 높이기 위해 본고는 前稿의 기초위에서 簡牘에 담고 있는 정보(형태, 字跡, 내용)와 고고학적으로 정리된 정보를 종합하여, "隱核波田簿" 중 함께 연결되어있는 각각의 簿書에 대한 분석과 조합을 진행함으로써, 吳簡簿書의 編制방식을 심도깊게 이해하고, 동시에 저수지(陂塘)의 형태와 陂田興復문제에 대해서도 재논의해보고자 한다.

一. 隱核波田簿 I 類(南鄉分簿)

전체 隱核波田簡들 가운데 2枚의 簡만이 쌍행으로 서사되어 있으며 내용은 아래와 같다.

1. 南(?)鄉 謹 列 波 唐 頃 畝 簿[2)]
   □□□一 所[3)]長一百丈, 沃田卌九頃, 溏兒民吳金·王署等歲自
   墾 食(叁·7216·20/37)[4)]

---

1) 凌文超, 「走馬樓吳簡"隱核波田簿"復原整理與研究」『中華文史論叢』2012年第1期, 『走馬樓吳簡采集簿書整理與研究』, 桂林 : 廣西師範大學出版社2015年, pp.424~454에 수록됨. 선행연구도 이 논문을 참조하기 바란다. 이후에 전문적인 연구성과로 張固也, 「走馬樓吳簡"枯兼波簿"新探」『吉林大學學報(人文社會科學版)』 2013年 第1期, pp.18~23, 26 ; 沈國光, 「再論走馬樓吳簡"隱核波田簿"所見東吳的波池興修與管理」『簡帛研究二〇一九』(秋冬卷), 桂林:廣西師範大學出版社2020年, pp.294~316.

2) "南(?)鄉 謹 列 波 唐 頃 畝 簿", 原釋에서는 "□□□□□溏 兒 民□……"으로 했으며, 현재 圖版에 근거하여 수정·보충했다. 번잡함을 피하기 위해 釋文校訂은 처음에만 注를 단다.

3) "一 所", 원래 闕釋이었지만, 圖版에 근거해서 보충했다.

2. 京□塘一所　長一百五十丈, 沃田廿[5]頃, 溏兒民陳散·李□等
歲自墾食
長存[6]一百一十八丈, 沃田六[7]十九頃(叄·7205·9/37)

이 2枚의 簡은 모두 揭剥圖3·圖8 중에 있으며, 형태는 동일하여 대략 길이 24.0㎝, 너비2.0㎝, 내측의 編痕(編痕內側)사이 거리가 7.5㎝로[8], 여타 隱核波田簡보다 좀 더 크다. 내용 측면에서 보았을 때, 簿籍의 기본요소(標題, 正文과 鄉計)가 제대로 갖추어져 있다. 또한 沃田畝의 수치는 앞뒤로 맞아 떨어지지만, 제방(陂堤)길이의 경우 집계한 수치가 더 적다. 여타 隱核波田簡이 제방의 완전한 길이와 손상된 길이를 동시해 기록하였음을 감안하면, "長存一百一十八丈"은 현재 남은 길이, "三十二丈"은 아마 손실된 길이일 것이다. 전체적으로 보았을 때, 簡1·2와 여타 隱核波田簡에 기재된 필수항목(陂塘·田畝)이 대체로 일치한다. 簿籍標題의 字跡은 희미하며 특히 鄉名을 식별하기 어렵다. 그러나 여기에 기록된 溏兒民인 "王署"와 "陳散"이란 인물은 簿籍의 屬鄉을 판별하는데 실마리를 제공해준다. 그 외 "王署"와 "陳散"을 기록한 簡사례에 근거하면

---

4) 簡牘編號는 卷차례·出版號·揭剝圖編號와 盆號에 따른 것이다. 본고에서 인용한 吳簡은 모두 走馬樓吳簡整理組編著, 『長沙走馬樓三國吳簡·嘉禾吏民田家莂』과 『竹簡〔壹〕』, 『竹簡〔貳〕』, 『竹簡〔叄〕』, 『竹簡〔肆〕』, 『竹簡〔伍〕』, 『竹簡〔陸〕』, 『竹簡〔柒〕』, 『竹簡〔捌〕』, 『竹簡〔玖〕』, 北京 : 文物出版社, 1999·2003·2007·2008·2011·2018·2017·2013·2015·2019년.

5) "廿", 原釋에서는 "十"으로 했지만, 圖版에 근거해 수정했다.

6) "存", 원래 闕釋이었으며, 圖版에 근거해 보충했다. 필적이 모호하여 혹 "有"일 수도 있다.

7) "六", 원래 闕釋이었으며, 圖版에 의거해 보충했다.

8) 簡牘측량수치로서 길이는 簡牘에서 가장 긴 부분을 취하고, 너비는 上 혹은 下의 編痕이 있는 곳(갈라지지 않은 곳)을 취하고, 내측의 編痕간 거리는 가장 안쪽에 있는 上下 編痕 사이의 거리를 취한다.

3. 義成里户人公乘王[9]署年卅一·(貳·12)

4. 入南鄉布一匹三丈一尺〓嘉禾元年[九]月廿六日大男王署付庫吏殷連受(陸·5611)

5. [入] [南][10][鄉]山田丘大男王署入……〓……付庫吏殷連受(陸·5653)

6. ☐六日斷坏丘魁李力·大男陳散關邸閣郎中李嵩·監倉掾黃諱·史潘慮受(捌·3864)

"王署"는 南鄉 義成里의 户人이고[11], 당시 南鄉의 山田丘에 거주했다.[12] "陳散"은 당시 斷坏丘에 거주했고, 斷坏丘 역시 南鄉의 屬丘였다.[13] 이렇게 보면 상기 簿籍은 南鄉의 隱核波田簿라고 할 수 있다.

二. 隱核波田簿Ⅱ類(臨湘侯國合簿)와 呈文Ⅰ類

두 번째 종류로 분류한 것은 隸書풍의 특징이 두드러진 隱核波田簡이다. 여기에 속하는 簡은 대략 길이가 23.0~23.3㎝, 너비가 1.3~1.6㎝이고, 編繩한 곳을

9) "王", 原釋에서는 "壬"이라 했고, 王·壬의 字形이 비슷하여, 현재 "王"으로 통일해서 고쳤다.

10) "[南]", 원래 闕釋이었으며, 圖版에 근거해 보충했다.

11) 義成里는 南鄉의 屬里이다. 凌文超, 「孫吳户籍之確認——以嘉禾四年南鄉户籍爲中心」 『簡帛研究二〇一四』, 桂林 : 廣西師範大學出版社, 2014 참고. 『走馬樓吳簡采集簿書整理與研究』, pp.22~87에 수록됨.

12) 南鄉의 山田丘를 기록한 簡例로 簡貳·6412도 있다.

13) 南鄉의 斷坏丘를 기록한 簡例로 簡貳·2719, 伍·1887도 있다. 그러나 "坏"에 관해 3개 簡의 釋讀이 각각 달라 字形을 摹寫하거나, 혹은 "坈"으로 釋讀할 수 있으며, 오늘날에는 "坏"로 통일해서 釋讀했다.

비워두었으며, 내측의 編痕간 거리가 7.0㎝정도이다. 그 형태를 보면, 單行으로 서사한 隱核波田簡 중 가장 크다. 동시에 저수지의 깊이를 簡牘 우측에 작은 글자로 써서 쉽게 판별할 수 있게 만든 특징이 있다. 이러한 요소들은 隱核波田簡들을 集成하는데 근거를 제공한다.

前稿에서는 예서풍의 隱核波田簡(예서체로 표기)과 기타 각종 글씨체의 隱核波田簡에 해당하는 簡牘사례가 함께 존재했을 것이라 지적했다. 예서체의 隱核波田簡은 揭剥圖 중 揭剥圖의 중심으로부터 가까운 곳에 집중적으로 출현했다. 이러한 정황으로 보았을 때, 예서(隸書)풍의 隱核波田簡은 여러 鄕의 隱核波田簿에 근거해 전담자가 抄錄해서 완성했을 것이다.

簡文에서 기록한 내용은 隱核波田簡에 속한 鄕을 파악하는데 근거를 제공한다. 예컨대,

7. 逢唐波一所, 長三百丈,沃田四頃[14], 溏兒民[長]沙郡劉張=馮漢等歲自墾食(叄·7221·25=7222·26/37)[15]
8. 逢 唐[16]一所, 長三百丈, 沃田四[17]頃, 溏兒民□□長沙郡劉張·馮漢等歲自(叄·7236·40/37)
9. ☐□十一日勸農掾區光白(叄·7067/37)

簡7과 簡8의 내용은 대응되지만, 揭剥圖 중 두 개 簡의 위치는 떨어져 있고 각 유형별 특징과 차이가 분명하기 때문에(簡7의 글자체는 隸書이고, 編痕간격은 대략 7.0㎝, 簡8의 글자체는 行楷이며, 編痕 간격은 대략 6.0㎝), 서로 다른 書

14) "四頃"은 圖版을 대조확인했을 때, 식별하기 어렵다.
15) 본고는 "+"로 殘簡의 조합을 표시하고, "="로 전후 前後簡의 연결을 표시했다.
16) "逢 唐", 原釋에서는 "□波"로 했으며, 圖版 및 대응되는 簡例에 근거해 수정했다.
17) "四", 原釋에서는 "田 五"로 했으며, 圖版 및 대응되는 簡例에 의거하여 수정했다.

吏가 작성했을 것이다. 簡7과 簡8에 기록된 溏兒民 "馮漢"은 嘉禾五年 逢唐丘 大木簡에도 보인다.

10. ☰逢唐丘男子馮漢, 佃田六町, 凡廿九畝, 皆二年常限……
(5·590)

逢唐丘는 廣成鄉의 屬丘(簡壹·1378, 6927, 8202 참고)이다. "區光"은 한때 廣成鄉의 勸農掾(J22-2543, 柒·2629)이었으며, 簡9의 字跡이 簡8과 일치한다. 이러한 흔적들로 보았을 때, 簡7과 簡8은 응당 廣成鄉의 隱核波田簡이다. 그중 簡7은 臨湘의 隱核波田合簿에 속하고, 簡8은 廣成鄉의 隱核波田分簿에 속하며, 簡9는 아마도 廣成鄉의 隱核波田分簿 말미에 있는 상신문서(呈文)일 것이다.

人名대응관계도 鄉屬을 판별할 수 있는 근거가 된다. 예컨대 :

11. ☐……□[18)]六十五丈, 沃田一百一十頃, 男子聶禮·張
(叁·7202·6/37)

"聶禮"는 高遷里의 户人이며(壹·7857,[19)]陸·290, 柒·3706참고), 高遷里는 小武陵鄉의 屬里이다.[20)] 여기에 근거하면 簡11은 小武陵鄉의 隱核波田簡이고, 그

18) "□", 原釋에서는 "敗"라고 했지만 圖版을 대조 검토해 본 결과 筆迹이 마멸되어 판별할 수 없으므로 圖版 및 簡文 格式에 근거해 수정했다.

19) 壹·7587"高遷里", 原釋에서는 "唐遷里"라고 하였고, 圖版 및 대응하는 簡例에 근거해 수정함.

20) 淩文超, 『走馬樓吳簡采集簿書整理與研究』의 第三章 「户籍簿及其類型與功能」, p.104 참고. 簡柒·3706이 소재한 成坨簡(덩어리진 簡)(對應揭剝圖柒·圖32)은 小武陵鄉의 户籍簿이다. 連先用, 「走馬樓吳簡所見吏民簿的復原·整理與研究——以發掘簡爲中心」 第四章 「"小武陵鄉吏民簿" Ⅰ—Ⅳ的整理與研究」, 吉林大學博士學位論文, 2018年,

字體의 특징에 근거하면 臨湘隱核波田合簿에 포함될 수 있다. 鄉丘·姓名의 대응 관계에 근거하면, 臨湘의 隱核波田合簿 중 여타 鄉屬으로 볼 수 있는 隸書의 隱核波田簡으로 다음 사례를 들 수 있다. :

12. 大田波一所, 深二丈, 長卌[21]五丈, 敗卌[22]丈, 沃田十四頃, 枯蕪☐(叁·7220·24/37)

13. 東薄波一所, 深☐(叁·6935/37)

大田丘는 東鄉의 屬丘이다(叁·2787, 伍·3045, 陸·1851 참조).[23] 東薄丘는 廣成鄉의 屬丘이다(參壹·6854, 肆·826, 陸·4927).[24] 簡12와 13은 각각 東鄉과 廣成鄉의 隱核波田簡이라 할 수 있다. 또한

14. ☐丈二尺,[25] 長卅五丈, 敗廿一丈, 沃田十五頃, 枯蕪二年, 可(叁·7198·2/37)

15. ☐一所, 深一丈二[26]尺, 長卌 五[27]丈, 敗廿一丈, 沃 田□五[28] 頃, 枯蕪二年, 可用一萬=☐六千夫, 民大男毛布[29]·陳丈·陳建

---

p.258 참고.

21) "卌", 原釋에서는 "十"으로 했지만, 圖版에 근거해 수정함.

22) "卌", 原釋에서는 "卅"이라 했지만, 圖版에 근거해 수정함.

23) 簡叁·3787에 기록된 西鄉의 "大田丘"는 丘名의 字跡이 모호하여 판별하기 어렵다. 簡伍·4603의 "西鄉大田丘"와 柒·2243의 "中鄉大田丘" 모두 "東鄉大田丘"의 誤釋이다.

24) 簡壹·7510 "都鄉東簿里"는 "都鄉東溪里"의 誤釋이다.

25) "丈二尺", 원래는 闕釋이었지만, 圖版에 근거해 보충했다.

26) "二", 원래는 闕釋이었지만, 圖版에 근거해 보충했다.

27) "五", 원래는 闕釋이었지만, 圖版에 근거해 보충했다.

28) "五", 원래는 闕釋이었지만, 圖版을 비교 검토하여 잔존한 "五"字의 아랫부분도 보충했다.

等自墾食(叁·7203·7=7206·10/37)

簡15는 叁·7203·7과 叁·7206·10이 연결되어 있다(두 簡의 내용이 이어지고, 揭剥圖 중 위치가 서로 인접하며, 字體가 모두 해서체로 書風이 일치한다). 簡14과 簡15의 일부 내용은 서로 대응한다. 簡15에 기록된 姓名에 근거하면, "毛布"와 "陳建"은 都鄉 高遷里 户人이며(簡捌·1142, 柒·5321참고),[30] "毛布"는 당시 都鄉 東溪丘에 거주하고(簡壹·7510[31], 柒·2207 참고), "陳丈(仗)"은 都鄉邑아래의 吏民이었다(簡壹·7533 참고).[32] 여기에 근거하면 簡14는 응당 都鄉의 隱核波田簡이다.

위 내용을 종합하면 예서풍의 隱核波田簡은 전담자가 쓴 隱核波田簿의 合集이다. 현재로서는 都鄉·東鄉·廣成鄉·小武陵鄉의 隱核波田簡을 분석할 수 있다. 그 標題簡은:

16. ☑□田頃數爲簿如牒(叁·7199·3/37)

이다. 이것은 아마도 殘缺된 "臨湘謹列波唐"류의 내용이다. 臨湘의 隱核波田合簿 말미에는 "集凡"으로 시작하는 總計簡과 "其"로 시작하는 分計簡으로 되어 있으며, 현존하는 2枚의 分計簡은

17. ☑其波十六所, 田合六百卅[33]二頃七十☑(叁·6554/37)

---

29) "𠙽", 原釋에서는 "亩"라고 했지만, 圖版에 근거해 수정함.

30) 連先用, 「吳簡所見臨湘"都鄉吏民簿"里計簡的初步復原與硏究——兼論孫吳初期縣轄民户的徭役負擔與身份類型」『簡帛硏究二〇一七』(秋冬卷), 桂林 : 廣西師範大學出版社, 2018, p.251과 p.260을 참고.

31) "東溪丘", 原釋에서 "東簿丘"라고 했으며, 圖版에 근거하여 바꾸었다.

32) 吳簡中에는 偏旁의 생략이 자주 보인다. 예컨대 孫義(儀)나 番有(潘琄) 등이 있다.

18. 其波九所, 田合五……頃, 唐兒民自墾▨(叁·6724/37)

이다. 그 밖에 적지 않은 수의 隸書풍의 隱核波田簡이 있지만, 대다수가 파손되거나 字跡이 희미하여 丘名·人名 등의 정보를 식별하기 어렵다(附錄2를 참조). 금후 추가작업에 도움이 될 수 있도록 더욱 선명한 적외선 도판을 제공해주길 기대한다.

隸書의 隱核波田簡과 더불어 해서체(楷體)로 쓴 2枚의 文書簡도 나왔다. 그 字跡(즉 해서체)과 동일하게 采集簡 第37盆 중에는 2枚의 散簡과 隱核波田簡이 함께 나왔다.[34] 이는 다음과 같이 열거할 수 있다 :

19. ▨相君[35]丞叩頭死罪敢言之(叁·7068/37)

20. □□枯蕪幾年, 洨[36]田多少, 何[37]人□[38]□□, 及新故錢米已入□(叁·7218·22/37)

21. ▨頭死罪敢言之.(叁·7074/37)

22. 二[39]月十二日……▨(叁·7201·5/37)

簡20의 길이는 약 23.5㎝, 글자수(容字數: 확인불가한 글자수 포함)는 23개, 서사방식은 간격을 좁게 해서 썼다 ; 여타 비교적 넓게 간격을 두고 서사한 文書

33) "卅", 原釋에서는 "卌"이라고 했으며, 圖版에 근거하여 수정했다.

34) 簡叁·7068과 7074근처의 隱核波田簡으로 叁·7067, 7069, 7070, 7081, 7082, 7083이 있다.

35) "君", 原釋에서는 "掾"이라고 했으며, 圖版에 근거해 수정했다.

36) "洨", 原釋에서는 "波"라고 했으며, 圖版에 근거해 수정했다.

37) "何", 圖版을 대조 검토해 본 결과, "用"으로 해야 할 것으로 의심된다.

38) 圖版을 대조 검토해 본 결과, "力" 혹은 "功"字로 해야 할 것으로 보인다.

39) "二", 原釋에서는 "五"라고 했지만, 圖版에 근거하여 수정했다.

簡은 容字가 19±1개(呈文Ⅱ類) 혹은 더 적다(Ⅲ類). 여기에 근거해서 간격을 좁혀서 쓴 文書簡을 "呈文Ⅰ類"라 부를 것이다.

簡19는 文書의 첫 번째 簡(首簡)으로서, 남은 길이 11.5㎝, 10개 글자가 남았고, 缺失된 부분이 대략 12.0㎝, 闕字는 10字이상이다. 일반적으로 문서는 날짜(日期)부터 시작한다는 점을 감안하면, 숫자를 적는 공간이 비교적 좁으며, 1개 簡의 容字가 23개라면 簡 첫머리는 대략 "嘉禾○年○月○日○○(干支)臨湘侯"정도로 보충할 수 있다.[40] 簡21은 7.2㎝가 남아 있고(1/3도 남아있지 않음), 6字가 남았고, 다른 2字는 空白이며, 완전한 형태의 簡은 容字가 23개일 것이다. 전체적으로 봤을 때, 簡19에서 22까지는 간격을 좁혀서 쓴 문서에 해당하며, 临湘 隱核波田合簿의 상신문서("呈文")이다. 구체적으로 말해, 臨湘侯相과 丞의 명의로 싸인해서 작성한 上行文書인 것이다. 상신문서(呈文)Ⅱ에서 기록한 "府記科令"(附録2참조)에 근거하면, 長沙郡府는 일찍이 臨湘侯國에게 條教(記)와 指令을 하달하였으며, 臨湘 隱核波田合簿는 분명 臨湘縣廷이 상급의 요구에 따라 長沙郡府에게 회신한 簿書일 것이다.

三. 隱核波田簿Ⅲ類(都·東·小武陵·平鄉分簿)

세 번째 종류로 분류한 것은 簡의 너비가 1.0~1.2㎝인 폭이 좁은 簡(窄類簡)이다(송조체로 표기). 그중 都鄉 隱核波田簿의 標題簡 및 丘名·人名을 통해 추정할 수 있는 隱核波田簡이 있으며, 내용은 아래와 같다.

23. 都鄉謹列枯蕪波長廣[41]頃畝簿(叁·7204·8/37)

---

40) 완전한 격식은 "嘉禾○年○月○○(干支)朔○日○○(干支)臨湘侯相君丞○(簽署)叩頭死罪敢言之"이다.

24. ▨一所, 深一丈二尺, 長卅 五丈, 敗廿一丈, 沃 田□五頃, 枯蕪二年, 可用一萬=▨　　六千夫, 民大男毛布·陳丈·陳建等自墾食(叁·7203·7=7206·10/37)

25. 民大男毛萇·□皮等合□民墾食(叁·7200·4/37)

姓名"毛長"을 기록한 户人簡인 柒·4931·225가 위치하고 있는 덩어리진 簡(成坨簡)(揭剥圖柒·圖41에 대응)들은 기본적으로 都鄉户口簡이며, 이 簡도 마찬가지이다. 동시에 簡25의 字跡은 簡24와 일치하므로 한사람이 썼다고 할 수 있다. 여기에 근거하면 簡25도 응당 都鄉의 隱核波田簡일 것이다. 따라서 상술한 簡들은 都鄉의 隱核波田分簿에 속한다.

앞서 언급했듯이 "大田波"는 東鄉에 속한다. 窄類簡 중에는 "大田波"의 기록도 있다.:

26. 大田[42]波一所, 深二丈, 長▨(叁·7021/37)

이 簡은 東鄉에 속하는 隱核波田分簿이다. 窄類簡 중에는 小武陵鄉 隱核波田簿의 集計簡 및 小武陵鄉 勸農掾文□(騰)의 呈文簡이 있으며, 내용은 아래와 같다.

27. 右(?)小武陵鄉波二所, 沃田十四頃九畝, □□□十五年·廿三年□□□(叁·7207·11/37)

28. 正月六日勸農掾文□白.(叁·7211·15/37)

41) "廣", 原釋에서는 "深"이라고 했지만, 圖版에 근거해서 수정했다.

42) 原注에서는 "'大'·'波'間□左半殘缺, 右半爲'田'"이라고 했지만, 圖版 및 여기에 대응하는 簡叁·722 0·24에 근거하여 수정했다.

이를 통해 窄類簡 중에는 小武陵鄉의 隱核波田分簿가 있음을 알 수 있다.

그 밖에도 "沃田"을 "洨田"으로 기록한 隱核波田簡 및 그 集計簡 2枚가 있다.

29. 亭下波一所, 深一丈七尺, 長廿丈, 敗十一丈, 洨[43]田九頃, 枯蕪十年, 可用一萬夫(叁·6320/36)

30. 右波二所, 洨[44]田卅五頃, 民[45]……(叁·7209·13/37)

吳簡에 보이는 "亭下丘"의 경우 일부는 平鄉(簡貳·6241 참고)에 속하고, 일부는 小武陵鄉(簡陸·4290 참고)에 속한다. 그런데 簡29, 30은 小武陵鄉 集計簡인 簡27의 字跡과 차이가 명확하므로 簡29, 30은 小武陵鄉의 隱核波田簡이 아니라 아마 平鄉의 隱核波田分簿에 포함될 것이다.

앞서 논의했듯이, 현재 窄類簡은 都鄉, 東鄉, 小武陵鄉, 平鄉의 隱核波田分簿로 나누어 분석할 수 있으며, 이 簡例와 隸書의 臨湘隱核波田合簿는 대응관계에 있다. 어떤 窄類簡의 경우, 字跡이 희미하지만 형태는 완전히 보전된 簡(完簡)과 殘缺簡(附録二 참고)이 존재하고 字跡사이에 차이가 보인다(하지만 확연하게 다른 것은 아님). 그래서 여타 鄉의 隱核波田波簡을 진일보하게 분석하기 위해서라도 더욱 선명한 적외선도판을 통해 많은 정보를 제공할 필요가 있다.

---

43) "洨", 原釋에서는 "沃"이라고 했지만, 圖版에 근거하여 수정했다. "洨"는 "澆"의 俗字이다.

44) "洨", 原釋에서는 "沃"이라고 했지만, 圖版에 근거해 수정했다.

45) "民", 원래는 闕釋이었지만, 圖版에 근거해 보충했다.

四. 隱核波田簿Ⅳ類(廣成鄕等分簿)

네 번째 종류로 분류한 隱核波田簡은 온전히 그 형태가 보존된 簡(完簡)으로 대략 길이 22.8~23.1㎝, 너비 1.4~1.6㎝, 楷書體이다(楷書體로 표기). 그 형태는 두 번째 종류로 분류한 隱核波田簡과 비슷하지만 字體상의 차이는 분명하다 ; 네 번째 종류의 字體는 세 번째 종류와 비슷하지만(상대적으로 더 반듯하고 보기 좋음), 그 형태는 세 번째 종류보다 좀 더 넓다. 네 번째 종류로 분류한 隱核波田簡의 또 다른 큰 특징은 編痕간 거리가 6.0㎝로 두 번째·세 번째 종류보다 1㎝ 정도 짧다는 점이다.

앞서 논의한 것처럼 그중 廣成鄕의 隱核波田分簿를 분석해보자.

31. 逢 唐一所, 長三百丈, 沃田四頃, 溏兒民□□長沙郡劉張·馮漢等歲自(叄·7236·40/37)
32. □唐波一所, 長廿五丈, 深一丈四尺, 敗十五丈, 沃田□□頃五十[46]畝, 枯蕪五年, 可　用一千(叄·7239·43/37)
33. 右唐[47]波三所, 沃田一百□十□頃六畝, 其一百一十八頃□□(叄·7237·41/37)
34. ▨□十一日勸農掾區光白(叄·7067/37)

集計簡인 簡33에는 "唐波"라고 기록했는데, 아마도 이 鄕의 저수지(陂塘) 명칭이 모두 "唐"字와 관련있기 때문일 것이다. 簡31-33의 위치가 인접하고, 字體의 風格 및 編繩 사이의 거리도 일치하여 임시로 함께 열거하였다.

상술한 내용 이외에도 네 번째 종류로 분류된 隱核波田簡이 적지 않기 때문

46) "五十", 圖版을 대조검토한 결과 字跡이 모호하여 판별하기 어렵다.
47) "唐", 原釋에서는 "溏"이라고 했지만, 圖版에 근거하여 수정했다.

에(附録二참고), 현재 제공된 정보만으로 더 이상의 분석을 진행하기는 어렵지만, 다른 鄕의 隱核波田簡이 존재했음은 의심할 여지가 없다.

五. 상신문서(呈文)Ⅱ類·批注Ⅲ類

前稿에서 기술한 臨湘隱核波田合簿의 "呈文"이외에 揭剥圖의 外圍 및 采集簡 중에도 隱核波田과 관련된 적지 않은 文書簡이 있으며, 單簡의 容字數에 비춰보았을 때 재차 두 종류로 나눌 수 있다. 첫 번째는 單簡의 容字數가 19±1개인 文書簡(呈文Ⅱ類)으로, 이미 초보적으로 정리한 바 있다. 현재로서는 개별 文書簡에 대한 첨삭과 조정이 가능할 것으로 보인다. 前稿에서는 揭剥圖 중에 2枚의 闌入簡이 있다고 지적하였다.

35. 入廣……☐(叁·7233·37/37)
36. 右□家口食六人 其四人男二人女……☐(叁·7242·46/37)

簡35와 簡36은 너비가 대략 0.9㎝이지만, 揭剥圖에 그려진 두 개 簡은 簡端이 좀 더 넓다. 예를 들어 簡35는 인근 簡인 叁·7234·38(너비 대략 1.5㎝)보다 넓으며, 簡36과 인근 簡인 叁·7244·48(너비 약1.6㎝)은 너비가 같다. 이렇게 보면 揭剥圖 중 37과 46으로 編號를 매긴 2枚의 簡은 상기 열거한 殘簡이 아니고, 文書簡과 형식이 일치하는 簡으로서 空白簡일 가능성이 높으며, 簡35와 簡36이 空白簡을 대신해 보충 삽입된 것으로 의심된다.

揭剥圖의 가장 아랫부분에는 수치를 기록한 簡이 1枚가 있다.

37. □□□□□九千四百四□……(叁·7246·50/37)

이 簡의 編痕 사이 거리는 약 7.5㎝로, 여타 文書簡(7.0㎝)보다 좀 더 넓으며, 내용도 상이하여 闌入簡(이 簡은 揭剥圖 중 가장 外圍에 있음)으로 보인다. 그래서 여기서는 따로 빼냈다.

采集簡 第37盆 중에는 簡叁·7234의 文意와 서로 연결되는 文書簡 叁·6825가 있다. 臨湘侯相"呈文Ⅱ"를 정리한 후의 내용은 附録2에 상세하게 보인다.

상신문서(呈文)Ⅰ과 상신문서(呈文)Ⅱ이외에도 시원한 글씨체로 쓴 2枚의 文書簡이 있다.

38. ☐□□□波溏長廣深敗, □頃畝可(叁·7245·49/37)

39. ☐□□當言[48]右田曹(叁·6993/37)

40. 　　空白簡(叁·7242·46/37)

簡39는 글자체가 行草로 되어 있어 아마도 비준(批示) 혹은 보충설명한 글로 보이며 일단 批注로 칭하겠다. 전체적으로 보았을 때, 상신문서(呈文)Ⅱ는 諸鄉의 隱核波田分簿를 한데 연결(套連)한 이후의 上行文書이다. 簿籍과 呈文사이에는 아마도 空白簡을 編綴해 놓았을 것이다. 批注는 아마 보충설명의 문서이고 전체 簿書를 "右田曹"에서 보관하도록 지시하였다. 그리고 마지막으로 空白簡을 編綴한 것이다.

六. 簿書의 구조와 文書行政

吳簡인 "隱核波田簿"는 여러 簿籍과 상신문서(呈文)가 함께 연결되어 있다(附

48) "當言", 원래는 闕釋이었지만 圖版에 근거하여 보충함.

録2를 자세히 참조). 구체적인 도식도는 아래와 같다.

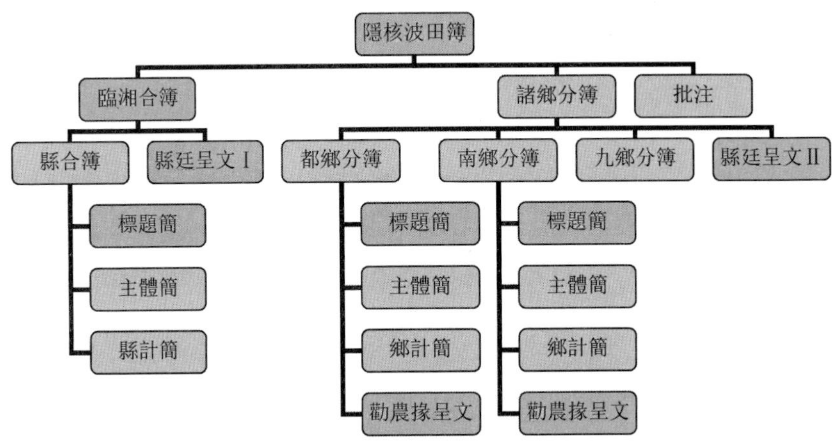

"臨湘合簿""諸鄉分簿""批注"가 揭剥圖에 분포된 것을 검토해보면, "臨湘合簿"는 簡册의 中心에 가깝고 "諸鄉分簿"는 簡册의 中心과 바깥주변(外圍)에 흩어져 있으며, "批注"가 가장 바깥에 있다. 采集簡이 어지럽혀져 있고 吳簡의 簿書는 "簿籍"후에 "呈文"이 있는 배열방식을 고려할 때(簡J22-3-2634 참고)[49], 隱核波田簿의 簡册은 안쪽에서 바깥쪽으로 臨湘合簿→諸鄉分簿→批注순으로 되어 있을 것이다.

상신문서(呈文)Ⅱ·批注·상신문서(呈文)Ⅰ에 기록된 內容 및 前稿에 근거해 분석하면, 아래와 같이 文書行政과정을 진일보하게 정리할 수 있다.

① 長沙郡府(아마도 "右田曹")가 太守의 지시에 근거해 臨湘侯國으로 文書를

49) 侯旭東, 「西北所出漢代簿籍册書簡的排列與復原——從東漢永元兵物簿説起」 『史學集刊』 2014年第1期, pp.58~73참고.

하달함으로써, 臨湘侯國이 보관한 서류에 근거해 屬鄕의 저수지(陂塘)·田畝상황을 검토하도록 칙령을 내리는 한편, 吏民으로 하여금 물을 보관하는데 유리한 波田을 경작하도록 독촉함.

② 臨湘侯國이 指令을 접수한 후, 部署의 勸農掾이 各鄕의 저수지(陂塘)와 田畝를 조사하고, 郡府의 教令에 따라 農耕을 장려함.

③ 勸農掾은 조사 결과에 대해 상부의 요구에 따라 各鄕의 隱核波田簿(簿籍+呈文)를 별도로 작성하여, 저수지(陂塘)·田畝의 실제상황을 구체적으로 기록하고, 그 달(當月)의 20일이 되기 전에 臨湘縣廷으로 가지고 감.

④ 臨湘侯國의 縣廷은 官吏가 각 鄕의 隱核波田簿를 함께 연결시키는데 책임이 있으므로, 아마 主記史가 長沙郡府에게 회신하는 上行문서(呈文Ⅱ)를 초안하고 문서를 연결해 "諸鄕分簿"를 集成하고 臨湘侯相과 丞에게 보고해 검토받음.

⑤ 臨湘侯相君·丞 혹은 門下吏가 諸鄕의 分簿를 검토하고, 비준을 추가하거나 혹은 관련내용을 추가하여 長沙郡府에게 回報하는 簿書底本을 만듦.

⑥ 主記史는 이 簿書의 底本(諸鄕의 分簿+呈文Ⅱ+批注)에 의거해 별도로 "臨湘合簿"(縣合簿+呈文Ⅰ)를 초록해서 제작한다. 구체적으로 말해 縣合簿를 標題簡으로 변경하고 차례대로 主體簡을 초록했으며, 勸農掾의 상신문서(呈文)를 제거하고 鄕計簡을 分計簡으로 바꾼 후 總計簡을 제작하였다. 그리고 상신문서(呈文)Ⅱ와 批注에 근거해 상신문서(呈文)Ⅰ을 제작함으로써, 완성된 형태의 정식 "臨湘合簿"가 된다.

⑦ 臨湘侯國은 "臨湘合簿"를 복제하고 臨湘侯相·丞이 싸인해 長沙郡府의 관련부서(아마도 "右田曹")에게 보고한다. 또한 "臨湘合簿"+"諸鄕分簿"+"批注"를 함께 연결하여 만든 簿書는 보관한다. 走馬樓吳簡 중에 남은 "隱核波田簿"는 응당 臨湘侯國이 보존한 底本이다.

七. 저수지(陂塘)의 형태와 陂田의 興復

前稿에서는 安豐塘(古芍陂)을 사례로 들어 현재 남방 구릉지역 저수지(陂塘)의 일반적 형태에 의거했을 때, 저수지(陂塘)는 기본적으로 산비탈의 地勢를 활용하여 水源을 모으고, 움푹 들어간 곳(收口處)에서 제방을 축조하여 물을 저장했다고 지적했다. 또한 저수지(陂塘)의 형태를 더욱 생동감있게 설명하기 위해, 馬王堆漢墓의 「箭道封域圖」(原題「駐軍圖」)를 방증으로 삼아 "波"는 朱色의 횡선으로 그려진 둑에 해당한다고 지적했다. 隱核波田簡에 기록된 "長"은 둑의 길이이다.

이러한 견해는 沈國光 先生의 질의를 받았다. 그는 吳簡의 저수지(陂池)가 偏方形 위주로 되어 있다고 보았다. 그리고 문서에서 "陂溏長廣深敗"라고 했는데 이는 각각 저수지의 길이와 폭(너비)·깊이 및 훼손된 둘레의 길이를 가리키고, 『箭道封域圖』 중 "波"는 물을 둘러싸고 있는(圍水) 전체를 가리킨다고 보았다.[50)]

하지만 4면으로 제방을 건축해 물을 둘러싸는(圍水) 저수지는 공사량이 방대하고 매우 비경제적이기 때문에, 지금의 長沙지역 농경지 관개 수리공사로 활용되지 않을 뿐만 아니라 馬王堆漢墓「箭道封域圖」에 보이는 "波"의 형태도 결코 아니다. 沈先生의 글에서 분석할 때 이용한 것은 「箭道封域圖」의 墨繪摹本인데, 채색으로 그린 原圖와 비교했을 때, "波"에 대한 묘사 측면에서 몇 가지 정보를 놓치고 있다.

「箭道封域圖」의 채색 原圖(왼쪽 그림)을 참조해 보면, "波"가 가리키는 도형은 두 가지 색으로 되어 있다. 먼저 朱色의 직선은 둑(堤壩)을 표시하고, 朱筆로 성벽과 도로를 묘사하였다. 靑色으로는 水面을 그려, 波(陂)에서 深水로 통하는 水道

50) 沈國光, 「再論走馬樓吳簡"隱核波田簿"所見東吳的陂池興修與管理」, pp.296~299.

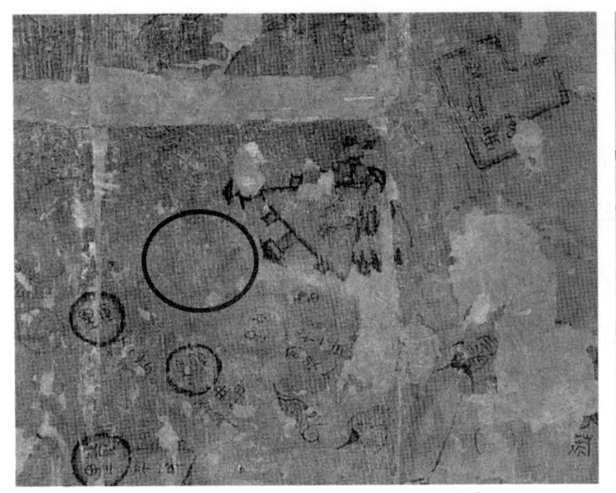

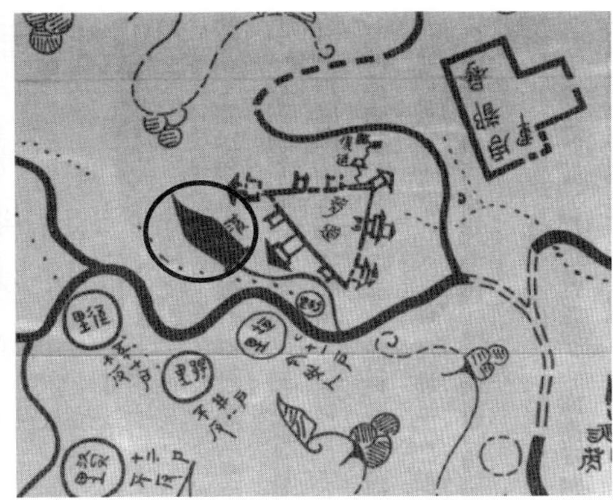

圖一:「箭道封域圖」彩繪原圖와 墨繪摹本[51)]

및 기타 河流水道의 색깔과 일치한다. 다만 그림을 그리는 데 사용된 白色의 縑帛은 물속에 담기고 산화되면서 황색으로 변해 어두워졌고, 청색으로 그린 水面·水道는 바탕색깔과 서로 비슷한 탓에 판별하기 쉽지 않게 되어 버렸다. 그러나 朱筆로 그린 제방(陂堤)은 여전히 눈길을 끈다. 이와 달리 墨筆로 그린 摹本(오른쪽 그림)에서는 서로 다른 색깔로 나타낸 제방(陂堤)과 水面의 차이를 알 수 없다. 그로 인해 저수지 사방으로 제방이 물을 둘러싸고 있다는 오해를 불러 일으키게 된다.

만약 沈先生의 설을 따른다면 吳簡의 연못(陂池)은 偏方形위주이고 隱核波田簡에 기록된 "長"은 저수지 한 변의 길이가 된다. 그래서 簡叁·7227에 기록된 수치인 "□波一所, 深一丈五尺, 長十丈, 敗八丈, 沃田七頃"에 근거해 저수지는 이론상 가장 큰 면적이 1만 平方尺(1丈=10尺), 깊이 15尺, 가장 큰 저수량은 15만 立方尺으로, 이 저수량으로는 평균 604.8만 平方尺(7頃=700畝, 1畝=240平方步, 1步=6尺)田畝에 이르고 깊이는 약 0.0248尺(환산하면 약 0.6㎝)에 불과하다.[52)] 그래서

51) 「箭道封域圖」摹圖·說明 및 原圖는 裘錫圭主編, 『長沙馬王堆漢墓簡帛集成』, 北京 : 中華書局, 2014, 第陸冊, pp.115~122 ; 第柒冊, p.265를 참고 바람.

52) 孫吳전기 一尺의 길이가 대략 24.2㎝임을 감안하여 高榮墓에서 출토된 竹尺 및 『隋書』律曆志에 기록된 三國魏杜夔律尺을 환산하면 24.1857㎝정도임. 邱光明編著, 『中國

분명 이 저수지로는 7頃의 田畝에 灌漑 혹은 물에 잠기게 할 수 없을 것이다.

「箭道封域圖」에 그려진 저수지(陂塘)를 보면, 제방(陂堤)을 길이로 삼아서 계산한 方形의 저수지 면적보다 그 水面이 훨씬 크다. 이것은 주로 地勢가 뛰어난 山川에서 물을 모으고 에워싸는 작용에 유리하다. 『周禮』考工記·匠人에서 "제방은 반드시 地勢에 기인해야 한다(防必因地勢)"[53]라고 하여, 修築한 곳은 地勢를 따라야 한다고 언급한 것은 바로 이런 원리이다.

따라서 馬王堆漢墓「箭道封域圖」에 기록된 "波"는, 즉 陂로 제방·둑을 가리킴을 거듭 보여준다.[54] 위 그림에서 朱色으로 직선을 그리고 青色으로 묘사한 水面(彩繪原圖의 원부분 참조)은 제방을 통해 水源을 막아 형성된 저수지(陂塘)이다. 이 역시 오늘날 長沙지역에서 흔히 보이는 저수지 형태이다. 즉 지형상 움푹 들어간 부분(收口處)에 제방을 건축해 한쪽 물을 막고, 地勢를 활용해 3면이 물을 둘러쌈으로써(圍水) 水源을 한데로 모아 각종 모양의 저수지가 형성되는 것이다. 저수지의 형태·크기는 地勢 및 제방의 길이·깊이와 모두 관련있다.

저수지의 형태와 관련된 또 다른 난제는 "簿籍"의 標題簡과 상신문서("呈文")의 내용에 근거한 것이다.

> 都鄉謹列枯 蕪波長廣頃畝簿(叁·7204·8/37)
> ☐□□□波溏長廣深敗, □頃畝可(叁·7245·49/37)

이번에는 저수지(陂塘) 田畝상황을 조사하여 "波(陂)長廣" 및 "波溏(陂塘)長廣

歷代度量衡考』, 北京 : 科學出版社, 1992, p.60 참고.

53) 『周禮』卷四二「考工記·匠人」, 鄭玄注『十三經古注』第3册, 北京 : 中華書局, 2014, p.618.

54) 『漢書』卷九一「貨殖傳」(北京 : 中華書局, 1962), pp.3686~3687 : "水居千石魚波." 顔師古注 : "波讀曰陂."『漢書』卷一上「高帝紀上」, p.1 : "母媼, 嘗息大澤之陂, 夢與神遇."

深敗"를 등록해야 한다. 그러나 隱核波田簡 중에는 "長"·"深"·"敗"의 수치만 기록했을 뿐 "廣"을 적지 않은 이유가 무엇인지 학계에서 오랜기간 합리적인 해석을 내놓지 못했다.

隱核波田簡에 기록된 "可用若干夫(作)"(가용할 人夫 혹은 作業)의 경우 저수지의 "敗(파손)"·"枯蕪(메마르고 황폐해짐)"의 상황과 직접적인 관련이 있다. 기왕에 "可用若干夫(作)"(叁·7194)를 계량화한다면, 메마르고 황폐해진("枯蕪") 정황은 畝의 면적과 年數로 가늠하고 저수지의 파손상황("敗")도 계량화할 수 있다. 그러나 隱核波田簡에는 "長"·"深"·"敗"(前稿에서 제방의 길이·높이와 파손된 길이라고 지적했음)만 등기했을 뿐, "廣"(너비)이 명확하지 않은 상황에서는 제방을 복구하는데 필요한 공사량을 계산할 수 없고, 이치상 여기에 들어가는 인력수도 계산할 수 없다.

이렇게 된 이상 문서에서 제방(陂堤)의 "廣"을 기록하도록 확실히 요구했다면, 隱核波田簡의 수치에 너비가 내포되었을 것이다. 제방의 복구에 관해, 아래 『周禮』考工記·匠人에서는 일종의 표준 혹은 이상적인 형태를 제공하였다.

> 무릇 제방을 만들 때는 너비(廣)와 높이(崇)를 서로 같게 하고 이(윗부분)를 깎는데 1/3을 제거한다. 큰 제방은 밖으로 깎아낸다. 무릇 도랑·제방(溝防)의 경우 반드시 하루는 그 깊이를 먼저 재어 式(규정)으로서 삼는다. 이미 式으로 삼은 후에 많은 힘을 쏟아붓는다.[55)]

鄭玄注의 "崇, 高也. 方, 等也"에 근거하면 이른바 "廣與崇方"은 제방의 너비(廣)와 높이를 일치시켜야 한다는 것이다. 이처럼 "廣與崇方"의 제방은 실제로 존

---

55) 『周禮』卷四二「考工記·匠人」, 鄭玄注『十三經古注』第3册, p618:"凡爲防, 廣與崇方, 其閷參分去一. 大防外閷. 凡溝防, 必一日先深之以爲式. 里爲式, 然後可以傅衆力."

재했다. 예를 들어 『吳郡志』水利에 기재하길,

> 楊泖의 중심에 河를 세 개 뚫었는데, 총 길이가 948丈, 각각의 너비(闊)가 10丈, 수심이 3赤이었다. 河를 따라 양쪽 가장자리에 岸(언덕 혹은 둑)을 축조하니 높이(高)·너비(闊)가 6赤이었다.……陸家港을 뚫어 小河를 내었는데, 길이가 200丈, 너비(闊)가 4丈, 수심이 3赤, 축조한 둑은 높이(高)·너비(闊)가 6赤이었다.[56]

여기서 언급한 강둑(河堤)은 모두 "높이·너비가 6赤(高闊六赤)"으로, 崇(高,높이)과 廣(闊,너비)이 똑같이 모두 6尺이다.[57]

吳簡隱核波田簡에서는 "深"으로 높이(崇)를 나타내었다. 이상적인 상태로 복구한다면 "廣與崇方"인 이상, 그 "深"(높이)의 수치와 "廣"(너비)의 수치는 같이 때문에 "廣"을 적는 것을 생략해도 된다. 바꿔말해 제방에서 "深(=廣)"·"敗"의 길이에 근거해, 표준에 따른 제방복구에 드는 공사량을 산정할 수 있었던 것이다.

『周禮』考工記·匠人에서는 "이를 깎는데, 1/3을 제거한다(其閷參分去一)"라고 하고, 鄭玄注에서 "閷이라는 것은 그 윗부분을 얇게 한다(閷者, 薄其上)"[58]라고 하여, 즉 제방의 윗부분 너비를 아랫부분 너비의 2/3정도로 만들었다. 이에 "廣"이 아랫부분 너비인지 윗부분 너비(혹은 중간부분 너비)인지 아직 정론이 없

---

56) (宋)范成大撰, 陸振嶽校點, 『吳郡志』卷一九「水利」, 南京 : 江蘇古籍出版社, 1986, p.291:"楊泖中心開河三條, 共長九百四十八丈, 各闊十丈, 水深三赤. 隨河兩畔築岸, 高闊六赤……及開陸家港小河, 長二百丈, 闊四丈, 水深三赤, 築岸高闊六赤."

57) (漢)應劭撰, 王利器校注, 『風俗通義校注』卷二「正失·封泰山禪梁父」(北京 : 中華書局, 2010年第2版, p.68, p.71): "封者, 立石高一丈二赤." 注云 : "'赤', 郎本·程本·『意林』·『史記』封禪書正義·『續漢書』祭祀志上補注·『御覽』五三六引作'尺'."

58) 『周禮』卷四二「考工記·匠人」, 鄭玄注『十三經古注』第3册, p.618.

는 실정이다. 어떤 학자는 다음과 같이 지적했다. "예전에는 제방의 아랫부분 너비와 제방의 높이가 같고, 제방의 윗부분 너비는 아랫부분의 2/3라고 많이 해석했다. 이 같은 제방의 너비는 지나치게 가파르고 시공하기도 어려울 뿐만 아니라 안정적이지도 않다. 그래서 '廣'은 제방 윗부분의 너비로 보는 편이 좀 더 합리적이다."[59] 제방의 드는 공사량을 계산하는 것에 관해 『九章算術』商功에서 지적하길,

> 城·垣·堤·溝·壍·渠는 모두 같은 기술이다. 術에서 말하길, 上下의 너비(廣)를 합쳐서 이를 반으로 나누고, (넓은 부분을 덜어 협소한 부분을 보완해야 하는 형태) 높이 혹은 깊이를 곱하며, 다시 袤(여기서는 파손된 길이)를 곱하면 면적이 나온다.[60]

上述한 諸說과 隱核波田簡에 기록된 각 항목의 수치에 근거해, 훼손된 제방을 복원하는데 드는 공사량을 통계 매기는 공식을 아래와 같이 정리할 수 있다.

$$V = \frac{1}{2}\left(深 + \frac{3}{2}深\right) \times 深 \times 敗 = \frac{5}{4}深^2 \times 敗$$

簡29를 예로 하여 "亭下波一所, 深一丈七尺, 長廿丈, 敗十一丈"에 근거해 亭下波 제방(堤防)의 깊이 혹은 높이(深 혹은 高) 17尺, 이와 상응되도록 윗부분 너비도 17尺, 아랫부분의 너비는 $\frac{3}{2}\times$17尺, 파손된 길이(敗) 110尺을 공식에 대입하면 제방을 복원하는데 드는 공사량은 39737.5立方尺이 된다. 다시 『九章算术』商功

---

59) 聞人軍譯注, 『考工記譯注』, 上海古籍出版社, 2008, p.124.

60) 『九章算術』商功: "城·垣·堤·溝·壍·渠皆同術. 術曰: 并上下廣而半之, **損廣補狹.** 以高若深乘之, 又以袤乘之, 即積尺."

에서 제방(堤防) 修築을 기록한 예를 보자.

> 지금 제방이 있는데 아랫부분 너비가 2丈, 윗 부분 너비가 8尺, 높이가 4尺, 袤는 12丈7尺이다. 묻건대 면적이 얼마나 되는가? 답하건대, 7112尺이다. 겨울에 규정에 따라 인력을 동원하여 444尺을 했다. 묻건대, 얼마나 徒가 얼마나 투입되었는가? 116 2/111人이다. 術에서 말하길, 면적으로 나온 尺이 실제와 부합하게 함으로써 공력이 들어간 尺의 數를 법으로 규정하고, 실제 상황도 법과 마찬가지로 하나로 하여 徒人數를 활용한다.[61)]

"冬程人功四百四十四(立方)尺"에 근거하면 亭下波의 복원은 90.3125人의 인력만 든다. 이렇게 보았을 때, 簡29에 기록된 "可用一萬夫"의 경우 대부분의 인력이 주로 "洨田九頃, 枯蕪十年"이라는 장기간 메마르고 황폐해진 田畝를 새로 개간하는 작업에 투입되었음을 시사한다. 吳簡중에는 陂田을 다시 일구는 것(陂田興復)과 관련된 簡 1枚가 있다.

> 鄉界立起波溏, 合一百卌八人, 並有饑窮, 萩[62)]除未訖, 出雜禾一百卌八斛, 給(?)□☐(叁·6/23)

어떤 鄉에서 이미 "立起波溏"하였지만 "萩除未訖"하였다고 했다. 여기서 "萩"

61) 郭書春譯注, 『九章筭術譯注』, 上海古籍出版社, 2009, p.170: "今有堤, 下廣二丈, 上廣八尺, 高四尺, 袤一十二丈七尺. 問 : 積幾何? 答曰 : 七千一百一十二尺. 冬程人功四百四十四尺. 問: 用徒幾何? 答曰: 一十六人一百一十一分人之二. 術曰: 以積尺爲實, 程功尺數爲法. 實如法而一, 即用徒人數."

62) "萩", 원래 闕釋이었지만, 伊藤敏雄의 意見에 근거하여 보충했다. 伊藤敏雄, 「邸閣·穀物移送関係と水利関係簡について」『長沙呉簡研究報告2008年度特刊』, 2009, p.50.

는 『説文解字』艸部에서 "薅, 拔去田艸也. 茠, 薅, 或從休, 『詩』曰 : '既茠荼蓼'"[63]이라고 하여, 茠는 薅의 異體라고 할 수 있다. "茠除"는 풀을 뽑는 행위를 가리키며, 새로이 개간하기 위해 메마르고 황량해진 陂田의 잡초를 뽑는 것이다.

簡43의 "立起波溏"과 "茠除"는 메마르고 황폐화된 陂田을 다시 개간하기 위한 전제조건인 "水源"과 "除草"인 셈이다. 여기서 저수지를 만들긴 했지만 除草작업이 아직 끝나지 않았다는 말은 메마르고 황량한 陂田의 잡초 등을 뽑는 일이 저수지를 만드는 일보다 훨씬 더 공력이 들어가고 시간을 지체함을 시사한다. 이 점은 전술한데로 저수지 복원에 들어가는 인력은 적지만, 메마르고 황량해진 田畝를 다시 개간하는데 드는 인력수가 많다는 점과 서로 일치한다.

이렇게 보았을 때, 簡32에 적인 인력수가 "一千"에 불과한 것도 이해할 수 있을 듯하다. □唐波의 "深一丈四尺, 敗十五丈"은 저수지를 복원하는데 드는 공력이 대략 연인원 83.5人이다. 이 저수지(陂塘)에서 물을 대는 田畝의 규모(沃田畝積)를 판별하기 어렵지만, 메마르고 황량한 상태가 5년이었고, 陂田의 每 畝를 다시 개간하는데 드는 인력수가 亭下波의 陂田보다 적었다. 따라서 陂田을 다시 일으키는데(興復) 드는 인력수가 "一千"이라는 것도 불가능한 것이 아니며 반드시 잘못 적었다고 볼 수는 없다. 아쉽게도 隱核波田簡에 기록된 데이터 수치가 상당수 희미하기 때문에, 더욱 선명한 적외선 圖版을 통해 좀 더 완벽하게 수치를 해석해내어 上述한 결론을 입증할 수 있기를 기대한다.

隱核波田簡에서 "溏兒民"이란 기록은 저수지(陂塘)를 수리·보호하는 雜役에 종사하는 "塘丁"을 떠올리기 쉽다. 적지 않은 학자들이 이러한 관점을 견지했다. 필자도 줄곧 이를 부인할 의도는 없다. 다만 隱核波田簿에 기록되어 있는 波田을 개간해 먹고 사는 사람들을 "唐兒民"(叁·6724)이라 부를 뿐만 아니라, "民男子"(叁·6868, 7082), "男子"(叁·7202), "民大男"(叁·7200, 7206)으로도 칭하기

63) 許愼, 『説文解字』, 北京 : 中華書局, 1963, p.27.

때문에, 이들이 신분에서 어떤 차이가 있는지 알 수가 없다. 또한 吳簡 人名簿 중에는 저수지(陂塘)를 修築한 民丁에 대한 전문적인 호칭으로 "作溏民"(玖·4521)이 있다.

만약 郡府에 보고하는 隱核波田簿에 "塘丁"류의 役民을 등기해야 한다면, 이치상 "作溏民"이라는 정식 명칭으로 등기해야 하며, "溏兒民"·"民男子"·"民大男" 등으로 뒤섞어 적지 않을 것이다. 따라서 필자가 보았을 때, "溏兒民"은 아마 저수지 근처 田畝(陂塘田畝)를 경작하는 자를 부르는 호칭에 불과하다는 관점에 좀 더 무게가 쏠린다.

정리하자면, 孫吳 臨湘侯國의 저수지(陂塘)는 일반적으로 地勢상 움푹 들어간 곳(收口處)에 제방을 건축해 한쪽 면을 막고, 地勢를 활용해 3면이 물을 둘러싸게 하였다. 저수지(陂塘)의 형태·크기와 地勢 및 둑의 길이·깊이는 모두 관련이 있다. 隱核波田簡에 기록된 깊이("深"度)와 너비("廣"度)는 서로 같아 後者를 적는 것을 생략했다. "深"·"敗"의 수치에 근거하여 이론상 제방(陂堤)을 복원하는데 드는 공사량을 계산할 수 있다. 隱核波田簡에 기록된 인부수는 모두 整數였고(百·千의 整數倍였음), 제방(陂堤)의 복원 및 陂田을 다시 개간하는데 예상되는 인력수치를 대략적으로 적었을 뿐이다. 南朝 齊의 丹陽尹인 蕭子良이 建元三年(478)上表를 통해, 京尹의 오래된 연못(舊遏古塘)을 수리하여 개간해야 한다며 말하길 "개간해야 할 田으로서 황폐화된 곳과 비옥한 곳을 합계하면 8554頃이고, 저수지를 수리해 이용할 수 있게 만드는데 11만 8천여 명의 인부를 가용할 수 있으니, 봄에 완성할 수만 있다면 성공적이라고 할 수 있습니다"[64]라고 했다. 이는 走馬樓吳

64) 『南齊書』卷四〇「武十七王·竟陵文宣王子良傳」, 北京 : 中華書局, 1972, p.694: "堪墾之田, 合計荒熟有八千五百五十四頃, 修治塘遏, 可用十一萬八千餘夫, 一春就功, 便可成立" 吳簡의 隱核波田簡에 기록된 인력수와 비교해봤을 때, 여기 기록된 인부의 수가 특히 적다. 앞서 언급했듯이 저수지(陂塘)·田畝를 복원하는데 들어가는 인부의 수로 가장 많이 투입되는 것이 장기간 황폐해진 田畝이다. 蕭子良이 上表하며 기록한 田畝에는 荒田뿐만 아니라 熟田이 있을 수도 있으며, 아마 熟田위주였기 때문에 필요한 인력수

簡의 “隱核波田簿”에서 기록된 인력수의 형식과 마찬가지로 千의 整數倍로 하여 예상 인력수라고 할 수 있다. 그리고 東晉시기 張闓가 曲阿의 新豐塘을 수축하는데 “21만1420명의 공력이 들어간 것으로 계산되어 함부로 인력을 일으킨 죄목으로 免官되었다”[65] 라고 하여, 이는 저수지(陂塘)를 세우는데 들어간 실제 인력수라고 할 수 있다.

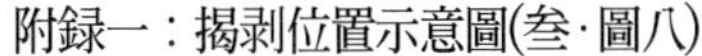
附録一 : 揭剥位置示意圖(叁·圖八)

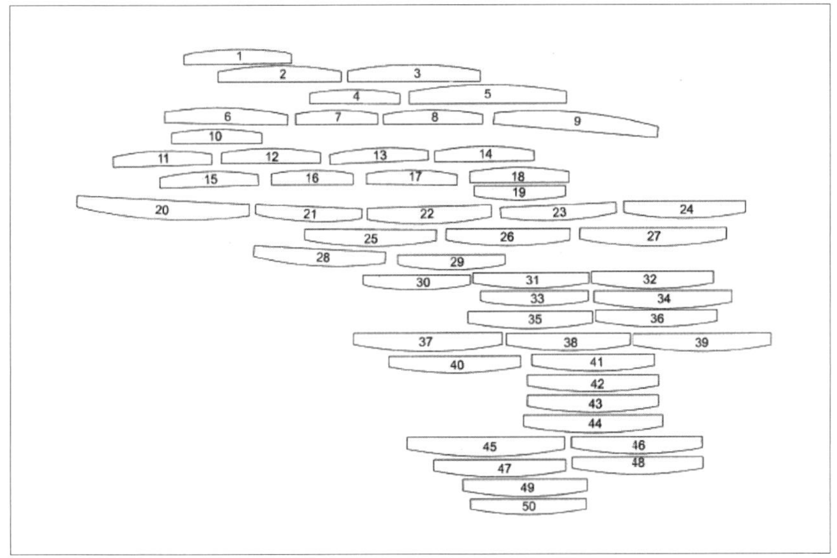

가 상대적으로 적었을 것이다.

65) 『晉書』卷七六「張闓傳」, 北京 : 中華書局, 1974, p.2018: “計用二十一萬一千四百二十功, 以擅興造免官”.

附録二：隱核波田簿整理

臨湘合簿

【標題簡】

☐□田頃數爲簿如牒(叁·7199·3/37)

【主體簡】

(都鄉)

☐丈二尺, 長卅五丈, 敗廿一丈, 沃田十五頃, 枯蕪二年, 可(叁·7198·2/37)

(東鄉)

[大]田波一所, 深二丈, 長[卌]五丈, 敗[廿]丈, 沃田十四頃, 枯蕪☐

(叁·7220·24/37)

(廣成鄉)

逢唐波一所, 長三百丈, 沃田四頃, 溏兒民〔長〕沙郡劉張=馮漢等歲自墾食(叁·7221·25=叁·7222·26/37)

東薄波一所, [深]☐(叁·6935/37)

(小武陵鄉)

☐……□六十五丈, 沃田一百一十頃, 男子聶禮·張(叁·7202·6/37)

(不明鄉)

□□波一所, 深……長六十一丈, 敗五十丈, 沃田八十三頃卅畝(叁·7219·23/37)

□波一所, 深一丈五尺, 長十丈, 敗八丈, 沃田七頃, 枯蕪二[66]年, 可用☐=千夫作(叁·7227·31=叁·7223·27/37)

---

66) "二", 圖版을 비교 검토해 본 결과, 筆迹이 殘缺되어 "七"로 해야 할 것으로 의심된다.

善等自墾食(叁·7224·28/37)

倉等歲自墾食, 其卅頃枯蕪廿年, 可用一萬夫作(叁·7225·29/37)

東賣波一所, 深七丈二尺, 長七十九丈, □敗, 沃田九十頃, 枯☐(叁·7229·33/37)

□□波一所, 深 三[67]丈, 長八十五丈, 沃田一百卅畝[68], 枯蕪十年, 可用□□=四萬夫作 ☐(叁·7232·36/37=叁·6377/36)

□蒲波一所, 深一丈五尺, 長九[69]□丈, 敗六十丈, 沃田七十九頃, 枯蕪十☐(叁·6311/36)

枯蕪五年☐(叁·6383/36)

☐波一所, 深□□, [70]長廿五丈, 敗十五丈, 沃田六頃五十畝□☐

(叁·6726/37)

☐七尺[71] 長廿[72]丈, 敗十一丈, 沃田九頃, 枯蕪□☐(叁·6764/37)

☐ 長十一丈, 敗八丈, 沃田四□☐(叁·6774/37)

☐ 長□□丈, 敗, 沃田六十頃, 枯蕪☐(叁·6867/37)

☐□百廿[73]二頃, 民男子□□[74](叁·6868/37)

☐夫作☐(叁·6870/37)

☐萬夫作☐(叁·6872/37)

頃, 枯蕪三年, 可☐(叁·6916/37)

---

67) "三", 원래는 闕釋이었으나, 圖版에 근거하여 보충하였다.

68) "畝", 圖版을 비교 검토해 본 결과, "頃"으로 의심된다.

69) "九", 原釋에서는 "十"이라고 했지만, 圖版에 근거해 고쳤으며 혹 "六"일수도 있다.

70) "深□□"은 圖版에 근거하여 보충한 것이다.

71) "七尺", 원래는 闕釋이었으나 圖版에 근거해 보충했다

72) "廿", 原釋에서는 "卅"이라고 했으나 圖版에 근거하여 수정했다.

73) "□百廿", 원래는 闕釋이었으나, 圖版에 근거해 수정했다.

74) "□□", 原釋에서는 "𨹱(?)𥈠(?)"라고 했으나, 圖版을 비교 검토해 본 결과 人名일 것이다.

☐□□□丈, 沃田廿八頃, 枯蕪十五年, 可用(叁·6948/37)

☐ 蕪五年, 可用[75]一千二百夫作(叁·7013/37)

☐……敗廿一丈, 沃田十四頃, 枯蕪二年☐(叁·7016/37)

☐ 長卅丈, 敗十八丈, 沃田□☐(叁·7081/37)

☐沃田一頃, 民男[76]□☐(叁·7082/37)

☐□頃, 枯蕪二年, 可用(叁·7083/37)

☐□□四頃九十畝, 枯兼三年(叁·7144/37)

☐……田 沃……(叁·7196)

【分計簡】

☐其波十六所, 田合六百卅二頃七十☐(叁·6554/37)

其波九所, 田合五……頃, 唐兒民自墾☐(叁·6724/37)

【呈文Ⅰ】

☐相君丞叩頭死罪敢言之(叁·7068/37)

□□枯蕪幾年, 洨田多少, 何人□□□, 及新故錢米已入□(叁·7218·22/37)

☐頭死罪敢言之.(叁·7074/37)

二月十二日……☐(叁·7201·5/37)

諸鄉分簿

【都鄉】

(標題簡)

都鄉謹列枯蕪波長廣頃畝簿(叁·7204·8/37)

---

75) "蕪"는 原釋에서 "與"라고 했고, "可用"은 原釋에서 "佃田"이라고 했으나, 圖版 및 簡文格式에 근거해 수정함.

76) "男", 原釋에서는 "界"라고 했으나 圖版에 근거해서 수정함.

(主體簡)

▨⊟所, 深一丈二尺, 長卌五丈, 敗廿一丈, 沃田□五頃, 枯蕪二

年, 可用一萬=▨六千夫, 民大男毛布·陳丈·陳建等自墾食

(叁·7203·7=叁·7206·10/37)

民大男毛萇·□皮等合□民墾食(叁·7200·4/37)

【南鄉】

(標題簡+主體簡+鄉計簡)

南(?)鄉 謹 列 波 唐 頃 畝 簿

□□□一 所 長一百丈, 沃田卌九頃, 溏兒民吳金·王署等歲自墾 食 (叁·7216·20/37)

京□塘一所 長一百五十丈, 沃田廿頃, 溏兒民陳散·李□等歲自墾 食

長存一百一十八丈, 沃田六十九頃(叁·7205·9/37)

【東鄉】

(主體簡)

大田波一所, 深二丈, 長▨(叁·7021/37)

【小武陵鄉】

(鄉計簡)

右(?)小武陵鄉波二所, 沃田十四頃九畝, □□□十五年·廿三年□□□ (叁·7207·11/37)

(鄉呈文)

正月六日勸農掾文□白(叁·7211·15/37)

【平鄉?】

(主體簡)

亭下波一所, 深一丈七尺, 長廿丈, 敗十一丈, 溰田九頃, 枯蕪十年, 可用一萬夫 (叁·6320/36)

(鄉計簡)

右波二所, 涘田卅五頃, 民……(叁·7209·13/37)

【廣成鄉】

(主體簡)

逢 唐一所, 長三百丈, 沃田四頃, 溏兒民□□長沙郡劉張·馮漢等歲自(叁·7236·40/37)

□唐波一所, 長廿五丈, 深一丈四尺, 敗十五丈, 沃田□□頃五十畝, 枯蕪五年, 可用一千(叁·7239·43/37)

(鄉計簡)

右唐波三所, 沃田一百□十□頃六畝, 其一百一十八頃□□(叁·7237·41/37)

(鄉呈文)

▨□十一日勸農掾區光白(叁·7067/37)

(Ⅲ類, 不明鄉)

(主體簡)

黃唐波一所, 深七尺, ……丈, 沃田廿頃, 枯蕪▨+▨年, 可用三萬夫(叁·6325+叁·6589/36)

□漢波一所, 深二丈五尺, 長十二丈, 敗十丈, 沃田……枯蕪二年, 可用七千夫(叁·7208·12/37)

▨……一千□丈, 沃田六頃五十八畝(叁·7210·14/37)

□□波一所, 深七丈, 長十丈, 敗□丈, 沃田七頃, 枯蕪七年, 可用七千夫

(叁·7212·16/37)

□□作(叁·7213·17/37)

西波一所, □敗,[77] 長卅一……作用二千五百夫, □沃田七頃五

(叁·7214·18/37)

高□波一所, 深一丈, 長七十一丈, 敗□丈, 沃田□頃, 枯蕪三年, 可用五千夫

(叁·7215·19/37)

蕪……溏作(叁·7217·21/37)

▨枯蕪六年, 可用一萬夫▨(叁·7063/37)

▨……二百……不墾食▨(叁·6829/37)

(鄉計簡)

·右波九所, 田合五百卅一頃卅畝, 唐兒[78]民自墾食(叁·7226·30/37)

(Ⅳ類, 不明鄉)

(主體簡)

□□波一所, 長六十丈, 深□丈, 敗卅丈, 沃田卌頃□十頃□武□□□□=年, 可用一萬二千夫作(叁·7230·34=7228·32/37)

可用三萬一千夫作(叁·7231·35/37)

田卌[79]頃枯蕪廿年, 可用一萬夫作(叁·7238·42/37)

□[80]□波一所, 長十一丈, 深□丈七尺, 敗八尺, 沃田四頃, 枯蕪三年, 可用五千夫作(叁·7240·44/37)

□沅波二所[81]……長十九丈, 敗七丈, 沃田……頃, 枯蕪卅六年, 可用三萬(叁·7235·39/37)

▨□丈六尺, 敗□□沃田□▨(叁·6351/36)

▨沃田十四頃, 枯蕪,[82]可用萬一千八[83]百夫作(叁·6414/36)

---

77) "敗", 원래 闕釋이었으나 圖版에 근거해 보충함.

78) "唐兒", 原釋에서는 "□給"이라고 했으나, 圖版을 비교 검토해 본 결과, 첫 번째 글자에서 "广"을 식별할 수 있어, 관련 簡例와 결합하여 수정 보충했다.

79) "田卌", 原釋에서는 "田四"라고 했으나, 圖版 및 대응관계에 근거해 수정했다.

80) "□", 圖版을 대조 검토해 본 결과, "東"字로 해야 할 것으로 추정된다.

81) 圖版을 대조 검토해 본 결과, "二"字는 분명하지 않아 誤字로 의심된다.

82) 圖版의 대조 검토해 본 결과, "枯蕪" 아래 공간이 남아 두 글자 정도 더 넣을 수 있다.

〼……枯蕪廿三年(叁·6581/37)

〼墾食(叁·6758/37)

□□波一所, 長……頃卅畝, 枯蕪五年, 可用□〼(叁·7010/37)

□波一[所], [深]……〼(叁·7020/37)?

〼[沃]田六十頃, 枯蕪□[年](叁·7069/37)

〼□□等自墾食(叁·7070/37)

〼波□□〼(叁·7127/37)?

〼胡(?)諸□□自墾食(叁·7197·1/37)

(鄉計簡)

·右波十六所, 田合[六][84]百卅二頃七十九畝……〼(叁·6316/36)

〼……波二所〼(叁·6350/36)【注】簡中有朱筆塗痕.

·右□□等歲自墾食〼(叁·6436/36)

【呈文Ⅱ】

空白簡(叁·7233·37/37)

□叩頭叩頭死罪死罪, 案文書, 被勅, 輒[部][85]鄉吏區(叁·7195/37)

光·[置]肅等隱核縣[86]□波唐田頃畝, 令光等各列簿.(叁·7241·45/37)

□大小□□沃田頃畝, 用人工多少, 及得蕪溲小波(叁·7194/37)

□□□少, 羅列頃畝, 會月廿日賷[87]簿詣廷. [謨](?)□(叁·7193/37)

幾畝不可佃, 及……久, 溏波田當□悉令耕. 列□(叁·7244·48/37)

---

83) "八", 圖版을 대조 검토해 본 결과, 희미하고 분명하지 않아 "丿"로 방해한 흔적으로 의심된다.

84) "[六]", 原釋에서는 "[五]"라고 했으나, 圖版에 근거해 수정했다.

85) "[部]", 原釋에서는 "詣"라고 했으나, 圖版에 근거해 수정했다.

86) "縣", 원래는 闕釋이었으나, 圖版에 근거해 보충했다.

87) "[賷]", 原釋에서는 "膂"이라고 했으나 圖版에 근거해 수정했다.

督留如府記科[88]令.(叁·7243·47/37)

☑□簿復言君誠惶誠(叁·6825/37)

恐[89]叩頭死罪敢言之.(叁·7234·38/37)

【批注】

☑□□□波溏長廣深敗, □頃畝可(叁·7245·49/37)

☑□□當言右田曹(叁·6993/37)

空白簡(叁·7242·46/37)

(번역: 김종희)

88) "記科", 原釋에서는 "諸所"라고 했으나 圖版에 근거해 수정했다.

89) "恐", 원래는 闕釋이었으나 圖版에 근거해 보충했다.

참고문헌

『十三經古注』, 北京 : 中華書書, 2014.

聞人軍譯注, 『考工記譯注』, 上海 : 上海古籍出版社, 2008.

『説文解字』, 北京 : 中華書局, 1963.

『漢書』, 北京 : 中華書局, 1962.

『晉書』, 北京 : 中華書局, 1974.

『南齊書』, 北京 : 中華書局, 1972.

(漢)應劭撰, 王利器校注, 『風俗通義校注』, 北京 : 中華書局, 2010年第2版.

郭書春譯注, 『九章筭術譯注』, 上海古籍出版社, 2009.

(宋)范成大撰, 陸振嶽校點, 『吳郡志』, 南京 : 江蘇古籍出版社, 1986.

裘錫圭主編, 『長沙馬王堆漢墓簡帛集成』, 北京 : 中華書局, 2014.

走馬樓吳簡整理組編著, 『長沙走馬樓三國吳簡·嘉禾吏民田家莂』『竹簡〔壹〕』『竹簡〔貳〕』『竹簡〔叁〕』『竹簡〔肆〕』『竹簡〔伍〕』『竹簡〔陸〕』『竹簡〔柒〕』『竹簡〔捌〕』『竹簡〔玖〕』, 北京 : 文物出版社, 1999·2003·2007·2008·2011·2018·2017·2013·2015·2019年.

邱光明編著, 『中國歷代度量衡考』, 北京 : 科學出版社, 1992.

伊藤敏雄, 「邸閣·穀物移送関係と水利関係簡について」『長沙呉簡研究報告2008年度特刊』, 2009.

張固也, 「走馬樓吳簡"枯兼波簿"新探」『吉林大學學報(人文社會科學版)』 2013年第1期.

侯旭東, 「西北所出漢代簿籍册書簡的排列與復原——從東漢永元兵物簿説起」『史學集刊』 2014年第1期.

凌文超, 『走馬樓吳簡采集簿書整理與研究』, 桂林 : 廣西師範大學出版社, 2015.

連先用,「吳簡所見臨湘“都鄉吏民簿”里計簡的初步復原與硏究——兼論孫吳初期縣轄民户的徭役負擔與身份類型」『簡帛硏究二〇一七』(秋冬卷), 桂林 : 廣西師範大學出版社, 2018.

連先用,「走馬樓吳簡所見吏民簿的復原·整理與硏究——以發掘簡爲中心」, 吉林大學博士學位論文, 2018.

沈國光,「再論走馬樓吳簡“隱核波田簿”所見東吳的波池興修與管理」『簡帛硏究二〇一九』(秋冬卷), 桂林 : 廣西師範大學出版社, 2020.

제11장

출토문헌을 통한 고대 중국의 홍수 방지 및 관개 시스템 연구

Brian Lander

提要: 출토문헌은 고대 중국의 치수에 관한 새로운 관점을 제공한다. 그 정보가 새로울 뿐 아니라, 이전에 그 정확성을 알 수 없었던 전세문헌의 기록이 사실은 중요한 사료임을 증명하기도 한다. 그 자료는 전국·진한시기의 사람들이 수리 사업을 정기적으로 진행하여 홍수를 방지함으로써, 토지 관개와 수로 운수를 촉진시켰음을 보여준다. 명청시기 소규모 수리 사업이 있을 때 종종 민간에게 맡겨졌던 것과 달리, 진한 지방 관원은 모든 규모의 수리 사업을 책임졌다. 진한 지방정부는 대량의 요역 및 죄수 인력을 확보할 수 있었기 때문에, 재지의 운하·제방 및 관개 시스템을 직접 관리할 수 있었던 것이다.

농업은 문명의 기초이고, 수리는 농업에 있어 중요한 부분을 차지한다. 만약 고대 중국의 수리를 이해하고자 한다면, 한 가지 문제점에 봉착하게 된다. 그것은 대다수의 수리 사업은 매우 작은 규모로 이루어지는데도 불구하고, 대부분의 문헌자료가 서술하는 수리 사업은 모두 대규모의 사업이라는 것이다. 兩周·秦漢 시기의 농민은 소형의 수로 및 둑과 제방에 대해 익히 잘 알고 있었다. 그러나 당시 대다수의 농민은 낫 놓고 기억자도 모르는 문맹이라, 이러한 소형의 수리 사업을 기록할 수 없었을 것이다. 이에 전세문헌에는 오직 대규모의 수리 사업만이 기록되어 현대의 학자들 또한 대규모 수리 사업 위주로만 논의를 진행하게 되었다. 서방 학술계에서는 조셉 니덤이 이미 50년 전 『중국과학기술사』를 통해 관련 문제에 관한 상당히 훌륭한 개설을 한 바 있다. 근래의 50년 간에는 적지 않은 학자들이 수리사 연구를 진행했지만, 그중 극소수만이 니덤과 같이 수리를 논리적으로 해석할 수 있었을 뿐이다.[1] 그런데 최근 몇 십년 사이 중·소규모 수리 사업 관련 간독 문서가 점차 출토되고 있다. 본문은 이들 출토문서를 이용하여 고대 중국의 수리 상황을 돌아보고자 한다. 나는 황하·회하와 한수 유역의 천연 水道는 이미 한대부터 인공으로 관리되는 수리 시스템에 속했다고 생각한다.

과거 몇 십 년간 중요한 고고 발견 중, 특히 간독 자료에는 급수 시스템 관리에 관한 정보를 적시한 경우가 있는데, 예를 들어 하제와 관개 상황을 언급한 사법문서가 그것이다. 이 같은 새로운 증거의 공표는 전세문헌을 새롭게 검토하여, 고대 수리사를 재고할 수 있게 해준다. 가장 상세한 자료로 홍콩 중문대학에서 구매한 하제간과 장사 주마루 오간에 언급된 陂塘 관리 문서를 들 수 있다. 이들 출토문서 대부분은 저습한 호북·호남의 평원에서 발견되었지만, 그것이 단지 호북·호남 평원에서 진행된 수리 사업만을 대표하는 것은 아닐 것이다. 전세문헌에 근거하면 한대 모든 지역에서 치수 사업이 진행되었음을 알 수 있다.

1) Joseph Needham, Wang Ling, and Lu Gwei-djen, *Science and Civilisation in China 4.3: Civil Engineering and Nautics* ,Cambridge: Cambridge University Press, 1971.

뿐만 아니라, 그것이 최초의 수리 시스템인 것도 아니다. 절강 신석기 시대 良渚 문화 중에는 이미 복잡한 형태의 수리 시스템이 나타나고 있고, 섬서의 서주 도성 豊·鎬와 秦 도성 雍城에는 모두 수리 공정의 유존이 발견된다. 전세문헌에 묘사된 수리 시스템은 동아시아 수리의 시작이 아닌, 수천 년 경험이 축적된 결과였다.[2)]

전세문헌에 산견되는 수리 관련 기록 중, 가장 중요한 출처는 兩漢의 史書, 즉 『史記·河渠書』와 『漢書·溝洫志』이다. 이 두 가지 텍스트는 대부분 대규모 수리 사업을 서술한 것이다. 「하거서」는 우선 大禹의 치수 전설을 서술한 후, 東周 시기의 대형 수리 사업을 회고한다. 그런 후에 한무제의 官員이 어떻게 황하 제방에 발생한 거대 缺口를 막았는지를 서술한다. 「구혁지」는 「하거서」와 이어진 그 후 두 세기의 일들을 추가적으로 기록했다. 이들 기록 중 중국 고대 단일 수리 사업 중 가장 큰 대규모라 할 수 있는 鴻溝는 황하와 장강을 연결한 것으로, 후에 대운하로 확장 건설된다.[3)] 관련 역사 중에는 기타 몇 십 종의 수송 운하와 대형 관개 사업도 언급하고 있다. 사마천은 한무제가 황하 제방을 수축한 후 몇 년간 화북지역에 일으킨 몇 가지 수리 사업을 열거하면서 "佗(它)小渠披山通道者, 不可勝言."[4)]라고 했다. 이는 중요한 인식이라 할 수 있는데, 소형의 수리 사업은 헤아릴 수 없이 많았던 것이다. 『사기』는 단지 비교적 큰 수리 사업만을 기록했지만, 본문은 여기에서 생략된 중소형의 수리 시스템에 주목할 것이다. 우리가 다루는 대부분의 자료는 진한시대의 것이기 때문에, 관련 논의 역시 이 시기를 주로 다룰 것이다.

---

2) Bin Liu et al., "Earliest Hydraulic Enterprise in China, 5,100 Years Ago," *PNAS* 114, no. 52 (2017): 13637-42; 中國社會科學院考古研究所, 「西安市長安區豐京遺址水系遺存的勘探與發掘」『考古』 2018年第2期, pp.26~46; 陝西省考古研究所, 「2014年陝西省考古研究院考古調查發掘新收穫」『考古與文物』 2015年第2期, pp.3~26.

3) 史念海, 「濟水和鴻溝」『河山集3』, 北京: 人民出版社, 1988, pp.303~356.

4) 『史記』卷二十九「河渠書」, 北京: 中華書局, 1959, p.1414.

고대 중국의 소규모 수리 사업이 얼마나 보편적이었는지는 추측하기 어렵다. 북방의 주요 농작물은 내한 작물인 粟이었고, 진한시기 속의 畝 당 생산량은 상대적으로 낮았다. 그러나 농민이 충분한 토지만 확보할 수 있다면, 충분한 양식을 생산할 수 있었다. 따라서 농업은 생산력이 상대적으로 떨어지는 대면적의 토지에 의존한 것으로, 현대의 집약화된 관개농업과는 완전히 달랐다. 남방의 경우, 周·漢 시기 남방의 농업에 대해 알 수 있는 지식이 극히 적기는 하지만, 아마 단일 생산량릉 비교적 낮았고 집약화된 농업을 진행한 지역은 많지 않았을 것이다. 현재의 노동 집약형 稻田 시스템은 唐宋 이래로 인구밀도가 증가하며 발전한 것이다. 물론 水稻를 심는데 있어 토지 사이에 흐르는 수계를 바꾸는 것은 자연스러운 일로, 이것이 수천 년간 지속되어 왔다는 사실은 긍정할 수 있다. 호남 澧縣의 城頭山 신석기 시대 遺址의 소규모 수로가 바로 이러한 점을 잘 증명한다.[5)]

동아시아의 동계는 건조하고 하계는 습윤하며 강우량이 가장 많은 시기는 4월에서 9월 사이이다. 강수량이 많은 연도에는 하류가 급격히 팽창하기 때문에 평지상의 모든 농지는 홍수에 의해 파괴될 위험에 놓이게 된다. 이는 水道 옆에 河堤를 건설해야만 그 위험을 줄일 수 있다. 大河는 대평원 지역을 가로지르므로, 이는 오직 대형 댐의 건설을 통해서만 홍수를 막을 수 있을 것인데, 이러한 황하 혹은 장강의 하제는 반드시 국가가 대량의 노동력을 동원할 수 있는 상황하에서만 건설할 수 있었을 것이다. 기타 여러 지역의 경우는 상대적으로 작은 하류가 산곡을 끼고 흐르는 형태로, 하류 옆에 제방을 건설해 하류가 평원을 굽이굽이 흐르는 것을 방지했을 것이다. 관개 사업은 도랑을 절단하여 천연 수로로부터 농전 사이로 물을 끌어 오거나, 둑을 건설해 물을 저수지에 가두어 관개하기도 했다. 물론, 어떤 지역은 제방과 관개를 결합한 경우도 있었다. 특히 습

5) 湖南省文物考古研究所, 『澧縣城頭山: 新石器時代遺址發掘報告』, 北京: 文物出版社, 2007年, pp.164~167.

지의 제방은 홍수·범람의 방지를 위해 쓰이기도 했으나, 稻田의 관개에 쓰기도 했다.

소규모 수리 사업에 관한 가장 중요한 문헌 중 하나는 『管子』「度地」이다. 이 편에서 시기는 대략 기원전 2·3세기의 황하유역으로 거슬러 올라간다. 「탁지」는 어떻게 사람들을 조직하여 홍수를 예방하는지 서술하고 있다. 독자에게 권위적 인상을 심어주기 위해, 서사는 춘추시대의 管仲과 齊桓公 간의 대화로 구성되었다. 이는 정치이론을 표현하기 위한 허구적 작품이기 때문에, 그것을 사실 묘사로 여겨서는 안 된다. 그러나 새로운 자료는 여기의 많은 부분이 현실을 반영하고 있음을 표명한다.

해당 문헌에서 관중은 크기와 원류에 따라 수로의 종류를 구분하고 물 관리 문제를 논의하고 있다. 예를 들어 물의 흐름이 어떻게 堤岸을 침식시키는지, 모래 퇴적물이 어떻게 물의 흐름을 바꾸는지 등을 논한다. 또 水道 관리를 위해, 관중은 수관을 건립하고, 수리에 익숙한 자를 지도자로 삼아 좌우에 水官을 1명 씩 선발하여 수도·제방·저수지 등을 검사하며, 매년 가용한 노동인구를 헤아려 지방에서 치수에 충분한 인원을 확보하도록 건의하고 있다. 동계에서 春耕이 시작될 때까지는 농한기이자 하천이 마르는 시기로서, 수리 인프라 구축을 위한 황금 시기이다. 이에 반드시 도구를 사전에 검사하고 준비해야 하는데, 흙과 목판을 실어 나르는 손수레와 바구니, 토양을 다지는 夯土機 등은 동한기를 이용하여 채집한 나무와 함께 하류 부근에 모아 두어 토방 작업에 견실함을 더하는 편의를 도모해야 한다. 하계에는 비가 많이 오고 주로 농경의 계절이기 때문에 둑 수축 사업을 진행하는데 적절치 않다. 사전에 견실하고 타당한 상시 검사를 거쳐 하계 강수량이 많은 시기에 적절히 방비하고 수리해야 수재가 재앙으로 커지는 것으을 피할 수 있다. 그 외에 관중은 관목과 수목을 심어 하제의 구조를 튼튼히 하는 것 또한 건의하고 있다.

「탁지」는 또 이르길, "常令水官之吏, 冬時行隄防. 可治者, 章而上之都, 都以春少事作之. 已作之後, 常案行. 隄有毀, 作大雨, 各葆(保)其所. 可治者, 趣治. 以徒隸給大

雨"[6]라고 했다. 이는 후술할 출토문서의 내용과 밀접한 관련이 있다. 수리 행정문서 출토 이전까지, 학자들은 이것이 단지 작가가 상상해낸 이상적 수리관리에 불과한 것이 아닌지 의심했다. 그들은 고대 중국이 인민의 노동력을 이와 같이 엄밀히 관리할 수 있을지에 대해 회의적이었다. 그러나 출토 문서는 이러한 제도가 진한 정부의 정상적인 구성에 속한 것이었음을 보여준다.

진한제국의 법률은 중소 규모의 수리가 광범하게 응용되었음을 증명한다. 四川 青川 郝家坪에서 출토된 戰國 晚期의 秦法令은 관원이 10월에 저수지 및 제방과 교량을 수리해야 한다고 제시한다.[7] 漢律 또한 관련 법령 조문을 유지하고 있다.[8] 몇 개의 다양한 월령 문헌 또한 유사하게 수리 시스템의 수리를 명령하고 있다.[9] 한제국의 인구가 약 6천만 정도였음을 참고하면 허다하게 많은 수리 시스템에 개조가 진행되고 있었던 것은 결코 이상한 일이 아니다. 더욱 중요한 것은 이러한 시스템에는 많은 정비 작업이 필요했다는 것이다.

그 외 漢文帝 시기에 속하는 두 가지 출토 법률문건에는 「治水律」이 기재되어 있는데, 아쉽게도 현재까지 정식 발표되지 않았다.[10] 그중 수호지한묘 77호에서 출토된 「치수율」에 대해 현재 공개된 사진에만 의거해 그 내용을 석독하면 다음과 같다.[11]

---

6) 黎翔鳳, 『管子校注』. 北京: 中華書局, 2004, p.1068. "案行"은 "巡視"의 뜻이 있다.

7) 陳偉, 『秦簡牘合集(肆): 放馬灘秦墓簡牘』, 武漢: 武漢大學出版社, 2014, pp.227~235.

8) 張家山二年律令247號簡。

9) 예를 들어 『呂氏春秋』·『禮記』에 포함된 "月令"과 敦煌 懸泉置 출토 元始 5년"詔書四時月令五十條"가 있다. Charles Sanft, "Edict of Monthly Ordinances for the Four Seasons in Fifty Articles from 5 C.E.: Introduction to the Wall Inscriptions Discovered at Xuanquanzhi, with Annotated Translation," Early China 32 (2008), 125-208; 『管子校注』, p.837; [清]阮元 校刻, 『十三經注疏: 附校勘記』, 北京: 中華書局, 1980, p.1363·p.1377.

10) 전자는 李志芳·蔣魯敬, 「湖北荊州市胡家草場西漢墓M12出土簡牘概述」『考古』 2020年 第2期, pp.251~233에 발표되었다.

☐月治其…渠·隄·水門☐

☐若壞人田舍, 流道·橋·隄·它功, 繕治之. 用積徒☐

☐節(即)水大至, 及渠決潰☐

☐內長節(即)受分水, 得贏, 溉田五十☐

이를 통해 우리는 「度地」에서 서술된 시스템이 환상이 아니라 사실과 매우 일치했던 것임을 추론할 수 있다. 그것은 「度地」와 실제 법률 간의 관계가 어떤 것인지를 생각하도록 자극한다. 하지만 거기까지 나가는 것은 본문의 범위를 벗어나는 문제이다.

법률 문건은 정부의 목적을 기술한 것으로 실제 발생한 상황을 반영하지 못한다. 그런데 운 좋게도 홍콩 중문대에서 구매한 간독을 통해 서한정부가 하제를 조사한 실제 상황을 볼 수 있다.[12] 이 간독은 어떤 분묘로부터 도굴된 것인데, 彭浩 선생은 내용에 의거해 간독의 연대가 대략 기원전192년에서 120년 사이이고, 南郡 관원이 서사한 것으로 추론했다. 남군의 영토는 현재의 호북과 호남성을 포괄한다. 한수 하류와 兩湖 평원은 저습 지대로, 수 많은 하류가 유입되는 천연 洪氾 지역에 속한다. 따라서 제방을 쌓아 농전을 보호하고 어떻게 이 지역의 습지를 농전으로 전환시키는가는 지극히 중요한 문제였다. 홍콩 중문대 하제간은 남군 관원의 제방 수리에 필요한 노동력 계산법과 제방 수리를 통해 생성되는 경작지 등이 기록되어 있다.

---

11) 熊北生, 「湖北雲夢睡虎地M77西漢簡牘」, 載《2008中國重要考古發現》, 北京: 文物出版社, 2009, pp.102~106.

12) 관련 문건의 더욱 자세한 연구는 彭浩, 「'河隄簡'校讀」 『考古』 2005年第11期, pp.71~75; 蘭德, 「漢代的河堤治理: 長江中游地區環境史的新收穫」 『簡帛研究』(2018春夏卷), pp.323~344.

홍콩 중문대 하제간은 24매의 목독에 불과하고, 그중 많은 부분이 잔편이다. 대다수는 1·2행의 문자로만 이루어졌는데, 예를 들어 201호간의 경우,

> 南鄉宜禾隄凡十三里百丗步, 積二萬五千九百八十步.
> 率廣六步少半步, 積二萬五千四百九十步, 畸少實四百九十步. 不率.

와 같다. 첫 번째 부분은 제방의 길이(13리 130보는 5,586미터와 같다)이다. 25,980보는 면적(49,476평방미터)인데, 이는 제방의 폭이 9미터 미만임을 의미한다.

진한제국의 정치경제는 농민의 부세와 요역에 기초한다. 가을이 되면 농민은 곡물을 지방정부의 糧倉에 납부한다. 겨울에 그들은 제방 수리와 관련한 여러 국가 사업에 동원되는데, 이때에 그 곡물을 양식으로 삼는다. 여기에 동원되는 노동력 관리를 촉진하기 위해, 정부는 표준화 노동단위 제도를 만들었다.[13] 위에서 인용한 하제간은 전임 관원들이 이미 하제의 평균 폭을 6과 3분의 1보로 확정했지만 실제 규모는 그 보다 커서 490평방미터의 오차가 발생했다는 것을 의미하는 것 같다.[14] 중요한 것은 전임 관원들이 이미 이 제방의 면적을 계량했고, 해당 간독은 후에 이를 참고하는 관원이 처음의 계산에 대해 감사를 진행한 기록이라는 것이다. 이러한 이중의 측량이 상규의 법으로 갖추어져 있었는지는 분명하지 않다. 다만 상술한 법률에 따르면 관원이 재지 요역 노동력을 사용하여 하제를 정비했다는 것을 보여주기 때문에, 관원은 모든 하제에 대해 정비에 필요한 노동

13) 胡平生, 「居延漢簡中的'功'與'勞'」『文物』 1995年第4期, pp.51~55.

14) 중국 고대 관원은 결코 수학에 익숙치 않았다. 彭浩 선생은 이미 여기에 오류가 있음을 지적한 바 있다. 4,030 곱하기 6 1/3은 25,523이지 25,980가 아니다. 彭浩, 「'河隄簡'校讀」 참조.

력을 계산하고 매 지역에 가용한 노동력을 계산한 후, 두 계산의 가변량에 따라 계획을 진행했을 것이다.

홍콩 중문대 하제간의 목독 1매는 관원이 하제를 수리하는 기본 목적이 농전을 만들기 위함임을 증명한다(222호간).

> [正面] 宜成隄凡三百廿三里廿六步(134km), 積七十一萬九千六百一十 [八步] (137km). 凡隄能治者九百廿一里二百卌步(383km), 積三百一十八萬一千八百一十二步(606公頃), 爲田一□[百卌] 二頃五十七每(畝)百九十二步(606헥타르). 醴陽江隄卅九里二十[二]步(16km). 凡隄不能治者三百廿一里二百二十七步(133km). 大凡千二百八十三里八十九步(534km).
>
> [反面] 實三百一十八万一千八百[一十]二步(606헥타르). 三百人分之, 人得卌四每(畝)卌六步, 有(又)三百分步七十二(2km).

宜城(오늘날 호북 의성)은 醴陽(오늘날 호남 澧縣)에서 120km 떨어져 있다. 이러한 사실을 통해 제방을 수리해 만들어내는 田地의 규모가 어느 정도였는지 알 수 있다. 상술한 201호는 한 지역의 제방만 서술했지만, 이 문건은 군정부가 제작하여 그 범위 내의 정비 가능한 제방을 총괄하고 있다. 두 지역의 위치 외에 언급된 제방이 어디에 위치해 있는지는 알 수 없고, 여기에 제시된 숫자 간의 관계 또한 분명하지 않다. 그것은 주로 제작자가 정비 가능한 것과 불가능한 제방으로 구분하고, 그런 연후 정비되는 하제를 통해 장차 생성될 경작지 수량을 계산했다는데에서 의의를 찾을 수 있다. 나는 해당 河堤들이 秦漢 교체기의 전쟁 과정 중에 정비하지 못했던 堤일 것이라 생각한다. 그 후에 이어지는 2000년 간은 水利의 순환이라고도 할 수 있는데, 전쟁기에 하제는 폐치되었다가 새로운 국가가 들어서면 그것을 다시 정비 한다.[15] 한대 전세문헌의 기록은 대부분 화북지역에 관한 것으로, 장강 중류의 제방은 언급되지 않는다. 중요한 것은 장강 유역의 사람들이 수리 시스템을 개조한 시간이 이전에 우리가 생각했던 것보다 더 오래되었다는 것이다. 나는 장강 중류 수리 시스템이 갖추어진 최초의 시기는 기원전4세기 혹은 그 보다 더욱 이른 초국 건립 때일 것이라 믿는다.

長沙 走馬樓 三國吳簡 또한 관원이 수리 사업을 조사하여 그 가용성을 평가한 문서가 나온다.[16] 漢文帝 이후 몇 세기가 흐른 기원후 230년, 삼국 시대에 가장 큰 규모로 발생한 몇 차례의 전투는 장강 중류 일대에서 발생했다. 전쟁은 틀림없이 이러한 수리 시스템의 정비를 불가하게 만든 원인이었을 것이다. 주마루 간독은 현재의 장사시 중심 지역의 옛 우물 안에서 발견된 오국 臨湘侯國(縣에 상당한다)의 문서이다. 홍콩 중문대 하제간과는 달리, 이 문서는 소형의 관개 저수지 정비를 주로 다루고 있는데, 이들 저수지는 둑의 건설을 통해 실개천 혹은 빗물을 모아 稻田으로 관개하는 방식이었다. 홍콩 중문대와 주마루 간독의 내용에 차이가 발생한 것은 이상한 일이 아니다. 장강 중류는 자연적 홍범 평원으로 제방이 있어야 경작을 진행할 수 있는데 반해, 장사 지역은 구릉 지대에 위치해 소형 관개 저수지를 구축하는데 이상적 조건을 갖추고 있었다.

주마루오간 수리 사업 관련 문서는 홍콩 중문대 간독보다 수량은 많으나, 보존 상태는 좋지 않다. 다행히 문서에는 두 관련 문건의 목적을 총결한 기록이

15) Pierre-Étienne Will, "State Intervention in the Administration of a Hydraulic Infrastructure: The Example of Hubei Province in Late Imperial Times," in *The Scope of State Power in China*, ed. Stuart R Schram (London: School of Oriental and African Studies, 1985), 295-347.

16) 凌文超, 『走馬樓吳簡采集簿書整理與研究』, 桂林: 廣西師範大學出版社, 2015年; 長沙市文物考古研究所·中國文物研究所·北京大學歷史學系等 編, 『長沙走馬樓三國吳簡: 竹簡 3』, 北京: 文物出版社, 2008.

있다.

都□謹列枯蕪波長·深·頃·畝簿(叁·7204)
□田頃數爲簿如牒(叁·7199)

이 두 매의 간은 이미 폐기한 저수지 면적에 대해 조사를 진행했음을 보여주는데, 그 목적은 저수지 수리를 통해 얼마 정도 頃畝의 관개전이 만들어졌는지를 확정하는 것이다. 아래의 자료는 標題簡 아래의 細目을 기재한 簡이다.

高□波一所, 深一丈, 長七十一丈, 敗□丈, 沃田□頃, 枯蕪三年,
可用五千夫(叁·7215)

이 간책은 저수지의 면적을 열거하고 있는데, 그중 몇 군데는 정비가 필요하거나 오랜 시간 폐기된 상태이다. 중요한 점은 이를 통해 얼마나 많은 관개 토지를 만들어내고 얼마나 많은 노동력이 필요한지이다. 이는 관원이 농한기에 저수지 수축에 필요한 노동력을 결정하기 위해 파악해야 할 주된 고려 요소였다.

요컨대, 이와 같은 산견 문헌을 통해 수리 시스템을 바꾸는 것이 문명의 신속 발전의 중요한 요소였음을 알 수 있다. 대규모의 하제는 황하가 유유히 흐르는 대부분의 지역에 경작이 가능하도록 만들고, 이들 지역은 그로 인해 동아시아에서 인구가 가장 조밀한 지역이 될 수 있었다. 동아시아 인구 증가에 따라, 사람들은 비옥한 홍수 범람지역으로 옮겨갔고, 재난성 홍수로부터 얻은 교훈과 경험을 바탕으로 그들은 대다수의 하류상에 제방을 건설하여 농작물이 하계에 홍수의 습격을 받는 것으로부터 보호했다. 산지의 경우 통상적으로 충적평원 범위의 한계로 인해, 우기에 접어드는 하계에 하류가 맹렬해 지는 관계로 하제는 반드시 필요했다. 오늘날에 이르기까지 중국 수리사 연구자들의 주된 연구방향은 대형 제방 시스템이었고, 이를 통해 소형 하제의 분포 상황은 극히 일부의 상황만 알 수 있었다. 사실, 『사기』에 서술된 대형 제방 시스템은 장기간의 소형 수리 공정 사로부터 기인하는 것이다. 비록 운하의 작지 않은 규모로 인해 본고에서 언급하지는 않았지, 전국 진한시기에 건설된 수많은 운하 또한 마찬가지였을 것이다.

그 외에 관개 문제는 河堤와 같이 간단하지는 않다. 관개는 주대에 이미 화북지역에 광범히 전파되었거나, 소수의 천연수도만으로 관개 도랑 내로 물을 대어 관개를 진행했을 것이다. 우리는 당시의 농업생산력이 후대에 비해 높지 않았을 것이라 추측한다. 왜냐하면 진과 한제국은 1頃의 경작지(45,700평방미터)를 일반 농민에게 수여했기 했는데, 만약 청대에 그렇게 많은 토지를 보유한 농민이라면 비교적 부유한 사람으로 인식되었을 것이다. 진한제국의 심장부인 관중분지는 훗날 水井 관개를 실시하지만, 우리는 진한시기의 관중도 그러했는지는 알 수 없다. 실제 그 지역은 내한성의 곡식 품종에 의존했기 때문에 대다수의 농민은 관개를 할 방법이 없었을 것이다.

인구가 적고 어류·조류와 수렵물이 풍부했던 長江 지역에 있어 이 문제는 더욱 까다롭다. 현재 쌀 생산은 세계상 노동력의 강도가 가장 큰 농업 시스템 중 하나이기 때문에, 급수에 대한 전면적 통제가 필요하다. 그러나 이는 높은 인구밀도의 결과이지, 쌀 고유의 문제는 아니었다. 쌀은 장강 습지가 계절성으로 잠기게 되는 습지에서 인공적으로 길러진다. 이는 사람들이 하계의 홍수 전에 간단히 쌀의 종자를 진흙에 파종하여 자연히 홍수 시스템을 이용할 수 있었음을 의미한다. 이러한 가능성으로 인해 周漢 시기의 화남지역 농업상황에 대해 어떠한 가설을 세우는 것도 어렵다. 집약형 수도 경작 방법의 기원은 인구가 상대적으로 밀집한 지역으로 거슬러 올라갈 것인데, 예를 들어 동주 시기 초국의 수도 소재지인 荊州와 오국의 수도 소재지인 蘇州와 같은 곳일 것이다. 그러나 이는 추측에 불과하다. 주마루 간독 중에 기록된 관개 저수지"陂(波)塘"은 매우 이른 시기부터 그것이 광범하게 분포했을 것이지만, 이는 해당 수리 사업을 건설하기에 적합한 지형에만 한정될 것이다. 삼국시기에 호남의 인구는 한초보다는 많았을 것이므로, 한초에는 아마도 이러한 형태의 저수지가 존재하지 않았을 것이다. 우리가 이 문제에 대해 해답을 얻을 수 있는 유일한 방법은 고고학자들의 관심이 이 문제로 옮겨올 것인지의 여부에 달려 있다.

(번역: 금재원)

참고문헌

《十三經古注》, 北京：中華書, 2014年。

《呂氏春秋》,《禮記》,《管子》

[清]阮元校刻,《十三經注疏》, 北京：中華書局1980年.

《史記》, 北京：中華書局1959年.

黎翔鳳：《管子校注》, 北京：中華書局2004年.

史念海：《論濟水和鴻溝》,《河山集 3》, 北京：人民出版社, 1988年.

李志芳, 蔣魯敬：《湖北荊州市胡家草場西漢墓M12出土簡牘概述》,《考古》2020年第2期.

熊北生：《湖北雲夢睡虎地M77西漢簡牘》, 載《2008中國重要考古發現》, 北京：文物出版社2009年

彭浩：《'河隄簡'校讀》,《考古》2005年第11期.

蘭德：《漢代的河堤治理：長江中游地區環境史的新收穫》,《簡帛研究》(2018春夏卷)

胡平生：《居延漢簡中的'功'與'勞'》,《文物》1995年第4期

凌文超：《走馬樓吳簡采集簿書整理與研究》, 桂林：廣西師範大學出版社, 2015年.

長沙市文物考古研究所、中國文物研究所、北京大學歷史學系等編,《長沙走馬樓三國吳簡:竹簡3》, 北京：文物出版社, 2008年.

中國社會科學院考古研究所,《西安市長安區豐京遺址水系遺存的勘探與發掘》,《考古》2018年第2期.

陝西省考古研究所,《2014年陝西省考古研究院考古調查發掘新收穫》,《考古與文物》2015年第2期.

湖南省文物考古研究所,《澧縣城頭山：新石器時代遺址發掘報告》, 北京：文物出版社, 2007年.

陳偉,《秦簡牘合集(肆)：放馬灘秦墓簡牘》, 武漢：武漢大學出版社, 2014年.

Joseph Needham 李約瑟, Wang Ling 王鈴, Lu Gwei-djen魯桂珍 :《Science and Civilisation in China 4.3: Civil Engineering and Nautics》 Cambridge: Cambridge University Press, 1971年.

Bin Liu等, 《Earliest Hydraulic Enterprise in China, 5,100 Years Ago》, 《PNAS》114.52, 2017年.

Charles Sanft, 《Edict of Monthly Ordinances for the Four Seasons in Fifty Articles from 5 .E.:Introduction to the Wall Inscriptions Discovered at Xuanquanzhi, with Annotated Translation》, 《*EarlyChina*》32, 2008年.

Pierre-Étienne Will, 《State Intervention in the Administration of a Hydraulic Infrastructure: The Example of Hubei Province in Late Imperial Times》在Stuart Schram 編輯《The Scope of State Power in China》。London: School of Oriental and African Studies, 1985年.

제12장

簡牘에 보이는 水神과 禜祭*

楊華·王謙

고대인들은 山川이 구름을 내고 비를 뿌릴 수 있으며, 神力을 가지고 있다고 믿었다.[1] 그래서 일찍부터 商代에는 山川에 祭祀를 지내는 禮가 형성되었다.[2] 山川에 祭祀를 지내는 禮儀 중에는 禜祭라고 불리는 것도 있었다. 그러나 이것이 어떠한 제사인지에 대한 연구는 많지 않다.[3] 그 원인을 살펴보면 禜祭에 관한 기사

* 본고는 2018년 國家社會科學基金重大項目"中國傳統禮儀文化通史研究"(項目編號 : 18ZDA021)의 단계적 연구성과이다.

1) 『禮記』祭法 : "山林·川谷·丘陵, 能出雲, 爲風雨, 見怪物, 皆曰神."[清]阮元校刻, 『十三經注疏』, 北京 : 中華書局, 1980, p.1588의 上欄.

2) 陳夢家, 『殷虛卜辭綜述』, 北京 : 中華書局, 1988, pp.594~599. 常玉芝, 『商代宗教祭祀』, 北京 : 中國社會科學出版社, 2010, pp.163~166.

3) 詹鄞鑫은 『神靈與祭祀』에서 "弭災祭"·"兆域" 및 "農業禮俗"부분을 논술할 때, 禜祭를 간단히 소개하였다. 張鶴泉의 『周代祭祀研究』에서는 "祭山川"의 "祈祭"부분에서만 禜祭를 언급하였다. 田天은 『秦漢國家祭祀史稿』에서 東周의 山川 祭祀부분을 기술할 때

가 파편화되어 그 전모를 알기가 어렵기 때문이다. 다른 한편으로는 禜祭가 본래 "祈禱之小祭"[4]로서 山川祭祀의 正禮에 들어가 있지 않아 그다지 중시되지 않았기 때문이다. 본고는 『禮經』 중 禜祭와 관련된 정보를 통해 기본적인 禮義를 밝히고, 최근 간독자료를 결합하여 禜祭水神에 대한 구체적인 儀式을 복원해보고자 한다.

一. 『禮經』 중의 禜祭

禜祭는 『周禮』春官·大祝에 나오며 "六祈" 중 하나이다. 大祝職에서 "六祈을 장악함으로써 鬼神과 화합함을 보여주며 첫 번째는 類, 두번째는 造, 세 번째는 禬, 네 번째는 禜, 다섯 번째는 攻, 여섯 번째는 說이 있다고 한다"라고 하고, 鄭玄注에서는 "祈는 嘄로 災變이 있을 때 神을 부르고 고함으로써 복을 구하고자 했다"[5]고 하였는데, 이 "嘄"는 "叫"의 古字이다.[6] 이는 "六祈"가 본래 재난이 닥쳤을 때 여섯 종류의 "告神求福(神에게 고하여 福을 구함)"의 祭祀를 가리키며, 반드시 신을 부르는 말이 있었음을 보여준다. 이후 祭祀의 용도가 달라지며 六祈는 6종류의 祭祀를 가리키는 고유명칭으로 되었고, 그래서 鄭衆이 "類·造·禬·禜·攻·說, 皆祭名也"라고 말한 것이다.

禜祭를 언급하지 않았다(詹鄞鑫, 『神靈與祭祀』, 南京 : 江蘇古籍出版社, 1992, p.176, p.188, pp.369~371; 張鶴泉, 『周代祭祀研究』, 臺北 : 文津出版社, 1993, pp.41~42; 田天, 『秦漢國家祭祀史稿』, 北京 : 三聯書店, 2015, pp.258~277).

4) [清]阮元校刻, 『十三經注疏』, p.2024 上欄.

5) [清]阮元校刻, 『十三經注疏』, p.808 下欄:"掌六祈以同鬼神示, 一曰類, 二曰造, 三曰禬, 四曰禜, 五曰攻, 六曰說"; "祈, 嘄也, 謂爲有災變, 號呼告於神以求福"

6) 孫詒讓의 『周禮正義』에서 『漢書』息夫躬傳의 顔師古注를 인용. [清]孫詒讓撰, 『周禮正義』, 北京 : 中華書局, 2013, p.1987에 보인다.

이 여섯 제사의 차이는 기도할 때의 태도와 言辭의 상이함에 있다. 鄭玄은 六祈를 세 종류로 나누어 "類·造은 정성과 엄숙함을 더하여 뜻대로 이루어지길 구하고, 禬·禜은 때때로 災變이 있을 때 이들에게 고하는 것이며, 攻·說은 言辭로서 질책하는 것이다"[7]라고 하였다. 鄭玄이 보았을 때, 類·造의 경우 제사를 지낼 때 제사자(祭者)가 응당 경건한 자세를 하고 神에게 원하는 바가 이루어지도록 정성스럽게 빈다. 禬·禜의 경우 제사를 지낼 때 제사자(祭者)가 객관적인 태도로 재난상황을 사실대로 신령에게 보고하고 재난의 소멸을 빈다. 攻·說의 경우 제사를 지낼 때 제사자(祭者)가 신령에게 어떤 일을 진술하고 질책을 가한다. 이 같은 태도의 상이함에 근거해 淸代의 孫詒讓이 지적하길, 이 세 부류의 제사는 융성한 정도에서 차이가 있으니, 神에 대한 경건함의 척도로 보았을 때 禬·禜이 類·造보다 낮고, 攻·說이 禬·禜보다 낮다고 하였다.[8]

그러나 『禮記』禮器에서는 일찍이 "祭祀不祈"라고 분명히 말하므로,[9] 六祈가 비록 제사의 명칭을 쓰더라도 통상적인 定時제사("常祭")와 다르다. 鄭玄注에서는 "祭祀不祈"에 대해 : "祈는 구하는 것이다. 祭祀는 福을 구하지 않는다(祈, 求也. 祭祀不爲求福也)"라고 하여, 常祭는 반드시 복을 구하려는 구체적인 원인이 있는 것은 아니며, 규정된 시기에 귀신에게 공경을 표하는 일정한 행위이다. 그러나 六祈는 구체적인 원인으로 말미암아 신령이 응답해주길 빌기 때문에, "祈"와 "禱"를 연결시켜 "祈禱"라고 칭한다. 이후 孔穎達의 疏에서도 鄭玄이 지적한 것에서 더 나아가 말하길

『鄭志』에서 趙商의 질문에 답한 것을 근거로 했다. "祭祀 때 바

7) [淸]阮元校刻, 『十三經注疏』, p.809 上欄:"玄謂類·造, 加誠肅, 求如志 ; 禬·禜, 告之以時有災變也 ; 攻·說, 則以辭責之"

8) [淸]孫詒讓撰, 『周禮正義』, pp.1987~1990.

9) [淸]阮元校刻, 『十三經注疏』, p.1434 下欄.

라는 바를 기도하지 않는다고 하는데(祭祀不祈), 趙商이 근거해 보건대 『周禮』에서 六祈의 科를 설치하며 禱禳의 제사를 지낸다면 바라는 바 없이 기도하지 않을 수 없습니다. 그래서 『禮記』의 그 말이 어떠한 의미인지 여쭤보는 것입니다." 鄭玄이 답하여 이르길, "祭祀에는 常禮가 있는데 孝敬의 마음을 우선으로 해 그 뜻을 하나로 하는 것뿐이다. 禱祈에 대해 말하자면 福을 구하는데 주목적이 있으니, 어찌 常禮로 볼 수 있겠는가?" 또 鄭玄은 『發墨守』에서 말하길 "孝子의 제사는 오로지 지극한 誠信과 忠敬만 있을 뿐이니, 다른 것을 구하지 않는다."[10]

만약 祭祀를 常祭로 본다면 神靈에게 禮를 갖춰 공경할 뿐 따로 바라는 바가 있지 않아야 한다. 그렇다면 祈禱는 곧 "因祭"(어떤 요인으로 인한 제사)이고 六祈는 바로 재앙으로 말미암아 거행되는 것으로써, 그 목적은 災禍를 없애고 복을 내려 보호하는 데 있다.

1. 禜祭의 방법과 得名

禜祭가 어떻게 "禜"으로 불렸는지 관해 역대로 그 설명방식이 다르다. 주로 두 가지 설명이 있다.

첫 번째 설명은 "禜"을 "縈"으로 해석하는 것으로, 朱線으로 기도 대상을 휘어 감는 巫術이다. 鄭玄注에서는 『周禮』春官·大祝에서 "縈"으로써 "禜"을 해석하여 휘어 감다는 뜻을 취하였는데, 그 근거로 『春秋』 莊公25년 日食기사를 들었

10) [清]阮元校刻, 『十三經注疏』, p.1435 上欄: "按『鄭志』答趙商問 : '祭祀不祈, 商按 : 『周禮』設六祈之科禱禳而祭, 無不祈, 故敢問『禮記』者何義也?'鄭答云 : '祭祀常禮, 以序孝敬之心, 當專一其志而已. 禱祈有爲言之, 主於求福, 豈禮之常也?'又鄭『發墨守』云 : '孝子祭祀, 雖致其誠信與其忠敬而已, 不求其爲.'"

다. 『公羊傳』에서는 日食을 물리치고자 할 때 "주색 실로 社를 營한다(以朱絲營社)"[11]해야 한다고 기재하여, 이 설명도 일종의 방증이 된다. 『春秋繁露』止雨에는 "주색 실로 社를 열 바퀴 감았다(以朱絲縈社十周)"라는 말이 있다.[12] 이것은 社神에게 禜祭를 지내어 재앙을 없애달라고 비는 사례인 셈이다.

두 번째 설명은 "禜"을 "營"으로 해석하는 것으로, 둥글게 둘러싸는 식(環繞式)의 축조이다. 『禮記』祭法과『周禮』春官·鬯人의 鄭玄注에 따르면, 모두 "營"으로 "禜"을 해석하여, 둘러싸다는 뜻을 취하였다. 여기서 "營"과 "縈"의 의미 차이는 크지 않지만 배후에 관련되는 禮俗이 다르다. 「鬯人」·「祭法」의 鄭玄注에서는 모두 이 설명방식을 사용했다.[13] 許愼·杜預·黃以周 등도 이 설을 따랐으며[14] 禜祭라고 이름을 얻게 된 것(得名)도 아마도 이러한 營地에서 제사를 지내는 방식에서 유래했다는 것이다.

상술한 두 가지 설명 중 縈으로 禜을 설명하는 방법은 孔穎達의 질의를 받았다. 孔穎達이 보았을 때, "주색 실을 가지고 社를 감는(朱絲縈社)" 방식으로 禜祭를 지내는 것은 보편적이지 않으니 만약 제사대상이 日月·山川 등 휘어 감을 수 없는 것이라면 어떻게 禜祭을 지낼 수 있는가라고 하였다.[15] 이러한 孔穎達의 말은 일리가 있다. 禜祭라고 이름을 얻게 된 것은 아마도 祭壇을 조성한 것에서 비롯되었으며, 그런 의미에서 두 번째 설명이 더욱 합리적이다.

---

11) [清]阮元校刻, 『十三經注疏』, p.2238의 中欄, 下欄. 校勘記에 근거하여, 어구 중 앞의 "營"字에 대해『經典釋文』에서 원래 "縈"이었다고 하여, 鄭玄「大祝」에서 注한 것과 동일하다.

12) [清]蘇輿撰, 『春秋繁露義證』, 北京 : 中華書局, 1992, p.438.

13) [清]阮元校刻, 『十三經注疏』, p.771 上欄, p.1588 上欄.

14) 각각의 출처는 [清]段玉裁注, 『說文解字注』, 南京 : 鳳凰出版社, 2015, p.10;[清]阮元校刻, 『十三經注疏』, p.2024上欄; [清]黃以周撰, 『禮書通故』, 北京 : 中華書局, 2007, p.696.

15) [清]阮元校刻, 『十三經注疏』, p.2024 上欄.

2. 禜祭의 원인과 대상

鄭玄注에서는 禜이 "日月星辰山川之祭"라고 말하고, 『左傳』昭公元年 子産의 설을 인용해 진일보한 해석을 하였다.

> 日月星辰의 神의 경우, 雪霜風雨가 불시에 왔을 때 이들을 불러서 禜을 지낸다. 山川의 神의 경우, 水·旱·癘疫의 재해가 오게 되면 이들을 불러서 禜을 지낸다.[16]

子産의 설명에 따르면 禜祭로 쫓아내야 하는 대상은 눈보라·비바람이나 水害·旱害·유행병 등의 자연재해이다. 그러나 이러한 것들이 禜祭의 전부를 포괄하지는 못한다. 戰亂이나 疾病도 모두 禜祭로 쫓아내야 하는 범위에 포함되어 있기 때문이다.[17] 『後漢書』臧洪傳에서는 黃巾軍이 青州를 공격했을 때, 刺史인 焦和가 "오로지 巫史를 坐列시켜 여러 神에게 禜禱를 했다"[18]는 기록되어 있어, 禜祭가 戰亂을 떨쳐내는 용도로 쓰였음을 알 수 있다. 上博簡「內禮」에는 "君子曰 : 孝子, 父母有疾, ……時昧攻·禜, 行祝於五祀, 豈必有益, 君子以成其孝, 能事其親"이라고 기록되어 있다.[19] 즉 孝子라면 父母가 질병에 걸렸을 때 일찍부터 공을 들이고

---

16) [清]阮元校刻, 『十三經注疏』, p.2024 上欄:"日月星辰之神, 則雪霜風雨之不時, 於是乎禜之 ; 山川之神, 則水旱癘疫之災, 於是乎禜之."

17) 子産은 禜祭로 "癘疫"을 물리칠 수 있다고 말했지만, "癘疫"은 전염성 질병(유행병)을 대부분 지칭하지 모든 疾病을 범칭하지는 않는다. 『墨子』兼愛下에서 말한 "올해 癘疫이 돌아 萬民이 부지런히 힘써도 춥고 배고픔에 돌아다니다가 도랑과 골짜기에 빠져 죽은 사람이 이미 많다고 한다(今歲有癘疫, 萬民多有勤苦凍餒, 轉死溝壑中者, 既已衆矣)"가 그 예이다. [清]孫詒讓撰, 『墨子間詁』, 北京 : 中華書局, 2001, p.119. "癘疫"은 전염성 질병을 가리키며 出土簡牘 중에도 관련 내용이 있다(呂亞虎, 「秦漢時期對傳染性疾病的認知發微——以出土簡文所載癘病爲例的探討」『人文雜誌』 2020年第9期).

18) 『後漢書』卷五十八「虞傅蓋臧列傳」, 北京 : 中華書局, 1965, p.1886:"但坐列巫史, 禜禱群神."

19) 紹宏·張青松編著, 『上海博物館藏戰國楚簡集釋第四冊』, 北京:社會科學文獻出版社,

禜의 제사를 올려야 한다고 말한 것이다. 이를 통해서도 禜祭가 疾病을 떨쳐내는 데 쓰였음을 알 수 있다. 다음은 傳世文獻과 出土文獻 중의 禜祭대상을 간단하게 나열해 보았다.

(1) **山川에게 禜祭.** 山川에게 禜祭하는 것은 西周시기 때도 아마 이미 있었을 것이다. 周恭王시기로 보이는 五祀衛鼎은 銘文에 "焚二川"의 일을 기록하였고, 唐蘭이 이에 대해 "焚"이 "禜"과 통하여 山川에 제사를 지내는 것이라 지적하였다.[20] 山川에게 禜祭를 지내는 것은 『左傳』에도 그 기록이 있다(일부는 실제 실행에 옮기지는 않았을 것이다). 水災·旱災로 인해 禜祭를 지내는 경우는 僖公 19年, 衛國에 큰 가뭄이 들자 "점을 치니 山川에 일이 있으니 불길하다(卜, 有事於山川, 不吉)"라고 한 것이 있고, 昭公 16年, 鄭國에 큰 가뭄이 들자 鄭君은 鄭大夫인 屠擊·祝款·豎柎 3명을 파견하여 "桑山에서 일을 처리하도록(有事於桑山)"했다. 이 두 가지 사례를 두고 清人인 秦蕙田은 『五禮通考』에서 山川에게 禜祭를 지낸 것으로 본다.[21] 昭公 19년, 鄭國이 홍수를 맞닥뜨리자, "龍이 時門밖의 洧淵에서 맞서 싸우자 國人들이 禜을 지내자고 건의했으나 子産이 이를 허락하지 않았다"[22]고 하였다. 이러한 禜祭는 즉 水災를 없애기 위한 것이다.

병으로 인해 禜祭를 지낸 것으로 昭公 7년과 26년 기재된 "走群望"의 사례가 있다.[23] 좀 더 상세하게 서술한 것으로는 昭王이 병을 얻었을 때의 사례가 있다.

2019, p.163.

20) 唐蘭, 「陝西省岐山縣董家村新出西周重要銅器銘辭的譯文和注釋」 『文物』 1976年第5期, p.56. 이 글자에 관해서는 다른 釋讀의견이 있다(王晶,「五祀衛鼎銘文集釋及西周土地違約案件審理程式窺探」 『貴州師範大學學報(社會科學版)』, 2011年第6期, p.127.

21) [清]秦蕙田撰, 『五禮通考』, 北京 : 中華書局, 2020, p.2001.

22) [清]阮元校刻, 『十三經注疏』, p.2088: "龍鬥於時門之外洧淵, 國人請爲禜焉, 子産弗許"

23) [清]阮元校刻, 『十三經注疏』, p.2049中欄, p.2114上欄에 각각 보임. "走群望"의 사례에 관하여, 秦蕙田의『五禮通考』에서 이를 望祭의 한 종류로 넣었다. 그러나 望祭는 郊에

哀公 6년, 하늘에 이상현상이 보이자 周大史는 楚昭王을 해하려는 징조로 보고, 禜祭를 통해 그 害가 "令尹에게 이동하도록 하는(移於令尹)", 이른바 巫術을 통해 질병 및 불행의 빌미가 大臣의 몸으로 轉移되도록 하고자 했다. 그러나 昭王은 이를 받아들이지 않았다.[24] 占卜을 친 결과, 病의 원인으로 黃河가 화근으로 지목되었다. 이에 楚國의 大夫들이 郊에서 黃河에게 제사지낼 것을 청했다. 昭王은 "제사는 望을 넘어서는 안된다(祭不越望)" 하여 黃河에게 禜祭를 지내자는 建議를 취소하였다. 이 사례에 대해 『左傳』에서는 禜祭라고 명확하게 말하지 않았지만, 劉師培에는 『命定論』에서 "楚가 黃河에서 禜을 지내지 않았다는 통상적인 관념을 기리는 것(楚弗禜河, 褒爲率常)"라고 하여 이 점을 지적하였다.[25]

(2) **星辰에게 禜祭.** 日月星辰에게 禜祭하는 기록으로 星辰만이 보인다. 『禮記』祭法에서 말하길 : "幽宗, 祭星也"라고 하고, 鄭玄은 "宗"을 "禜"의 오독으로 보고, "幽禜"이 "星壇"을 가리킨다고 지적하여, 星辰의 神에게 禜祭를 지냈음을 알 수 있다.[26]

서 제사를 지내고 직접 山川으로 가서 제사를 지내지 않는 반면, "走群望"의 사례에서는 바로 昭公7년 杜預注에서 "晉에서 山川에게 望祀를 하고자 祈禱하는 곳으로 갔다(晉所望祀山川, 皆走往祈禱)"라고 말한대로, 직접 제사지역까지 갔다. 그래서 이는 분명 望祭에 속하지는 않으며 후술할 楚昭王의 禜河종류와 유사하여 禜祭인 것으로 보인다. 즉 "走群望"은 禜祭에 속하며 이에 대해서는 張鶴泉이 이미 지적한 바 있다([清]秦蕙田撰, 『五禮通考』, pp.1973~1974. 張鶴泉, 『周代祭祀研究』, pp.41~42).

24) 이 점은 『史記』楚世家 중의 기록이 더욱 분명하다. 「楚世家」의 관련내용은 다음과 같다. "十月, 昭王病於軍中, 有赤雲如鳥, 夾日而蜚. 昭王問周太史, 太史曰 : '是害於楚王, 然可移於將相.' 將相聞是言, 乃請自以身禱於神. 昭王曰 : '將相, 孤之股肱也, 今移禍, 庸去是身乎!'弗聽." 太史公이 昭王의 "病於軍中"으로 이 사례를 먼저 기술한 것은 분명 異常현상이 실로 昭王의 병을 가리키고 있음을 설명하기 위해서다. 『史記』卷四十「楚世家」, 北京 : 中華書局, 1959, p.1717.

25) [清]阮元校刻, 『十三經注疏』, pp.2161下欄~2162上欄. 劉師培撰, 『劉申叔遺書補遺』, 廣陵書社2008, p.1344.

(3) 社稷에게 禜祭. 『周禮』大祝에서 "國有大故·天烖, 彌祀社稷, 禱祠"라고 하고 鄭注에서는 "天烖, 疫癘水旱也"[27]라고 하였다. 清代 金鶚은 여기에 근거해 禜祭의 대상으로서 社稷도 있었다고 지적했다.[28] 社稷에게 禜祭를 지내는 것으로 『公羊傳』莊公 25년의 사례도지적할 수 있다.

> 六月, 辛未, 朔, 日食이 있었다. 북을 치고 社에서 희생물을 사용하였다. 日食인데 어째서 社에서 북을 치고 희생물을 사용하는가? 陰의 방식으로 구하려고 했기 때문이다. 朱絲로 社에서 營(혹은 縈·禜)하는데, 혹자는 위협하는 것이라고 말하고 혹자는 어둠을 위한 것이라고 말하며, 사람들이 이를 나쁜 일을 범할까 두려워서 朱絲로 營해두었다고 한다.[29]

日食의 변고를 떨쳐내기 위해서 주색 실(朱絲)을 가지고 社에 "縈"을 지내니, 이는 곧 禜祭를 행한 사례가 되는 것이다. 그래서 「大祝」중 鄭玄注로 "禜如日食, 以朱絲禜社也"[30]라고 말한 것이다. 鄭玄이 "縈"(휘어 감다)을 "禜"으로 해석한 것도 여기서 비롯되었다.

(4) 國門에게 禜祭. 『周禮』春官·鬯人에는 "禜門用瓢齎"라고 기재하고, 鄭玄注에서는 "門, 國門也"[32]라고 하여, 國門도 禜祭의 對象이 됨을 알 수 있다. 『左傳』莊

---

26) [清]阮元校刻, 『十三經注疏』, p.1588 上欄.

27) [清]阮元校刻, 『十三經注疏』, p.811 中欄.

28) 『周禮正義』卷22에서 金鶚의 말을 인용. [清]孫詒讓撰, 『周禮正義』, p.869.

29) [清]阮元校刻, 『十三經注疏』, p.2238 中欄·下欄: "六月, 辛未, 朔, 日有食之. 鼓用牲於社. 日食則曷爲鼓用牲於社? 求乎陰之道也. 以朱絲營社, 或曰脅之, 或曰爲闇, 恐人犯之, 故營之."

30) [清]阮元校刻, 『十三經注疏』, p.809 上欄.

公 25년 가을, 큰 홍수가 나서 "門에서 犧牲祭를 했다(用牲於門)". 杜預注에서 "門, 國門也"라고 하였다.[32] 이 사례는 즉 水災를 겨냥해서 행한 禜祭이다. 鬯人에서 기재한 禜門의 禮와 山川에게 祭祀할 때 사용하는 酒器(酒具)는 차이가 있으니, "門에 禜을 할 때 瓢齎를 사용하고", "山川四方에게는 蜃을 썼다". "瓢齎"는 鄭玄注에 근거하면, 박(瓜)을 반으로 쪼개어 바가지로 한 酒器이다. "蜃"은 기구에 큰조개 모양이 그려진 옻나무의 술그릇(漆尊)이다.[33]

이외 禜門의 禮로써 쫓아내려는 대상은 水災만을 대상으로 한 것 같다. 『通典』에서 기술한 漢에서 唐시기까지 이루어진 禜門의 禮는 모두 비를 그치게 해줄 것을 기도하는 것으로, 후세 일부 禮學家들은 禜祭를 "止雨之祭"로 여기고[34] 禜門 儀式에서 비롯되었음을 근거로 삼았다.

종합하자면 禜祭는 水災·旱災 및 疾病에 대응하기 위해 거행했으며, 제사의 대상으로 日月·星辰·山川·社稷·國門 등이 있고 그중 山川이 가장 많이 보인다.

3. 禜祭의 거행시기

禜祭을 실시하는 시기는 두 종류로 나눌 수 있으니, 하나는 정해진 시기에 하는 禜祭이고, 다른 하나는 정해진 시기에 하지 않는 禜祭이다. 정해진 시기의 禜祭는 봄·가을 두 계절에 실시한다. 『周禮』地官에서 黨正이 관장하는 것으로 "春秋祭禜"이 있으며[35] 鄭注에 근거하면 그 祭祀의 대상은 "水災·旱災의 神"이다. 정해진 시기 禜祭의 구체적인 시간에 관해 孫詒讓은 仲春·仲秋에 거행한다고 보았

31) [淸]阮元校刻, 『十三經注疏』, p.771 上欄.

32) [淸]阮元校刻, 『十三經注疏』, p.1779 下欄.

33) [淸]阮元校刻, 『十三經注疏』, p.771 上欄.

34) 『初學記』天部에서 南朝 禮學家인 崔靈恩이『三禮義宗』에서 "禜은 비를 그치게하는 제사로 城門에서 禜祭를 지낸다(禜, 止雨之祭, 每禜於城門)"라고 말한 것을 인용. 孫詒讓, 『周禮正義』卷37에서 인용. [淸]孫詒讓撰, 『周禮正義』, p.1500.

35) [淸]阮元校刻, 『十三經注疏』, p.718上欄.

다.[36] 정해진 시기에 하지 않는 禜祭는 재난이 닥쳤을 때 행하며, 『左傳』에 실려 있는 禜祭를 행한 史事 대부분이 여기에 속한다.

二. 山川三祭 : 禜祭·常祭·雩祭

禜祭의 경우 山川의 神에게 제사지내는 사례가 많이 보인다. 山川을 겨냥한 것으로 세 종류의 제사가 있으니, 즉 常祭·雩祭와 禜祭이다. 禜祭는 "六祈"에 속하여 常祭가 아니다. 山川에게 제사하는 것으로 별도의 禮典이 있다. 그밖에 禜祭로 旱災에 대응하는 사례가 가장 많고 雩祭도 旱災에 대응하는 것이지만, 양자간에는 차이가 있다. 모든 제사는 멀리 떨어진 대상을 바라보고 제사를 지내는 望祭와 대상이 있는 현장으로 직접 가서 제사를 지내는 就祭로 나뉜다.

1. 禜祭와 山川常祭

『周禮』에 근거하면 山川에게 제사지내는 두 가지 방법이 있다 : 첫 번째는 "望祭"라 불리며, 都城에서 먼 곳의 山川을 향해 제사를 거행하는 것이다. 두 번째는 "山川" 혹은 "就祭"로 불리며, 인근 山川의 廟에서 제사를 지내는 것이다. 『周禮』 春官·大宗伯에는 "國有大故, 則旅上帝及四望"라고 하였다. 여기서 "四望"이 가리키는 것은 무엇일까?

鄭衆과 鄭玄 사이에 논쟁이 있지만(鄭衆은 日·月·星·海를 가리킨다고 보고, 鄭玄은 五嶽·四鎮·四瀆을 가리킨다고 본다), 중요한 점은 望祭가 현장으로 직접 갈 수 없는 제사를 가리킨다는 것이다. 賈公彦疏에서는 "四望을 말하자면, 직접 가서 就祭를 할 수 없어 네 방향을 바라보고 壇을 세워 멀리서 제사(遙祭)를 하

---

36) [清]孫詒讓撰, 『周禮正義』, p.868.

는 것이다. 그래서 四望이라고 부른 것이다"[37)]라고 하였다. 『儀禮』覲禮에서는 "祭山·丘陵, 升 ; 祭川, 沈"이라고 하고, 鄭玄注에서도 "就祭"라고 지적하며, "升·沈은 반드시 就祭해야 하는 것이다. 就祭는 王의 巡狩 및 諸侯들의 盟祭를 일컫는다"라고 하였다.[38)] 鄭玄의 지적에 근거하면, 周天子가 巡行하거나 諸侯가 盟誓를 할 때, 山川 근처로 가서 제사를 지낼 수 있었다. 이를 통해 "就祭"와 "望祭"("遙祭")는 서로 다른 제사 방법임을 알 수 있다.

문헌에서 자주 보이는 "山川"은 대부분 현장에 직접 가서 행하는 "就祭"였다. 예를 들어 『周禮』大祝에서 "大山川을 건너 그곳에서 일을 처리하는 것(제사하는 것)이다"라고 하고, 『史記』封禪書에서는 "이름난 山川이나 여러 鬼 및 八神부류의 경우, 황제가 해당 지역을 지나갈 때 제사를 지내고 황제가 떠난 후에는 이를 그만둔다"고 하였다.[39)] 楚地에서 보이는 卜筮祭禱簡 중에는 葛陵楚簡의 簡乙一4·10, 乙二29, 乙一17, 乙一28, 乙四96 등등 "就禱"라고 명시된 것이 적지 않아 관련 제사의 연장이라고 할 수 있다.[40)]

이러한 제사는 天子·諸侯간의 等級차이가 있다. 天子가 "四望"에게 제사 지낸다는 것은 분명 五嶽四瀆을 가리킬 것이다.[41)] 天子와 비교해서 諸侯는 "四望"에게 제사를 지낼 수 없으며, 관할 내 名山大川("在其地者")에게만 제사지낼 수 있고[42)] 제사횟수도 각각 다르다.[43)] 山川에게 望祭를 지내는지 就祭를 지내는지 규격 차이

---

37) [清]阮元校刻, 『十三經注疏』, p.764 上欄:"言四望者, 不可一往就祭, 當四向望而爲壇, 遙祭之. 故云四望也"

38) [清]阮元校刻, 『十三經注疏』, p.1094 上欄:"升·沈必就祭者也. 就祭, 則是謂王巡狩及諸侯之盟祭也."

39) [清]阮元校刻, 『十三經注疏』, p.811 下欄: "過大山川, 則用事焉.";『史記』卷二八「封禪書」, p.1377:"至如他名山川諸鬼及八神之屬, 上過則祠, 去則已"

40) 武漢大學簡帛中心·河南省文物考古研究所編著, 『楚地出土戰國簡冊合集·二』, 北京 : 文物出版社2013, p,11, p.17.

41) [清]阮元校刻, 『十三經注疏』, p.766 上欄.

42) [清]阮元校刻, 『十三經注疏』, p.1336 上欄.

에 관해서는 清代의 禮學家인 秦蕙田의 설명이 있으니,[44] 재차 기술하지는 않겠다.

그렇다면 山川에게 禜祭를 지내는 것과 山川에게 望祭·就祭를 지내는 것에는 차이가 있을까? 이에 대해 설명이 필요하다. 여기서는 常祭시간, 제사를 하게 된 사유 등 두 가지 측면에서 설명을 하겠다.

(1) **常祭시간.** 상술한 세 종류의 祭祀(山川에게 禜祭·望祭·就祭를 지내는 것)는 常祭(定時性)와 因祭(不定時) 두 종류의 상황이 있을 수 있다. 常祭의 시간 측면에서 禜祭는 봄·가을 두 계절에 진행된다고 앞서 언급했다. 常祭 가운데 望祭는 郊(郊祭)後에 거행되었다. 『春秋』에는 魯僖公 31년, 魯國이 郊祭를 하지 않고 望祭를 거행한 기록이 있는데, 『左傳』에서 이를 "非禮"로 지적하며 "望은 郊의 일부이다. 郊를 지내지 않으면 望도 하지 않은 것이라 할 수 있다(望, 郊之細也. 不郊, 亦無望可也)"[45] 『公羊傳』에서도 『春秋』에서 이를 기록한 것은 "郊를 하지 않고 望祭한 사실을 비판하기 위함(譏不郊而望祭也)"이라고 말했다.[46]

이를 통해 望祭는 郊祭의 일부분이고 郊祭후에 거행되는 것임을 알 수 있다.[47] 郊祭의 시간에 관해서는 고대로부터 두 가지 설이 있다. 하나는 冬至에 한

---

43) 『小宗伯』賈公彦疏에서 "天子四望, 諸侯三望境內山川"라고 말했지만, 賈公彦의 설은 史實과 맞지 않아, 淸儒인 陳壽棋이 이를 반박하였다. [淸]孫詒讓撰, 『周禮正義』, p.1416, p.1417. 黃以周도 비슷한 관점을 제시했다. [淸]黃以周撰, 『禮書通故』, pp.681~682.

44) [淸]秦蕙田撰, 『五禮通考』, p.1957.

45) [淸]阮元校刻, 『十三經注疏』, p.1831 上欄.

46) [淸]阮元校刻, 『十三經注疏』, p.2263 下欄.

47) 杜預는 『通典』에서 다음 내용과 같이 望祭가 1년에 4차례 행해졌다고 말했다. "1년에 모두 4차례 제사를 하니, 첫 번째는 迎氣時, 두 번째는 郊天時, 세 번째는 大雩時, 네 번째는 大蠟時에 한다(一歲凡四祭 : 一者謂迎氣時, 二者郊天時, 三者大雩時, 四者大蠟時)." 黃以周는『春秋』僖公31年의 고사 및 『大戴禮』三正記의 "郊後必有望"의 說에 근거해 이를 반박하며, 『通典』에서 杜佑의 설에 근거가 없어 믿을 만하지 않다고 했다([淸]黃以周撰, 『禮書通故』, p.682).

다는 설로 세금을 거둔 후(歲收) 報天을 하는 제사라고 본다. 또 하나는 계칩(啟蟄)에 한다는 설이며 農事를 기원하는 제사로 본다. 물론 冬至에 하든 계칩(啟蟄)에 하든, 둘 다 봄·가을에 禜祭를 거행하는 것과 다르다.

常祭 가운데 就祭는 『禮記』月令에 근거하여, 봄·여름·가을 세 계절에 모두 준비해야 한다. "孟春之月"인 봄에는 "命을 내려 山林川澤에게 제사"하고,[48] 仲夏之月인 여름에는 "有司에게 명을 내려 民을 위해 山川百源에게 제사"하며,[49] 仲冬之月인 가을에는 "天子가 有司에게 명을 내려 四海·大川·유명한 水源·습지와 호수·우물과 샘에 제사"하고[50], 季冬之月인 겨울에는 "곧 山川의 제사를 마쳐야 한다"고 하여[51] 역시 禜祭·常祭의 시간과 다르다.

(2) **제사를 하는 사유.** 常祭이외에도 禜祭·望祭든 就祭든 관계없이, 어떤 사유로 인해 제사를 지내게 된 정황이 있다. 禜祭는 종종 水災·旱災·疾病을 맞닥뜨려서 거행된다. 어떤 사유로 인해 望祭와 "山川"의 제사가 진행된 예는 秦蕙田의 『五禮通考』에서 상세하게 모아 놓았다. 어떤 사유로 인해 望祭가 거행된 것에 대하여 秦蕙田은 "祈告望"이라고 칭하고, "巡狩望"·"行師望"·"因災而祭" 세 부류로 열거해 놓았다.[52] 그중 "因災而祭"항목은 좀 더 분석할 필요가 있다. 앞서 인용한「大宗伯」의 "國有大故, 則旅上帝及四望"에 대해, 鄭玄注에는 "故"를 "凶烖"로 해석하고, 이후 賈公彦疏에서 말하길 : "凶은 그 해 곡식이 영글지 않은 것을 뜻하고, 烖는 水災·火災를 뜻한다(凶, 謂年穀不熟. 烖, 謂水火也)"라고 하였다.[53]「大宗伯」에서 말한 것은 비록 재난으로 인해 四望에 제사를 지내는 것이지만, 이렇게

---

48) [清]阮元校刻, 『十三經注疏』, p.1357 中欄 : "命祀山林川澤"

49) [清]阮元校刻, 『十三經注疏』, p.1369 中欄 : "命有司爲民祈祀山川百源"

50) [清]阮元校刻, 『十三經注疏』, p.1383 上欄 : "天子命有司祈祀四海大川名源淵澤井泉"

51) [清]阮元校刻, 『十三經注疏』, p.1384 上欄 : "乃畢山川之祀"

52) [清]秦蕙田撰, 『五禮通考』, pp.1967~1970.

53) [清]阮元校刻, 『十三經注疏』, p.764 上欄.

행한 祭祀는 禜祭가 아닌 旅祭이므로 "旅四望"라고 말할 것이다.[54] 어떤 일로 인해 "山川"의 제사(就祭)를 행하는 경우에 대해 秦蕙田는 "治水祭山川"·"巡狩告山川"·"朝會祭山川"·"行師告山川"의 네 부류로 열거하여,[55] 災變으로 인해 제사하는 禜祭의 경우와 다르다고 할 수 있다. 禜祭는 祀典에 들어가 있는 山川大祭와 다르며 그 위상은 孔穎達이 말한 데로 "祈禱之小祭"일 뿐이이다. 따라서 양자간의 차이에 대해 주목해야 할 필요가 있다.

표 1. 山川常祭와 禜祭山川 차이표

祭祀명칭	山川常祭		禜祭山川
	望祭山川	就祭山川	
常祭시간	郊後(冬至 혹은 啟蟄)	孟春·仲夏·仲冬·季冬	春·秋
祭祀사유	巡狩·行師·遇災(旅祭)	治水·巡狩·朝會·行師	水旱(水災·旱災)·疾病

2. 禜祭와 雩祭

禜祭는 항상 큰 가뭄(大旱)으로 인하여 행해지고 雩祭도 큰가뭄(大旱)으로 인해 비를 청하는 제사로 兩者가 상당히 비슷하기 때문에 옛사람들은 "雩禜"로 이어 부르고, 같은 부류의 제사로 보았다.[56] 하지만 이 둘은 常祭시간과 제사대상이 다르기 때문에 뒤섞어 볼 수 없다.

(1) 常祭시간. 雩祭와 禜祭·常祭의 시간은 다르며 『周禮正義』地官·黨正의 孫

54) 旅祭는 『論語』에 보인다. 『論語』八佾曰 : "季氏旅於泰山", 馬融注 : "旅, 祭名也." 鄭玄注『大宗伯』曰 : "旅, 陳也. 陳其祭事以祈焉. 禮不如祀之備也." [清]劉寶楠撰, 『論語正義』, 中華書局, 1990, p.85.

55) [清]秦蕙田撰, 『五禮通考』, pp.1992~2000.

56) 『禮記』祭法 : "雩禜, 祭水旱也."『文心雕龍』盟祝 : "素車禱旱, 以六事責躬, 則雩禜之文也."[清]阮元校刻, 『十三經注疏』, p.1588 上欄. [清]黃叔琳注, 『增訂文心雕龍校注』, 中華書局, 2000, p.122.

詒讓疏에서 이미 자세히 논한 바 있다.

> 이 經의 禜祭는 「祭法」에서 "雩禜"으로 부르고, 아마 水災·旱災의 神通으로 인해 제사지내기 때문에 禜이라 하였지만, 사실 雩祭와 다르다. 周시기 祭雩는 두 가지가 있다. 먼저 正雩는 常禮로서「月令」에는 五月이라고 하지만, 鄭義에 근거하면 周六月이다. 다른 하나로 旱雩가 있는데, 變禮로 周秋三月에 旱災를 만나면 제사를 지내고 旱災가 없으면 지내지 않는다. 「月令」에는 "大雩帝"아래 "命百縣雩祀"라는 글귀가 있는데, 여기서 百縣은 畿內의 鄕遂公邑을 뜻한다. 그렇다면 州黨에는 常雩의 제사가 있었을 것이니 旱雩의 제사도 마땅히 존재했을 것이다. 이 두 가지 雩는 봄·가을 재차 제사하는 법이 없기 때문에, 雩禜과 常雩는 같지 않음이 분명하다. 『論衡』에는 예부터 봄·가을 두 개의 雩가 있다고 했으나 그 설명은 근거가 없으니 이것을 증명하기에 부족하다.[57)]

孫詒讓의 설명은 정확하다. 常祭의 시간 측면에서 禜祭가 봄·가을 두 계절에 하고, 雩祭는 周六月(즉 夏四月)에 하여, 兩者가 서로 같지 않다.

(2) **祭祀대상.** 앞서 "禜祭對象"부분에서 열거한 史事 가운데, 旱災로 인해 거

---

57) [清]孫詒讓撰, 『周禮正義』, 北京 : 中華書局, 2013, p.869:"此經之禜祭, 「祭法」謂之'雩禜', 蓋因祭水旱之神通謂之禜, 其實與雩祭不同. 周祭雩有二 : 正雩爲常禮, '月令'系於五月, 依鄭義則在周六月.又有旱雩, 爲變禮, 周秋三月遇旱則祭, 不旱則否.「月令」'大雩帝'之下, 又有'命百縣雩祀'之文, 百縣即謂畿內鄕遂公邑, 則州黨得有常雩之祭, 其旱雩之祭亦當有之. 但二雩並無春秋再祭之法, 則雩禜與常雩不同明矣. 『論衡』謂古有春秋二雩, 其說絕無根據, 不足證此也."

행된 禜祭의 제사대상은 모두 山川(출토된 簡牘 중의 상황도 이와 같으며 자세한 내용은 후술)이기 때문에 禜祭로 旱災를 물리치는 것은 山川에게 제사를 지내는 것밖에 없음을 알 수 있다. 孔穎達도 일찍이 이 점을 지적하였다. 『左傳』의 昭公 元年기사에 孔穎達疏로 말하길

> 禜은 祈禱에 관한 小祭일 뿐이다. 만약 큰 旱災로 인해 雩를 한다면, 天地百神에게 두루 제사를 지내는 것이니, 재차 그 日月과 山川에게 별도로 할 필요가 없다.[58]

孔穎達은 雩祭가 "天地百神에게 두루 제사지내는 것(遍祭天地百神)"이라 지적했는데, 사실상 上帝·上公의 神·山川, 이 三者를 위주로 한다. 『周禮』春官·司巫의 鄭玄注에서 "雩는 旱祭이다. 天子는 上帝에게 하고, 諸侯는 上公의 神에게 한다"고 지적했다.[59] 『禮記』月令의 鄭玄注에서는 "帝에게 雩祭를 지낸다 함은 壇이 南郊의 근처(旁)임을 이르며, 五精의 帝에게 雩祭를 지낼 때, 先帝도 配享해야 한다. …… 百辟卿士들은 예전에 上公에게 지내니 예를 들어 句龍·後稷의 부류이다"[60]라고 하였다. 이 두 가지 注를 종합해 보면, 雩祭때 天子는 五帝에게 제사를 지내고,[61] 諸侯는 上公의 神에게 제사를 지내니, 句龍·後稷의 부류가 그 예라고 할 수 있다. 그 밖에 『左傳』 桓公 5年에는 "秋, 大雩"라고 실려있고 孔穎達疏에서는 賈逵의 설

58) [清]阮元校刻, 『十三經注疏』, p.2024 上欄:"禜是祈禱之小祭耳. 若大旱而雩, 則遍祭天地百神, 不復別其日月與山川者也."

59) [清]阮元校刻, 『十三經注疏』, p.816 上欄:"雩, 旱祭也. 天子於上帝, 諸侯於上公之神"

60) [清]阮元校刻, 『十三經注疏』, p.1369 中欄: "雩帝, 謂爲壇南郊之旁, 雩五精之帝, 配以先帝也. ……百辟卿士, 古者上公, 若句龍·後稷之類也"

61) 『呂氏春秋』仲夏紀의 高誘注에서 말한 것도 鄭玄注의 내용과 동일하지만, 『說文解字』 雨部에서 "雩"를 해석할 때 "赤帝"에게만 제사한다고 말해 앞서의 說과 다르다. 관련 釋義는 宗福邦·陳世鐃·蕭海波主編, 『故訓匯纂』, 北京 : 商務印書館, 2003, p.2453.

을 인용하여 말하길 "크다(大)고 말한 것은 특별한 山川의 雩祭이다. 아마 諸侯가 山川에게 雩祭를 지내는데 魯는 上帝에게 雩祭를 지낼 수 있게 되어서 크다고 말한 것이다"[62]라고 하여, 諸侯의 雩祭도 역시 山川에 제사를 지내는 것이다. 禜祭는 旱災를 쫓아내고자 山川에게 제사를 지내며, 雩祭는 五帝·上公의 神과 山川 등의 神에게 제사를 지내, 양자간에 역시 차이가 있다.

表2 雩祭와 禜祭차이표

祭祀名稱	雩祭	禜祭
常祭時間	周六月	春, 秋
旱災를 물리치는 祭祀對象	五帝(天子) ; 上公之神,山川(諸侯)	山川

三. 出土簡牘에 보이는 水神

근래 중국 남방지역에서 대량으로 출토된 簡牘文獻 중에는 水神·水鬼에 관한 적지않은 정보를 포함하고 있다. 특히 卜筮祭禱簡 중에는 이러한 종류의 명칭이 특히 많다. 본고는 대략 20여 개 정도로 초보적인 통계를 매겼다. 이하 명칭 및 유형에 근거하여 水神을 세 종류로 나누어 考釋을 진행하겠다.[63]

62) [清]阮元校刻, 『十三經注疏』, p.1749 上欄: "言大, 別山川之雩. 蓋以諸侯雩山川, 魯得雩上帝, 故稱大"

63) 筆者는 일찍이 『楚地水神研究』에서 楚地에 보이는 水神을 考釋했으며, 다음 考釋 중 특별히 注를 달아 명확하게 하지 않은 것은 그 글을 참조하기 바란다. 楊華, 「楚地水神研究」 『江漢論壇』 2007年第8期, pp.98~104. 楊華, 『古禮新研』, 北京 : 商務印書館, 2012, pp.287~312에도 수록됨.

1. 泛稱類

簡牘 중에 보이는 일부 水神은 범칭을 사용하여 크게는 山과 합칭해 "山川" 혹은 "高山深溪"라고 하고, 작게는 "池"라고 칭한다.

(1) 山川

……□占之曰 : 吉. 山川…… (望山簡96)[64)]
……孔子曰 : 汝毋愛珪璧幣帛於山川, 正刑與……(上博二·魯邦大旱簡2)[65)]
……若夫毋愛珪璧幣帛於山川, 毋乃不可. ……(上博二·魯邦大旱簡3, 4)[66)]

山川은 諸侯 境內의 山川을 범칭하고 있다. 禮에 의거하면 天子는 天下의 名山大川에 제사를 지낼 수 있으며, 諸侯는 관할내 영역에 있는 名山大川에만 제사를 지낼 수 있다. 나아가 「魯邦大旱」은 山川에 祭祀하는데 쓰이는 공물, 즉 "珪璧幣帛"을 언급하였다. "珪璧"은 즉 "圭璧"으로 『說文』土部에서 "珪, 古文圭"라고 하며,[67)] "圭璧"은 일종의 玉器로, 璧을 근본으로 하고, 윗부분을 다듬어 圭를 만들어 낸다.[68)] "幣帛"은 견직물로 幣와 帛이 같은 의미인데, 『禮記』曲禮下의 鄭玄注에서 "幣, 帛也"라고 하였다.[69)]

---

64) 武漢大學簡帛中心·湖北省文物考古研究所·黃岡市博物館編著, 『楚地出土戰國簡冊合集·四』, 北京 : 文物出版社, 2019, p.10.

65) 俞紹宏·張青松編著, 『上海博物館藏戰國楚簡集釋第二冊』, 北京:社會科學文獻出版社, 2019, p.85.

66) 俞紹宏·張青松編著, 『上海博物館藏戰國楚簡集釋第二冊』, p.85.

67) [清]段玉裁注, 『說文解字注』, p.1205.

68) 錢玄·錢興奇編著, 『三禮辭典』, 南京 : 鳳凰出版社, 2014, p.345.

⑵ 高山深溪

> 厘尹知王之病, 乘龜尹速卜高山深溪. 王以問厘尹高 : "不穀懆, 甚病, 驟夢高山深溪. 吾所得地於莒中者, 無有名山名溪欲祭於楚邦者乎 ? (上博四·柬大王泊旱簡2, 8, 3)[70]

"高山深溪"는 上博四「柬大王泊旱」 가운데 "名山名溪"와 같은 의미로, 諸侯國 境內의 名山大川을 지칭한다. 柬大王은 즉 楚簡王으로, 그가 꿈속에서 다다른 "高山深溪"는 莒國에 있어 본디 (楚의) 祭祀에 해당하지 않는 것 같다. 그러나 『史記』楚世家에서 일찍이 "簡王元年에 北伐하여 莒를 멸망시켰다(簡王元年, 北伐滅莒")[71]라고 실려 있어, 莒는 楚에 의해 멸망당했기 때문에, 楚簡王이 아마 "高山深溪"에게 제사를 지낼 수 있었을 것으로 보인다.

⑶ 池

> 操杯米之池, 東向, 禹步三步, 投米, 祝曰 : "皋 ! 敢告曲池, 某癰某波, 禹步擯房楘, 令某癰數去."(周家臺秦簡病方·癰簡338, 339)[72]
>
> 宮中□池(江蘇邗江胡場五號漢墓·神靈名位牘)[73]

池는 川과 달리 소형의 水域이며, 심지어 인위적으로 파낸 연못일 수도 있어

---

69) [清]阮元校刻, 『十三經注疏』, p.1269 上欄.

70) 俞紹宏·張青松編著, 『上海博物館藏戰國楚簡集釋第四冊』, p.106.

71) 『史記』卷四十「楚世家」, p.1719.

72) 李天虹·劉國勝等撰, 『秦簡牘合集·釋文注釋修訂本(三)』, 武漢 : 武漢大學出版社, 2016, p.235.

73) 王勤金·吳煒等, 「江蘇邗江胡場五號漢墓」『文物』 1981年第11期, p.17.

"宮中□池"는 아마 인공으로 파낸 저수지인 것 같다. 그리고 周家臺秦簡「病方」가운데 "曲池"는 祝由術과 관련있어, 주술을 하는 자(施咒者)가 "曲池"의 神力를 빌러 엄격한 말로 질병을 쫓아냄으로써("瘧"), 물리침(禳除)의 목적을 달성하고자 한다. 이처럼 질병을 물리치는 방법은 "六祈"가운데 "攻" 및 "說"과 유사한데, 그 특징이 바로 "말로써 질책하는 것(以辭責之)"이다.

2. 水系명칭류

簡牘 중에 일부 水系의 명칭을 빌려 水神을 불렀는데, 예를 들어 江·漢·沮·漳·河·湘으로 그 명칭을 보면 그 지리적 위치를 명확히 알 수 있다.

(1) 江·漢·沮·漳

> ☑及江·漢·沮·漳, 延至於淮. 是日就禱楚先老童·祝☑……(葛陵楚簡甲三268)[74)]
>
> ☑昔我先出自�遠, 宅茲沮·漳, 以徙遷處(葛陵楚簡甲三11·24)[75)]
>
> ☑渚沮·漳·及江, 上逾取蒿☑(葛陵楚簡乙四9)[76)]

江·漢·沮(雎)·漳은 楚人의 초기 활동범위와 관련있고, 楚國에서 가장 중요한 4개의 성스러운 강(聖河)으로서 望祭를 지낼 자격이 있어『左傳』哀公 6年 楚昭王이 "江·漢·沮·雎, 楚之望也"라고 하였다.[77)] 그 외 葛陵楚簡에서는 "淮"도 언급했는데, 淮河는 "四瀆" 중의 하나로 중국 고대 水系 중 지위가 매우 높다. 上述한 河

---

74) 武漢大學簡帛中心·河南省文物考古研究所編著,『楚地出土戰國簡冊合集·二』, p.16.
75) 武漢大學簡帛中心·河南省文物考古研究所編著,『楚地出土戰國簡冊合集·二』, p.22.
76) 武漢大學簡帛中心·河南省文物考古研究所編著,『楚地出土戰國簡冊合集·二』, p.22.
77) [清]阮元校刻,『十三經注疏』, pp.2161下欄~2162上欄.

流는 簡文에서 水神급으로 취급되지는 않았지만, 傳世文獻 중에는 이곳들에게 제사를 지낸 기록이 많이 남아있다. 北京大學에서 소장하는 秦簡「禹九策」에도 "河·湘·江·漢"을 水神으로 보고, 江蘇의 邗江 胡場 5호 漢墓에서 출토된 神靈名位牘 중에도 "淮河"를 諸神중 하나로 분류하므로, 본고에서도 이 江·漢·沮(雎)·漳을 水神으로 분류했다.

(2) 江

> ☐刏於江一豭, 禱一塚☐ (葛陵楚簡甲三180)[78)]

傳世文獻 가운데 "江"은 長江을 가리킬 뿐만 아니라 그 지류를 가리킬 수도 있으므로, 葛陵楚簡 중 "江"이 정확히 무엇을 가리키는지 확정할 수 없다. 그 외 簡文중에는 "刏"라는 祭祀儀式도 언급했다. "刏"는 희생물을 죽여 피를 취하는 血祭儀式으로서 水神에게 獻祭하는 "豭"를 지칭하며, 白於藍이 "椓"라고 읽은 것에 근거하여 아마 거세한 돼지(豬)를 가리킬 것이다.[79)]

(3) 河·湘·江·漢

> 一占曰：右鼻, 尊俎之秩秩, 鐘鼓具在, 君子大喜, 亓祟五祀·大神, 祭鬼兇. 五祀者, 門·戶·壁·炊者, 竈下. 大神者, 河·湘·江·漢也.(北大秦簡·禹九策簡 21)[80)]

---

78) 武漢大學簡帛中心·河南省文物考古研究所編著, 『楚地出土戰國簡冊合集·二』, p.106.

79) 楊華, 「先秦血祭禮儀研究」『古禮新研』, pp.106~109에 수록.

80) 李零, 「北大藏秦簡〈禹九策〉」『北京大學學報(哲學社會科學版)』 2017年第5期, p.47.

北京大學에서 소장한 秦簡「禹九策」은 數術 占卜類文獻에 속하고, 그중 "禹九策其二"는 "물이 재앙의 빌미가 되는(水爲祟)" 상황을 잘 보여주고 있다. 本簡은 "禹九策其五"로 재앙의 빌미가 되는 水神을 "大神"으로 명명하고, 구체적으로는 河·湘·江·漢 4개 하천을 지칭하고 있다.

(4) 淮河

淮河(江蘇邗江胡場五號漢墓·神靈名位牘)[81)]

3. 神靈에 관한 고유명칭

簡牘文獻 중에도 직접적으로 水神을 일컫는 이름이 있는데 水神에 관한 고유명칭도 세 종류로 나눌 수 있다. 첫 번째는 河流의 간단한 특징을 가지고 水神을 命名한 경우로 水·大水·大川有洓·大波·大神·水上 등이 그 예이다. 두 번째는 의인화의 방식으로 河神을 命名하는 경우로 溺人·江君 등이 있다. 세 번째는 神話 전설에서 비롯된 것으로 당시 사람들이 믿거나 공통적으로 아는 神明으로 삼으며, 司湍·玄冥·水亡傷 등이 있다.

(1) 水

壬癸水也, 有疾, 黑色季子死.(孔家坡日書簡351)[82)]

이 簡은 日書 가운데「有疾」篇에 속한다. 여기서 水는 즉 재앙의 빌미가 될 수

81) 王勤金·吳煒等,「江蘇邗江胡場五號漢墓」, p.17.
82) 湖北省文物考古研究所·隨州市考古隊編著,『隨州孔家坡漢墓簡牘』, 北京 : 文物出版社, 2006, p.171.

있는(祟) 神이다. 학자들은 "水"가 후술할 包山簡·望山簡 등에 보이는 "大水"라고 추측하고 있다.[83)]

(2) 大水

(賽禱)大水, 佩玉一環.(包山簡213)[84)]
……大水……(包山簡215)[85)]
與禱大水, 一犆(包山簡237)[86)]
與禱大水, 一犆(包山簡243)[87)]
與禱大水, 一犧馬(包山簡248)[88)]
(遡禱)大水, 佩玉一環(望山簡54)[89)]
大水一環.(望山簡55A, 55B)[90)]
與禱大水一牲(天星觀簡)[91)]
賽禱大水一牲(天星觀簡)[92)]

---

83) 陳炫偉, 「孔家坡漢簡日書研究」, 臺灣清華大學歷史研究所碩士學位論文, 2007年, p.162.
84) 陳偉等著, 『楚地出土戰國簡冊十四種』, 北京 : 經濟科學出版社, 2009, p.93.
85) 陳偉等著, 『楚地出土戰國簡冊十四種』, p.93.
86) 陳偉等著, 『楚地出土戰國簡冊十四種』, p.95.
87) 陳偉等著, 『楚地出土戰國簡冊十四種』, p.95.
88) 陳偉等著, 『楚地出土戰國簡冊十四種』, p.96.
89) 武漢大學簡帛中心·湖北省文物考古研究所·黃岡市博物館編著, 『楚地出土戰國簡冊合集·四』, p.8.
90) 武漢大學簡帛中心·湖北省文物考古研究所·黃岡市博物館編著, 『楚地出土戰國簡冊合集·四』, p.8.
91) 晏昌貴, 「天星觀"卜筮祭禱"簡釋文輯校」, 丁四新主編, 『楚地簡帛文獻思想研究(二)』, 武漢 : 湖北教育出版社, 2004, p.282.
92) 晏昌貴, 「天星觀"卜筮祭禱"簡釋文輯校」, p.285.

享薦大水一佩玉環(天星觀簡)[93]

☐夏层·亯享月賽禱大水，佩玉䍉，擇日於屈栾.(葛陵楚簡乙四43)[94]

九水，大水毆.(放馬灘秦簡日書乙篇·占病祟除簡192)[95]

出土 簡牘 중에 보이는 水神으로 “大水”가 가장 많이 보이는데, “大水”가 어떤 河流를 가리키는 지는 아직 알 수 없다. 簡牘에 보이는 大水와 관련된 제사활동으로 두 가지 항목이 있다. 그중 하나가 沉牲·玉祭禱이고, 나머지 하나가 占卜이다.

大水에게 祭禱(제사 및 기도)하면서 水葬시켜 희생시키는 것으로 牛(犆, 이것은 膚와 胃를 조합한 글자로, 아마 直牛·特牛를 지칭하는 것 같다.)[96]犧馬(단색의 馬)가 있으며, 天星觀簡에 보이는 “一牲”은 기존의 각종 희생물을 범칭하거나 牛 관련 희생물(牛牲)을 특정한다. 수장시키는 공물로 희생물 이외에 玉環도 있다. 祭禱제도 측면에서는 “與禱”·“賽禱”와 “享薦” 등 세 종류를 들 수 있다. 첫째, “與禱”는 응당 “舉禱”로 해석해야 한다. 楚人이 짐승을 살생해 성대하게 음식을 준비하고 이를 바치는 예를 거행한 후 귀신에게 제사 및 기도하는 것을 뜻하기 때문이다. 간단히 말해 귀신에게 육류의 공물을 바치는 것이다.[97] 둘째, “賽禱”는 神靈의 복과 보호에 감사를 표하기 위함으로[98]질병을 쫓아내길 기도하여 병세가 나

93) 晏昌貴,「天星觀“卜筮祭禱”簡釋文輯校」, p.286.

94) 武漢大學簡帛中心·河南省文物考古研究所 編著,『楚地出土戰國簡冊合集·二』, p.11.

95) 孫占宇·晏昌貴等撰,『秦簡牘合集·釋文注釋修訂本(四)』, 武漢 : 武漢大學出版社, 2016, p.130.

96) 陳偉等著,『楚地出土戰國簡冊十四種』, p.115.

97) 楊華,「說“舉禱”——兼論楚人祭祖禮的時間頻率」을 상세히 참조.『古禮新研』, pp.167~196에 수록.

98)『史記』封禪書 : “冬塞禱祠”, 索引云 : “塞, 與賽同, 賽, 今報神福也.”『史記』卷二十八「封禪書」, p.1372.

아진 것에 대해 神靈에게 감사를 표하기 위해 종종 행해진다. 셋째, "享"과 "薦"은 모두 "바친다(進獻)"는 의미를 가지고 있으며[99] 神靈에게 바치는 禮이다. 그 외 放馬灘秦簡「日書乙篇」 중 「占病祟除」에서는 占卜을 통해 재앙의 빌미가 되는 것을 알아야 하는 대상 중에 "大水"를 넣어서, "九水"류의 水神에 속한다.[100]

(3) 大川有汾

> 有祟見於大川有汾, 小臣成敬之懼之, 敢用一元犡牂, 先之☐(葛陵楚簡零198·203·乙四48·零651)[101]
>
> ☐食, 昭告大川有汾, 曰 : 嗚呼哀哉! 小臣成暮生早孤☐(葛陵楚簡零9·甲三23·57)[102]
>
> ☐食, 昭告大川有汾. 小臣成敢用解過釋尤, 若……(葛陵楚簡甲三21·甲三61)[103]

"大川有汾"에서 "大川"이 구체적으로 어떤 하천을 가리키는지는 모른다. "介"는 大江주변 지역을 의미하여 "大川有汾"는 大川 주변의 지역을 이름으로 한 水神이다. 簡文 중에는 平夜君이 水神에게 고하는 내용("昭告")이 많다. 첫 번째 簡文은 제물, 즉 "一元犡牂"도 언급하고 있다. 『禮記』曲禮下에는 "宗廟之禮, 牛曰'一元大武'"라는 기록이 실려 있고, 鄭玄注에서 "元"을 "頭"라고 하였다.[104] 즉 "一元犡

---

99) 宗福邦·陳世鐃·蕭海波主編, 『故訓匯纂』, p.74, p.1976.

100) "九水"에 관하여, 어떤 學者는 九條大河를 지칭한다고 보고, 또 어떤 學者는 九州로 읽기도 한다. 본고는 잠시 이를 水神으로서 고찰하지는 않을 것이다(孫占宇·晏昌貴 等撰, 『秦簡牘合集·釋文注釋修訂本(四)』, p.132).

101) 武漢大學簡帛中心·河南省文物考古研究所編著, 『楚地出土戰國簡冊合集·二』, p.21.

102) 武漢大學簡帛中心·河南省文物考古研究所編著, 『楚地出土戰國簡冊合集·二』, p.22.

103) 武漢大學簡帛中心·河南省文物考古研究所編著, 『楚地出土戰國簡冊合集·二』, p.22.

牂"을 "一元犕·牂"으로 끊어 읽어[105] "一元犕"은 "一元大武"와 같고 牛를 지칭하며, "牂"은 3살 된 암컷양(牝羊)으로 본 것 같다. 그 외 뒤이은 2개의 簡에는 "昭告"의 앞부분이 파손되었고 남은 한 글자인 "食"字는 아마 "酒食"을 가리킬 것이다.[106] 이는 神靈에게 告祭를 지내기 전에 酒食을 차려놓는 절차가 있었음을 보여준다.

⑷ 大波

溺於大波一牂(天星觀簡)[107]

大波는 정확히 무엇을 지칭하는지 알지 못하지만, 아마도 파도(水波)의 신, 혹은 陽侯와 관련있는 것 같다. 『淮南子』覽冥訓에는 일찍이 "陽侯之波"가 武王의 紂王토벌을 막은 일을 기록했다. 高誘注에서는 "陽侯는 陵陽國侯이다. 그 國은 물에 가까웠고 물에 빠지면 죽었다. 그 신은 큰 물결(파도)을 일으켜 상해를 입힐 수 있었기 때문에 陽侯의 파도라고 불렸다(陽侯, 陵陽國侯也. 其國近水, 溺水而死. 其神能爲大波, 有所傷害, 因謂之陽侯之波)" 陵陽은 漢의 封國이므로 高誘의 해석에는 비록 오류가 있지만,[108] 옛날에는 "陽侯"라는 이름의 水神이 분명 존재하였고, 큰 파도를 일으킬 수 있는 것이 특징이었다.

揚雄의 「反離騷」에서는 江·湘이남을 묘사하며 "陵陽侯之素波兮"란 구절을 넣

104) [清]阮元校刻, 『十三經注疏』, p.1269 上欄.

105) 이는 于成龍의 讀法을 따름. 武漢大學簡帛中心·河南省文物考古研究所編著, 『楚地出土戰國簡冊合集·二』, p.77.

106) "酒食"은 葛陵楚簡 가운데 卜筮祭禱簡에 많이 보이며, 簡甲三86, 零1, 零174 등이 그 예이다.

107) 晏昌貴, 「天星觀"卜筮祭禱"簡釋文輯校」, p.287.

108) 劉文典은 일찍이 高誘注의 잘못을 이미 판별했다. 劉文典撰, 『淮南鴻烈集解』, 北京 : 中華書局2013, p.230.

었다. 이에 대해 應劭注에서는 "陽侯는 예전 諸侯이며, 죄를 지어 강에 투신하고 신이 되어 파도를 일으키게 되었다(陽侯, 古之諸侯也, 有罪自投江, 其神爲大波)"[109] 하여, 漢代人들은 南方에 "陽侯"이라는 水神이 존재하고 "큰 파도(大波)"를 일으킬 수 있는 능력이 있다고 여긴 것 같다. 그래서 簡文 중의 "大波"는 아마 陽侯와 유사한 파도의 神일 것이다. 그 밖에 簡文에는 "大波"에게 제사를 지낼 때 제물을 바친 정황, 즉 암컷양을 수장시킨 정황도 언급했다.

⑸ 大神

> 一占曰：右鼻, 尊俎之秩秩, 鐘鼓具在, 君子大喜, 亓祟五祀·大神, 祭鬼兇. 五祀者, 門·戶·壁·炊者, 櫺下. 大神者, 河·湘·江·漢也.(北大秦簡·禹九策簡21)[110]

앞서 "河·湘·江·漢"條에 보인다.

⑹ 水上

> 思攻解於水上與溺人(包山簡246)[111]
> 七月廿日癸酉, 令巫下脯酒, 爲皇母序寧下禱. 皇男·皇婦共爲禱水上……(港中大簡·序寧禱券簡232)[112]

---

109) [漢]揚雄著, 『揚雄集校注』, 上海：上海古籍出版社, 1993, pp.165~166.

110) 李零, 「北大藏秦簡〈禹九策〉」, p.47.

111) 陳偉等著, 『楚地出土戰國簡冊十四種』, p.96.

112) 陳松長主編, 『香港中文大學文物館藏簡牘』, 香港：香港中文大學文物館, 2001, p.106; 楊華, 「〈序寧禱券〉集釋」, 丁四新主編, 『楚地簡帛思想研究(三)』, 武漢：湖北教育出版社, 2007, p.595.

水上(江蘇邗江胡場五號漢墓·神靈名位牘)[113)]

【皇男·皇婦】爲序寧所禱水上……(港中大簡·序寧禱劵簡233)[114)]

"水上"은 "水上"에서 죽은 자를 가리키는데, "水上"과 "溺人"의 차이점은 "水上"은 물 위(혹은 물가)에서 죽은 자, "溺人"은 물속에 빠져 죽은 자를 가리킨다는 데 있다. 『史記』項羽本紀에는 楚漢戰爭 당시 "大司馬咎·長史翳·塞王欣이 汜水上에서 자결하였다(大司馬咎·長史翳·塞王欣皆自剄汜水上)"[115)]라고 실려 있다. "水上"은 아마도 水上(물위 혹은 물가)에서 자결한 귀신류이다. 簡文 중에는 "水上"에 대응하는 수단으로 "攻解"와 "禱"가 있다고 언급했다. 晏昌貴의 연구에 근거하면, "攻解"의 "攻"은「大祝」"六祈"중의 "攻"으로, "언사로써 질책하여 물리치는 것(以辭責讓)"을 의미하며, "攻解"는 즉 "攻"法으로 화근이 되는 것을 제거한다는 의미이다.[116)]

(7) 溺人

思攻解於水上與溺人(包山簡246)[117)]

西北首伏, 名曰有爲不成, 有求不得, 溺人爲祟.(馬王堆帛書五·木人占39)[118)]

"溺人"은 물에 빠져 죽은 사람을 가리킨다. 『禮記』檀弓上에는 "死而不吊者

---

113) 王勤金·吳煒等,「江蘇邗江胡場五號漢墓」, p.17.

114) 陳松長主編,『香港中文大學文物館藏簡牘』, p.106. 楊華,「〈序寧禱劵〉集釋」, p.596.

115) 『史記』卷七「項羽本紀」, p.330.

116) 晏昌貴,『巫鬼與淫祀 : 楚簡所見方術宗教考』, 武漢 : 武漢大學出版社, 2010, pp.101~114.

117) 陳偉等著,『楚地出土戰國簡冊十四種』, p.96.

118) 裘錫圭主編 ,『長沙馬王堆漢墓簡帛集成(五)』, 北京 : 中華書局, 2014, p.165.

三 : 畏·厭·溺"이라고 하고, 鄭玄注·孔穎達疏에서는 모두 "교량을 건너거나 배를 타지 못하고 물에 빠져 죽은 자(不乘橋舡而入水死者)"를 "溺"으로 해석하여[119] 익사한 자를 가리키는 것이 분명하다. 簡文 가운데 "溺人"에 대해 행하는 巫術은 "水上"과 마찬가지로 모두 "攻解"라고 한다. "溺人"도 數術占卜類의 文獻에 출현하며, 馬王堆帛書「木人占」에서 점을 쳐야 하는 화근이 되는 대상 중에 "溺人"이 있다.[120]

⑻ 江君

江君(江蘇邗江胡場五號漢墓·神靈名位牘)[121]

"江君"이 어느 강의 神인지는 아직 알 수 없다. 神名으로서의 "江君"은 『太平御覽』에 보인다. 『太平御覽』鬼神部는 『風俗通』에 실린 "李冰治江君"사례를 인용하여 西門豹가 鄴을 다스린 고사와 비슷하다. 해당 내용 중 李冰은 江神을 "江君"이라 칭하는데, 이 "江君"은 응당 岷江의 신을 의미한다. "江君"은 唐詩에도 보여 李賀의 「蘭香神女廟」詩에서 "비를 보면 瑤姬를 만나고 배를 타면 江君을 만나네(看雨逢瑤姬, 乘船值江君)"라고 하였다. 王琦匯은 이에 대해 "江君은 즉 湘君으로 湘江의 神으로 여겨졌기 때문에, 江君이라 달리 불렀던 것이다"[122]라고 하여, "江君"은 湘江의 神을 가리킬 수도 있다. 그래서 상기 簡牘의 "江君"이 어떠한 지역의 水神인지 아직 알 수 없다.

119) [淸]阮元校刻, 『十三經注疏』, p.1279 上欄.

120) 裘錫圭主編 , 『長沙馬王堆漢墓簡帛集成(五)』, p.165.

121) 王勤金·吳煒等, 「江蘇邗江胡場五號漢墓」, p.17.

122) [唐]李賀著, 『李賀詩全集』, 珠海 : 珠海出版社, 2002, pp.321~322: "江君, 即湘君也, 以其爲湘江之神, 故變稱江君."

(9) 司湍

恐溺, 乃執幣以祝曰 : "有上茫茫, 有下湯湯, 司湍滂滂, 侯茲某也發揚."乃舍幣.(清華簡三·祝辭簡1)[123)]

여러 司神은 戰國시기 卜筮祭禱楚簡 가운데 "司命"·"司禍"·"司録"等의 神靈으로 많이 보인다.[124)] "司湍"은 이러한 부류의 神靈과 유사하지만 급한 물살의 河流를 관장하였기 때문에, 당시 사람들이 물에 빠질 것을 두려워하여 이를 대상으로 기도(祝禱)를 하였다.

(10) 玄冥

帝爲五祀, 玄冥率水以食於行……(清華簡八·八氣五味五祀五行之屬簡5)[125)]

水神인 玄冥은 傳世文獻에 보이며, 五行의 원리에 비추어보아 北方을 주관하는 水神이다. 『越絕書』計倪內經에서 말하길, "玄冥은 北方을 다스리고, 白辨은 이를 보좌하며 水를 주관하도록 한다"[126)]고 하고, 『淮南子』天文訓에서는 "北方은 水를 가리키니 여기의 帝는 顓頊이고 그 보좌는 玄冥으로, 권세를 쥐고 겨울을 다스린다"라고 하였다.[127)] 『史記』鄭世家에는 玄冥이 後代에 臺駘로 되어 汾·洮의 水

123) 李學勤主編, 『清華大學藏戰國楚簡(三)』, 上海 : 中西書局, 2012, p.164.

124) 이런 류의 神靈에 관한 정보는 晏昌貴, 『巫鬼與淫祀 : 楚簡所見方術宗教考』, p.291을 참고할 수 있다.

125) 李學勤主編, 『清華大學藏戰國楚簡(八)』, 上海 : 中西書局, 2018, p.158.

126) 李步嘉校釋, 『越絕書校釋』, 北京 : 中華書局, 2013, p.110: "玄冥治北方, 白辨佐之, 使主水."

神을 관장한 것이라고 좀 더 언급하였다. 汾·洮의 물은 모두 北方에 있는데, 玄冥이 주관하고 北方의 水域이다. 그러나 『楚辭』 가운데 「遠遊」·「大招」 등 여러 篇에도 玄冥을 언급할 뿐만 아니라 清華簡 등 戰國시기 중후기의 楚簡에도 보여, 玄冥이 水神으로서 南方 楚地 민중의 신앙을 받았음을 알 수 있다.

(11) 水亡傷

> 人恒亡赤子, 是水亡傷取之, 乃爲灰室而牢之, 懸以茝, 則得矣 ; 刊之以茝, 則死矣 ; 烹而食之, 不害矣.(睡虎地秦簡日書甲·詰簡65背二/106反二, 66背二/101反二)[128)]

水亡傷은 水罔象이다. 罔象은 『國語』·『莊子』 등의 문헌에 보인다. 陸德明의 『經典釋文』에서는 다음과 같이 말했다. "罔象은 글자에 따른 통상적 발음(如字)인데, 司馬彪는 '無傷'이라고 하며 그 모습은 어린아이와 같고 검붉은색을 띠고 있으며 붉은 손톱에 큰귀와 긴 팔을 가지고 있다고 지적했다. 일설에는 水神의 명칭이라고 한다"[129)] 이처럼 "水罔象"은 "水無傷"으로, 어린아이의 모습을 한 물의 요괴인 것이다.

---

127) 劉文典撰, 『淮南鴻烈集解』, p.106: "北方, 水也, 其帝顓頊, 其佐玄冥, 執權而治冬."

128) 彭浩·劉樂賢等撰, 『秦簡牘合集·釋文注釋修訂本(一·二)』, 武漢 : 武漢大學出版社, 2016, p.417.

129) [唐]陸德明撰, 『經典釋文』, 上海 : 上海古籍出版社, 2012, p.583 上欄: "罔象, 如字, 司馬本作'無傷', 云 : 狀如小兒, 赤黑色, 赤爪·大耳·長臂. 一云: 水神名."

4. 차후 검토가 필요한 부류

與禱沭(氵+禾)柰戠豢·酒食(天星觀簡)[130]

沭柰은 어떤 신인지 아직 알 수 없지만, 앞의 글자가 水와 禾로 구성된 것으로 보아, 水와 관련된 것으로 보이므로, 沭柰는 水神일 것이다. 簡文에서는 이 神에게 제사하는 물품으로 戠豢과 酒食을 언급했는데, 여기서 "戠豢"은 "特豕"로 돼지머리를 가리킨다. 出土簡牘에 보이는 水神은 매우 많지만 簡文내용에 근거해 이러한 水神들을 禜祭의 대상으로 볼 수 있는지 여부는 좀 더 검토가 필요하다.

첫째, 禜祭와 관련없는 水神. 일반적으로 禜祭가 겨냥하는 水神은 모두 비교적 큰 하천의 神으로, 소규모 水域이나 인위적으로 만든 水域에서는 禜祭를 지내지 않고 "六祈"중의 "攻"과 "說"을 지낸다. 예컨대 周家臺秦簡「病方」에서 언급된 "曲池"를 들 수 있다. 이와 유사하게 邗江胡場神靈名位牘에 언급된 "宮中□池"도 禜祭의 대상으로 볼 수 있는지 알 수 없다. 작은 못의 水神과 마찬가지로, 簡牘에 보이는 비교적 낮은 급의 水神인 "水上"·"溺人"·"水亡傷" 등도 禜祭의 대상에 속하지 않는다. 그중에서 "水上"과 "溺人"에게 祭禱를 하는데 사용하는 것은 "六祈"중의 "攻"으로 簡文에서는 "攻解"라고 칭한다. "水亡傷"의 소란에 대응할 때는 심지어 어떤 祭禱의 방법으로 神靈에게 도움을 청할 필요도 없이, 스스로 설정한 방법으로 해결하기도 했다. 결국 禜祭은 낮은 급의 水神을 대상으로 하지 않으며, 낮은 급의 水神은 "攻"과 "說" 등 무속적인 수단을 많이 썼다.

그 밖에 禜祭를 지내는 목적이 疾病과 災害를 물리치는 데 있으므로, 簡牘 가운데 다른 목적에서 祭禱를 받는 水神도 禜祭의 대상이 되지 않는다. 예를 들어 清華簡「祝辭」에서 언급한 神靈인 "司湍"의 경우, 祝辭의 내용에 근거해 볼 때 이

130) 晏昌貴, 「天星觀"卜筮祭禱"簡釋文輯校」, p.283.

神에게 祭禱하는 원인이 "익사에 대한 공포"에 있다. 즉 이 부류는 예상치 못한 사건에 대한 걱정·두려움때문에 복을 비고 祭禱를 지내므로, 禜祭에 해당하지 않는다.

마지막으로 일부 簡文에서는 河流의 名稱을 언급하고 北大秦簡「禹九策」에서는 河流의 名稱으로 水神을 일컫는 상황이 존재했음을 증명했지만, 簡文의 내용이 祭禱와 무관하므로, 이런 부류의 水系이나 水神도 禜祭의 검토대상에 넣기 곤란하다. 앞서 열거한 "江·漢·雎·漳"관련 簡文도 이러한 부류에 속한다.

둘째, 禜祭대상으로서의 水神. 祭祀의 목적 측면에서 말하자면 簡牘文獻 중에 보이는 禜祭는 질병을 물리치는 유형과 水災·旱災를 물리치는 유형, 두 유형으로 나눌 수 있으므로 아래는 이를 중심으로 논의를 진행한다.

먼저 질병을 물리치는 데 이용되는 禜祭를 보자. 簡牘 가운데 卜筮祭禱簡에는 질병으로 인해 占卜·祭禱를 한 사례가 많이 보인다. 질병으로 인해 水神에게 祭禱하는 제사활동은 禜祭의 특징에 부합한다. 包山楚簡·望山楚簡·葛陵楚簡·天星觀楚簡에는 모두 水神에게 卜問·祭祀하는 내용이 언급되어 있다. 그중 葛陵楚簡에서 平夜君이 病으로 인해 "大川有汸"에게 스스로 祭禱했다는 기록도 水神에게 禜祭를 한 정황을 반영한다. "大水"·"大波"·"沶紊" 등 水神과 관련된 내용은 병세를 점치는 卜筮簡에 많은데, 그중 짐승공양 및 玉을 바쳐 水神에게 제사하는 내용은 미리 정한 방안일 뿐, 엄밀히 말해 실행한 내용을 나타내지는 않으므로, 병으로 인해 水神에게 禜祭했다는 예증은 되지 않는다. 그러나 邴尚白이 말한 데로, 卜筮簡에 기록된 내용이 비록 미리 작성한 방안에 불과할지라도, 여기서 언급된 祭祀는 貞問후에 분명 실시되었을 것이다. 왜냐하면 卜問者의 입장에서 봤을 때, 빠른 쾌유를 위해서라면 貞人이 언급한 방안을 오랫동안 끌거나 집행하지 않을 이유가 없기 때문이다.[131] 즉 水神과 관련된 占卜내용은 곧이어 실제 집행행위로

131) 邴尚白,『楚國卜筮祭禱簡研究』, 新北 : 花木蘭文化出版社, 2012, p.62.

이어지고, 이는 질병으로 인해 水神에게 祭禱하는 실질적인 상황을 반영하고 있다. 본고는 여기에 근거해 "大水"·"大波"·"洓尜" 등 水神에게 제사 지내는 내용은 水神에게 禜祭를 지내는 사례로 삼을 수 있으며, 일종의 "因祭"로서 "질병으로 인해 기도를 하는(因疾而禱)" 것과 유사하다고 본다.

다음으로 水災·旱災를 물리치는 데 이용되는 禜祭를 보자. 앞서 언급했듯이 旱災를 물리치기 위해 거행된 禜祭는 傳世文獻에 자주 보인다. 出土簡牘 중에는 旱災를 물리치기 위해 禜祭를 지내는 水神으로 "山川"과 "高山深溪가 등장하고 있다. 이들은 각각 上博簡「魯邦大旱」과 「柬大王泊旱」에서 나왔다.

上博簡「魯邦大旱」에서는 魯國이 大旱災를 맞닥뜨리자 孔子가 哀公에게 응당 "刑과 德을 바로해야 함(正刑與德)"을 건의한 동시에 民意를 고루 돌보며 "珪璧幣帛을 아까지 말고 山川에게 올려야 한다(毋愛珪璧幣帛於山川)"고 기술했다. 이후 孔子는 이 일을 子貢에게 알렸는데, 子貢은 "正刑與德"을 인정하면서도 珪璧幣帛으로 山川에게 禜祭를 지내야 한다는 주장에는 지지하지 않았다. 簡文에 등장하는 "禜"字에 대해 整理者가 원래 "名"으로 釋讀했지만, 이후 陳劍·劉樂賢 등의 학자들은 "禜"으로 읽어야 한다고 주장했는데, 이는 매우 정확하다.[132] 「魯邦大旱」 중 孔子가 "珪璧幣帛"으로 山川에게 제사를 지내야 한다고 주장한 것은 당시 禜祭을 반영한다고 봐야 한다.

上博簡의 다른 한편인「柬大王泊旱」은 楚國에서 大旱災를 만나 楚簡王(즉 柬大王)이 旱災를 물리치는 제사(祓)를 지낸 史事이 기술되어 있다.[133] "泊旱"이 구체적

---

132) 俞紹宏·張青松編著, 『上海博物館藏戰國楚簡集釋第二冊』, p.101.

133) 「柬大王泊旱」이란 제목에 관해서는 두 가지 견해가 있다. 하나는 질병을 쫓아내는 것으로 보는 관점으로 原整理者·張繼淩 등이 이 설을 지지한다. 다른 하나는 旱災를 쫓아내는 것으로 보는 관범으로 孟蓬生·周鳳五·王准 등의 학자가 있다. 文意에 근거해봤을 때, 旱災를 제거하는 것이 줄곧 문건의 중심내용이다. 즉 楚簡王이 占卜을 치는데 임하여 마지막 기도에 이르기까지 모두 旱災를 해결하기 위한 것으로 두 번째 설이 좀 더 합리적이다. 관련 논쟁과 관점은 俞紹宏·張青松編著, 『上海博物館藏戰國

으로 어떤 종류의 禮俗을 지칭하는지에 관하여, 이전에 일부 학자들은 祭酺의 禮 혹은 雩祭로 보았지만,[134] 季旭昇은 이 兩者를 각각 반박했다. 季先生이 지적하길, 祭酺의 禮와 旱災가 서로 관련이 없으며, 雩祭는 舞蹈형식의 기우제사로서 「柬大王泊旱」에는 舞蹈와 관련된 내용이 없기 때문에 雩祭說은 맞지 않다고 하였다.[135]

또 어떤 학자들은 "泊旱"을 "祓旱"으로 읽어야 하며 惡을 물리치는 제사를 뜻한다고 주장했는데, 비록 文意상 통할 수 있을지라도 "泊旱"이 구체적으로 어떤 종류의 祭禮를 지칭하는지는 알 수 없다. 본고는 楚簡王의 "泊旱"古事를 禜祭로 이해해야 한다고 본다. 이 고사는湯이 기우를 지낸 사례와 유사하게[136] 군주 스스로가 고생을 감수하며 山川에게 비를 내려 줄 것을 祭禱하였다. 이 湯의 사례에 대해 秦蕙田은 禜祭에 속한다고 보았다.[137] 기우관련 제사로 雩祭 이외에는 유일하게 禜祭가 大宗을 위한 것이며, 旱災로 인해 山川에게 제사를 지내는 모습이 禜祭에 많이 보여, 「柬大王泊旱」의 史實도 禜祭로 이해하는 것이 비교적 적합하다.

簡牘에서는 여전히 몇몇 水神이 있는데, 관련 정보가 매우 적어 禜祭의 대상으로 볼 수 있는지 확정할 수 없으며 좀 더 고찰을 해야 한다. 예를 들어 수많은 數術類 文獻에는 水神이 재앙의 빌미로 되는지를 占卜하는 내용이 있으며, 여기서 언급된 水神으로, 孔家坡「日書」 중의 "水" 및 北大秦簡「禹九策」 중의 "大神(즉

楚簡集釋第四冊』, pp.111~113 참조.

134) 祭酺의 禮로 보는 쪽은 孟蓬生이 있고, 雩祭로 보는 쪽은 董珊과 宋華强이 있다. 孟蓬生, 「上博竹書(四)閒詁」, 簡帛研究網 2005年2月15日. 俞紹宏·張青松編著, 『上海博物館藏戰國楚簡集釋第四冊』, p.112를 인용함. 董珊, 「讀〈柬上博藏戰國楚竹書四〉」『簡帛文獻考釋論叢』, 上海 : 上海古籍出版社, 2014, pp.67~68. 宋華强, 「上博竹書(七)札記二則」『中國國家博物館館刊』 2011年第12期.

135) 季旭昇,「〈柬大王泊旱〉解題」, 簡帛網2007年2月3日(http://www.bsm.org.cn/show_article.php?id=515).

136) 湯임금이 求雨를 비는 사례는 『墨子』兼愛下, 『呂氏春秋』順民, 『淮南子』主術訓, 『淮南子』修務訓, 『荀子』大略, 『論衡』君道 등의 문헌에 보임.

137) [清]秦蕙田撰, 『五禮通考』, p.2001.

河·湘·江·漢)"도 있다. 占卜을 쳐야 하는 화근의 원천(占卜祟源)은 禜祭의 중요한 부분이지만(다음절에서 詳述), 단지 이것만으로 화근이 되는 귀신에게 禜祭를 지낸다고 단정할 수는 없다. 예를 들어 馬王堆帛書「木人占」에는 "溺人"을 재앙의 빌미로 삼아 점을 치는 내용이 있지만, 包山簡에 근거하면 "溺人"을 겨냥해 진행한 祭禱는 禜祭가 아닌 "攻解"였다. 그밖에 邗江胡場神靈名位牘에서 언급한 몇몇 水神, 예컨대 "江君"·"淮河"는 비록 禜祭의 대상으로 될 수 있지만, 簡牘文字의 내용이 상당히 간략하여 당분간 쉽게 결론을 내릴 수 없다.

四. 禜祭河川의 儀式

禜祭의 祭祀 의례절차(儀節)와 과정은 經史에 보존되어 있지만 지리멸렬하다. 그러나 출토문헌의 발견은 기존 사료의 공백을 보충하고 經史의 내용을 바로 잡을 수 있는 중요한 자료를 제공해 주었다. 아래 글은 經史의 기재 및 신출토 簡牘자료를 결합하여 禜祭의 儀節과 과정을 복원해보도록 하겠다.

관련 사료에 근거하면 禜祭대상에 따라 禜祭儀式도 차이가 있다. 예를 들어 社稷의 神에게 禜祭를 지내는 儀式은 "朱絲로 社를 縈하는 것(以朱絲縈社)"이다. 門에 禜祭를 지내는 禮에 관해서는 『鬯人』에서 "用瓢齎"라고 하여 禜祭儀式 중 아마 獻酒절차와 관련있는 것으로 보이며, 唐代「開元禮」의 "久雨禜祭國門" 및 "諸州禜城門"의 禮도 獻酒를 핵심으로 한다.[138] 山川에게 禜祭를 지내는 禮의 儀式도 앞서 兩者(社稷의 神에게 禜祭, 門에 禜祭)와 다르다. 여기서는 주로 河川에게 禜祭를 지내는 禮를 고찰할 것인데, 이 과정은 제사 전(祭前)·제사 중(祭中)·제사 후(祭後), 세 단계로 나눌 수 있다.

---

138) 각각 [唐]杜佑撰,『通典』, 北京 : 中華書局, 1988, pp.3061~3062, pp.3066~3067에 보임.

제1단계, 제사전(祭前)

먼저 점을 쳐서 재앙의 빌미가 되는 근원을 찾아내야 한다. 禜祭의 상당수는 재앙 후에 행해져서 어떠한 귀신이 빌미가 되는지를 점을 쳐야 한다. 『左傳』에 근거하면 占卜의 결과가 폭넓어서 구체적으로 어떤 神靈인지 확정하기 어렵다.

예를 들어 『左傳』昭公元年에는 晉候가 병에 걸리자, 叔向이 子産에게 "卜人은 實沈과 臺駘가 빌미로 되었다고 하는데, 史도 이들이 누군지 알지 못하니 이것이 어떠한 神인지 감히 여쭙겠습니다"라고 말한 기사가 실려있다.[139] 이는 이들 신의 내력·출처에 대해 검증이 더 필요하다는 점을 보여준다. 그래서 占卜의 일반적인 과정은 먼저 神名을 점치고 그 후에 출처를 찾는 것으로, 上博簡「柬大王泊旱」도 이러한 순서로 되어 있다.

占卜방법으로 周代에는 龜筮를 많이 이용했다.[140] 상술한 「左傳」의 사례 중 占卜者는 "卜人"으로서 『周禮』春官에도 보이며 大卜·卜師를 도와 점을 치는 屬官이었다. 上博簡「柬大王泊旱」에는 楚國에서 占卜을 관장하는 官名을 "龜尹"이라고 언급했는데, 학자들은 이 官이 아마 『周禮』중의 "龜人"이라는 職과 유사하며 龜占업무를 관장했을 것이라고 본다.[141] 戰國秦漢이래로는 日書가 흥성했다. 前述한 簡牘 중 수많은 日書류 文獻에 水神을 占卜한 사례가 있어, 적어도 秦漢시기 水神禜祭를 거행할 때 日書가 중요한 선택근거로 되었고, 재앙의 빌미가 되는 귀신의 이름도 여기서 나왔음을 보여준다.

北大秦簡「禹九策」은 神名에 대해 "大神者, 河·湘·江·漢也"라고 注解를 달았다. 이는 "大神"이 재앙의 빌미(祟)로 되는 것을 세밀화한 것으로 앞서 언급한 『左傳』기사의 상황, 즉 占卜을 쳐서 神名이 나와도 神靈의 자세한 출처를 모르

---

139) [清]阮元校刻, 『十三經注疏』, p.2023 中欄: "卜人曰, 實沈·臺駘爲祟, 史莫之知, 敢問此何神也?"

140) 容肇祖, 『占卜的源流』, 北京 : 海豚出版社, 2010, p.9.

141) 俞紹宏·張青松編著, 『上海博物館藏戰國楚簡集釋第四冊』, pp.113~114.

는 번거로운 상황을 피하였다.그런 후에는 壇을 설치하였다. 禜祭는 마땅히 壇이 있어야 한다.[142] 禜祭는 재앙으로 인해 행해지는 경우가 많아 壇도 다소 빈약하고 자의적이므로 "封土爲壇"으로 세워진 壇과 다르다. 禜祭의 경우 어떻게 壇을 세웠는지에 관해 禮家들 사이에 쟁론이 많으며 대체로 세 가지 견해로 정리할 수 있다.

(1) 면체(緜蕝)를 설치해 壇으로 삼았다는 견해. 許愼의 『說文解字』에서는 禜을 "면체(緜蕝)를 營으로 삼고, 日·月·星辰·山川에게 빌어 風·雨·雪·霜·水·旱·癘疫을 물리치고자 했다"고 해석했다. 段玉裁注에서는 韋昭의 설을 인용해 "引繩은 緜으로 하고, 立表는 蕝로 하였다"고 지적하고, 또한 "蕝은 蕝이다 …… 둥글게 둘러싸서(環帀) 營으로 삼았다"고 했다.[143] 『說文』에서는 "蕝"에 관해 "茅를 묶은 후 이를 세웠다(束茅而立之)"라고 해석했으며, 이러한 許愼의 의견에 근

---

142) 壇을 설치하는 일이외에도, 山川에 사당을 세워 제사(立祠祭祀)하는 일도 있다. 『史記』趙世家에는 "晉에서 큰 가뭄이 들자 이를 점쳐보니, '霍太山이 빌미가 되었다'고 결과가 나왔다. 趙夙으로 하여금 霍君을 불러들이고 다시 지위를 회복시켜 霍太山의 제사(祀)를 받들도록 했다(晉大旱, 卜之, 曰 : '霍太山爲祟.'使趙夙召霍君於齊, 復之, 以奉霍太山之祀)"라는 기록이 있다. 이는 旱災로 인해 비를 구하는 일로 禜祭에 가깝지만 壇을 세우는 것이 아닌 立祠한 것이다. 朱熹는 일찍이 말하길, : "옛사람들이 山川에 제사를 지내는 것은 壇位를 설치하여 제사할 뿐으로 제사할 때만 있지 제사 후에는 없앴기 때문에 더럽혀지지 않았다. 후세에는 廟貌를 먼저 세워서 이로인해 인심을 미혹하게 하고 요행히 분에 넘치는 희망을 바라게 되니 못할 것이 없게 되어버렸다(古人祭山川, 只是設壇位以祭之, 祭時便有, 祭了便無, 故不至褻瀆. 後世卻先立個廟貌, 如此, 所以反致惑亂人心, 僥求非望, 無所不至)". 朱子가 말한 것에 근거하면, 立祠하여 山川에게 제사를 지내는 제도가 점차 壇을 세우는 제도를 대체했음을 알 수 있다. 본고는 禜祭의 중요한 특징이 壇을 세우는데 있다고 보기 때문에, 立祠하여 旱災를 물리친 사례를 禜祭로 고찰하지는 않았다(『史記』卷四十三「趙世家」, p.1781. 朱熹의 설은 [清]秦蕙田撰, 『五禮通考』, p.1983).

143) [清]段玉裁注, 『說文解字注』, p.10 下欄.

거하면 禜祭로 壇을 세우는 방법은 다음과 같다. 즉 茅草를 묶어 각각의 풀단을 만든 후 둥근 고리모양으로 배치해 둠으로써 제사 자리를 상징하도록 한 것이다.孫詒讓도 이 설을 받아들였다.[144] 叔孫通은 漢高祖가 朝禮에 익숙해지도록 하기 위해 역시 이러한 방식으로 훈련했다고 한다.[145]

(2) **草木을 모아 壇으로 삼았다는 견해.** 『左傳』昭公元年에서 杜預注에서 禜祭를 "營으로 삼기 위해 모으고 幣物을 사용함으로써, 福祥을 기도해야 한다(爲營攢, 用幣, 以祈福祥)"고 해석한 후, 孔穎達疏에서도 賈逵의 說을 인용하여 다음과 같이 제도를 상세하게 기술하였다. "日·月·山川의 神에 관한 제사는 일정한 장소가 있지 않기 때문에 임시로 특정 지역을 營으로 삼고, 어떤 것을 모아 表로 세우고 幣物을 사용해서 福祥을 기도하는 것이다. 攢은 모은다는 뜻으로, 草木을 모아 제사장소로 삼았을 뿐이다."[146] 孔穎達은 禜壇의 방법으로 특정 영역을 빙 둘러싸고 草木을 모아 祭祀장소로 삼았다고 본 것이다. 그 외 어떻게 草木을 모았는지, 앞서 언급한 緜蕝와 서로 같은지 좀 더 고증이 필요하다.

(3) **營地를 壇으로 삼았다는 견해.** 『周禮』春官·鬯人의 鄭玄注에서 "禜, 謂營欑所祭"[147]라하고 했으며, 여기서 "欑"은 "聚"를 뜻한다. 鄭玄注의 대략적인 의미는 禜祭의 경우 空地를 빙 둘러싸고 모아야 진행할 수 있다는 것으로, 세부적인 절차는 알 수 없다. 마치 墠과 비슷해 보이는데, 특정 땅을 평평하게 고른 후 그 위에 흙을 약간 덮으면 禜壇이 되는 것이다. 淸代 黃以周는 이러한 설을 계승해

144) [淸]孫詒讓撰, 『周禮正義』, pp.1499~1500.

145) 『史記』卷九九「劉敬叔孫通列傳」, p.2723.

146) [淸]阮元校刻, 『十三經注疏』, p.2024 上欄: "日月山川之神, 其祭非有常處, 故臨時營其地, 立攢表, 用幣告之以祈福祥也. 欑, 聚也, 聚草木爲祭處耳."

147) [淸]阮元校刻, 『十三經注疏』, p.771 上欄.

禜祭를 두고 "營은 그 땅을 壇으로 삼았다"고 보았다.[148] 禜祭의 壇과 관련하여 上博簡「柬大王泊旱」에서는 太宰가 楚簡王에게 "郢의 교외 일부 里를 개발하자고" 건의하였다.[149] 그러나 구체적으로 어떻게 개발한 것인지는 알 수 없다. 결국 이상 각 家들의 의견을 통해 보았을 때, 禜祭의 壇이 가진 특징은 임시성과 簡易性에 있으며, 무릇 草木이 있는 곳이면 어디든 그 땅을 고르게 하여 壇을 세울 수 있다.

그 밖에 禜祭를 할 때 壇을 설치하는 위치에 관해서 두 가지 종류가 있다. 첫 번째 종류는 郊外에 설치된 것으로, 『左傳』哀公六年에는 昭王이 병을 앓자 楚國大夫인 遂가 "무릇 교외에서 제사를 지내길 청했다(請祭諸郊)".[150] 上博簡「柬大王泊旱」중 楚簡王이 祭祀하던 지역도 "四郊"에 위치하고 있다. 두 번째 종류는 就祭·就禱를 지내기 편리하도록 山川이 소재한 곳에 설치하는 것이다. 『左傳』昭公十六年에는 鄭國에서 大旱災가 발생하자, 鄭君이 鄭大夫인 屠擊·祝款·豎柎, 三人을 파견하여 "有事於桑山", 즉 桑山으로 가서 禜祭를 행하도록 했다.[151] 簡牘 중 卜筮祭禱簡을 보면, 河川에게 禜祭를 지낼 때 "沉"法을 많이 쓰고 있어 분명 現場에서 희생물과 玉을 수장시켰을 것(沉牲沉玉)이다. 다음 논의할 山川禜祭의 대부분은 이처럼 현장에서 就祭·就禱하는 것을 가리킨다.

제2단계, 제사중(祭中)

현재 알고 있는 簡牘(혹은 簡版)자료에 근거하면, 祭祀과정은 다시 세 단계로 나눌 수 있다.

(1) **陳貢.** 葛陵楚簡에 실려 있는 平夜君의 自禱기록은 戰國時期 질병으로 인해

---

148) [清]黃以周撰, 『禮書通故』第十四, p.696: "營其地以爲壇"

149) 俞紹宏·張青松編著, 『上海博物館藏戰國楚簡集釋第四冊』, p.107: "修郢郊方若干里"

150) [清]阮元校刻, 『十三經注疏』, p.2162 上欄.

151) [清]阮元校刻, 『十三經注疏』, p.2080 上欄.

거행된 禜祭의 儀節을 잘 보여준다. 包山·望山 및 天星觀墓 중의 卜筮祭禱과정과 마찬가지로 平夜君의 禱告儀式에는 항상 酒食이 있었다. 그리고 "大川有汸"에게 禱告하기 전 簡文에는 "食"字가 殘存했으며, 葛陵楚簡 卜筮祭禱簡의 여타 내용을 고찰했을 때 여기서는 응당 "酒食"일 것이다. 이는 禱告하기 전 酒食을 안치해 바치는 절차가 있었음을 보여주며, 해당 竹簡의 前文이 파손되었기 때문에 여타 공물이 있을 가능성도 배제할 수 없다. 결국 禜祭가 정식으로 시작된 이후 "陳貢"의 절차가 있었던 것이다.

(2) **告神과 祭禱.** 葛陵楚簡에는 楚人이 이 절차를 告神과 祭禱 두 부분으로 나누었음을 보여준다.

> ……既皆告且禱巳……(葛陵簡甲三138)[152)]
> ……之日皆告且禱之……(葛陵簡零452)[153)]

앞서 언급한 簡文 중 平夜君가 "大川有汸에게 昭告(昭告大川有汸)"한 辭令은 告神의 言辭에 속하며, 그 뒷부분은 파손되었기 때문에 告神후의 祭禱가 구체적으로 어떻게 진행되었는지, 뒤이은 祭禱에도 祝辭가 있었는지 단정할 수 없다. 傳世文獻을 통해 보았을 때, 古人의 祭祀에는 종종 "告"와 "禱"를 하나의 사정으로 본다. 湯임금이 雨를 禱求하는 예로 『墨子』兼愛下에는,

> 湯임금이 말하길, "저 小子인 履(湯임금)가 감히 玄牡를 제물로 써서 上天·后土에게 고하길, 지금 하늘에 큰 가뭄(大旱)이 들어서 짐인 저 履가 마땅히 감내해야 하건만 하늘과 땅에 어떠한

152) 武漢大學簡帛中心·河南省文物考古研究所編著, 『楚地出土戰國簡冊合集·二』, p.35.
153) 武漢大學簡帛中心·河南省文物考古研究所編著, 『楚地出土戰國簡冊合集·二』, p.35.

> 죄를 지었는지 모르겠습니다. 잘한 것이 있어도 감히 숨기지 않고 죄를 지은 것이 있어도 감히 용서하지 않을 것이니, 오로지 帝의 마음에 달려 있습니다. 萬方의 사람들이 죄가 있다면 마땅히 짐이 감내해야 하지만, 짐에게 죄가 있다면 그 죄가 萬方의 사람들에게 이르지 않게 해주십시오."[154)]

그중에서 "告於上天后曰"이라고 말한 부분은 마땅히 湯임금이 神에게 고한 言辭이다. 그런데 『論衡』感虛에서도 마찬가지로 이 일을 수록하여 말하길,

> 傳書에서 말하길: "湯임금이 7년 旱災를 맞닥뜨려 桑林에게 몸소 기도(禱)하며 6개의 과오(六過)로 스스로 자책하자 하늘에서 그제야 비를 내렸다." 혹자는 말하길, "(旱災는) 5년이며 기도하며 말하길, '남은 저 한사람(湯임금)에게 죄가 있어도 萬夫에게 미치지 말 것이며, 萬夫에게 죄가 있으면, 남은 한 사람인 저에게 죄가 있도록 해주십시오. 한 사람의 불민함 때문에 上帝鬼神으로 하여금 民의 목숨을 해치지 않도록 해주십시오.' 그래서 스스로 머리카락을 자르고, 그 손을 묶고 스스로를 공양으로 삼아 上帝에게 祈福하였더니, 上帝가 심히 기뻐했고 그때 비가 바로 내렸다".[155)]

---

154) [淸]孫詒讓撰, 『墨子閒詁』, pp.122~123:"湯曰 : 惟予小子履, 敢用玄牡, 告於上天后, 曰 : 今天大旱, 即當朕身履, 未知得罪於上下. 有善不敢蔽, 有罪不敢赦, 簡在帝心. 萬方有罪, 即當朕身, 朕身有罪, 無及萬方"

155) 黃暉撰, 『論衡校釋』, 北京 : 中華書局, 1990, pp.245~247: "傳書言:湯遭七年旱, 以身禱於桑林, 自責以六過, 天乃雨. 或言: 五年. 禱辭曰: 餘一人有罪, 無及萬夫; 萬夫有罪, 在餘一人. 無以一人之不敏, 使上帝鬼神傷民之命. 於是剪其發, 麗其手, 自以爲牲, 用祈福於上帝. 上帝甚說, 時雨乃至." 『呂氏春秋』順民에서도 "湯乃以身禱於桑林, 曰……"라고

『墨子』에서는“告”라고 칭하고 『論衡』에서는 “禱”이라고 칭했다. 告神과 祭禱자체는 동일한 사건이고 단지 이 과정에서 두 개의 동작일 뿐, 告辭가 없는 기도(禱)도 禱로 칭할 수 없다.

(3) **沉牲·沉玉.** 卜筮祭禱簡 중에는 가축 등 희생물이나 玉을 수장시킨(沉牲·沉玉) 기록이 많지만, 수장행위와 기도 중 어느 것이 먼저이고 이후인지는 검토가 필요하다. 『左傳』襄公十八年에는 晉侯가 齊를 치고자 “河를 장차 건너려고 할 때 獻子는 朱絲로 玉二穀을 묶어서 기도하며 말하길……”, 그런 후에 “玉을 수장하고 건넜다”라는 구절이 나온다.[156] 이 사례는 하천에 祭를 지내는 것과 마찬가지이며, 비록 禜祭는 아니지만 玉을 수장시키는 절차가 神에게 고하여 제사 기도를 지낸(告神祭禱) 이후임을 보여준다. 이를 감안하면 禜祭 가운데 희생물이나 玉을 수장시키는 절차도 祭禱이후 일 것이다.

禜祭때 희생물을 썼는지 여부는 이전 禮經에서도 논쟁이 있었다. 첫째, 희생물을 사용했다는 견해. 鄭玄이 注한 『周禮』春官·大祝과 『禮記』祭法에서는 禜祭때 희생물(牲)을 사용했다고 보았다. 예컨대「大祝」注에서는 “造祭·類祭·禬祭·禜祭는 모두 희생물이 있고 攻·說은 幣物을 사용할 뿐이다”라고 했다.[157] 『禮記』祭法에서는 禜祭때 사용한 희생물이 “少牢”(즉 양과 돼지)였다고 지적했다.[158] 둘째, 幣物(幣)을 사용하고 희생물을 사용하지 않았다는 견해. 이는 『左傳』이 주요 근거이다. 『春秋』에서는 莊公25년, “일식이 발생하자 북을 치고 社에서 희생물을 이용했다(日有食之, 鼓用牲於社)”고 실려있는데, 『左傳』에서는 이러한 禮를 두고

하여, 『論衡』과 마찬가지로, 湯임금이 말한 것을 祭禱의 言辭로 본다. 許維遹撰, 『呂氏春秋集釋』, 北京 : 中華書局, 2009, p.200.

156) [清]阮元校刻, 『十三經注疏』, p.1965 上欄: “將濟河, 獻子以朱絲系玉二穀而禱曰……沈玉而濟.”

157) [清]阮元校刻, 『十三經注疏』, p.808 下欄: “造類禬禜皆有牲, 攻說用幣而已.”

158) [清]阮元校刻, 『十三經注疏』, p.1588 上欄.

"통상적이지 않은 것(非常)"으로 보았다.[159] 『春秋』에서는 같은 해, "가을에 큰 홍수가 발생하자 북을 치고 社門에서 희생물을 이용했다(秋大水, 鼓用牲於社門)" 고 했으며, 이에 대해 『左傳』에서 "역시 통상적이지 않다. 무릇 天災에는 幣物을 사용하지 희생물을 사용하지 않는다(亦非常也, 凡天災有幣無牲)"[160]라고 하였다. 이러한 『左傳』의 주장을 통해 禜祭때는 마땅히 희생물을 사용하지 않았음을 알 수 있다. 杜預와 孔穎達은 『左傳』에 注疏를 달면서 모두 이 설을 따랐다. 또한 『禮記』祭法의 孔穎達疏에서는 鄭玄의 「箴膏肓」을 인용하며, 鄭玄도 禜祀에서 희생물을 사용하지 않았음을 주장했다고 보았다.[161] 셋째, 가벼운 경우 玉을 사용하고, 심각한 경우 玉과 희생물(牲)을 모두 사용했다는 견해. 이는 賈公彦·孔穎達이 상술한 異見을 억지로 봉합하기 위해 발전시킨 새로운 설로, 재난 현상이 처음 나타나 禜祭를 진행할 때는 희생물을 사용하지 않고, 재난의 사정이 심각해진 후 禜祭를 진행할 때는 희생물을 사용해야 한다는 것이다. 이 설은 근거가 없어 신뢰하기에는 부족하다.

簡牘 가운데 禜祭로 희생물이나 幣物을 사용한다든지, 玉을 사용하는 상황은 모두 있을 수 있다. 희생물·玉을 사용하는 사례는 卜筮祭禱簡에 보이며, 그중 수장시킨 희생물로 돼지·양(少牢)이외 소·말이 있고, 수장시키는 玉으로는 玉環이 있다. 幣物과 玉을 사용한 사례는 上博簡「魯邦大旱」에 보인다. 孔子는 禜祭에 관해 "山川에게 珪璧幣帛바치는 것을 아끼지 말아야 한다(毋愛珪璧幣帛於山川)"고 말했는데, 여기서 "珪璧"이 玉에 해당하고 "幣帛"이 幣物에 해당한다면 山川에게 禜祭를 지낼 때 幣物이 필요했음을 시사한다. 이처럼 출토 簡牘자료는 山川에게 禜祭를 지낼 때 玉을 비롯해 幣物과 희생물도 사용했음을 보여주는 이상, 상술한 첫 번째 설명법을 例證할 뿐만 아니라 관련 禮學들의 논쟁을 일소하는데 참고할

159) [清]阮元校刻, 『十三經注疏』, p.1780 上欄.

160) [清]阮元校刻, 『十三經注疏』, p.1780 中欄.

161) [清]阮元校刻, 『十三經注疏』, p.1588 中欄.

만한 가치가 있다.

3단계. 제사후

春祭후에 秋賽하는 것은 자주 보이는 古代 祭祀이다. 이른바 賽禱는 神靈의 福佑(복을 내리고 보호함)에 감사함을 표하고자 진행하는 祭禱이며 후대의 還願과 유사하다. 보통 질병으로 인해 진행한 祭禱는 병세가 좋아지거나 혹은 병이 완쾌된 후 賽禱를 거행함으로써 神靈의 福佑를 감사한다.

『韓非子』外儲說右下에서 "秦襄王이 病이 들자, 百姓들이 그를 위해 기도를 하였고, 병이 낫자 소를 죽여 塞禱를 진행했다"[162]라고 기록한 것이 그 사례이다. 包山簡에도 "大水"에게 賽禱를 하고자 玉고리를 찬(佩玉一環) 기록이 있고, 天星觀簡에도 "大水"에게 賽禱를 하고자 희생물 하나를 바친 기록이 있어, 상술한 『韓非子』의 내용과 서로 부합한다. 이러한 기록으로 보았을 때 禜祭후의 賽禱에도 희생물과 玉을 사용해야 하는 절차가 있었을 것이다.

五. 結論

禜祭는 『周禮』의 "六祈"에서 비롯되었고, 災變을 맞닥뜨려서 神靈에게 기도하는 일종의 제사활동이다. 禜祭의 "禜"은 營地에서 壇을 설치하는 禮俗에 연원을 두고 있다.

물리쳐야 하는 대상, 즉 祭祀의 원인으로 水旱(水災·旱災)·疾病·戰亂을 포함하고, 제사대상으로는 山川·星辰·社稷·國門을 포함하며 그중 山川을 주로 한다. 거행시간 측면에서 말하자면, 禜祭는 두 종류로 나눌 수 있다. 하나는 정해진 시

162) [清]王先愼撰, 『韓非子集解』, 北京 : 中華書局, 2013, p.364: "秦襄王病, 百姓爲之禱 ; 病癒, 殺牛塞禱"

간(定時)에 하는 禜祭이고, 다른 하나는 정해진 시간에 하지 않는 禜祭이다(不定時 禜祭). 정해진 시간에 하는 禜祭는 봄과 가을, 두 계절에 거행하고 不定時 禜祭는 재앙을 맞닥뜨렸을 때 진행한다. 山川을 중요 제사대상으로 하는 禜祭는 禮經 중의 山川祭禮·求雨雩祭와 헷갈리기 쉽다. 관련문헌을 정리해본 결과, 禜祭는 禮經중의 山川祭禮와 常祭시간, 제사를 하게 된 사유에서 차이가 있으며, 단지 "祈禱에 관한 小祭(祈禱之小祭)"일 뿐이었다.

(1) 禮經 중의 山川祭禮는 望祭와 就祭(文獻에서는 항상 "山川"으로 칭함)두 개 등급으로 나눌 수 있다. 常祭시간 측면에서 禜祭는 春秋 두 계절에 거행되며, 望祭는 郊後(冬至 혹은 啟蟄)에 거행되고, 就祭는 春夏冬 三季에 거행된다. (2) 因祭사유 측면에서 禜祭는 水災·旱災나 疾病으로 인해 거행되는 경우가 많지만, 望祭는 巡狩·行師·受災(受災로 인한 祭望은 旅祭로 거행하므로 禜祭와 다름)로 인해 거행되는 경우가 많고 就祭는 治水·巡狩·朝會·行師로 인해 거행되는 경우가 많다. 禜祭와 雩祭의 차이는 常祭시간과 祭祀대상에서 드러난다. 常祭시간 측면에서 禜祭의 常祭는 春秋 두 계절에 거행되고, 雩祭의 常祭는 周六月에 거행된다. 祭祀대상 측면에서 禜祭는 旱災를 물리지치기 위해 山川에게만 祭祀를 지낸다면, 雩祭는 旱災를 물리치기 위해 五帝·上公의 神 및 山川 등 여러 神靈에게 祭祀를 지낸다.

이미 공개된 출토 간독에 근거하면 20여 종의 水神을 통계할 수 있다. 그중 몇몇 水神은 禜祭와 무관한데, 그 예로 "曲池"·"宮中□池"·"水上"·"溺人"·"水亡傷" 등 낮은 등급의 水神으로, 이들에 대해 진행하는 祭禱儀式은 "六祈" 가운데 "攻"·"說"等 巫術행위가 많다. 또한 "司湍" 및 "江·漢·雎·漳" 등 河流의 名稱은 비록 水神에 속하지만 簡文內容은 禜祭와 무관한 것이 많다. 卜筮祭禱簡과 上博楚簡儒家文獻 중에 출현한 禜祭와 관련된 水神은 "大水"·"大波"·"洓桼"·"大川有汸"·"山川"·"高山深溪" 등이 있다.

卜筮祭禱簡中의 水神으로 "大水"·"大波"·"洓桼"·"大川有汸"가 있으며, 모두 질병을 쫓아내기 위한 禜祭와 관련이 있다. 上博楚簡「魯邦大旱」·「柬大王泊旱」 중

의 水神으로 "山川"·"高山深溪"이 있으며, 旱災를 쫓아내기 위한 禜祭와 관련있다. 그리고 몇몇 水神은 정보가 부족하여 禜祭와 관련있는지 단정할 수 없는데, 그 예로 "大神(즉 河·湘·江·漢)"·"江君"·"淮河"가 있다.

河川에게 제사하는 禜祭는 보통 6개의 단계로 나뉜다. 첫 번째 단계 卜祟(빌미가 되는 것을 점침)으로, 제사를 하기 전 재앙의 빌미가 되는 神의 이름을 점친 후, 제사를 지내기 위해 그 神의 내력·출처를 조사해서 증명한다. 두 번째 단계는 壇을 설치하는 것으로, 郊外혹은 강주변(河邊)에서 그 땅을 고르게 하여 壇을 세웠으며, 壇을 세우는 방법은 간단하고 이행하기 쉬웠다. 세 번째 단계는 陳貢으로, 정식으로 제사를 시작할 때 먼저 水神에게 제사할 酒食을 진열해야 한다. 네 번째 단계는 告神과 祭禱로, 재앙을 받거나 병을 앓는 상황을 사실대로 神靈에게 직접 고하고 알게 함으로써 水神의 힘을 빌려 災禍를 소멸시키고자 했다. 다섯 번째 단계는 희생물·玉등 제사품을 수장하는 것으로, 禱告가 끝난 후, 神靈에게 헌상하기 위해 희생시킨 가축과 玉帛을 물에 넣는다. 여섯 번째는 賽禱로, 禜祭로 바라던 바를 이뤘을 때 賽禱를 진행하여 水神의 福佑를 감사해야 한다.

(번역: 김종희)

참고문헌

史記』, 北京 : 中華書局, 1959.

『漢書』, 北京 : 中華書局, 1965.

[清]阮元校刻, 『十三經注疏』, 北京 : 中華書局, 1980.

[清]黃以周撰, 『禮書通故』, 北京 : 中華書局, 2007.

[清]孫詒讓撰, 『周禮正義』, 北京 : 中華書局, 2013.

[清]段玉裁注, 『說文解字注』, 南京 : 鳳凰出版社, 2015.

[清]秦蕙田撰, 『五禮通考』, 北京 : 中華書局, 2020.

王勤金·吳煒等, 「江蘇邗江胡場五號漢墓」『文物』 1981年第11期.

楊華, 「楚地水神研究」『江漢論壇』 2007年第8期.

李零, 「北大藏秦簡〈禹九策〉」『北京大學學報(哲學社會科學版)』 2017年第5期.

陳松長主編, 『香港中文大學文物館藏簡牘』, 香港 : 香港中文大學文物館, 2001.

湖北省文物考古研究所·隨州市考古隊編著, 『隨州孔家坡漢墓簡牘』, 北京 : 文物出版社, 2006.

陳偉等著, 『楚地出土戰國簡冊十四種』, 北京 : 經濟科學出版社, 2009.

李學勤主編, 『清華大學藏戰國楚簡(三)』, 上海 : 中西書局, 2012.

李學勤主編, 『清華大學藏戰國楚簡(八)』, 上海 : 中西書局, 2018.

武漢大學簡帛中心編著, 『楚地出土戰國簡冊合集·二』, 北京 : 文物出版社, 2013.

武漢大學簡帛中心編著, 『楚地出土戰國簡冊合集·四』, 北京 : 文物出版社, 2019.

裘錫圭主編, 『長沙馬王堆漢墓簡帛集成(五)』, 北京 : 中華書局, 2014.

紹宏·張青松編著, 『上海博物館藏戰國楚簡集釋第二冊』, 北京 : 社會科學文獻出版社, 2019.

紹宏·張青松編著, 『上海博物館藏戰國楚簡集釋第四冊』, 北京 : 社會科學文獻出版社, 2019.

제13장

고대 일본의 인면 묵서토기와 제사

三上喜孝

머리말

한국 경산시에 위치하는 소월리 유적에서는 목간과 함께 3면에 걸쳐 인간의 얼굴과 같은 것을 조형한 人面裝飾甕이 출토되었다. 인면을 조형한 토기는 현재까지 한국에서 유사한 사례가 별로 없기 때문에 실용과 다른 이러한 토기가 발견된 것은 유적의 성격을 생각하는 데에도 시사를 줄 가능성이 있다.

이에 대해 고대 일본에서는 8~9세기의 유적을 중심으로 전국의 유적에서 수많은 인면 묵서 토기가 출토된 바 있다. 소월리 유적에서 출토된 인면장신옹의 의미에 대해 생각하는 참고로서 본고에서는 일본 고대 유적에서 출토된 인면 묵서 토기에 대해 출토 유적의 성격이나 토기에 인면을 그릴 때 그 묘사 방법의 특징, 그리고 그 토기의 용도 등에 대해 기존 연구를 소개하고, 약간의 私見을 논술하고자 한다.

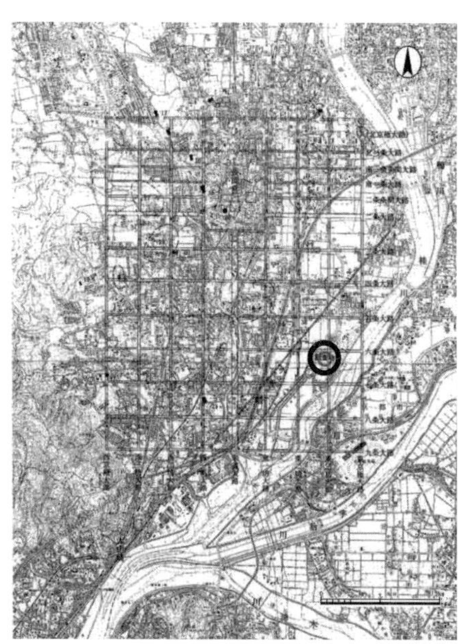

그림 1. 水垂遺跡の位置

그림 2. 長岡京出土人面墨書土器

1. 출토 유적의 경향

① 도성이나 관아에서의 출토

인면 묵서 토기가 출토된 유적의 특징에 대해 논술해 보고자 한다.

첫째로 8세기의 平城京이나 長岡京, 9세기의 平安京 등 도성에서 출토된 사례가 있다.

평성경에서는 평성궁의 바깥, 궁 네 구석의 도로 유구, 동서 大路·小路와 교차하는 부근의 남북 대로 側溝, 시장으로 통하는 운하나 도랑 등이다. 즉 운하나 도랑 등의 수로에서 출토되는 사례가 많고, 도로의 교차점 등을 경계로 인식하여 거기서 제사를 지낸 다음에 하천이나 도랑 등에 폐기한 상황을 엿볼 수 있다.

784년에 평성경에서 장강경으로 천도하였는데, 장강경의 條坊 안에 있는 京都市의 水垂 유적에서는 東二坊大路와 七條條間小路의 교차점을 비스듬하게 흐르는 강의 하류에서 인면 묵서 토기가 400점 가량 발견되었다(그림 1, 2). 인면 묵서 토기 외에 목제 제사구 등도 출토되었다는 점에서 이 장소가 장강경의 祭場 가운데 하나였음을 알 수 있다. 구체적인 제사 방법에 대해서는 도성의 경계에 가까운 도로의 교차점에서 疫神의 침입을 막는 제사를 지내고, 최종적으로는 제사 유물을 하천에 폐기한 것으로 추정된다.

그렇다면 인면 묵서 토기는 도성에서 어떻게 사용되었을까.

> ○『延喜式』四時祭式上
> 道饗祭〈於京城四隅祭〉
> 五色薄絁各一丈、倭文四尺、木綿一斤十両、麻七斤、庸布二段、鍬四口、牛皮二張、猪皮·鹿皮·熊皮各四張、酒四斗、稲四束、鰒二斤五両、堅魚五斤、腊八升、海藻五斤、塩二升、水盆·杯各四口、槲八把、匏四柄、調薦二枚、

> ○『延喜式』臨時祭式
> 宮城四隅疫神祭〈若応祭京城四隅准此〉
> 五色薄絁各一丈六尺、〈等分四所、已下准此、〉倭文一丈六尺、木綿四斤八両、麻八斤、庸布八段、鍬十六口、牛皮·熊皮·鹿皮·猪皮各四張、米·酒各四斗、稲十六束、鰒·堅魚各十六斤、腊二斗、海藻·雑海菜各十六斤、塩二斗、盆四口、坏八口、匏四柄、槲十六把、薦四枚、藁四囲、楉棚四脚、〈各高四尺、長三尺五寸、〉朸一枝、

도성 다음으로 도성 주변인 畿內 지역에서 출토된 사례도 많다. 그 지역 분포의 특징으로는 渡來系 씨족이 다수 거주하는 지역이나 難波津 등 해상 교통의 거점으로 기능한 지역 등을 들 수 있는데, 이는 인면 묵서 토기가 외래의 역병 침입을 막기 위한 제사에 사용되었음을 시사한다. 기내에 대해서도 경계에서 疫神祭

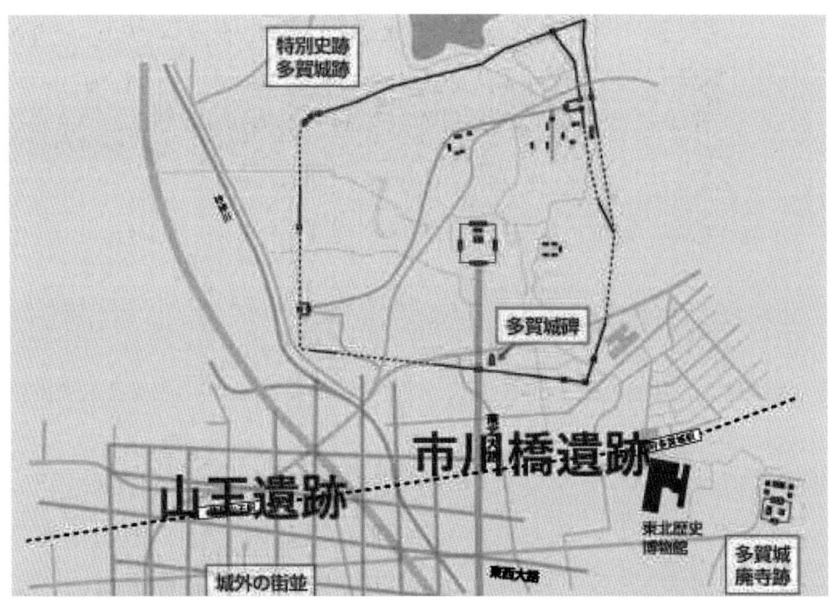

그림 3. 多賀城周辺図

가 행해졌음을 『延喜式』을 통해 알 수 있다.

○『延喜式』臨時祭式

畿内堺十処疫神祭〈山城与近江堺一、山城与丹波堺二、山城与摂津堺三、山城与河内堺四、山城与大和堺五、山城与伊賀堺六、大和与伊賀堺七、大和与紀伊堺八、和泉与紀伊堺九、摂津与播磨堺十、〉堺別五色薄絁各四尺、倭文四尺、木綿・麻各一斤二両、庸布二段、金・鉄人像各一枚、鍬四口、牛皮・熊皮・鹿皮・猪皮各一張、稲四束、米・酒各一斗、鰒・堅魚・海藻・滑海藻各四斤、雑海菜四斤、腊五升、塩五升、水盆一口、坏二口、匏一柄、槲四把、薦一枚、藁一囲、輿籠一脚、朸一枝、担夫二人、〈京職差徭充之、〉

그림 4. 市川橋遺跡出土人面墨書土器」(東北学院大学博物館蔵)

이들 사료에는 역신을 향응하기 위한 다양한 물품이 기재되어 있는데, 인면 묵서 토기에 대한 기재는 따로 보이지 않는다. 다만 「水盆」「坏」 등 토기의 기재도 보이므로 이러한 토기에 인면이 묵서되어 있었을 가능성은 충분히 생각할 수 있다.

또한 인면 묵서 토기는 多賀城이나 秋田城 등 동북 지방의 고대 성책 유적에서 출토되는 경우가 많다.

宮城縣 多賀城市 市川橋 유적과 山王 유적은 陸奧國府나 鎭守府가 설치된 고대 동북의 중심적 관아인 多賀城의 남측에 전개하는 성책 관련 유적이다(그림 3, 4). 市川橋 유적이나 인접한 山王 유적 등의 발굴 조사를 통해 多賀城의 政廳 남측에는 남북이나 동서로 뻗는 격자상의 도로 유구나 運河狀 유구가 확인되어 있어 도읍과 유사한 도시적인 경관이 형성되어 있었다고 추정되어 있다.

市川橋 유적에서는 80점 전후의 인면 묵서 토기, 山王 유적에서는 100점 이상의 인면 묵서 토기가 출토되었다. 출토지는 하천이 대부분을 차지하며, 그 외

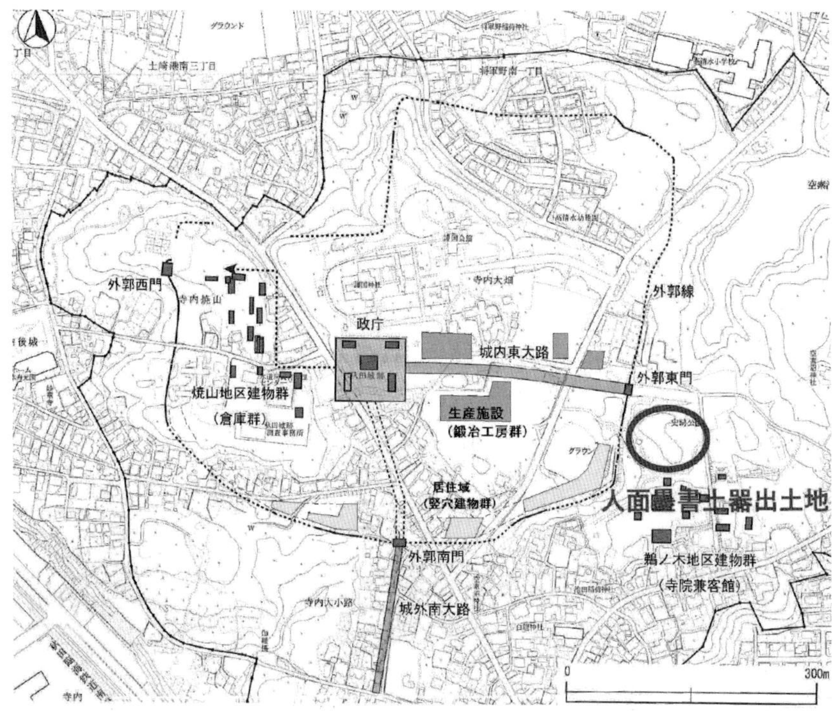

그림 5. 秋田城全体図

의 경우도 도로 측구나 도랑 유적 등 물과 관련된 유구에서 출토되었다. 함께 출토된 유물도 齋串이나 形代 등 목제 제사구가 많다는 점에서 인면 묵서 토기 또한 제사에 사용되었음은 분명하다. 도성과 같이 도로의 교차점 등에서 疫神 제사가 행해졌으며, 그것이 하천이나 도랑 등에 폐기된 것으로 보인다.

秋田縣 秋田市에 위치하는 秋田城跡은 最北端에 있는 고대 성책 유적으로, 8세기에 出羽國의 國府가 설치되어 있었다는 설이 있다. 秋田城跡에서도 인면 묵서 토기가 10점 정도 출토되었다(그림 5, 6). 그 대부분이 秋田城의 외곽 동문 부근이며, 동문 바깥의 늪에서 출토된 사례도 있다. 秋田城에 대해서도 疫神이 영역 내에 들어가지 않도록 하기 위해 인면 묵서 토기나 목제 제사구를 사용한 제사가

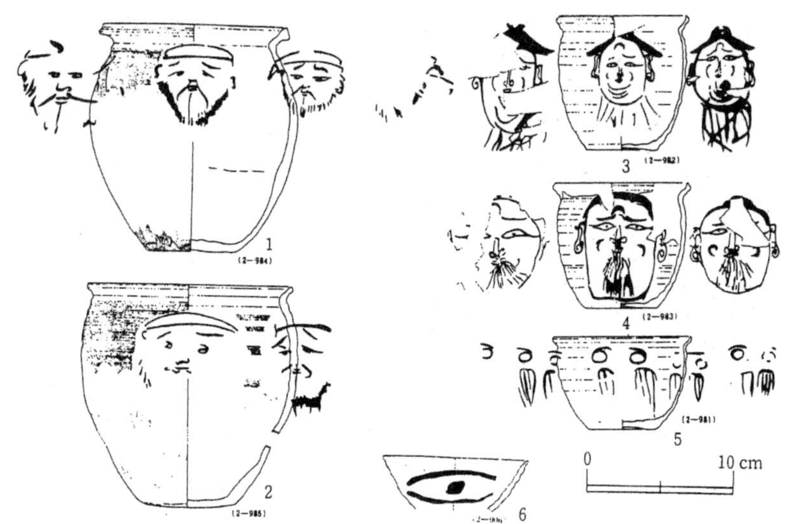

그림 6. 秋田城出土人面墨書土器

행해진 가능성을 시사한다.

② 집락에서의 출토

다음으로 집락에서 출토된 사례에 대해 보고자 한다.

집락에서 출토된 인면 묵서 토기는 특히 東일본에서 다수 확인된다. 특히 千葉縣에서는 臺地 위에 전개된 9세기대 일반 집락의 수혈 주거지에서 출토되었고, 그 대부분이 坏形 토기라는 器種인 점이 도성이나 지방 관아와 다른 특징이다.

다른 하나의 특징은 토기에 인면을 그리는 것과 동시에 지명이나 인명 등이 쓰여 있는 사례가 많다는 점도 도성이나 지방 관아에서 출토되는 인면 묵서 토기와 다른 특징이다. 하나의 사례로, 千葉縣 上谷 유적에서는 인면 묵서와 함께 "下総国印旛郡村神郷 丈部廣刀自咩 召代進上 延暦十年十月廿二日"과 지명, 인명(이 경우 여성명), 그리고 "召代進上"이라는 문구가 같은 토기에 쓰여 있다(그림 7). "延暦十年"은 791년이다.

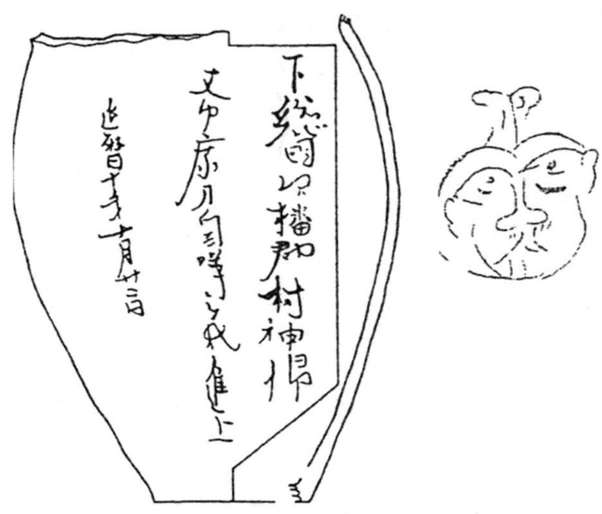

그림 7. 千葉県上谷遺跡出土人面墨書土器

이 묵서의 의미를 이해하는 데 참고가 되는 것은 9세기에 편찬된 불교 설화집인 『日本靈異記』이다. 하권24에는 다음과 같은 설화가 전한다.

> 讚岐國 山田郡에 거주하던 布敷臣衣女라는 여성이 갑자기 병에 걸렸다. 이에 식사를 마련하고 문의 좌우에 제사를 지내 疫神을 대접하였다. 閻羅王의 사자인 귀신이 그 집에 찾아와 문에 있던 식사를 먹었기 때문에 布敷臣衣女를 冥界로 데려 가는 것을 취소하고, 같은 國의 鵜垂郡에 사는 동성동명인 여성을 명계로 데려갔다(중략). 향연을 마련하여 귀신을 대접하는 것은 좋은 일이고, 재물을 가진 자는 역시 역신에게 식사를 제공하는 것이 좋다.

그림 8. 静岡県三島市箱根田遺跡出土人面墨書土器

閻羅王의 사자인 귀신이 병에 걸린 인물을 冥界로 데려가려고 하였으나, 그 인물은 역신을 대접함으로써 죽음을 면하고, 그 대신에 다른 지역에 사는 同姓同名의 인물이 명계로 끌려갔다는 내용이다.

이 설화의 내용을 염두에 두고, 上谷 유적에서 출토된 인면 묵서 토기에 쓰인 "下総国印旛郡村神郷 丈部廣刀自咩 召代進上"을 해석하면, "丈部廣刀自咩"라는 여성이 "召代進上", 즉 명계로 불려 가는 대신에 甕에 넣은 식사(혹은 술)를 역신에게 진상하였음을 뜻하는 것으로 생각된다. "下総国印旛郡村神郷"이라 일부러 자신이 거주하는 지명을 쓴 까닭 또한 동성동명의 인물로 잘못 인식되어 명계로 끌려가지 않도록 하기 위한 방책이라 할 수 있다.

이렇게 보면 집락에서 출토된 인면 묵서 토기는 도성이나 지방 관아에서 행해진 역신 제사에서 한 걸음 더 나아가 개인의 연명 기원을 위한 제사에서 사용되었을 가능성을 시사한다. 이러한 점이 경계로부터 들어오는 역신을 막는다는

그림 9. 布作面(正倉院宝物)

도시적인 사고방식과 다른 점이다.

2. 인면 묵서 토기의 묘사 방법의 특징

다음으로 토기에 인면이 그려지는 경우의 특징에 대해 논술해 보고자 한다.

먼저 그려지는 토기의 器種에 대해 살펴보면, 옹 혹은 坏의 경우가 대부분이다. 도성에서 출토된 인면 묵서 토기는 소형의 甕形 토기에 그려지는 경향이 있고, 집락에서 출토된 인면 묵서 토기는 坏形 토기에 그려지는 경향이 있다고 하는데, 반드시 명확히 구별할 수 있는 것은 아니다. 도성에서 출토된 인면 묵서 토기에도 坏形 토기는 존재하고, 집락에서 출토된 인면 묵서 토기에도 甕形 토기는 존재한다.

다음으로 인면이 그려지는 부위를 보면, 토기의 體部(측면)에 正方向으로 그려지는 사례가 많다. 이는 제사를 지낼 때 토기를 정방향으로 두고 사용하였음을 의미하며, 토기 안에 술이나 음식물 등을 담고 신에게 供獻하는 행위가 수반된 데서 비롯된 것으로 보아야 옳을 것이다. 坏形 토기에 그리는 경우 토기 바닥의 내외면에 그려지는 사례도 존재한다.

토기의 체부에 그려지는 경우 체부를 둘러싸듯 복수의 얼굴이 그려지는 경우가 많다. 그 경우 얼굴 그림은 기본적으로 각각 동일한 것으로, 다른 형태의 얼굴이 그려지는 사례는 많지 않다. 즉 토기를 어느 방향에서 보더라도 같은 얼굴 그림이 보이게 그려져 있는 것이다.

다음으로 그려져 있는 얼굴의 특징에 대해 살펴보고자 한다. 대부분의 경우 그려져 있는 얼굴은 남성이며, 코 밑에서 턱에 걸쳐 훌륭한 수염이 그려져 있는 것이 많다(그림 8).

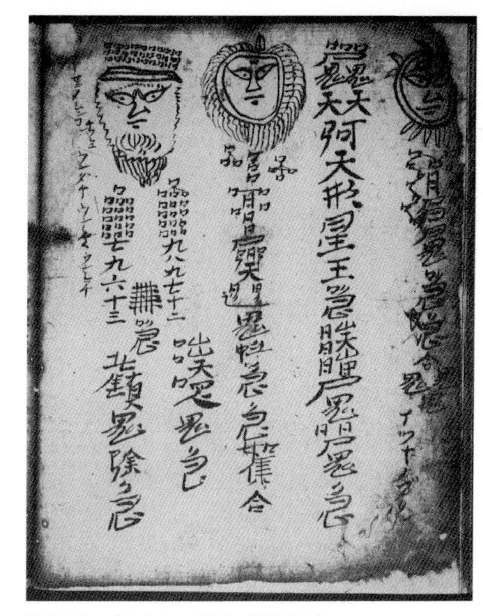

그림 10. 『まじない秘伝』(1611年)

인면 묵서 토기의 얼굴과 유사한 사례를 찾아보면, 東大寺 正倉院에 남아 있는 「布作面」과의 유사성이 지적되어 있다(그림 9). 이는 752년에 거행된 동대사 大佛開眼會 때 伎樂에 사용된 것인데, 胡人(페르시아인)을 그린 것으로 추정되어 있으며, 당시 역병이 해외로부터 유입되는 것이라는 인식이 있었기 때문에 호인을 역신으로 비기고 인면 묵서 토기의 모티브로 삼은 것이 아닌가 하는 설이 있다.

또한 도교나 음양도 등의 呪符의 일부에 수염을 기른 남성을 그리는 경우가 있어 이 모티브와 유사하다(그림 10). 여하튼 인면 묵서 토기에 그려진 얼굴은 실제 인물의 얼굴이 아니라 관념상에 그려진 역신의 얼굴이 기호적으로 그려져 있다고 보아도 무방할 것이다. 그리고 그것은 중국의 도교나 음양도 등이 관념적으로 창작한 역신의 모티브로부터 매우 큰 영향을 받은 것으로 추정된다.

『日本靈異記』 하권9에는 역신의 얼굴에 대한 표현으로, "有人 鬚生逆頰…"이라 하여 볼에 수염이 길러 있었음이 묘사되어 있다. 이를 감안하면, 역시 인면 묵서 토기에 그려진 인물은 역신을 표현한 것으로 보아도 무방할 것이다.

다만 한편으로는 분명히 불상의 얼굴을 모티브로 한 것으로 보이는 인면 묵서 토기가 각지에서 출토된 바 있다(그림 11). 도교 등의 영향을 받은 것으로 보이는 역신의 얼굴과 함께 佛面을 의식한 인면 묵서 토기가 그려진 배경에는 고대 지역 사회에서 도교나 불교가 혼연일체로 수용되고, 제사의 형태에 따라 역신을 그리거나 佛面을 그리는 일이 있었음을 말해 준다.

맺음말

이상과 같이 일본의 고대 유적에서 출토된 인면 묵서 토기에 대해 출토 유적의 특징이나 제사의 성격 등에 주목하여 고찰하였다. 이를 바탕으로 경산시 소월리 유적의 인면 장식옹과의 비교를 시도해 보고자 한다.

공통점은 토기의 체부에 인면을 표현한 점이나 1면이 아니라 3면에 걸쳐 그려져 있으며, 어느 방향에서도 인면을 확인할 수 있도록 造作되어 있는 점이 일본의 인면 묵서 토기의 특징과 유사한다.

출토 유적에 주목하면, 도성이나 관아 등의 성격을 가진 것이 아니라 대지와 곡지가 얽혀 있는 지역에 형성된 집락에서 출토된 점이다. 이 점은 어느 쪽인가 하면 千葉縣의 대지 위의 집락과 유사하다.

결정적인 차이는 소월리에서 출토된 인면 장식옹은 미리 인면을 장식한 다음에 燒成된 한편, 일본 고대의 인면 묵서 토기는 소성된 토기에 墨으로 인면을 描畵한 점이다. 일본 고대의 인면 묵서 토기와의 관계성에 대해서는 신중한 검토가 필요하다.

다만 일본의 인면 묵서 토기의 모티브가 되어 있는 것은 중국에 유래하는 도교적인 符籙임이 틀림없고, 이 모티브가 한반도를 거쳐 일본 열도에 전해졌을 가능성을 충분히 생각할 수 있다. 향후 한반도에서도 유사한 모티브의 인면 묘화가 발견될 것을 기대한다.

고대 일본에서 인면 묵서 토기가 8세기 이후가 되어야 등장하는 까닭은 墨과 筆을 사용한 문서 행정의 시작과 불가분의 관계가 있기 때문이라 생각된다. 인면 묵서 토기에 복수의 문자가 쓰인 사례가 종종 있듯이 토기에 문자를 쓰는 것과 인면을 그리는 것은 불가분한 관계에 있다. 문자를 쓰는 사람이 동시에 인면을 묘화한 것이다. 이는 곧 문자를 획득하고 도교 등의 종교를 수용한 사람들이 주체가 되어 인면 묵서 토기를 사용한 제사를 지냈음을 말해 주는 것이다.

(번역: 山田 章人)

참고문헌

田中勝弘, 「墨書人面土器について」『考古学研究』 58 - 4, 1973년

水野正好, 「招福除災 -その考古学-」『国立歴史民俗博物館研究報告』 7, 1985년

金子裕之, 「平城京と祭場」『国立歴史民俗博物館研究報告』 7, 1985년

財団法人京都市埋蔵文化財研究所, 『京都市埋蔵文化財研究所調査報告第17冊 水垂遺跡 長岡京左京六·七条三坊』, 1998년

巽淳一郎, 『日本の美術361 まじないの世界2 歴史時代』, 至文堂, 1996년

平川南, 『墨書土器の研究』, 吉川弘文館, 2000년

高島英之, 『古代出土文字資料の研究』, 東京堂出版, 2000년

『シンポジウム 古代の祈り 人面墨書土器からみた東国の祭祀 発表要旨·東国人面墨書土器集成』神奈川県地域史研究会, 盤古堂付属考古学研究所, 2004년

編者

윤재석(尹在碩) jasyun@knu.ac.kr

경북대학교 사학과 교수, 인문학술원장 겸 HK+사업단장

『수호지진묘죽간 역주』(소명출판,2010)

「東アヅア木簡記錄文化圈の硏究」(『木簡硏究』43,2021)

「韓國的秦簡牘硏究(2015-2017)」(『簡帛』18,2019)

著者(執筆順)

주보돈(朱甫暾) bdju0202@naver.com

경북대 사학과 명예교수

『신라 왕경의 이해』(주류성, 2020)

『가야사 이해의 기초』(주류성, 2018)

『한국 고대사의 기본 사료』(주류성, 2018)

김상현(金相賢) nooch7@hanmail.net

(재) 화랑문화재연구원 조사부장

『경주 사정동 53-6번지 유적』(화랑문화재연구원 발굴조사보고 49책, 2021)

『경주 황성초등학교 화장실 증축부지 내 유적』(화랑문화재연구원 발굴조사보고 43책, 2020)

『경주 신서리 208-8번지 유적』(화랑문화재연구원 발굴조사보고 38책, 2020)

남태광(南泰光) tour9317@korea.kr

국립경주문화재연구소 주무관

『한국의 보물선-타임캡슐을 열다(공저)』(공명, 2016)

「위글 매치를 이용한 마도4호선의 방사성탄소연대 측정」(『보존과학회지』 33(4), 2017)

「대부도2호선 목부재의 수종과 위글매치를 이용한 방사성탄소연대 분석」(『보존과학회지』 34(5), 2018)

「A Fundamental Study of the Silla Shield through the Analysis of the Shape, Dating, and Species Identification of Wooden Shields Excavated from the Ruins of Wolseong Moat in Gyeongju」(『목재공학』 49(2), 2021)

정현숙(鄭鉉淑) jung9446@hanmail.net

원광대 서예문화연구소 연구교수

『삼국시대의 서예』(일조각, 2018)

『한국서예사(공저)』(미진사, 2017)

『신라의 서예』(다운샘, 2016)

전경효(全京孝) yuri1205@korea.kr

국립경주문화재연구소 주무관

「신라 在城에 대한 새로운 해석」(『한국고대사연구』 93, 2019)

「신 출토 경주 월성 해자 묵서 목간 소개」(『木簡과 文字』 20, 2018)

「당의 기미책과 재당 신라인」(『신라사학보』 35, 2015)

홍승우(洪承佑) know999@knu.ac.kr

경북대 역사교육과 교수

「창녕 교동11호분 출토 명문대도 재검토」(『韓國古代史研究』 101, 2021)

「창녕 계성 고분군 출토 토기 명문의 재검토」(『新羅文化』 57, 2020)

「함안 성산산성 출토 부찰목간의 지명 및 인명 기재방시과 서식」(『木簡과 文字』 22, 2019)

이동주(李東柱) spa76@hanmail.net

경북대 인문학술원 HK 연구교수

『문자로 본 가야(공저)』(사회평론, 2020)

『신라 왕경 형성과정 연구』(경인문화사, 2019)

「신라의 창고 관리와 운영」(『신라문화』 58, 2021)

「新羅의 文書行政과 印章」(『영남학』 75, 2020)

이용현(李鎔賢) yhyist@naver.com

경북대 인문학술원 HK 연구교수

『한국목간기초연구』(신서원, 2003)

「城山山城 木簡에 보이는 신라의 지방경영과 곡물·인력관리-城下麥 서식과 本波, 喙의 분석을 중심으로」(『동서인문』17, 2021)

「慶山 所月里 文書 木簡의 성격-村落 畓田 基礎 文書-」(『木簡과 文字』 27, 2021)

「함안 성산산성 '壬子年'목간의 재검토」(『신라사학보』 80, 2020)

김재홍(金在弘) jhkim1218@hanmail.net

국민대 한국역사학과 교수

『가야의 철(鐵) 생산과 유통』[공저](인제대학교 가야문화연구소, 2020)

「함안 성산산성과 출토 목간의 연대」(『木簡과 文字』 22, 2019)

「신라 刻石 명문에 보이는 화랑과 서약」(『新羅史學報』 45, 2019)

히라카와 미나미(平川南) hirakawa@nihu.jp

日本人間文化研究機構 機構長

『古代地方木簡の研究』(吉川弘文館, 2003)

『墨書土器の研究』(吉川弘文館, 2000)

『古代日本の文字世界』(大修館書店, 2000)

凌文超(Ling Wen chao) lingwenchao@126.com

北京師大 教授

「简牍文献与秦汉魏晋徭役研究的新进展」(『中国史学』 27, 2017)

「走马楼吴简三乡户品出钱人名簿整理与研究一兼论八亿钱与波田的兴建」(『文史』 4, 2017)

「長沙吳簡 중의 簽署·省校 및 勾畫符號의 釋例」(『木簡과 文字』 17, 2016)

Brian G. Lander brian_lander@brown.edu

Brown Univ. Prof. USA

Brian Lander Mindi Schneider Katherine Brunson. "A History of Pigs in China: From Curious Omnivores to Industrial Pork." (the journal of asian studies, 2020)

"Birds and Beasts were Many: The Ecology and Climate of the Guanzhong Basin in the Pre-Imperial Period." (Early China, vol. 43, 2020)

楊華(Yang Hua) horace48@163.com

武漢大學 教授

『楚国礼仪制度研究』(湖北教育出版社, 2012)

「楚人“夜祷”补说」(『简帛』 10, 2015)

「中国古代礼仪制度的几个特点」(『武汉大学学报』, 2015)

王謙(Wang qian) wq861275992@162.com

武漢大學 博士課程

王謙,「放马滩秦简《丹》篇是志怪小说吗?」(『珞珈史苑』, 2019)

미카미 요시타카(三上喜孝) mikami@rekihaku.ac.jp

日本國立歷史民俗博物館 教授

『日本古代の文字と地方社会』(吉川弘文館, 2013)

「慶州・雁鴨池出土の薬物名木簡再論」(『国立歴史民俗博物館研究報告』218,2019)

「城山山城出土新羅木簡の性格:日本古代の城柵経営との比較から」(『国立歴史民俗博物館研究報告』194,2015)